抗日战争时期中国人口伤亡和财产损失调研丛书

主　编　李忠杰
副主编　李　蓉　姚金果
　　　　霍海丹　蒋建农

山东省百县（市、区）抗日战争时期死难者名录

4

山东省委党史研究室　编

中共党史出版社

山东省抗日战争时期人口伤亡和
财产损失课题研究办公室

（2006 年 9 月）

主　　任（重大专项课题组组长）　　常连霆

副主任（重大专项课题组副组长）　　席　伟

成　员　　岳绍红　张绍麟　丁广斌　于文新　王成华
　　　　　陈金亮　李清汉　郑世诗　宋继法　亓　涛
　　　　　张启信　范伟正　李秀业　崔维志　张宜华
　　　　　刘如峰　李双安　苗祥义　韩立明　刘桂林
　　　　　魏子焱　张艳芳　王增乾

山东省抗日战争时期人口伤亡和
财产损失课题研究办公室

（2008 年 2 月）

主　　任（重大专项课题组组长）　　常连霆

副主任（重大专项课题组副组长）　　席　伟

成　员　　岳绍红　张绍麟　丁广斌　侯希杰　张开增
　　　　　陈金亮　李清汉　郑世诗　秦佑镇　亓　涛
　　　　　张启信　范伟正　李秀业　李克彬　李凤华
　　　　　刘如峰　李双安　魏玉杰　韩立明

山东省抗日战争时期人口伤亡和
财产损失课题研究办公室

(2010 年 7 月)

主　任（重大专项课题组组长）　　常连霆

副主任（重大专项课题组副组长）　　席　伟　韩立明

成　员　岳绍红　张绍麟　丁广斌　张开增　褚金光

　　　　李清汉　郑世诗　秦佑镇　亓　涛　张启信

　　　　范伟正　李秀业　李克彬　李凤华　刘如峰

　　　　李双安　魏玉杰

山东省抗日战争时期人口伤亡和
财产损失课题研究办公室

(2014 年 8 月)

主　任（重大专项课题组组长）　　常连霆

副主任（重大专项课题组副组长）　　席　伟　韩立明

成　员　刘　浩　冯　英　司志兰　张开增　褚金光

　　　　杨仁祥　郑世诗　崔　康　牛国新　肖　怡

　　　　肖　梅　李秀业　李洪彦　刘宝良　张绪阳

　　　　李文进　李允富　张　华

《山东省百县（市、区）抗日战争时期死难者名录》编纂委员会

（2014 年 8 月）

主　任	常连霆				
副主任	邱传贵	林　杰	席　伟	李晨玉	
	韩延明	吴士英	臧济红		
成　员	姚丙华	韩立明	田同军	郭洪云	危永安
	许　元	刘　浩	冯　英	司志兰	张开增
	褚金光	杨仁祥	郑世诗	崔　康	牛国新
	肖　怡	肖　梅	李秀业	李洪彦	刘宝良
	张绪阳	李文进	李允富		

主　编	常连霆				
副主编	席　伟	韩立明			
编　辑	赵　明	李　峰	吕　海	李草晖	邱吉元
	王华艳	尹庆峰	郑功臣	贾文章	韩　莉
	姜俊英	曹东亚	高培忠	刘佳慧	韩百功
	李治朴	李耀德	宋元明	李海卫	封彦君
	韩庆伟	刘　可	邵维霞	潘维胜	郭纪锋
	刘兆东	吉薇薇	杨兴文	王玉玺	宁　峰
	陈　旭	罗　丹	焦晓丽	赵建国	孙　颖

王红兵　　张　丽　　樊京荣　　曾世芳　　田同军
郭洪云　　危永安　　许　元　　肖　夏　　张耀龙
闫化川　　乔士华　　邱从强　　刘　莹　　孟红兵
王增乾　　左进峰　　马　明　　潘　洋　　吴秀才
张　华　　张江山　　朱伟波　　耿玉石　　秦国杰
王小龙　　齐　薇　　柳　晶

编纂说明

本名录以 2006 年山东省抗日战争时期人口伤亡和财产损失大型调研活动收集的见证人、知情人口述资料为基础整理编纂而成。

按照中央党史研究室关于开展抗日战争时期中国人口伤亡和财产损失调研方案的总体要求，在中央党史研究室的精心组织和科学指导下，山东省于 2006 年开展了抗日战争时期人口伤亡和财产损失大型调研活动。调研期间，全省组织32 万余名乡村走访调查人员，走访调查了省内 95% 以上的行政村和 80% 以上的70 岁以上老人，收集见证人和知情人关于日军屠杀平民的证言证词 79 万余份。此后，在中央党史研究室的指导下，山东省委党史研究室组织各市、县（市、区）委党史研究室以县（市、区）为单位认真梳理证言证词等调研资料，于2010 年整理形成了包括 140 个县（市、区）和 16 个经济开发、高新技术开发区的《山东省抗日战争时期伤亡人员名录》，共收录现山东行政区域范围内抗日战争期间（1937 年 7 月至 1945 年 8 月）因战争因素造成伤亡的人员 46.9 万余名。2014 年初，根据中央党史研究室关于编纂出版《抗日战争时期中国人口伤亡和财产损失调研丛书》的部署，我们以《山东省抗日战争时期伤亡人员名录》为基础，选择信息比较完整、填写比较规范的 100 个县（市、区）抗日战争时期死难人员名录，经省市县三级党史部门进一步整理、编纂，形成了《山东省百县（市、区）抗日战争时期死难者名录》，共收录死难者 169173 人。

本名录所收录的死难者，系指抗日战争时期因日本发动侵略战争，在山东境内造成死难的平民。包括被杀死、轰炸及其引起火灾等致死和因生化战、被奸淫、被迫吸毒等而死，以及因战争因素造成的饿死、冻死、累死等其他非正常死亡的平民。死难者信息主要来源于 2006 年乡村走访调查的口述资料，也有个别县（市、区）收录了文献资料中记载的部分死难者。死难者信息包含"姓名"、"籍贯"、"年龄"、"性别"、"死难时间" 5 项要素。在编纂过程中，我们尽量使各项要素达到规范、完整。但由于历史已经过去了 60 多年，行政区划有很大变动，人口迁徙规模很大，流动状况非常复杂，有的见证人和知情人对死难者信息的记忆本身就不完整；由于参与调查笔录和名录整理的人员多达数万人，对死难者信息各要素的规范和掌握也难以做到完全一致，所以，名录编纂工作非常复杂。为了保证科学性、规范性和准确性，我们尽可能采取了比较合理的处理方式，现特作如下说明：

1. "姓名"一栏中，一律以见证人和知情人的证言证词记录的死难者姓名为依据。证言证词怎么记录的，名录就怎么记载，在编纂中未作改变和加工。有些死难者姓名为乳名、绰号，有的乳名、绰号多则四个字，少则一个字；有些死难者姓名是以其家人或关联人的姓名记录的，用"××之子"、"××之家属之一"、"××之家属之二"等表述；还有些死难人员无名无姓但职业指向明确，如"卖炸鱼之妇女"、"老油匠"等；还有个别情况，是死难人员的亲属感到死难人员的乳名、绰号不雅，为其重新起了名字。上述情况都依据证言证词上的原始记录保留了其称谓。有的死难者只知道姓氏，如"杨某某"、"李××"等，在编纂中我们作了适当规范，其名字统一用"×"号代替，如"杨××"、"李××"等。

2. "籍贯"一栏中，地名为2006年调研时的名称。部分县（市、区）收录了少量非本县（市、区）籍或非山东籍，但死难地在本县（市、区）的死难者。凡山东省籍的死难人员均略去了省名，一般标明了县（市、区）、乡（镇）、村三级名称。但也有个别条目，由于证言证词记录不完整，只记录了县名或县、乡（镇）两级名称或县、村两级名称。村一级名称，有些标注了"村"字，有些标注了"社区"，有些既未标注"村"字，也未标注"社区"，在编纂中我们未作规范。对于死难者籍贯不明，但能够说明其死难时居住地点或工作、就业的组织（单位）情况的，也在此栏中予以保留。

3. "年龄"一栏中，死难者的岁数大多是见证人或知情人回忆或与同龄人比对后估算的，所以整数相对较多。由于年代久远，亦不可避免地存在着部分死难者年龄要素缺失的情况。

4. "性别"一栏中，个别死难者的性别因调查笔录漏记，其性别难以判断和核查，只能暂时空缺。另外，由于乡村风俗习惯造成的个别男性取女性名字，如"张二妮"性别为"男"等情况均保持原貌。

5. "死难时间"一栏中，由于年代久远，当事人或知情人记忆模糊，部分死难者遇难时间没有留下精确的记录。凡确认抗日战争时期死难，但无法确定具体年份的用"—"作了标示。另外，把农历和公历混淆的情况也较多见，也不排除个别把年份记错的情况。

在编纂中，对于见证人或知情人证言证词中缺漏的要素，在对应的表格栏目内采用"—"标示。

本名录所收录的 100 个县（市、区）的名称、区域范围，均为 2006 年山东省开展抗日战争时期人口伤亡和财产损失大型调研活动时的名称和区域范围。各县（市、区）死难者名录填报单位、填表人及填报时间，保留了 2009 年各县（市、区）伤亡人员名录形成时的记录，核实人、责任人除保留原核实人和责任人外，增加了 2014 年各县（市、区）复核时的核实人和责任人。名录所依据的证言证词原件存于各县（市、区）党史部门或档案馆。

编　者
2014 年 8 月

目　　录

枣庄市薛城区抗日战争时期死难者名录

姓 名	籍 贯	年 龄	性 别	死难时间
孔大小	薛城区临城街道办事处南临城	—	男	—
李兆彩	薛城区常庄镇何庄村	50	男	1938 年 3 月
王成吉	薛城区周营镇蔡官庄村	61	男	1938 年 3 月
绳玉亭	薛城区临城街道办事处绳桥	—	男	1938 年 3 月
绳廷连	薛城区临城街道办事处绳桥	—	男	1938 年 3 月
陈洪镇	薛城区临城街道办事处绳桥	—	男	1938 年 3 月
李玉水	薛城区常庄镇于庄村	—	男	1938 年 3 月
李玉芝	薛城区常庄镇于庄村	—	男	1938 年 3 月
绳召贵	薛城区常庄镇于庄村	—	男	1938 年 3 月
绳召喜	薛城区常庄镇于庄村	—	男	1938 年 3 月
黄文生	薛城区常庄镇于庄村	—	男	1938 年 3 月
赵 二	薛城区常庄镇于庄村	—	男	1938 年 3 月
周正军之母	薛城区常庄镇于庄村	—	女	1938 年 3 月
于立邦之母	薛城区常庄镇于庄村	—	女	1938 年 3 月
于立则	薛城区常庄镇于庄村	—	男	1938 年 3 月
于才运	薛城区常庄镇于庄村	—	男	1938 年 3 月
于方远	薛城区常庄镇于庄村	—	男	1938 年 3 月
周永纪	薛城区常庄镇于庄村	—	男	1938 年 3 月
张瑞祥之母	薛城区常庄镇于庄村	—	女	1938 年 3 月
周正海	薛城区常庄镇于庄村	—	男	1938 年 3 月
于正邦	薛城区常庄镇于庄村	—	男	1938 年 3 月
王茂业	薛城区邹坞镇东防备村	30	男	1938 年 3 月
郝家文	薛城区临城街道办事处西丁村	—	男	1938 年 3 月
郝家文之妻	薛城区临城街道办事处西丁村	—	女	1938 年 3 月
郝家文之子	薛城区临城街道办事处西丁村	—	男	1938 年 3 月
郝家文之女	薛城区临城街道办事处西丁村	—	女	1938 年 3 月
胡百顺	薛城区邹坞镇西北村	18	男	1938 年 3 月
胡宪成	薛城区邹坞镇西北村	51	男	1938 年 3 月
王三孩	薛城区邹坞镇西北村	20	男	1938 年 3 月
胡 忍	薛城区邹坞镇西北村	18	男	1938 年 3 月
张立信	薛城区邹坞镇西北村	48	男	1938 年 3 月

姓 名	籍 贯	年 龄	性 别	死难时间
张大祥	薛城区邹坞镇西北村	19	男	1938 年 3 月
李思义	薛城区邹坞镇西北村	40	男	1938 年 3 月
高 四	薛城区邹坞镇西北村	38	男	1938 年 3 月
袁 二	薛城区邹坞镇西北村	65	男	1938 年 3 月
胡安太	薛城区邹坞镇西北村	18	男	1938 年 3 月
高端臣	薛城区邹坞镇西北村	40	男	1938 年 3 月
张德信	薛城区邹坞镇西北村	42	男	1938 年 3 月
高继昌	薛城区邹坞镇西北村	32	男	1938 年 3 月
王名燕	薛城区邹坞镇西北村	5	男	1938 年 3 月
孙成启	薛城区邹坞镇西北村	58	男	1938 年 3 月
沈善德	薛城区邹坞镇西北村	19	男	1938 年 3 月
高 二	薛城区邹坞镇西北村	39	男	1938 年 3 月
夏茂牛	薛城区邹坞镇西北村	65	男	1938 年 3 月
聂转远	薛城区邹坞镇西北村	65	男	1938 年 3 月
宋三瘸子	薛城区邹坞镇西北村	16	男	1938 年 3 月
宋汝立	薛城区邹坞镇西北村	70	男	1938 年 3 月
宋 二	薛城区邹坞镇西北村	41	男	1938 年 3 月
宋明新	薛城区邹坞镇西北村	36	男	1938 年 3 月
张 攀	薛城区邹坞镇西北村	72	男	1938 年 3 月
周茂三	薛城区邹坞镇西北村	30	男	1938 年 3 月
屈张氏	薛城区邹坞镇西北村	23	女	1938 年 3 月
冯惠运	薛城区邹坞镇西北村	55	男	1938 年 3 月
冯 二	薛城区邹坞镇西北村	70	男	1938 年 3 月
陈茂申	薛城区邹坞镇西北村	36	男	1938 年 3 月
高瑞正	薛城区邹坞镇西北村	70	男	1938 年 3 月
高焕祥	薛城区邹坞镇西北村	56	男	1938 年 3 月
高继龄	薛城区邹坞镇西北村	56	男	1938 年 3 月
程兴堂	薛城区邹坞镇西北村	74	男	1938 年 3 月
张士才	薛城区邹坞镇西北村	51	男	1938 年 3 月
高瑞武	薛城区邹坞镇西北村	60	男	1938 年 3 月
姬慎忠	薛城区邹坞镇西北村	72	男	1938 年 3 月
宋明玉	薛城区邹坞镇西北村	76	男	1938 年 3 月
刘伯兴	薛城区邹坞镇西北村	60	男	1938 年 3 月
刘 顺	薛城区邹坞镇西北村	24	男	1938 年 3 月

姓 名	籍 贯	年龄	性别	死难时间
刘疯子	薛城区邹坞镇西北村	30	男	1938 年 3 月
聂茂忠	薛城区邹坞镇西北村	65	男	1938 年 3 月
聂转运	薛城区邹坞镇西北村	16	男	1938 年 3 月
高继灿	薛城区邹坞镇西北村	65	男	1938 年 3 月
高刘氏	薛城区邹坞镇西北村	64	女	1938 年 3 月
赵永长	薛城区邹坞镇西北村	64	男	1938 年 3 月
赵刚长	薛城区邹坞镇西北村	45	男	1938 年 3 月
赵聋子	薛城区邹坞镇西北村	25	男	1938 年 3 月
赵 言	薛城区邹坞镇西北村	15	男	1938 年 3 月
王广武	薛城区邹坞镇西北村	40	男	1938 年 3 月
高继读	薛城区邹坞镇西北村	30	男	1938 年 3 月
高瑞岑	薛城区邹坞镇西北村	54	男	1938 年 3 月
高继喜	薛城区邹坞镇西北村	40	男	1938 年 3 月
高继申	薛城区邹坞镇西北村	38	男	1938 年 3 月
高石匠	薛城区邹坞镇西北村	50	男	1938 年 3 月
高瑞河	薛城区邹坞镇西北村	35	男	1938 年 3 月
张石头	薛城区邹坞镇西北村	28	男	1938 年 3 月
张结实	薛城区邹坞镇西北村	20	男	1938 年 3 月
高继才	薛城区邹坞镇西北村	51	男	1938 年 3 月
高庆喜	薛城区邹坞镇西北村	27	男	1938 年 3 月
高瑞杰	薛城区邹坞镇西北村	61	男	1938 年 3 月
高继章	薛城区邹坞镇西北村	42	男	1938 年 3 月
高瑞彦	薛城区邹坞镇西北村	61	男	1938 年 3 月
高瑞付	薛城区邹坞镇西北村	62	男	1938 年 3 月
高赵氏	薛城区邹坞镇西北村	—	女	1938 年 3 月
高瑞山	薛城区邹坞镇西北村	50	男	1938 年 3 月
李 三	薛城区邹坞镇西北村	51	男	1938 年 3 月
高瑞友	薛城区邹坞镇西北村	40	男	1938 年 3 月
高元祥	薛城区邹坞镇西北村	70	男	1938 年 3 月
高继岭	薛城区邹坞镇西北村	50	男	1938 年 3 月
高瑞起	薛城区邹坞镇西北村	62	男	1938 年 3 月
高庆思	薛城区邹坞镇西北村	62	男	1938 年 3 月
黄傻子	薛城区邹坞镇西北村	54	男	1938 年 3 月
黄大孩	薛城区邹坞镇西北村	6	男	1938 年 3 月

姓 名	籍 贯	年 龄	性 别	死难时间
胡继州	薛城区邹坞镇西北村	61	男	1938 年 3 月
张三麻子	薛城区邹坞镇西北村	58	男	1938 年 3 月
高三锅子	薛城区邹坞镇西北村	50	男	1938 年 3 月
赵荣长	薛城区邹坞镇西北村	55	男	1938 年 3 月
赵大孩	薛城区邹坞镇西北村	20	男	1938 年 3 月
赵二孩	薛城区邹坞镇西北村	16	男	1938 年 3 月
王德田	薛城区邹坞镇西北村	40	男	1938 年 3 月
杨孝章	薛城区邹坞镇西北村	70	男	1938 年 3 月
高玉祥	薛城区邹坞镇西北村	71	男	1938 年 3 月
张继引	薛城区邹坞镇张岑村	—	男	1938 年 3 月
张延选	薛城区邹坞镇张岑村	—	男	1938 年 3 月
陈茂友	薛城区周营镇沙井村	—	男	1938 年 3 月
刘胜田	薛城区周营镇沙井村	62	男	1938 年 3 月
孙有志	薛城区周营镇沙井村	52	男	1938 年 3 月
赵应才	薛城区周营镇沙井村	72	男	1938 年 3 月
许茂功	薛城区周营镇陶官村	23	男	1938 年 3 月
李长明	薛城区周营镇陶官村	19	男	1938 年 3 月
褚思云	薛城区周营镇陶官村	20	女	1938 年 3 月
殷茂龙之母	薛城区周营镇大孙庄村	—	女	1938 年 3 月
孙茂魁之祖母	薛城区周营镇大孙庄村	—	女	1938 年 3 月
刘传胜之祖母	薛城区周营镇大孙庄村	—	女	1938 年 3 月
孙晋湖之祖母	薛城区周营镇大孙庄村	—	女	1938 年 3 月
孙成坡	薛城区周营镇大孙庄村	—	男	1938 年 3 月
孙成晋	薛城区周营镇大孙庄村	—	男	1938 年 3 月
孙成让	薛城区周营镇大孙庄村	—	男	1938 年 3 月
孙景华	薛城区周营镇蔡官庄村	—	男	1938 年 3 月
王成劲	薛城区周营镇蔡官庄村	61	男	1938 年 3 月
王 合	薛城区周营镇蔡官庄村	59	男	1938 年 3 月
韩荣祥	薛城区周营镇蔡官庄村	—	男	1938 年 3 月
刘丙雨	薛城区张范镇小屯村	30	男	1938 年 3 月
刘明英	薛城区张范镇小屯村	17	女	1938 年 3 月
刘继怀之姐	薛城区张范镇小屯村	—	女	1938 年 3 月
刘继怀之媳	薛城区张范镇小屯村	—	女	1938 年 3 月
宋 二	薛城区常庄镇泥沟泉村	12	男	1938 年 4 月

姓名	籍贯	年龄	性别	死难时间
张开水	薛城区常庄镇泥沟泉村	—	男	1938 年 4 月
张玉金	薛城区常庄镇泥沟泉村	—	男	1938 年 4 月
董明振之妻	薛城区常庄镇泥沟泉村	—	女	1938 年 4 月
魏传印之弟媳	薛城区常庄镇泥沟泉村	—	女	1938 年 4 月
刘东升	薛城区邹坞镇东邹坞村	25	男	1938 年 5 月
胡四曼	薛城区邹坞镇邹坞村	30	男	1938 年 5 月
张继验	薛城区邹坞镇肖村	23	男	1938 年 5 月
侯乐义	薛城区周营镇侯庄村	38	男	1938 年 7 月
樊电英	薛城区邹坞镇北安阳村	39	男	1938 年 8 月
巩继新	薛城区邹坞镇北安阳村	—	男	1938 年 8 月
孙成真	薛城区周营镇李村	51	男	1938 年 11 月
孙成奎	薛城区周营镇李村	50	男	1938 年 11 月
孙井增	薛城区周营镇李村	27	男	1938 年 11 月
孙茂芝	薛城区周营镇李村	42	女	1938 年 11 月
何文江	薛城区周营镇李村	41	男	1938 年 11 月
邵立旭	薛城区周营镇李村	36	女	1938 年 11 月
李安俊	薛城区周营镇李村	37	男	1938 年 11 月
赵玉奎	薛城区陶庄镇后湾村	45	男	1938 年冬
张建友	薛城区沙沟镇	—	男	1938 年冬
冯茂友	薛城区临城街道办事处北临城	—	男	1938 年 3 月
沈修文	薛城区临城街道办事处北临城	—	男	1938 年 3 月
曹化亭	薛城区临城街道办事处北临城	—	男	1938 年 3 月
曹化亭之妻	薛城区临城街道办事处北临城	—	女	1938 年 3 月
刘×之外祖母	薛城区临城街道办事处北临城	74	女	1938 年 3 月
曹化亭之女	薛城区临城街道办事处北临城	—	女	1938 年
齐文昌	薛城区临城街道办事处南临城	—	男	1938 年 3 月 24 日
刘太真之子	薛城区临城街道办事处南临城	—	男	1938 年 3 月 24 日
马洪臣之子	薛城区临城街道办事处南临城	—	男	1938 年 3 月 24 日
张奎生	薛城区临城街道办事处南临城	—	男	1938 年 3 月 24 日
陈常太	薛城区临城街道南临城	—	男	1938 年 3 月 24 日
李景仁姐夫	薛城区临城街道南临城	—	男	1938 年 3 月 24 日
渠怀珍	薛城区临城街道办事处南临城	—	男	1938 年
孔凡桂	薛城区临城街道南临城	—	男	1938 年
孔凡桂之子	薛城区临城街道办事处南临城	—	男	1938 年

姓　名	籍　贯	年　龄	性　别	死难时间
孔凡桂之妻	薛城区临城街道办事处南临城	—	女	1938 年
葛文居	薛城区临城街道办事处南临城	—	男	1938 年
于得水	薛城区临城街道办事处南临城	—	男	1938 年
于得水之妻	薛城区临城街道办事处南临城	—	女	1938 年
于得水之子	薛城区临城街道办事处南临城	—	男	1938 年
刘宪标	薛城区临城街道办事处南临城	—	男	1938 年
蔡小孩	薛城区临城街道办事处南临城	—	男	1938 年
刘道生	薛城区临城街道办事处南临城	—	男	1938 年
刘道启	薛城区临城街道办事处南临城	—	男	1938 年
狄庆池	薛城区临城街道办事处南临城	—	男	1938 年
韩　三	薛城区临城街道办事处南临城	—	男	1938 年
绳德新	薛城区临城街道办事处南临城	—	男	1938 年
岳庆荣	薛城区临城街道办事处南临城	—	男	1938 年
孙影云之母	薛城区临城街道办事处张桥村	—	女	1938 年
朱项之父	薛城区临城街道办事处张桥村	—	男	1938 年
王新海之父	薛城区临城街道办事处张桥村	—	男	1938 年
三麻子之父	薛城区临城街道办事处张桥村	—	男	1938 年
张守才之父	薛城区临城街道办事处张桥村	—	男	1938 年
李井运之父	薛城区临城街道办事处张桥村	—	男	1938 年
叶玉明之父	薛城区临城街道办事处张桥村	—	男	1938 年
叶玉明之母	薛城区临城街道办事处张桥村	—	女	1938 年
秦秃子	薛城区临城街道办事处张桥村	—	男	1938 年
种衍奎	薛城区临城街道办事处绳桥村	—	男	1938 年
王业山之父	薛城区临城街道办事处古井村	—	男	1938 年
周　三	薛城区临城街道办事处古井村	—	男	1938 年
王全德	薛城区临城街道办事处古井村	—	男	1938 年
贾成圆	薛城区临城街道办事处古井村	—	男	1938 年
王德亮	薛城区临城街道办事处古井村	—	男	1938 年
王德亮之女	薛城区临城街道办事处古井村	—	女	1938 年
陈长海	薛城区临城街道办事处西丁村	—	男	1938 年
大　印	薛城区临城街道办事处西丁村	—	男	1938 年
二　印	薛城区临城街道办事处西丁村	—	男	1938 年
三　印	薛城区临城街道办事处西丁村	—	男	1938 年
田　白	薛城区临城街道办事处西丁村	—	男	1938 年

姓 名	籍 贯	年 龄	性 别	死难时间
王明开之大伯父	薛城区临城街道办事处北临城	—	男	1938 年
王明开之二伯父	薛城区临城街道办事处北临城	—	男	1938 年
张守寅	薛城区临城街道办事处张桥村	—	男	1938 年 3 月
张守寅之父	薛城区临城街道办事处张桥村	—	男	1938 年 3 月
秦宪梅之兄	薛城区临城街道办事处张桥村	—	男	1938 年 3 月
秦宪冬之伯母	薛城区临城街道办事处张桥村	—	女	1938 年 3 月
张守才之叔	薛城区临城街道办事处张桥村	—	男	1938 年 3 月
张河亮之母	薛城区临城街道办事处张桥村	—	女	1938 年 3 月
×大娘	薛城区临城街道办事处张桥村	—	女	1938 年 3 月
秦献美	薛城区临城街道办事处张桥村	—	男	1938 年 3 月
王明耀	薛城区临城街道办事处张桥村	—	男	1938 年
刘贤章	薛城区陶庄镇后湾村	36	男	1938 年
刘宗凯	薛城区陶庄镇后湾村	19	男	1938 年
刘圣启	薛城区陶庄镇后湾村	20	男	1938 年
邓长金	薛城区陶庄镇武穴村	—	男	1938 年
褚思永	薛城区陶庄镇武穴村	—	男	1938 年
褚思芹	薛城区陶庄镇武穴村	—	男	1938 年
王大彩	薛城区陶庄镇武穴村	—	男	1938 年
郭来运	薛城区常庄镇姬庄村	20	男	1938 年
蔡可相	薛城区常庄镇姬庄村	40	男	1938 年
蔡宪良之母	薛城区常庄镇姬庄村	60	女	1938 年
袁振海	薛城区常庄镇姬庄村	30	男	1938 年
蔡可荣	薛城区常庄镇姬庄村	20	男	1938 年
徐继付	薛城区常庄镇何庄村	36	男	1938 年
朱绍彬	薛城区常庄镇东黄村	—	男	1938 年
温德会	薛城区常庄镇大辛庄村	—	男	1938 年
戚宪银	薛城区常庄镇大辛庄村	67	男	1938 年
王伯夫之姊	薛城区常庄镇大辛庄村	68	女	1938 年
张永兴之子	薛城区常庄镇大辛庄村	3	男	1938 年
付老毛	薛城区常庄镇大辛庄村	76	男	1938 年
蔡可相	薛城区常庄镇洛房村	40	男	1938 年
蔡可良之母	薛城区常庄镇洛房村	62	女	1938 年
郭来运	薛城区常庄镇洛房村	23	男	1938 年
袁振海	薛城区常庄镇洛房村	30	男	1938 年

姓　名	籍　贯	年　龄	性　别	死难时间
蔡可荣	薛城区常庄镇洛房村	21	男	1938 年
蔡宪良	薛城区常庄镇洛房村	42	男	1938 年
张允常	薛城区常庄镇洛房村	50	男	1938 年
蔡可增	薛城区常庄镇洛房村	46	男	1938 年
姬庆臣	薛城区常庄镇麦壤店村	46	男	1938 年
李兴林	薛城区邹坞镇中陈郝村	25	男	1938 年
王　五	薛城区邹坞镇东尚庄村	—	男	1938 年
枝　蝴	薛城区邹坞镇东尚庄村	10	女	1938 年
孟宪丰	薛城区邹坞镇张庄村	30	男	1938 年
钱广居	薛城区周营镇高架子村	30	男	1938 年
王会阵	薛城区周营镇高架子村	22	男	1938 年
孙景阵	薛城区周营镇韩洼村	22	男	1938 年
李永胜	薛城区周营镇铁东村	21	男	1938 年
丁振田	薛城区周营镇丁庄村	22	男	1938 年
侯茂银	薛城区周营镇侯庄村	38	男	1938 年
侯三美	薛城区周营镇侯庄村	42	男	1938 年
许开吉	薛城区周营镇侯庄村	38	男	1938 年
李单氏	薛城区周营镇常埠村	40	女	1938 年
丰孙氏	薛城区周营镇常埠村	52	女	1938 年
褚敬浩	薛城区周营镇常埠村	62	男	1938 年
曹化菊	薛城区周营镇官杨庄村	62	男	1938 年
曹文永	薛城区周营镇官杨庄村	21	男	1938 年
郑允海	薛城区周营镇官杨庄村	36	男	1938 年
李贵才	薛城区周营镇李庄村	25	男	1938 年
张泽元	薛城区周营镇李庄村	28	男	1938 年
鹿见友	薛城区周营镇李庄村	30	男	1938 年
韩　三	薛城区周营镇李庄村	27	男	1938 年
付伯松	薛城区周营镇李庄村	36	男	1938 年
李贵银	薛城区周营镇后金马村	23	男	1938 年
李昌裕	薛城区周营镇后金马村	22	男	1938 年
闫允厚	薛城区周营镇后金马村	—	男	1938 年
张继征	薛城区周营镇后金马村	50	男	1938 年
张刘氏	薛城区周营镇后金马村	42	女	1938 年
徐宜时	薛城区周营镇后金马村	30	男	1938 年

姓 名	籍 贯	年 龄	性 别	死难时间
刘继云	薛城区周营镇后金马村	28	男	1938 年
周孙氏	薛城区周营镇北马庄村	78	女	1938 年
吕宜磊	薛城区沙沟镇吕沟村	25	男	1938 年
程振章	薛城区沙沟镇顾庄村	—	男	1938 年
易恒章之妹夫	薛城区沙沟镇东村	—	男	1938 年
邵泽善	薛城区沙沟镇东村	—	男	1938 年
褚衍藏	薛城区沙沟镇南常西村	26	男	1938 年
褚敬喜	薛城区张范镇大香城村	42	男	1938 年
鲁在喜	薛城区张范镇大香城村	22	男	1938 年
杨家振	薛城区张范镇大香城村	20	男	1938 年
曹士常	薛城区张范镇东村	—	男	1938 年
王四备	薛城区张范镇东村	—	男	1938 年
王召环	薛城区张范镇西夹埠村	52	女	1938 年
仲 宇	薛城区张范镇西夹埠村	—	男	1938 年
秦继圣	薛城区张范镇汤庄村	33	男	1938 年
秦继生	薛城区张范镇汤庄村	31	男	1938 年
王 大	薛城区张范镇汤庄村	55	男	1938 年
秦允臣	薛城区张范镇汤庄村	27	男	1938 年
汤 房	薛城区张范镇汤庄村	55	男	1938 年
于成起	薛城区张范镇汤庄村	34	男	1938 年
种哑巴	高新区兴仁街道匡腰村	—	男	1938 年
郝士宽	高新区兴仁街道匡腰村	—	男	1938 年
侯化义之弟	高新区兴仁街道东曲柏前村	23	男	1938 年
田忠座	高新区兴城街道西石沟村	55	男	1938 年
蒋 都	高新区兴城街道西石沟村	27	男	1938 年
田后德	高新区兴城街道西石沟村	74	男	1938 年
田后军	高新区兴城街道西石沟村	23	男	1938 年
田后历	高新区兴城街道西石沟村	29	男	1938 年
李春英	高新区兴城街道西石沟村	18	女	1938 年
尚 氏	高新区兴城街道西石沟村	22	女	1938 年
田可厚	高新区兴城街道西石沟村	38	男	1938 年
张宅伍	高新区兴城街道西石沟村	24	男	1938 年
袁宪泽	高新区兴城街道石沟营村	30	男	1938 年
徐 旺	高新区兴城街道西石沟村	17	男	1938 年

姓 名	籍 贯	年 龄	性 别	死难时间
李 国	高新区兴城街道西石沟村	26	男	1938 年
王 喜	高新区兴城街道西石沟村	31	男	1938 年
张建松	高新区兴城街道南石沟村	30	男	1938 年
田后申	高新区兴城街道南石沟村	38	男	1938 年
田后兔	高新区兴城街道蒋庄村	24	男	1938 年
于 氏	高新区兴城街道蒋庄村	29	女	1938 年
孙丙廪	高新区兴城街道蒋庄村	26	男	1938 年
赵富龙	高新区兴城街道蒋庄村	16	男	1938 年
孙 氏	高新区兴城街道蒋庄村	38	女	1938 年
毛陶氏	高新区兴城街道蒋庄村	70	女	1938 年
张宅×	高新区兴城街道西石沟村	24	男	1938 年
孙广田	高新区兴城街道来泉庄村	21	男	1938 年
李兴棠	高新区兴城街道西石沟村	70	男	1938 年
李兴喜	高新区兴城街道西石沟村	72	男	1938 年
张二孩	高新区兴城街道西石沟村	25	男	1938 年
薛四巴子	高新区兴城街道西石沟村	31	男	1938 年
邵 三	高新区兴城街道西石沟村	55	男	1938 年
袁昭居	高新区兴城街道石沟营村	55	男	1938 年
张敬礼	高新区兴城街道石沟营村	45	男	1938 年
张广种	高新区兴城街道石沟营村	26	男	1938 年
张三娥	高新区兴城街道石沟营村	10	男	1938 年
褚衍果	高新区兴城街道石沟营村	14	男	1938 年
王杰清之妻	薛城区临城街道办事处古井村	—	女	1939 年 3 月
大楼子	薛城区临城街道办事处古井村	—	男	1939 年 3 月
关夫明	薛城区周营镇铁佛村	22	男	1939 年 3 月
李德云	薛城区周营镇铁佛村	24	男	1939 年 3 月
李新典	薛城区周营镇铁佛村	23	男	1939 年 3 月
李德玉	薛城区周营镇铁佛村	31	男	1939 年 3 月
张同斌	薛城区周营镇铁佛村	36	男	1939 年 3 月
孙井和	薛城区周营镇铁佛村	21	男	1939 年 3 月
许元新	薛城区周营镇铁佛村	21	男	1939 年 3 月
许元岭	薛城区周营镇铁佛村	23	男	1939 年 3 月
吕 氏	薛城区周营镇官庄村	62	女	1939 年 3 月
吕忠文	薛城区周营镇蔡庄村	15	男	1939 年 3 月

姓 名	籍 贯	年 龄	性 别	死难时间
董金贵	薛城区周营镇官庄村	43	男	1939 年 3 月
曹 氏	薛城区周营镇官庄村	61	女	1939 年 3 月
季广昌之父	薛城区周营镇官庄村	63	男	1939 年 3 月
张传新之父	薛城区周营镇官庄村	62	男	1939 年 3 月
单茂银	薛城区周营镇周营二村	40	男	1939 年 5 月
张字田之母	薛城区陶庄镇桑桥村	—	女	1939 年 7 月
侯化义之弟	薛城区陶庄镇山家林火车站	10	男	1939 年 7 月
刘 三	薛城区沙沟镇	—	男	1939 年夏
孙井恩	薛城区周营镇王楼村	—	男	1939 年 11 月
孙茂清	薛城区周营镇王楼村	—	男	1939 年 11 月
刘学排	薛城区陶庄镇刘楼村	—	男	1939 年 11 月
王三令	薛城区周营镇王楼村	—	男	1939 年 11 月
邵会凤之妻	薛城区临城街道南临城	—	女	1939 年
郭景余之妻	薛城区临城街道南临城	—	女	1939 年
殷二妮	薛城区临城街道古井村	—	女	1939 年
殷二妮之母	薛城区临城街道古井村	—	女	1939 年
宋芳年	薛城区临城街道古井村	—	男	1939 年
宋芳年之妻	薛城区临城街道古井村	—	女	1939 年
宋芳年之弟	薛城区临城街道古井村	—	男	1939 年
宋芳贵之岳母	薛城区临城街道古井村	—	女	1939 年
齐继刚	薛城区临城街道西丁村	—	男	1939 年
郝家文	薛城区临城街道西丁村	37	男	1939 年
王家义之父	薛城区临城街道北临城	—	男	1939 年
王问连	薛城区临城街道北临城	—	男	1939 年
王问连之弟	薛城区临城街道北临城	—	男	1939 年
小于之父	薛城区临城街道北临城	—	男	1939 年
张文生	薛城区临城街道北临城	—	男	1939 年
王泽谦之伯父	薛城区临城街道北临城	—	男	1939 年
王大秃	薛城区临城街道古井村	—	男	1939 年
王二秃	薛城区临城街道古井村	—	男	1939 年
王俊华	薛城区临城街道古井村	—	男	1939 年
宋明月	薛城区临城街道古井村	—	男	1939 年
齐茂顶	薛城区临城街道北临城	—	男	1939 年
殷召臣	薛城区临城街道南临城	—	男	1939 年

姓　名	籍　贯	年　龄	性　别	死难时间
殷召臣之妻	薛城区临城街道南临城	—	女	1939 年
殷召臣之子	薛城区临城街道南临城	—	男	1939 年
殷召臣之女	薛城区临城街道南临城	—	女	1939 年
刘金山之弟	薛城区临城街道南临城	—	男	1939 年
潘凤国之叔	薛城区临城街道南临城	—	男	1939 年
陈西明	薛城区临城街道南临城	—	男	1939 年
蔡可荣	薛城区常庄镇前洛房村	19	男	1939 年
李朝满	薛城区常庄镇西姚山村	40	男	1939 年
陈金明	薛城区邹坞镇中陈郝村	43	男	1939 年
孙井美	薛城区周营镇高架子村	22	男	1939 年
李明生	薛城区周营镇铁东村	24	男	1939 年
张立祥	薛城区周营镇张湾村	26	男	1939 年
韩广绍	薛城区周营镇李庄村	21	男	1939 年
丁广起	薛城区周营镇丁庄村	21	男	1939 年
王统来	薛城区周营镇王楼村	—	男	1939 年
侯德友	薛城区周营镇侯庄村	42	男	1939 年
张同焕	薛城区周营镇铁佛村	20	男	1939 年
李新顶	薛城区周营镇铁佛村	22	男	1939 年
潘书志	薛城区沙沟镇潘庄村	—	男	1939 年
刘井才	薛城区沙沟镇茶棚村	—	男	1939 年
张家尧	薛城区沙沟镇茶棚村	—	男	1939 年
吴绍彦	薛城区沙沟镇中北常村	24	男	1939 年
邵泽善	薛城区沙沟镇李店村	24	男	1939 年
邵泽奇	薛城区沙沟镇李店村	25	男	1939 年
刘钦寒	薛城区沙沟镇大沃村	41	男	1939 年
李学年	薛城区张范镇大香城村	19	男	1939 年
李伯法	薛城区张范镇大香城村	24	男	1939 年
杨传翠	薛城区张范镇大香城村	18	男	1939 年
徐传芝	薛城区张范镇大香城村	—	男	1939 年
徐传世	薛城区张范镇大香城村	40	男	1939 年
徐继海	薛城区张范镇大香城村	40	男	1939 年
韩坤存	薛城区张范镇横山口村	19	男	1939 年
黄成寅	薛城区张范镇南于村	42	男	1939 年
高常勇	薛城区张范镇南于村	23	男	1939 年

姓 名	籍 贯	年 龄	性 别	死难时间
张继太	薛城区张范镇北于村	22	男	1939 年
田忠怀	薛城区陶庄镇左村	33	男	1939 年
刘君远	薛城区张范镇东村	—	男	1939 年
高三米	薛城区张范镇南于村	19	男	1939 年
王成方	高新区兴仁街道东巨山村	36	男	1939 年
葛庆木	高新区兴仁街道西巨山村	26	男	1939 年
田传德	高新区兴仁街道西曲柏村	24	男	1939 年
袁宪岭	高新区兴城街道石沟营村	23	男	1939 年
袁李民	高新区兴城街道石沟营村	42	男	1939 年
付×××	薛城区周营镇单楼村	—	男	1940 年 1 月
张占武	薛城区沙沟镇二村	—	男	1940 年 3 月
王运连	薛城区周营镇官杨庄村	35	男	1940 年 7 月
振 童	薛城区沙沟镇沙沟村	—	男	1940 年 9 月
王容箴	薛城区沙沟镇沙沟村	—	男	1940 年 9 月
褚思殿	薛城区沙沟镇沙沟村	—	男	1940 年 9 月
宋福伦	峄城区榴园镇大明庄	33	男	1940 年 9 月
李宝清	峄城区古邵镇严庄	19	男	1940 年 9 月
王茂如	峄城区榴园镇	29	男	1940 年 9 月
孙景锡	峄城区榴园镇郭庄	28	男	1940 年 9 月
王茂乾	峄城区榴园镇娘娘坟	27	男	1940 年 9 月
孙景才	薛城区张范镇大香城村	22	男	1940 年 9 月
刘世卿	薛城区周营镇湾槐树村	—	男	1940 年 10 月
刘世卿之儿媳	薛城区周营镇湾槐树村	—	女	1940 年 10 月
刘贵友	薛城区周营镇湾槐树村	—	男	1940 年 10 月
刘大勤	薛城区周营镇湾槐树村	—	男	1940 年 10 月
刘国珍	薛城区周营镇湾槐树村	—	女	1940 年 10 月
薛兆才	—	—	男	1940 年 12 月
马成义之妻	薛城区陶庄镇	—	女	1940 年冬
尹东昌	—	—	男	1940 年
宋芳会	薛城区临城街道古井村	—	男	1940 年
王吉怀	薛城区临城街道北临城	—	男	1940 年
王瑞之祖父	薛城区临城街道北临城	—	男	1940 年
宁如云	薛城区临城街道古井村	—	男	1940 年
朱其金	薛城区临城街道古井村	—	男	1940 年

姓 名	籍 贯	年 龄	性 别	死难时间
王 莲	薛城区临城街道古井村	—	男	1940 年
丁信喜	薛城区临城街道东丁村	—	男	1940 年
邓松如	薛城区陶庄镇小武穴村	—	男	1940 年
宋传锦	薛城区常庄镇种庄村	22	男	1940 年
姬庆臣	薛城区常庄镇西麦村	—	男	1940 年
刘殿山	薛城区常庄镇单庄村	—	男	1940 年
王赵氏	薛城区常庄镇单庄村	—	女	1940 年
张建文	薛城区邹坞镇官庄村	22	男	1940 年
邱贵云	薛城区邹坞镇北陈郝村	26	男	1940 年
张朋元	薛城区邹坞镇北陈郝村	25	男	1940 年
鲁传友	薛城区邹坞镇北陈郝村	22	男	1940 年
刘玉贵	薛城区邹坞镇北陈郝村	27	男	1940 年
许文信	薛城区邹坞镇北陈郝村	24	男	1940 年
闫继常	薛城区邹坞镇北陈郝村	23	男	1940 年
胡成义	薛城区邹坞镇北陈郝村	28	男	1940 年
张哑巴	薛城区邹坞镇西山口村	—	男	1940 年
王广志	薛城区邹坞镇张庄村	40	男	1940 年
宋树响	薛城区邹坞镇张庄村	40	男	1940 年
周传瑞	薛城区邹坞镇张庄村	45	男	1940 年
长 喜	薛城区邹坞镇埠后村	30	男	1940 年
李加宽	薛城区邹坞镇南安阳村	60	男	1940 年
王刘氏	薛城区邹坞镇南安阳村	50	女	1940 年
孙茂元	薛城区周营镇张场西村	18	男	1940 年
王习真	薛城区沙沟镇沙沟东村	41	男	1940 年
王懔点	薛城区沙沟镇沙沟东村	29	男	1940 年
褚敬北	薛城区沙沟镇楼窝村	22	男	1940 年
宁文贵	薛城区张范镇大香城村	25	男	1940 年
梁允富	薛城区张范镇南于村	30	男	1940 年
刘景镇	薛城区张范镇小屯村	38	男	1940 年
窦运田	薛城区张范镇小屯村	18	男	1940 年
杨庆和	薛城区张范镇北于村	26	男	1940 年
张殿兰	薛城区张范镇北于村	40	男	1940 年
朱同本	薛城区张范镇北于村	44	男	1940 年
沈肇林	薛城区张范镇化庄村	41	男	1940 年

姓 名	籍 贯	年 龄	性 别	死难时间
刘恒远	薛城区张范镇三村	20	男	1940 年
刘恒运	薛城区张范镇大甘霖村	—	男	1940 年
王边学	薛城区张范镇东村	—	男	1940 年
刘庚银	薛城区张范镇东村	—	男	1940 年
曹德民	薛城区张范镇东村	—	男	1940 年
杜连珍	薛城区张范镇西村	20	男	1940 年
孙晋安	薛城区张范镇南于村	60	男	1940 年
张福林	高新区兴城街道石沟营村	25	男	1940 年
蒋明东	高新区兴城街道南石沟村	21	男	1940 年
陶金龄	高新区兴城街道黑峪村	21	男	1940 年
姬庆张	高新区兴城街道南石沟村	18	男	1940 年
王广才	薛城区沙沟镇小北庄村	—		1940 年
高××	薛城区周营镇	—	男	1941 年 3 月
王新运	薛城区周营镇	—	男	1941 年 3 月
尚凤山	薛城区周营镇	—	男	1941 年 3 月
刘献标	薛城区陶庄镇	—	男	1941 年 7 月
张厚友	薛城区陶庄镇中武穴村	—	男	1941 年秋
王 三	薛城区陶庄镇中武穴村	—	男	1941 年秋
邓长金	薛城区陶庄镇小武穴村	—	男	1941 年秋
张建德	薛城区临城街道四街	33	男	1941 年
王金河	薛城区临城街道五街	25	男	1941 年
殷茂生	薛城区临城街道北临城	—	男	1941 年
姬广友	薛城区临城街道南临城	—	男	1941 年
殷茂汉	薛城区临城街道南临城	—	男	1941 年
时耿祥	薛城区临城街道南临城	—	男	1941 年
张连诺	薛城区临城街道南临城	—	男	1941 年
丁运喜	薛城区临城街道张桥村	—	男	1941 年
吕传清	薛城区陶庄镇前西村	20	男	1941 年
孔宪友	薛城区陶庄镇前西村	20	男	1941 年
杨庆席	薛城区陶庄镇上武穴村	—	男	1941 年
宋福成	薛城区陶庄镇鲁桥村	—	男	1941 年
王允郭	薛城区陶庄镇大陶庄村	—	男	1941 年
张兰存	薛城区常庄镇大辛庄村	29	男	1941 年
张继德	薛城区常庄镇孟岭村	33	男	1941 年

姓 名	籍 贯	年 龄	性 别	死难时间
刘 三	薛城区邹坞镇埠后村	40	男	1941 年
范明银	薛城区周营镇弯槐树村	20	男	1941 年
李允真	薛城区周营镇大石门村	25	男	1941 年
李昌裕	薛城区周营镇北李庄村	29	男	1941 年
刘玉芳	薛城区周营镇蔡官庄村	21	男	1941 年
殷延堂	薛城区沙沟镇茶棚村	19	男	1941 年
褚庆盘	薛城区沙沟镇南常西村	—	男	1941 年
殷延坤	薛城区沙沟镇杨庄村	26	男	1941 年
时家才	薛城区沙沟镇杨庄村	45	男	1941 年
褚绪标	薛城区沙沟镇郝庄村	44	男	1941 年
刘钦奎	薛城区沙沟镇大沃村	47	男	1941 年
武连均	薛城区张范镇南于村	22	男	1941 年
朱广恩	薛城区张范镇南于村	23	男	1941 年
刘二毛	薛城区张范镇北于村	21	男	1941 年
刘志宝	薛城区张范镇西村	22	男	1941 年
徐美堂	薛城区张范镇南于村	35	男	1941 年
梁 五	薛城区张范镇南于村	26	男	1941 年
邓承金	薛城区周营镇湾槐树村	—	男	1942 年 1 月
李××	薛城区周营镇大孙庄村	—	男	1942 年 1 月
朱××	薛城区周营镇大孙庄村	—	男	1942 年 1 月
邵士德	薛城区周营镇邵楼村	40	男	1942 年 5 月
邵纯理	薛城区周营镇邵楼村	60	男	1942 年 5 月
邵韩氏	薛城区周营镇邵楼村	36	女	1942 年 5 月
邵士宗	薛城区周营镇邵楼村	35	男	1942 年 5 月
邵百停	薛城区周营镇邵楼村	22	男	1942 年 5 月
邵李氏	薛城区周营镇邵楼村	30	女	1942 年 5 月
邵泽连	薛城区周营镇邵楼村	42	男	1942 年 5 月
邵陈氏	薛城区周营镇邵楼村	—	女	1942 年 5 月
邵士宽	薛城区周营镇邵楼村	—	男	1942 年 5 月
付士星	薛城区周营镇单楼村	38	男	1942 年 8 月
付士清	薛城区周营镇单楼村	27	男	1942 年 8 月
王厚田	—	—	男	1942 年 10 月
关少文	—	—	男	1942 年 10 月
郭德明	薛城区沙沟镇西杨庄村	—	男	1942 年春

姓 名	籍 贯	年 龄	性 别	死难时间
朱岐金	薛城区临城街道一街	25	男	1942 年
郝家才	薛城区临城街道东丁村	—	男	1942 年
王新河	薛城区临城街道古井村	—	男	1942 年
金××	薛城区临城街道东丁村	—	男	1942 年
葛 狗	薛城区临城街道东丁村	—	男	1942 年
丁祥忠之大祖父	薛城区临城街道东丁村	—	男	1942 年
丁宫喜	薛城区临城街道东丁村	—	男	1942 年
丁印榜	薛城区临城街道东丁村	—	男	1942 年
金 ×	薛城区临城街道东丁村	—	男	1942 年
秦明道	薛城区常庄镇	60	男	1942 年
张继湖	薛城区常庄镇孟岭村	29	男	1942 年
王化红	薛城区常庄镇东小庄村	25	男	1942 年
张亮元	薛城区常庄镇六炉店	87	男	1942 年
王祥银	薛城区常庄镇六炉店	89	男	1942 年
宋名文	薛城区常庄镇西小庄	27	男	1942 年
宋芳问	薛城区常庄镇西小庄	40	男	1942 年
李朝七	薛城区常庄镇西姚山村	36	男	1942 年
李朝六	薛城区常庄镇西姚山村	67	男	1942 年
贾传成	薛城区邹坞镇北陈郝村	31	男	1942 年
长 喜	薛城区邹坞镇	51	男	1942 年
邵长庚	薛城区周营镇邵楼村	28	男	1942 年
王邵氏	薛城区周营镇湾槐树村	—	女	1942 年
刘国户	薛城区周营镇湾槐树村	—	男	1942 年
邵三问	薛城区周营镇湾槐树村	—	男	1942 年
士平之伯父	薛城区周营镇湾槐树村	—	男	1942 年
士平之伯母	薛城区周营镇湾槐树村	—	女	1942 年
唐 杰	薛城区周营镇湾槐树村	—	男	1942 年
唐杰之母	薛城区周营镇湾槐树村	—	女	1942 年
秃老亮	薛城区周营镇湾槐树村	—	男	1942 年
邵泽申	薛城区周营镇湾槐树村	—	男	1942 年
褚庆连	薛城区周营镇高村	15	男	1942 年
孙景士	薛城区周营镇李庄村	30	男	1942 年
杨茂元	薛城区周营镇李庄村	32	男	1942 年
孙晋连	薛城区周营镇大孙庄村	22	男	1942 年

姓 名	籍 贯	年 龄	性 别	死难时间
李贵银	薛城区周营镇北李庄村	35	男	1942 年
孙景增	薛城区周营镇孙庄村	30	男	1942 年
孙成奎	薛城区周营镇孙庄村	51	男	1942 年
孙伯龙	薛城区周营镇中李庄村	49	男	1942 年
李庆海	薛城区周营镇陶官村	25	男	1942 年
殷茂章	薛城区沙沟镇下殷村	17	男	1942 年
褚耀斌	薛城区沙沟镇沙沟西村	42	男	1942 年
种明和	薛城区沙沟镇小营村	50	男	1942 年
单毛孩	薛城区沙沟镇小营村	18	男	1942 年
李广友	薛城区沙沟镇小营村	19	男	1942 年
张家龙	薛城区沙沟镇茶棚村	—	男	1942 年
李 涛	—	—	男	1942 年
吴振香	薛城区沙沟镇南常西村	24	男	1942 年
李成红	薛城区沙沟镇杨庄村	31	男	1942 年
杜宜珍	薛城区张范镇一村	23	男	1942 年
闫成业	薛城区张范镇大甘霖村	48	男	1942 年
李 氏	薛城区张范镇大甘霖村	46	女	1942 年
张广海之兄	薛城区张范镇大甘霖村	—	男	1942 年
杜以珍	薛城区张范镇大甘霖村	—	男	1942 年
武廷会	—	20	男	1942 年
刘道新	—	26	男	1942 年
孟昭煜	滕州市土城	26	男	1942 年
王建安	—	28	男	1942 年
韩 增	—	—	男	1942 年
董××	—	—	男	1942 年
沈秀元	薛城区张范镇大香城村	38	男	1942 年
王介义之母	薛城区张范镇大甘霖村	—	女	1942 年
李贵德之母	薛城区张范镇大甘霖村	—	女	1942 年
刘宗召	高新区兴仁街道托三村	23	男	1942 年
刘宗剑	高新区兴仁街道托三村	24	男	1942 年
孙延年	高新区兴仁街道洪洼村	20	男	1942 年
殷现银	高新区兴仁街道西巨山村	28	男	1942 年
王延林	高新区兴仁街道兴仁村	38	男	1942 年
张明良	高新区兴城街道杏峪村	28	男	1942 年

姓 名	籍 贯	年 龄	性 别	死难时间
孔现文	高新区兴城街道杏峪村	26	男	1942 年
孔现信	高新区兴城街道杏峪村	20	男	1942 年
孔现生	高新区兴城街道西石沟村	20	男	1942 年
孔现光	高新区兴城街道杏峪村	19	男	1942 年
崔光德	高新区兴城街道杏峪村	19	男	1942 年
李桂荣	高新区兴城街道杏峪村	23	男	1942 年
李伯山	高新区兴城街道杏峪村	26	男	1942 年
李伯堤	高新区兴城街道杏峪村	30	男	1942 年
李伯明	高新区兴城街道杏峪村	28	男	1942 年
李伯生	高新区兴城街道杏峪村	29	男	1942 年
孙长胜	高新区兴城街道蒋庄村	54	男	1942 年
韩排长	高新区兴城街道大吕巷村	24	男	1942 年
侯井才	高新区兴城街道大吕巷村	37	男	1942 年
马丙石	高新区兴城街道大吕巷村	28	男	1942 年
李其山	高新区兴城街道大吕巷村	23	男	1942 年
李其厚	高新区兴城街道大吕巷村	14	男	1942 年
王昌稳	高新区兴城街道南石沟村	21	男	1942 年
田厚勤	高新区兴城街道南石沟村	25	男	1942 年
段海成	—	—	男	1943 年 4 月
褚雨田	—	—	男	1943 年 4 月
孙井山	薛城区周营镇	—	男	1943 年 5 月
李德远	薛城区周营镇石门村	—	男	1943 年 5 月
李德运	薛城区周营镇石庙村	—	男	1943 年春
张宗昌	薛城区常庄镇卜西村	82	男	1943 年 7 月
吴绍彬	薛城区沙沟镇北常村	—	男	1943 年秋
齐贵芝	薛城区沙沟镇西村	—	男	1943 年秋
齐思源之堂兄	薛城区沙沟镇西村	—	男	1943 年秋
孙井文	薛城区沙沟镇西村	—	男	1943 年秋
宋钦友	薛城区沙沟镇西村	—	男	1943 年秋
张守仁	薛城区沙沟镇西村	—	男	1943 年秋
齐思源之堂弟	薛城区沙沟镇西村	—	男	1943 年秋
颜淑廷	薛城区沙沟镇北常村	—	男	1943 年 12 月
颜淑元	薛城区沙沟镇北常村	—	男	1943 年 12 月
张昭典	薛城区沙沟镇北常村	—	男	1943 年 12 月

姓 名	籍 贯	年 龄	性 别	死难时间
张宪栋	薛城区沙沟镇北常村	—	男	1943 年 12 月
张宪伍	薛城区沙沟镇北常村	—	男	1943 年 12 月
张昭存	薛城区沙沟镇北常村	—	男	1943 年 12 月
颜淑营	薛城区沙沟镇北常村	—	男	1943 年 12 月
颜道来	薛城区沙沟镇北常村	—	男	1943 年 12 月
颜淑民	薛城区沙沟镇北常村	—	男	1943 年 12 月
张宪章之弟	薛城区沙沟镇北常村	—	男	1943 年 12 月
张宪龙	薛城区沙沟镇北常村	—	男	1943 年 12 月
张毛清	薛城区沙沟镇北常村	—	男	1943 年 12 月
张大孩	薛城区沙沟镇北常村	—	男	1943 年 12 月
张昭三	薛城区沙沟镇北常村	—	男	1943 年 12 月
张昭四	薛城区沙沟镇北常村	—	男	1943 年 12 月
张昭衡	薛城区沙沟镇北常村	—	男	1943 年 12 月
颜淑震	薛城区沙沟镇北常村	—	男	1943 年 12 月
徐 大	薛城区张范镇大香城村	—	男	1943 年 12 月
徐 二	薛城区张范镇大香城村	—	男	1943 年 12 月
王纯福	薛城区沙沟镇曹沃村	—	男	1943 年 12 月
黄 二	薛城区临城街道办事处古井村	—	男	1943 年
苗安盛	薛城区陶庄镇	—	男	1943 年
李向德	薛城区常庄镇前洛房村	21	男	1943 年
相泗才	薛城区常庄镇东黄泉村	23	男	1943 年
王会友	薛城区常庄镇东黄泉村	24	男	1943 年
徐继贵	薛城区常庄镇东黄泉村	24	男	1943 年
种衍礼	薛城区常庄镇杨庄村	20	男	1943 年
殷茂家	薛城区常庄镇姬庄村	31	男	1943 年
黄文立	薛城区常庄镇姬庄村	40	男	1943 年
黄文立之子	薛城区常庄镇姬庄村	21	男	1943 年
王林吉	薛城区常庄镇六炉店	—	男	1943 年
魏成才	薛城区邹坞镇西山口村	25	男	1943 年
胡述坤	薛城区邹坞镇埠后村	29	男	1943 年
宋树彬	薛城区邹坞镇张庄村	40	男	1943 年
李福华	薛城区周营镇单楼村	21	男	1943 年
李德宝	薛城区周营镇大石门村	20	男	1943 年
刘甲贞	薛城区周营镇南马庄	36	男	1943 年

姓 名	籍 贯	年 龄	性 别	死难时间
刘传德	薛城区周营镇孙庄村	24	男	1943 年
孙景文	薛城区沙沟镇沙沟东村	28	男	1943 年
李正平	薛城区沙沟镇李楼村	19	男	1943 年
张存坡	薛城区沙沟镇关庙村	20	男	1943 年
张建国	薛城区沙沟镇关庙村	24	男	1943 年
李 涛	薛城区沙沟镇李楼村	25	男	1943 年
潘兴镇	薛城区沙沟镇潘庄村	—	男	1943 年
潘集义	薛城区沙沟镇潘庄村	—	男	1943 年
吴绍×	薛城区沙沟镇西村	—	男	1943 年
王运荣	薛城区沙沟镇南常东村	19	男	1943 年
褚福才	薛城区沙沟镇南常西村	19	男	1943 年
袁成红	薛城区沙沟镇袁庄村	24	男	1943 年
董凤全	薛城区沙沟镇圩子村	32	男	1943 年
颜建鑫	薛城区沙沟镇北常村	17	男	1943 年
刘明全	薛城区张范镇小屯村	22	男	1943 年
朱平令	薛城区张范镇北于村	32	男	1943 年
宋文礼	薛城区张范镇田庄村	22	男	1943 年
韩荣启	薛城区张范镇化庄村	22	男	1943 年
陈印安	薛城区张范镇上辛庄村	30	男	1943 年
赵连成	薛城区张范镇袁庄村	22	男	1943 年
秦继胜	薛城区张范镇汤庄村	35	男	1943 年
刘道昂	薛城区沙沟镇横山口村	33	男	1943 年
刘学嵋	薛城区张范镇大香城村	—	男	1943 年
王玉连	高新区兴仁街道兴仁村	43	男	1943 年
曹化吉	高新区兴仁街道匡头村	60	男	1943 年
丁祥忠之祖父	薛城区临城街道东丁村	—	男	1944 年 8 月
张思问	薛城区常庄镇姬庄村	—	男	1943 年 5 月
彭西海	薛城区常庄镇姬庄村	—	男	1943 年 5 月
彭宝常	薛城区常庄镇姬庄村	—	男	1943 年 5 月
庞继先	薛城区常庄镇姬庄村	—	男	1943 年 5 月
姬庆申	薛城区常庄镇姬庄村	—	男	1943 年 5 月
姬长存之祖父	薛城区常庄镇姬庄村	—	男	1943 年 5 月
姬长实之祖父	薛城区常庄镇姬庄村	—	男	1943 年 5 月
姬长实之父	薛城区常庄镇姬庄村	—	男	1943 年 5 月

姓 名	籍 贯	年 龄	性 别	死难时间
姬庆芝	薛城区常庄镇姬庄村	—	男	1943 年 5 月
杨传志	薛城区常庄镇姬庄村	—	男	1943 年 5 月
彭西安	薛城区常庄镇姬庄村	—	男	1943 年 5 月
李广田	薛城区常庄镇粮满村	22	男	1944 年 12 月
彭茂伦	薛城区常庄镇粮满村	21	男	1944 年 12 月
彭茂申	薛城区常庄镇粮满村	24	男	1944 年 12 月
姬庆志	薛城区常庄镇粮满村	20	男	1944 年 12 月
曹化友	薛城区常庄镇粮满村	20	男	1944 年 12 月
李广阔	薛城区常庄镇粮满村	23	男	1944 年 12 月
曹文春	薛城区常庄镇粮满村	22	男	1944 年 12 月
何保花	薛城区沙沟镇西村	—	男	1944 年秋
杨家成	薛城区临城街道南临城村	41	男	1944 年
王新义	薛城区临城街道古井村	—	男	1944 年
宋芳山	薛城区临城街道古井村	—	男	1944 年
孟庆爱	薛城区临城街道古井村	—	男	1944 年
刘宪坤	薛城区陶庄镇芦桥村	24	男	1944 年
张存志	薛城区陶庄镇后西村	31	男	1944 年
王恒志	薛城区陶庄镇	35	男	1944 年
常尚珠	薛城区常庄镇	32	男	1944 年
种化锦	薛城区常庄镇种庄村	25	男	1944 年
孙裕民	薛城区常庄镇何庄村	24	男	1944 年
马成营	薛城区常庄镇何庄村	22	男	1944 年
秦明显	薛城区常庄镇何庄村	56	男	1944 年
杨传贵	薛城区常庄镇何庄村	33	男	1944 年
杨传金	薛城区常庄镇何庄村	17	男	1944 年
刘新孩	薛城区常庄镇六炉店	22	男	1944 年
朱殷氏	薛城区常庄镇西姚山村	56	女	1944 年
王延成	高新区兴仁街道兴仁村	19	男	1944 年
张裕国	薛城区邹坞镇北安阳村	45	男	1944 年
周荣顺	薛城区邹坞镇张庄村	28	男	1944 年
宋兆凯	薛城区邹坞镇张庄村	23	男	1944 年
徐慎庭	薛城区周营镇前磨村	28	男	1944 年
程茂连	薛城区周营镇刘河口村	22	男	1944 年
孙晋文	薛城区周营镇丁庄村	23	男	1944 年

姓 名	籍 贯	年 龄	性 别	死难时间
邵长恩	薛城区周营镇单楼村	23	男	1944 年
李允战	薛城区周营镇大石门村	23	男	1944 年
解庆河	薛城区周营镇曹埠村	20	男	1944 年
李光林	薛城区周营镇北马庄村	13	男	1944 年
朱英俊	薛城区周营镇高村	55	男	1944 年
李井奎	薛城区周营镇高村	33	男	1944 年
李井云	薛城区周营镇高村	30	男	1944 年
阎允厚	薛城区周营镇李庄村	50	男	1944 年
王保俊	薛城区沙沟镇沙沟东村	36	男	1944 年
刘春芝	薛城区沙沟镇界沟村	16	男	1944 年
张家栋	薛城区沙沟镇茶棚村	—	男	1944 年
张雪坤	薛城区沙沟镇茶棚村	—	男	1944 年
孙井湖	薛城区沙沟镇圩子村	—	男	1944 年
褚庄真	薛城区沙沟镇城子村	28	男	1944 年
褚庆友	薛城区沙沟镇城子村	21	男	1944 年
褚思銮	薛城区沙沟镇南常东村	19	男	1944 年
龚连生	薛城区沙沟镇龚庄村	30	男	1944 年
曾召生	薛城区张范镇南于村	22	男	1944 年
张宗海	薛城区张范镇大甘霖村	63	男	1944 年
修孝连	薛城区张范镇修庄村	57	男	1944 年
张延逆之弟	薛城区张范镇大甘霖村	—	男	1944 年
曹 杰	薛城区张范镇大甘霖村	—	男	1944 年
曹万珍	薛城区张范镇东村	—	女	1944 年
孟政委通信员	—	—	男	1944 年
曹化仁	高新区兴仁街道东巨山村	30	男	1944 年
王 三	高新区兴仁街道西托前村	—	—	1944 年
李登安之子	高新区兴仁街道托后村	8	男	1944 年
袁召连之叔	高新区兴仁街道匡头村	6	男	1944 年
刘振明之弟	高新区兴仁街道匡头村	5	男	1944 年
张玉山	高新区兴仁街道托三村	28	男	1944 年
田忠佐	高新区兴城街道南石沟村	55	男	1944 年
陶洪赢	高新区兴城街道大吕巷村	36	男	1944 年
刘甚金	高新区兴城街道黑峪村	21	男	1944 年
朱平富	高新区兴城街道高楼村	21	男	1944 年

姓 名	籍 贯	年 龄	性 别	死难时间
徐德财	高新区兴城街道小吕巷村	20	男	1944 年
王家富	高新区兴城街道小吕巷村	30	男	1944 年
常 尚	薛城区常庄镇常庄村	—	男	1944 年
刘洪章	高新区兴仁街道徐沃村	21	男	1945 年 2 月
孙景山	薛城区周营镇石庙村	—	男	1945 年春
孙二荣之女	薛城区张范镇大香城村	10	女	1945 年春
郭继友	薛城区沙沟镇西村	—	男	1945 年秋
张恒喜	薛城区临城街道西丁桥村	37	男	1945 年
张福成	薛城区临城街道西丁桥村	30	男	1945 年
郭家才	薛城区临城街道西丁桥村	31	男	1945 年
宋芳馨	薛城区临城街道古井村	52	男	1945 年
宋名义	薛城区临城街道古井村	—	男	1945 年
宋芳金	薛城区临城街道古井村	—	男	1945 年
宋芳清	薛城区临城街道古井村	—	男	1945 年
种衍泉	薛城区陶庄镇前西村	24	男	1945 年
褚敬荣	薛城区陶庄镇武穴村	—	男	1945 年
唐安平	薛城区陶庄镇武穴村	—	男	1945 年
薛广聚	薛城区陶庄镇小官庄村	—	男	1945 年
张友海	薛城区陶庄镇鲁桥村	—	男	1945 年
王传海	薛城区陶庄镇鲁桥村	—	男	1945 年
张宗娥	薛城区陶庄镇鲁桥村	—	男	1945 年
刘现坤	薛城区陶庄镇鲁桥村	—	男	1945 年
黄士彬	薛城区常庄镇大辛庄村	24	男	1945 年
张裕乾	薛城区常庄镇大辛庄村	19	男	1945 年
邵立荣	薛城区常庄镇水寨村	37	男	1945 年
郑均厚	薛城区常庄镇埠岭村	27	男	1945 年
常尚连	薛城区常庄镇	34	男	1945 年
种明新	薛城区常庄镇种庄村	26	男	1945 年
邵泽洋	薛城区常庄镇邵庄村	25	男	1945 年
张化珠	薛城区常庄镇邵庄村	20	男	1945 年
叶金运	薛城区常庄镇西姚山村	24	男	1945 年
刘圣银	高新区兴仁街道东托村	21	男	1945 年
刘贤真	高新区兴仁街道东托村	23	男	1945 年
刘宗友	高新区兴仁街道东托村	28	男	1945 年

姓 名	籍 贯	年 龄	性 别	死难时间
张家伦	高新区兴仁街道托前村	21	男	1945 年
张保合	薛城区邹坞镇中陈郝村	32	男	1945 年
李玉环	薛城区邹坞镇中陈郝村	32	男	1945 年
韩永平	薛城区邹坞镇中陈郝村	26	男	1945 年
孙井三	薛城区周营镇周营三村	21	男	1945 年
王广志	薛城区周营镇张西村	18	男	1945 年
孙景河	薛城区周营镇铁东村	23	男	1945 年
张凤元	薛城区周营镇李庄村	24	男	1945 年
王统英	薛城区周营镇王楼村	21	男	1945 年
耿景汉	薛城区周营镇大巩湖村	20	男	1945 年
李成武	薛城区周营镇褚楼村	24	男	1945 年
邵泽林	薛城区周营镇周营五村	50	男	1945 年
王广成	薛城区周营镇周营一村	—	男	1945 年
孙景岳	薛城区周营镇大孙庄村	20	男	1945 年
袁宪坤	薛城区周营镇后金马村	29	男	1945 年
殷子恒	薛城区沙沟镇上殷村	24	男	1945 年
杜宗礼	薛城区沙沟镇茶棚村	28	男	1945 年
张帆存	薛城区沙沟镇茶棚村	—	男	1945 年
张泽洪	薛城区沙沟镇南常东村	48	男	1945 年
褚衍宣	薛城区沙沟镇南常东村	32	男	1945 年
李现耿	薛城区沙沟镇南常西村	54	男	1945 年
董广怀	薛城区沙沟镇殷庄村	23	男	1945 年
王启杰	薛城区张范镇南于村	51	男	1945 年
刘 刚	薛城区张范镇小屯村	23	男	1945 年
曹 杰	薛城区张范镇一村	24	男	1945 年
王景伦	薛城区张范镇三村	21	男	1945 年
曹万忍	薛城区张范镇大甘霖村	33	男	1945 年
王井伦	薛城区张范镇大甘霖村	—	男	1945 年
王守元	薛城区张范镇东村	—	男	1945 年
陶衍友	高新区兴城街道黑峪村	21	男	1945 年
徐德法	高新区兴城街道小吕巷村	19	男	1945 年
王如勤	高新区兴城街道小吕巷村	21	男	1945 年
王玉坤	高新区兴城街道小吕巷村	39	男	1945 年
褚思金	高新区兴城街道来泉庄村	23	男	1945 年

姓　名	籍　贯	年　龄	性　别	死难时间
王田福	高新区兴城街道南石沟村	25	男	1945 年
田厚均	高新区兴城街道南石沟村	30	男	1945 年
郑良柱	高新区兴城街道南石沟村	60	男	1945 年
褚思勋	高新区兴城街道黑峪村	25	男	1945 年
宋　氏	高新区兴城街道黑峪村	32	女	1945 年
李　氏	薛城区常庄镇西姚山村	70	女	1945 年
王明奎之父	薛城区临城街道北临城	—	男	—
韩　三	薛城区临城街道北临城	—	男	—
陈长富	薛城区临城街道西丁桥村	34	男	—
齐茂顶之父	薛城区沙沟镇西村	—	男	—
丁三印	薛城区临城街道东丁村	—	男	—
李玉斗	薛城区陶庄镇	—	男	—
孟现文	薛城区陶庄镇齐湖村	—	男	—
王维哲之弟	薛城区陶庄镇齐湖村	—	男	—
王维哲之祖母	薛城区陶庄镇齐湖村	—	女	—
颜以赞	薛城区陶庄镇大陶庄村	—	男	—
冯高氏	薛城区陶庄镇千山村	—	女	—
冯茂兰	薛城区陶庄镇千山村	—	女	—
冯茂岗	薛城区陶庄镇千山村	—	男	—
张建银	薛城区陶庄镇	—	男	—
种明×	薛城区常庄镇种庄村	26	男	—
种化×	薛城区常庄镇种庄村	25	男	—
李传喜	薛城区常庄镇六炉店村	—	男	—
赵如银	薛城区常庄镇六炉店村	—	男	—
刘东森之子	薛城区常庄镇六炉店村	—	男	—
刘单氏	薛城区常庄镇六炉店村	—	女	—
王延尚	薛城区常庄镇六炉店村	—	男	—
宋××	薛城区常庄镇东泥村	12	男	—
李玉湖之父	薛城区常庄镇下于村	—	男	—
黄文明	薛城区常庄镇下于村	—	男	—
黄文栋	薛城区常庄镇下于村	—	男	—
种化千	薛城区常庄镇种庄村	—	男	—
孙张乐	薛城区常庄镇渐彭村	24	女	—
马成营	薛城区常庄镇渐彭村	22	男	—

姓　名	籍　贯	年　龄	性　别	死难时间
孙延年	高新区兴仁街道巨山村	20	男	—
张玉山	高新区兴仁街道巨山村	21	男	—
刘宗召	高新区兴仁街道巨山村	23	男	—
刘宗剑	高新区兴仁街道巨山村	24	男	—
王玉连	高新区兴仁街道兴仁村	43	男	—
王延林	高新区兴仁街道兴仁村	38	男	—
王瑞璧	高新区兴仁街道洪洼村	70	男	—
葛庆木	高新区兴仁街道四里石村	26	男	—
殷现银	高新区兴仁街道四里石村	28	男	—
王明真之父	高新区兴仁街道薛庄村	29	男	—
王成方	高新区兴仁街道谷山村	36	男	—
曹文之子	高新区兴仁街道谷山村	40	男	—
×哑巴	高新区兴仁街道谷山村	—	男	—
郝×宽	高新区兴仁街道曲柏村	—	男	—
种×绪	高新区兴仁街道曲柏村	—	男	—
侯×义之弟	高新区兴仁街道曲柏村	23	男	—
田传德	高新区兴仁街道徐沃村	24	男	—
许芳清	薛城区邹坞镇官庄村	46	男	—
许芳山	薛城区邹坞镇官庄村	44	男	—
黄　三	薛城区邹坞镇官庄村	44	男	—
黄二利	薛城区邹坞镇官庄村	43	男	—
刘王氏	薛城区邹坞镇西山口村	50	女	—
秦建友	薛城区邹坞镇北陈郝村	—	男	—
韩　×	薛城区邹坞镇东尚庄村	—	男	—
刘学庆	薛城区邹坞镇东尚庄村	—	男	—
张传士	薛城区邹坞镇东尚庄村	—	男	—
马兴隆	薛城区邹坞镇东尚庄村	—	男	—
王金学	薛城区邹坞镇东尚庄村	—	男	—
丁方远	薛城区邹坞镇东尚庄村	—	男	—
王文魁	薛城区邹坞镇东尚庄村	—	男	—
史广友	薛城区邹坞镇东尚庄村	—	男	—
方　友	薛城区邹坞镇东尚庄村	—	男	—
韩　毓	薛城区邹坞镇东尚庄村	—	男	—
建　成	薛城区邹坞镇东尚庄村	—	男	—

姓　名	籍　贯	年　龄	性　别	死难时间
吕　平	薛城区邹坞镇东尚庄村	—	女	—
邹　杰	薛城区邹坞镇东尚庄村	—	男	—
学　新	薛城区邹坞镇东尚庄村	—	男	—
允　中	薛城区邹坞镇东尚庄村	—	男	—
明　儒	薛城区邹坞镇东尚庄村	—	男	—
士　忠	薛城区邹坞镇东尚庄村	—	男	—
陈　氏	薛城区邹坞镇邹坞村	70	女	—
高二芋头	薛城区邹坞镇西南村	40	男	—
赵　燕	薛城区邹坞镇西南村	43	男	—
赵燕之弟	薛城区邹坞镇西南村	—	男	—
王广×	薛城区邹坞镇西南村	38	男	—
张二流	薛城区邹坞镇西南村	40	男	—
高瑞银	薛城区邹坞镇西南村	—	男	—
高瑞召	薛城区邹坞镇西南村	—	男	—
王德田	薛城区邹坞镇西南村	—	男	—
滕海清	薛城区邹坞镇	—	男	—
康志强	薛城区邹坞镇	—	男	—
张振寰	薛城区邹坞镇	—	男	—
徐竹铭	薛城区陶庄镇	—	男	—
董金建	薛城区邹坞镇洪村	76	男	—
韩　员	薛城区邹坞镇	—	男	—
孙井汉	薛城区周营镇大巩湖村	30	男	—
孙井来	薛城区周营镇大巩湖村	28	男	—
李德彩	薛城区周营镇石门村	—	男	—
李允站	薛城区周营镇石门村	—	男	—
李二运	薛城区周营镇石门村	—	男	—
孙张氏	薛城区周营镇小巩湖村	21	女	—
高传多	薛城区周营镇小巩湖村	23	男	—
孙井路	薛城区周营镇小巩湖村	22	男	—
孙亮快	薛城区周营镇小巩湖村	21	男	—
李　成	薛城区周营镇小巩湖村	19	男	—
孙井金	薛城区周营镇小巩湖村	20	男	—
张立祥	薛城区周营镇河湾村	20	男	—
张立荣	薛城区周营镇河湾村	27	男	—

姓 名	籍 贯	年 龄	性 别	死难时间
褚思杰	薛城区周营镇河湾村	24	男	—
韩广年	薛城区周营镇河湾村	21	男	—
李甲更	薛城区周营镇河湾村	21	男	—
李成明	薛城区周营镇河湾村	20	男	—
李成森	薛城区周营镇河湾村	23	男	—
李重顶	薛城区周营镇河湾村	36	男	—
季存昌	薛城区周营镇河湾村	30	男	—
季守相	薛城区周营镇河湾村	60	男	—
徐慎庭	薛城区周营镇磨庄村	26	男	—
李东生	薛城区周营镇周营一村	—	男	—
李桂仪	薛城区周营镇周营一村	—	男	—
李福圣	薛城区周营镇周营四村	21	男	—
李茂武	薛城区周营镇褚楼村	—	男	—
李福金	薛城区周营镇褚楼村	—	男	—
孙井振	薛城区周营镇褚楼村	—	男	—
孙茂胜	薛城区周营镇褚楼村	—	男	—
孙成吉	薛城区周营镇褚楼村	—	男	—
钱广菊	薛城区周营镇高架子村	28	男	—
王会晨	薛城区周营镇高架子村	30	男	—
程茂连	薛城区周营镇高架子村	5	男	—
刘传德	薛城区周营镇高架子村	23	男	—
孙井岳	薛城区周营镇高架子村	20	男	—
孙晋连	薛城区周营镇高架子村	22	男	—
王高举	薛城区周营镇前马村	68	男	—
张立喜	薛城区周营镇前马村	—	男	—
褚庆西	薛城区周营镇胡村	—	男	—
单 大	薛城区周营镇三村	25	男	—
单 三	薛城区周营镇三村	21	男	—
孙茂廷	薛城区周营镇	—	男	—
李继武	薛城区周营镇	—	男	—
张夫成	薛城区周营镇	—	男	—
张志勇	薛城区周营镇三村	21	男	—
王广西	薛城区周营镇杨庄村	31	男	—
张恒才	薛城区周营镇杨庄村	27	男	—

姓　名	籍　贯	年　龄	性　别	死难时间
刘元清	薛城区周营镇杨庄村	25	男	—
邵长佑	薛城区周营镇五村	30	男	—
王体堂	薛城区周营镇五村	40	男	—
李富森	薛城区周营镇五村	—	男	—
李三麻子	薛城区周营镇五村	—	男	—
李富才	薛城区周营镇五村	—	男	—
马道林	薛城区周营镇石庙村	—	男	—
马振洪	薛城区周营镇石庙村	—	男	—
张　义	薛城区沙沟镇邵楼村	—	男	—
张思名	薛城区沙沟镇邵楼村	—	男	—
褚思胜	薛城区沙沟镇邵楼村	—	男	—
褚思理	薛城区沙沟镇邵楼村	—	男	—
张思仁	薛城区沙沟镇邵楼村	—	男	—
张思仁之父	薛城区沙沟镇邵楼村	—	男	—
董老大	薛城区沙沟镇茶棚村	—	男	—
张延武	薛城区沙沟镇茶棚村	—	男	—
王广礼	薛城区沙沟镇郑官庄村	—	男	—
王运更	薛城区沙沟镇郑官庄村	—	男	—
殷茂先	薛城区沙沟镇黎旭村	—	男	—
张云生	薛城区沙沟镇黎旭村	—	男	—
邵泽琪	薛城区沙沟镇杜塘村	26	男	—
孙井彬	薛城区沙沟镇西村	—	男	—
杨传德之三弟	薛城区沙沟镇西村	—	男	—
李宪全	薛城区沙沟镇南常东村	—	男	—
褚敬河	薛城区沙沟镇南常东村	—	男	—
褚庆春之伯父	薛城区沙沟镇南常西村	—	男	—
杨传德	薛城区沙沟镇南常西村	—	男	—
时培友	薛城区沙沟镇东界沟村	—	男	—
刘学经	薛城区沙沟镇东界沟村	—	男	—
李臣富	薛城区沙沟镇李楼村	—	男	—
李正兰	薛城区沙沟镇李楼村	—	男	—
李思金	薛城区沙沟镇李楼村	—	男	—
颜福元	薛城区陶庄镇	—	男	—
褚思庭之姑	薛城区沙沟镇南常西村	—	女	—

姓　名	籍　贯	年　龄	性　别	死难时间
李允千	薛城区沙沟镇龚庄村	—	男	—
刘洪申	薛城区沙沟镇西界沟村	—	男	—
刘洪申之妻	薛城区沙沟镇西界沟村	—	女	—
刘来义	薛城区沙沟镇西界沟村	—	男	—
褚衍文	薛城区沙沟镇南常东村	—	男	—
张明伦	薛城区沙沟镇黎墟村	—	男	—
张文义	薛城区沙沟镇黎墟村	—	男	—
董大孩	薛城区沙沟镇董庄村	23	男	—
董光贵	薛城区沙沟镇董庄村	26	男	—
董光申	薛城区沙沟镇董庄村	21	男	—
刘圣启之长子	薛城区沙沟镇界沟村	—	男	—
刘圣启之次子	薛城区沙沟镇界沟村	—	男	—
刘圣启之女	薛城区沙沟镇界沟村	—	女	—
刘圣启之儿媳	薛城区沙沟镇界沟村	—	女	—
殷汉富	薛城区沙沟镇东村	52	男	—
殷治昌	薛城区沙沟镇东村	50	男	—
殷浩昌	薛城区沙沟镇东村	51	男	—
殷延栋	薛城区沙沟镇东村	23	男	—
李　太	薛城区沙沟镇南常东村	—	男	—
王金芳	薛城区沙沟镇东埠上村	—	男	—
王福田	薛城区沙沟镇东埠上村	—	男	—
闫××	薛城区沙沟镇东埠上村	—	男	—
孙茂田	薛城区沙沟镇东埠上村	—	男	—
程震章	薛城区沙沟镇顾庄村	—	—	—
麻　存	薛城区沙沟镇顾庄村	—	男	—
李允千之兄	薛城区沙沟镇龚庄村	—	男	—
殷延秀	薛城区沙沟镇北常村	—	男	—
袁成仁	薛城区沙沟镇袁庄村	—	男	—
顾克桐	薛城区沙沟镇杜塘村	—	男	—
杜委良	薛城区沙沟镇杜塘村	—	男	—
张建同	薛城区沙沟镇杜塘村	—	男	—
张家油	薛城区沙沟镇茶棚村	—	男	—
王保恩	薛城区沙沟镇东村	—	男	—
李　清	薛城区沙沟镇吕沟村	—	男	—

姓 名	籍 贯	年 龄	性 别	死难时间
谢文东	薛城区沙沟镇茶棚村	—	男	—
修孝连	薛城区张范镇大甘霖村	49	男	—
李元山	薛城区张范镇大甘霖村	33	男	—
关学成之四祖母	薛城区张范镇西夹埠村	—	女	—
徐广山	薛城区张范镇小香城村	30	男	—
徐传士	薛城区张范镇小香城村	49	男	—
宁文贵	薛城区张范镇小香城村	32	男	—
徐传礼	薛城区张范镇小香城村	28	男	—
徐成军	薛城区张范镇小香城村	—	男	—
徐广杰之二叔	薛城区张范镇小香城村	—	男	—
吴保英之父	薛城区张范镇北于村	—	男	—
左中治	薛城区张范镇汤庄村	—	男	—
杨傻子	薛城区张范镇汤庄村	—	男	—
张茂斗	薛城区临城街道挪庄村	—	男	—
张茂斗之堂兄	薛城区临城街道挪庄村	—	男	—
陈连珍	薛城区张范镇辛庄村	42	男	—
王庆常之父	薛城区张范镇北于村	—	男	—
王德连之二叔	薛城区张范镇北于村	—	男	—
任家云	薛城区张范镇北丁村	—	男	—
王庆祥之父	薛城区张范镇北于村	—	男	—
赵作美	薛城区张范镇北于村	—	男	—
张继楼	薛城区张范镇北于村	—	男	—
刘 坡	薛城区张范镇大香城村	18	男	—
刘新坦之祖母	薛城区张范镇大香城村	—	女	—
褚思珍之妻	薛城区张范镇大香城村	—	女	—
张兴福之母	薛城区张范镇大香城村	60	女	—
刘妈妈	薛城区张范镇大香城村	65	女	—
韩××	薛城区张范镇大香城村	30	男	—
孟现友	薛城区张范镇大香城村	29	男	—
于凤武	薛城区张范镇大香城村	36	男	—
鲍长友	薛城区张范镇大香城村	18	男	—
赵成斗	薛城区张范镇大香城村	38	男	—
张刘氏	薛城区张范镇大香城村	—	女	—
朱平喜之父	薛城区张范镇北于村	—	男	—

姓 名	籍 贯	年 龄	性 别	死难时间
张化河	薛城区张范镇北于村	—	男	—
孙晋标	薛城区张范镇北于村	—	男	—
许广志	薛城区张范镇北于村	—	男	—
王义章	薛城区张范镇北于村	—	男	—
赵成才	薛城区张范镇北于村	—	男	—
何玉夜	薛城区张范镇北于村	—	男	—
张二宝	薛城区张范镇北于村	—	男	—
徐美林	薛城区张范镇北于村	—	男	—
刘化田	薛城区张范镇北于村	—	男	—
朱本俊	薛城区张范镇北于村	—	男	—
何玉良	薛城区张范镇北于村	—	男	—
孙晋虎	薛城区张范镇北于村	—	男	—
张刘氏之女	薛城区张范镇大香城村	—	女	—
张继怀	薛城区张范镇田庄村	31	男	—
杨庆和	薛城区张范镇田庄村	26	男	—
朱平会	薛城区张范镇田庄村	32	男	—
张泽均	薛城区张范镇化庄村	37	男	—
王增金	薛城区张范镇化庄村	28	男	—
韩坤存	薛城区张范镇化庄村	19	男	—
沈启存	薛城区张范镇化庄村	24	男	—
李家让	薛城区张范镇化庄村	28	男	—
武廷军	薛城区张范镇袁庄村	22	男	—
王启杰	薛城区张范镇袁庄村	41	男	—
曾召生	薛城区张范镇袁庄村	22	男	—
杨其元	薛城区张范镇袁庄村	20	男	—
杨曾全	薛城区张范镇黑石岭村	23	男	—
朱广恩	薛城区张范镇黑石岭村	23	男	—
李士友	薛城区张范镇黑石岭村	—	男	—
黄成寅	薛城区张范镇黑石岭村	22	男	—
高常勇	薛城区张范镇黑石岭村	23	男	—
梁允富	薛城区张范镇黑石岭村	30	男	—
宋文礼	薛城区张范镇黑石岭村	22	男	—
马士延	薛城区张范镇黑石岭村	27	男	—
聂茂忠之妻	薛城区邹坞镇西北村	—	女	1938 年

姓　名	籍　贯	年　龄	性　别	死难时间
李思义之母	薛城区邹坞镇西北村	—	女	1938 年
王道化	薛城区周营镇王楼村	—	男	1941 年 2 月
马振诺	薛城区周营镇石庙村	—	男	—
刘传德	薛城区周营镇大孙庄	—	男	—
孙晋本	薛城区周营镇大孙庄	23	男	—
齐贵芝	薛城区沙沟镇一村	20	男	—
李　青	薛城区沙沟镇茶棚村	22	男	—
吕　沟	薛城区沙沟镇茶棚村	—	男	—
殷延礼	薛城区沙沟镇茶棚村	—	男	—
王广才	薛城区沙沟镇南常东村	40	男	—
褚衍友	薛城区沙沟镇南常东村	—	男	—
刘东义	薛城区沙沟镇西界沟村	—	男	—
王懔增	薛城区沙沟镇西村	—	男	—
刘太斗	薛城区沙沟镇西村	—	男	—
郭川香	薛城区沙沟镇西杨庄村	—	男	—
杜温军	薛城区沙沟镇西恣庄村	—	男	—
张广田	薛城区沙沟镇邵楼村	—	男	—
李茂友之妹	薛城区周营镇陶官村	—	女	—
合　计	**1137**			

责任人：孟繁蛟　　　　　　　核实人：褚洪浩　　　　　　　填表人：褚洪浩

填报单位（签章）：枣庄市薛城区委党史研究室　　　　　　　填报时间：2009 年 5 月

枣庄市山亭区抗日战争时期死难者名录

姓　名	籍　贯	年　龄	性别	死难时间
沈兆安	山亭区凫城乡马头村	20	男	1938 年 3 月
孙允业	山亭区店子镇石竹村	22	男	1938 年 3 月
连　氏	—	—	女	1938 年春
张福起	山亭区凫城乡东凫山村	15	男	1938 年 4 月
王毛孩	山亭区凫城乡东凫山村	7	男	1938 年 4 月
张传贤之弟	山亭区凫城乡东凫山村	17	男	1938 年 4 月
郑玉斗	山亭区徐庄镇柳泉村	37	男	1938 年 5 月
胡　奥	山亭区徐庄镇柳泉村	37	男	1938 年 5 月
孙井娥	山亭区徐庄镇柳泉村	42	男	1938 年 5 月
李北珍	山亭区凫城乡牛角峪村	16	男	1938 年 6 月
李大孩	山亭区凫城乡马头村	10	男	1938 年 6 月
李二孩	山亭区凫城乡马头村	8	男	1938 年 6 月
邵士法之子	山亭区水泉镇下辛庄村	18	男	1938 年 8 月
李明雨	—	—	男	1938 年 8 月
渠玉柏	滕州市张汪镇皇殿岗村	24	男	1938 年 8 月
田大振	山亭区凫城乡田庄村	17	男	1938 年 9 月
刘兰平	山亭区山城街道刘庄村	—	男	1938 年 9 月
孙井得	山亭区山城街道刘庄村	—	男	1938 年 9 月
徐秀依	山亭区山城街道刘庄村	—	男	1938 年 9 月
范景洪	山亭区冯卯镇对沟村	50	男	1938 年 10 月
田厚芳	山亭区凫城乡田庄村	30	男	1938 年 10 月
赵贵明之祖母	山亭区冯卯镇韩河村	—	女	1938 年 11 月
赵贵明之姐	山亭区冯卯镇韩河村	8	女	1938 年 11 月
王××	—	34	男	1938 年秋
李××	—	32	男	1938 年秋
王裕祥	山亭区桑村镇马厂村	31	男	1938 年秋
马德元	山亭区桑村镇后各庄村	22	男	1938 年秋
王大柱	山亭区桑村镇后各庄村	30	男	1938 年秋
李××	山亭区桑村镇后各庄村	21	男	1938 年秋
马志元	山亭区桑村镇后各庄村	27	男	1938 年秋
李　氏	山亭区桑村镇桑村	28	女	1938 年冬

姓 名	籍 贯	年 龄	性 别	死难时间
刘汝深	山亭区桑村镇桑村	38	男	1938 年冬
张洪吉	山亭区城头镇石沟村	30	男	1938 年
王明先之弟	山亭区徐庄镇柿行村	—	男	1938 年
王明先之母	山亭区徐庄镇柿行村	—	女	1938 年
郭廷白	山亭区城头镇寨子村	40	男	1938 年
程玉真	山亭区城头镇德洪庄村	28	男	1938 年
王荣和之祖母	山亭区水泉镇尚岩村	76	女	1938 年
邵立全	山亭区水泉镇上龙庄村	48	男	1938 年
韩从文之祖母	山亭区水泉镇下为沟村	68	女	1938 年
张守元	山亭区水泉镇云峰山村	24	男	1938 年
徐效元	山亭区水泉镇云峰山村	22	男	1938 年
樊××	江苏省睢宁县	23	男	1938 年
邵士德之子	山亭区水泉镇下辛庄村	18	男	1938 年
闫晋才	山西省洪桐县	—	男	1938 年
郭继水	山亭区徐庄镇幸福庄村	30	男	1938 年
徐朝吉	山亭区徐庄镇谢庄村	31	男	1938 年
段成科	山亭区徐庄镇大峪村	18	男	1938 年
彭增来	山亭区徐庄镇柳泉村	42	男	1938 年
高延山	山亭区徐庄镇柳泉村	41	男	1938 年
王成义	山亭区徐庄镇大峪村	20	男	1938 年
李天汪之母	山亭区徐庄镇徐庄村	—	女	1938 年
高文兆	山亭区徐庄镇磨泉村	30	男	1938 年
张善美	山亭区店子镇范庄村	19	男	1938 年
孙成明	山亭区店子镇石竹村	21	男	1938 年
姚计田	山亭区店子镇姚营村	40	男	1938 年
张纪标	山亭区冯卯镇独古城村	40	男	1938 年 12 月
昌	山亭区冯卯镇独古城村	—	男	1938 年 12 月
留 乡	山亭区冯卯镇独古城村	—	男	1938 年 12 月
三 明	山亭区冯卯镇独古城村	—	男	1938 年 12 月
得 岁	山亭区冯卯镇独古城村	—	男	1938 年 12 月
张士德	山亭区冯卯镇独古城村	—	男	1938 年 12 月
锅 留	山亭区冯卯镇独古城村	—	男	1938 年
锅 秀	山亭区冯卯镇独古城村	—	男	1938 年
三 毛	山亭区冯卯镇独古城村	—	男	1938 年 12 月

姓 名	籍 贯	年 龄	性 别	死难时间
得 安	山亭区冯卯镇独古城村	—	男	1938 年 12 月
三 等	山亭区冯卯镇独古城村	—	男	1938 年 12 月
张士同	山亭区冯卯镇独古城村	—	男	1938 年 12 月
张洪春之父	山亭区冯卯镇独古城村	—	男	1938 年 12 月
张洪吉之二叔	山亭区冯卯镇独古城村	—	男	1938 年 12 月
李清溪之父	山亭区冯卯镇独古城村	—	男	1938 年 12 月
李永兵	山亭区冯卯镇陈山村	—	男	1938 年 12 月
李清贵	山亭区冯卯镇陈山村	—	男	1938 年 12 月
赵志文	山亭区冯卯镇陈山村	—	男	1938 年 12 月
林 元	山亭区冯卯镇陈山村	—	男	1938 年 12 月
李清标	山亭区冯卯镇陈山村	—	男	1938 年 12 月
李清兰之父	山亭区冯卯镇陈山村	—	男	1938 年
李清溪之兄	山亭区冯卯镇陈山村	—	男	1938 年
李传厚之父	山亭区冯卯镇陈山村	—	男	1938 年
潘振荣之子	山亭区西集镇西集村	19	男	1938 年
唐成立	山亭区山城街道东江村	20	男	1938 年
邓祥财	山亭区山城街道横岭村	25	男	1938 年
邓陈氏	山亭区山城街道横岭村	24	女	1938 年
邓大巧	山亭区山城街道横岭村	3	女	1938 年
邓刘氏	山亭区山城街道横岭村	20	女	1938 年
满庆祥	山亭区山城街道横岭村	30	男	1938 年
楚恒瑞	山亭区山城街道横岭村	38	男	1938 年
满 庆	山亭区山城街道横岭村	7	男	1938 年
刘东善	山亭区山城街道横岭村	42	男	1938 年
刘郭氏	山亭区山城街道横岭村	40	女	1938 年
楚焕美	山亭区山城街道横岭村	4	女	1938 年
楚孙氏	山亭区山城街道横岭村	32	女	1938 年
任家让	山亭区山城街道横岭村	80	男	1938 年
王友前	山亭区山城街道养子峪村	21	男	1938 年
张孝前	山亭区山城街道养子峪村	32	男	1938 年
王友启	山亭区山城街道养子峪村	43	男	1938 年
王绥永	山亭区山城街道养子峪村	37	男	1938 年
王友保	山亭区山城街道养子峪村	28	男	1938 年
马广友	山亭区山城街道格上村	34	男	1938 年

姓 名	籍 贯	年 龄	性 别	死难时间
开 意	山亭区山城街道段庄村	—	男	1938 年
高广益	山亭区山城街道东鲁村	44	男	1939 年 1 月
高广宪	山亭区山城街道东鲁村	42	男	1939 年 1 月
高西刚	山亭区山城街道东鲁村	40	男	1939 年 1 月
王永兴	山亭区山城街道沃里村	52	男	1939 年 3 月
张西田	山亭区山城街道沃里村	53	男	1939 年 3 月
郭玉喜	山亭区山城街道海子村	34	男	1939 年 4 月
赵承东	山亭区山城街道海子村	21	男	1939 年 4 月
李杨氏	山亭区山城街道海子村	34	女	1939 年 4 月
张玉坤	山亭区山城街道海子村	43	男	1939 年 4 月
俞大焕	山亭区山城街道海子村	9	女	1939 年 4 月
杨其得	山亭区山城街道海子村	27	男	1939 年 4 月
杨士伦	山亭区徐庄镇黑峪村	31	男	1939 年 4 月
杨令彬	山亭区徐庄镇黑峪村	33	男	1939 年 4 月
宋汝顺	山亭区北庄镇徐洼村	—	男	1939 年 8 月
徐殿义	山亭区北庄镇徐洼村	—	男	1939 年 8 月
林付坤	山亭区北庄镇徐洼村	—	男	1939 年 8 月
宋付元	山亭区北庄镇徐洼村	—	男	1939 年 8 月
刘守义	山亭区桑村镇艾湖村	—	男	1939 年秋
王荣忠之父	山亭区水泉镇尚岩村	37	男	1939 年 10 月
刘汉金	山亭区徐庄镇花山头村	17	男	1939 年 11 月
张兰田	山亭区山城街道沃里村	59	男	1939 年 11 月
韩金贡	山亭区山城街道柴林村	37	男	1939 年 11 月
韩金銮	山亭区山城街道柴林村	30	男	1939 年 11 月
王玉堂	山亭区山城街道王峪村	—	男	1939 年 12 月
王玉林	山亭区山城街道王峪村	—	男	1939 年 12 月
韩乐香	山亭区凫城乡文王峪村	52	男	1939 年 12 月
王广德	山亭区凫城乡小王庄村	—	男	1939 年 12 月
王凤山	山亭区水泉镇前朱庄村	46	男	1939 年 12 月
郑 经	山亭区冯卯镇谢庄村	22	男	1939 年 12 月
王广法	山亭区凫城乡小王庄村	—	男	1939 年 12 月
王兴吉	山亭区山城街道王峪村	—	男	1939 年 12 月
郭启付	山亭区徐庄镇龙王堂村	45	男	1939 年
宋文侠	山亭区徐庄镇花山头村	30	男	1939 年

姓 名	籍 贯	年 龄	性 别	死难时间
汪士田	山亭区城头镇陈湖村	23	男	1939 年
苗大泉	山亭区城头镇陈湖村	26	男	1939 年
苗传富	山亭区城头镇陈湖村	29	男	1939 年
吴德安	山亭区城头镇涝泉村	—	男	1939 年
吴传生	山亭区城头镇涝泉村	—	男	1939 年
朱瑞山	山亭区城头镇涝泉村	—	男	1939 年
李允田	山亭区城头镇涝泉村	—	男	1939 年
蒋文泉	山亭区城头镇涝泉村	—	男	1939 年
李 叶	山亭区城头镇涝泉村	—	男	1939 年
李四鱼	山亭区城头镇涝泉村	—	男	1939 年
李二黑	山亭区城头镇涝泉村	—	男	1939 年
蒋二白	山亭区城头镇涝泉村	—	男	1939 年
蒋 蛋	山亭区城头镇涝泉村	—	男	1939 年
张培河	山亭区城头镇东城头村	47	男	1939 年
张士存	山亭区城头镇东城头村	23	男	1939 年
张士二	山亭区城头镇东城头村	21	男	1939 年
傻 二	山亭区城头镇东城头村	24	男	1939 年
张士贵	山亭区城头镇东城头村	24	男	1939 年
张士印	山亭区城头镇东城头村	21	男	1939 年
张玉吉	山亭区凫城乡天喜庄村	70	男	1939 年
李兴美	山亭区凫城乡天喜庄村	32	男	1939 年
巩 氏	山亭区凫城乡付庄村	30	女	1939 年
韩荣马之伯父	山亭区凫城乡东圩子村	—	男	1939 年
宋桂全	山亭区凫城乡河口村	20	男	1939 年
董兴龙	山亭区凫城乡榆树腰村	22	男	1939 年
陈忠和	山亭区水泉镇东塥城村	60	男	1939 年
陈忠举	山亭区水泉镇东塥城村	60	男	1939 年
马金铎之母	山亭区水泉镇东塥城村	45	女	1939 年
孙彦廷	山亭区水泉镇东塥城村	—	男	1939 年
马德山之父	山亭区水泉镇东塥城村	—	男	1939 年
邵泽林之祖母	山亭区水泉镇下辛庄村	—	女	1939 年
程保申	山亭区水泉镇东南蒋村	43	男	1939 年
吴明付之祖父	山亭区北庄镇徐洼村	—	男	1939 年
李广拉	山亭区北庄镇杏峪村	19	男	1939 年

姓 名	籍 贯	年 龄	性 别	死难时间
陈庆德	山亭区北庄镇外峪子村	—	男	1939 年
王成忠	山亭区徐庄镇花山头村	36	男	1939 年
李广才	山亭区徐庄镇花山头村	27	男	1939 年
顿 男	山亭区徐庄镇后峪村	22	男	1939 年
房学某	山亭区徐庄镇陡山头村	—	男	1939 年
孙成方	山亭区店子镇石竹村	19	男	1939 年
郑硕周	山亭区冯卯镇满坡村	41	男	1939 年
闫吉宝之父	山亭区冯卯镇岩马村	—	男	1939 年
秦佑宽	山亭区冯卯镇赵泉村	—	男	1939 年
万光茂之祖父	山亭区西集镇东集村	51	男	1939 年
罗时哲之女	山亭区西集镇西河岔村	—	女	1939 年
赵会成之姑	山亭区西集镇西河岔村	—	女	1939 年
万如臣	山亭区西集镇西集村	14	男	1939 年
魏元香	山亭区西集镇西集村	23	男	1939 年
杜文效	山亭区西集镇西集村	20	男	1939 年
何 拔	山亭区西集镇西集村	19	男	1939 年
马合友	山亭区西集镇鹿井村	19	男	1939 年
张守田	山亭区山城街道沃里村	59	男	1939 年
高西胜之母	山亭区山城街道东鲁村	52	女	1939 年
马金伦	山亭区山城街道西鲁村	32	男	1939 年
高大妮	山亭区山城街道西鲁村	12	女	1939 年
赵保亮	山亭区山城街道格上村	34	男	1939 年
韩乐义	山亭区山城街道格上村	31	男	1939 年
刘全胜	山亭区北庄镇后德村	43	男	1940 年 1 月
袁二中	山亭区山城街道柱子山村	22	男	1940 年春
王 二	市中区齐村镇建国村	—	男	1940 年春
陆大公	山亭区西集镇刘庄村	19	男	1940 年 4 月
王宝喜	山亭区山城街道西山腰村	32	男	1940 年 4 月
杨继亭	山亭区山城街道驳山头村	—	男	1940 年 6 月
杨清湖	—	—	男	1940 年 6 月
王占彪	—	—	男	1940 年 6 月
曹兴中	—	—	男	1940 年 6 月
王金皆	山亭区山城街道沃里村	20	男	1940 年 8 月
王文贵	山亭区山城街道西山腰村	40	男	1940 年 8 月

姓 名	籍 贯	年 龄	性 别	死难时间
刘恩成	山亭区山城街道东南庄村	41	男	1940 年 9 月
李 二	山亭区冯卯镇青石村	18	男	1940 年 10 月
刘连桂	山亭区山城街道官庄村	22	男	1940 年 10 月
刘连标	山亭区山城街道官庄村	24	男	1940 年 10 月
高绍检	山亭区山城街道南庄村	56	男	1940 年 10 月
刘玉刚	山亭区山城街道东南庄村	44	男	1940 年 11 月
满东升	山亭区冯卯镇九老庄村	—	男	1940 年 11 月
满东升之家人	山亭区冯卯镇九老庄村	—	—	1940 年 11 月
满东升之家人	山亭区冯卯镇九老庄村	—	—	1940 年 11 月
满东升之家人	山亭区冯卯镇九老庄村	—	—	1940 年 11 月
李忠印	山亭区城头镇徐洼村	27	男	1940 年
倪印田	山亭区城头镇卞庄村	50	男	1940 年
闫士海	山亭区城头镇陈湖村	29	男	1940 年
徐茂生	—	—	男	1940 年
高崇美之父	山亭区徐庄镇高山顶村	—	男	1940 年
刘 大	山亭区徐庄镇刑山顶村	—	男	1940 年
侯贺礼	山亭区城头镇卞庄村	20	男	1940 年
赵允法	山亭区城头镇马山头村	19	男	1940 年
张伯忠	山亭区城头镇东城头村	22	男	1940 年
刘×新	山亭区凫城乡东凫山村	22	男	1940 年
李老五	山亭区凫城乡官庄村	41	男	1940 年
尹凤贤	山亭区水泉镇上辛庄村	18	男	1940 年
苗文元之母	山亭区水泉镇云峰山村	75	女	1940 年
连丕玉	山亭区水泉镇赵岭村	20	男	1940 年
陈付林	山亭区北庄镇后峪村	20	男	1940 年
任文彦	山亭区北庄镇外峪子村	—	男	1940 年
杨敬才	山亭区北庄镇三道峪村	24	男	1940 年
刘玉山	山西省	—	男	1940 年
都彦龙	山亭区徐庄镇宋庄村	—	男	1940 年
李丙胜	山亭区徐庄镇宋庄村	40	男	1940 年
张兴礼	山亭区徐庄镇安上村	—	男	1940 年
小 存	山亭区徐庄镇安上村	—	男	1940 年
郭继计	山亭区徐庄镇西七里河村	30	男	1940 年
张文秀之父	山亭区徐庄镇西七里河村	—	男	1940 年

姓 名	籍 贯	年 龄	性 别	死难时间
房尹氏	山亭区徐庄镇陡山头村	—	女	1940 年
房 氏	山亭区徐庄镇陡山头村	—	女	1940 年
王夫成	山亭区徐庄镇陡山头村	—	男	1940 年
许文学	山亭区山城街道善堌村	21	男	1940 年 11 月
王永祥	山亭区山城街道沃里村	53	男	1940 年秋
许培英	山亭区山城街道善堌村	28	男	1940 年 12 月
刘德虎	山亭区山城街道东南庄村	49	男	1940 年 12 月
刘宝针	山亭区北庄镇青石岭村	—	男	1940 年 12 月
郭大汉	山亭区徐庄镇后峪村	—	男	1940 年
崔广才	山亭区桑村镇黄沟村	29	男	1940 年
张传业	山亭区店子镇卜各崖村	31	男	1940 年
满常德之子	山亭区店子镇王河村	5	男	1940 年
张文常	山亭区店子镇尚河村	—	男	1940 年
郑硕贵	山亭区冯卯镇满坡村	32	男	1940 年
郑硕贵之妻	山亭区冯卯镇满坡村	32	女	1940 年
郑孝龙	山亭区冯卯镇满坡村	24	男	1940 年
闫吉宝之祖母	山亭区冯卯镇岩马村	—	女	1940 年
丁俊元	山亭区冯卯镇东岩下村	—	男	1940 年
李合成之大伯	山亭区冯卯镇青石村	—	男	1940 年
秦佑继	山亭区冯卯镇冯卯村	16	男	1940 年
甘家让	山亭区西集镇东河岔村	36	男	1940 年
张永连之伯父	山亭区山城街道驳山头村	—	男	1940 年
杨克平之祖父	山亭区山城街道驳山头村	—	男	1940 年
杨平荣	山亭区山城街道驳山头村	—	女	1940 年
许培良	山亭区山城街道善堌村	27	男	1940 年
许培香	山亭区山城街道善堌村	23	男	1940 年
许文坦	山亭区山城街道善堌村	24	男	1940 年
王镇路之孙	山亭区山城街道山亭村	20	男	1940 年
许培良之子	山亭区山城街道善堌村	7	男	1940 年
张建理	山亭区山城街道沙河头村	—	男	1940 年
宋玉北	山亭区山城街道沙河头村	—	男	1940 年
宋玉生	山亭区山城街道沙河头村	—	男	1940 年
张吴氏	山亭区山城街道沙河头村	—	女	1940 年
沈曹氏	山亭区山城街道沈庄村	40	女	1940 年

姓 名	籍 贯	年 龄	性 别	死难时间
沈玉明	山亭区山城街道沈庄村	22	男	1940 年
沈玉昌	山亭区山城街道沈庄村	28	男	1940 年
沈玉运	山亭区山城街道沈庄村	34	男	1940 年
郭恒昌	山亭区山城街道大岩头村	36	男	1940 年
王成路	山亭区山城街道大岩头村	30	男	1940 年
巩开忠	山亭区山城街道大岩头村	35	男	1940 年
郭培伦	山亭区山城街道大岩头村	35	男	1940 年
高永友	山亭区山城街道南庄村	30	男	1941 年 1 月
王怀昌	山亭区北庄镇杏峪村	—	男	1941 年 1 月
刘德祥之母	山亭区冯卯镇冯卯村	—	女	1941 年 3 月
褚庆洪	山亭区西集镇东集村	51	男	1941 年 3 月
李西德	山亭区水泉镇界牌村	19	男	1941 年 4 月
张广大	山亭区徐庄镇宋庄村	15	男	1941 年 5 月
张开香	山亭区冯卯镇下粉村	22	男	1941 年 6 月
王荣兴	山亭区水泉镇尚岩村	30	男	1941 年 7 月
王广田	山亭区北庄镇王庄村	21	男	1941 年 7 月
秦继昌	山亭区北庄镇后峪村	19	男	1941 年 8 月
吕学勤	山亭区城头镇前大宫村	39	男	1941 年
张英才	山亭区城头镇东城头村	25	男	1941 年
张西哲	—	—	男	1941 年
马德芹	山亭区水泉镇西堌城村	—	男	1941 年
小 岗	山亭区水泉镇西堌城村	—	男	1941 年
连德雨	山亭区水泉镇棠棣峪村	24	男	1941 年
张现玉	山亭区水泉镇化石岭村	39	男	1941 年
张云祥	—	22	男	1941 年
徐发柱	山亭区水泉镇上围沟村	31	男	1941 年
陈继全	山亭区北庄镇北庄村	32	男	1941 年
李光亮	山亭区北庄镇李山头村	43	男	1941 年
刘春江	山亭区北庄镇青石岭村	—	男	1941 年
刘 五	山亭区北庄镇北庄村	—	男	1941 年
王 亮	山亭区北庄镇务后村	—	男	1941 年
杨广泉	山亭区徐庄镇黑峪村	17	男	1941 年
王李氏	山亭区徐庄镇柿行村	38	女	1941 年
王二孩	山亭区徐庄镇柿行村	—	男	1941 年

姓 名	籍 贯	年 龄	性 别	死难时间
郭继友	山亭区徐庄镇崂岭崩里村	24	男	1941 年
杨广全	山亭区徐庄镇黑峪村	17	男	1941 年
相瑞柱	山亭区冯卯镇相山村	23	男	1941 年
郗志友	山亭区冯卯镇二朱元村	—	男	1941 年
姜 宝	山亭区西集镇马庄村	21	男	1941 年
宋纪玉	山亭区西集镇新河村	18	男	1941 年
褚思典	山亭区西集镇东集村	19	男	1941 年
邱夫胜	山亭区山城街道西鲁村	32	男	1941 年
刘合义	山亭区冯卯镇欧峪村	—	男	1942 年 2 月
刘合义之子	山亭区冯卯镇欧峪村	—	男	1942 年 2 月
王刘氏	山亭区徐庄镇徐庄村	32	女	1942 年 3 月
李明海之祖母	山亭区徐庄镇徐庄村	—	女	1942 年 3 月
王首田之母	山亭区徐庄镇徐庄村	—	女	1942 年 3 月
高金太	山亭区徐庄镇葫芦套村	52	男	1942 年 4 月
高培厚	山亭区徐庄镇葫芦套村	19	男	1942 年 4 月
高培胜	山亭区徐庄镇葫芦套村	42	男	1942 年 4 月
高培兴	山亭区徐庄镇葫芦套村	50	男	1942 年 4 月
高培兴之妻	山亭区徐庄镇葫芦套村	46	女	1942 年 4 月
高培兴之女	山亭区徐庄镇葫芦套村	17	女	1942 年 4 月
高培常	山亭区徐庄镇葫芦套村	54	男	1942 年 4 月
高培玉	山亭区徐庄镇葫芦套村	—	男	1942 年 4 月
高培成	山亭区徐庄镇葫芦套村	40	男	1942 年 4 月
高 七	山亭区徐庄镇葫芦套村	36	男	1942 年 4 月
孙茂付	山亭区徐庄镇葫芦套村	46	男	1942 年 4 月
李朋雨	山亭区北庄镇郭峪村	40	男	1942 年 4 月
崔广义	山亭区徐庄镇良子口村	40	男	1942 年 5 月
李广元	山亭区山城街道东山亭村	59	男	1942 年 5 月
李兴义	山亭区徐庄镇藤花峪村	21	男	1942 年 6 月
刘全法	山亭区北庄镇后德村	—	男	1942 年夏
马士华	山亭区西集镇宅山村	—	男	1942 年 8 月
张士香	山亭区冯卯镇九老庄村	—	男	1942 年 9 月
相瑞仁	山亭区冯卯镇相山村	25	男	1942 年
张玉松	山亭区城头镇荒沟村	42	男	1942 年
王安学	山亭区城头镇卞庄村	30	男	1942 年

姓 名	籍 贯	年 龄	性 别	死难时间
王学文	山亭区城头镇卞庄村	42	男	1942 年
闫振银	山亭区城头镇前大宫村	17	男	1942 年
闫振发	山亭区城头镇前大宫村	18	男	1942 年
宿玉丰之弟	山亭区城头镇前大宫村	16	男	1942 年
吕学勤之弟	山亭区城头镇前大宫村	36	男	1942 年
刘学礼	山亭区城头镇长巷村	61	男	1942 年
李石德	山亭区城头镇长巷村	48	男	1942 年
程广付	山亭区城头镇德洪庄村	27	男	1942 年
张四坡	山亭区凫城乡马头村	26	男	1942 年
房学立	山亭区凫城乡马头村	23	男	1942 年
张茂文	山亭区凫城乡涝坡村	30	男	1942 年
于在胜	—	—	男	1942 年
白金生之父	山亭区水泉镇柴湖村	—	男	1942 年
张培芝	山亭区水泉镇杨庄村	76	男	1942 年
马金琢	山亭区水泉镇下龙庄村	22	男	1942 年
李朝山	山亭区水泉镇磨塘村	33	男	1942 年
李怀平	山亭区水泉镇土门村	37	男	1942 年
李井德	山亭区北庄镇杏峪村	—	男	1942 年
李广亮	山亭区北庄镇杏峪村	—	男	1942 年
赵常春	山亭区北庄镇外峪子村	—	男	1942 年
李学银	山亭区徐庄镇大郭庄村	24	男	1942 年
徐广元	山亭区徐庄镇幸福庄村	26	男	1942 年
郭凤义	山亭区徐庄镇前辛召村	36	男	1942 年
金 三	山亭区山城街道东石龙口村	—	男	1942 年
王振才	山亭区山城街道西王峪村	21	男	1942 年
杨士来	山亭区山城街道东山亭村	43	男	1942 年
王成重	山亭区北庄镇小山顶村	23	男	1943 年 1 月
李金挨	山亭区北庄镇后峪村	24	男	1943 年 3 月
满 留	山亭区徐庄镇徐庄村	26	男	1943 年 5 月
李传成	山亭区徐庄镇辛召村	—	男	1943 年 6 月
李王氏之夫	山亭区西集镇李辛村	—	男	1943 年 6 月
郗志来	山亭区冯卯镇二朱元村	37	男	1943 年 6 月
高怀金	山亭区北庄镇小杨村	24	男	1943 年 7 月
姜立源	山亭区西集镇西集村	—	男	1943 年 7 月

姓 名	籍 贯	年 龄	性 别	死难时间
姜董氏	山亭区西集镇西集村	30	女	1943 年 7 月
姜庆胜	山亭区西集镇西集村	—	男	1943 年 7 月
刘志银	山亭区北庄镇西户龙山村	31	男	1943 年 7 月
吴全美	山亭区西集镇西河岔村	—	男	1943 年秋
孟现光	山亭区西集镇西河岔村	—	男	1943 年秋
张朝向	山亭区徐庄镇东七里河村	—	男	1943 年秋
朱克俭	山亭区城头镇卞庄村	45	男	1943 年
王凤启	山亭区城头镇卞庄村	45	男	1943 年
刘马氏	山亭区城头镇卞庄村	30	女	1943 年
郭士启	山亭区城头镇寨子村	40	男	1943 年
张金斗	山亭区城头镇后大宫村	22	男	1943 年
鞠传后	山亭区城头镇后大宫村	35	男	1943 年
李学俭	山亭区城头镇后大宫村	50	男	1943 年
冯玉亭	山亭区城头镇后大宫村	40	男	1943 年
刘金茂	山亭区城头镇马山头村	19	男	1943 年
周掌银	山亭区凫城乡洪山峪村	—	男	1943 年
李均胜	山亭区凫城乡崔庄村	24	男	1943 年
张保龙之妻	山亭区水泉镇东朱庄村	21	女	1943 年
马运田	山亭区水泉镇石盆村	15	男	1943 年
郭连志	山亭区徐庄镇幸福庄村	20	男	1943 年
李庆琢	山亭区徐庄镇辛召村	—	男	1943 年
郝明荣	山亭区徐庄镇上岭村	24	男	1943 年
李传胜	山亭区徐庄镇上岭村	26	男	1943 年
李 泉	山亭区徐庄镇上岭村	24	男	1943 年
王传明	山亭区徐庄镇上岭村	28	男	1943 年
郭佃富	山亭区徐庄镇上岭村	28	男	1943 年
郭凤芳	山亭区徐庄镇辛召村	29	男	1943 年
王西成	山亭区徐庄镇辛召村	29	男	1943 年
郭凤等	山亭区徐庄镇辛召村	24	男	1943 年
郭继生	山亭区徐庄镇辛召村	60	男	1943 年
郭吴氏	山亭区徐庄镇辛召村	70	女	1943 年
郭佃界	山亭区徐庄镇辛召村	30	男	1943 年
郭佃金	山亭区徐庄镇辛召村	48	男	1943 年
张朝全	山亭区徐庄镇东七里河村	—	男	1943 年

姓 名	籍 贯	年 龄	性 别	死难时间
李天松	山亭区徐庄镇徐庄村	20	男	1943 年
李天增	山亭区徐庄镇徐庄村	23	男	1943 年
尚均才	山亭区徐庄镇老树峪村	23	男	1943 年
崔广静	山亭区桑村镇黄沟村	28	男	1943 年
张宝德	山亭区桑村镇贾庄村	24	男	1943 年
丁金庭	山亭区桑村镇贾庄村	23	男	1943 年
张佃德	山亭区店子镇尚河村	—	男	1943 年
大 为	山亭区冯卯镇岩马村	—	男	1943 年
张成林	—	—	男	1943 年
张现传	山亭区冯卯镇欧峪村	31	男	1943 年
田传银	山亭区西集镇河南村	—	男	1943 年
刘 良	山亭区山城街道东山亭村	54	男	1943 年
徐和尚	山亭区山城街道东山亭村	32	男	1943 年
梁崇兴	山亭区山城街道大岩头村	32	男	1943 年
王金秀	山亭区山城街道沃里村	23	男	1943 年
赵崇山	山亭区城头镇荒沟村	52	男	1943 年
黄宗海	山亭区城头镇荒沟村	49	男	1943 年
赵德玉	山亭区城头镇荒沟村	17	男	1943 年
张 二	山亭区城头镇荒沟村	22	男	1943 年
赵守诚	山亭区城头镇荒沟村	50	男	1943 年
张贵敏	山亭区城头镇荒沟村	27	男	1943 年
潘超彬	山亭区城头镇荒沟村	35	男	1943 年
黄 俭	山亭区城头镇荒沟村	42	男	1943 年
赵广如	山亭区城头镇荒沟村	42	男	1943 年
王士真	山亭区城头镇荒沟村	41	男	1943 年
黄 稳	山亭区城头镇荒沟村	39	男	1943 年
赵广吉	山亭区城头镇荒沟村	48	男	1943 年
程传厚	—	—	男	1943 年
杨玉玺	山亭区北庄镇杨泉村	29	男	1944 年 3 月
赵庆法	山亭区城头镇马山头村	24	男	1944 年 5 月
马祥德	山亭区水泉镇石盆村	32	男	1944 年 6 月
廉德贵	山亭区水泉镇石盆村	15	男	1944 年 6 月
张文才	山亭区北庄镇东洋泉村	33	男	1944 年 6 月
郭振清	山亭区徐庄镇涝岭村	26	男	1944 年 6 月

姓 名	籍 贯	年 龄	性 别	死难时间
郭殿富	山亭区徐庄镇前辛召村	34	男	1944 年 6 月
韩云祥	山亭区山城街道柴林村	35	男	1944 年 6 月
郝振田	山亭区徐庄镇郝蒋村	24	男	1944 年 8 月
李玉山	山亭区桑村镇桑村	40	男	1944 年夏
郭宝金	山亭区徐庄镇大郭庄村	19	男	1944 年 9 月
王永进	山亭区西集镇马庄村	21	男	1944 年 9 月
王振路	山亭区山城街道东山亭村	72	男	1944 年 9 月
王 全	山亭区山城街道东山亭村	24	男	1944 年 9 月
闫桂德	山亭区桑村镇任家庄村	35	男	1944 年秋
闫宗怀	山亭区城头镇冷泉村	22	男	1944 年
马宝印	山亭区城头镇石沟村	22	男	1944 年
李广贤	山亭区城头镇高庄村	30	男	1944 年
刘金禄	山亭区城头镇吴时村	21	男	1944 年
沈兆廷	山亭区凫城乡马头村	—	男	1944 年
周茂红	山亭区水泉镇巧峪村	26	男	1944 年
李兴武	山亭区北庄镇高庄村	28	男	1944 年
刘全增	山亭区北庄镇东山湾村	29	男	1944 年
张文胜	山亭区北庄镇郭山沟村	23	男	1944 年
李金玉	山亭区北庄镇秦庄村	30	男	1944 年
陈桂兴	山亭区北庄镇十道峪村	28	男	1944 年
郭保全	山亭区徐庄镇郭庄村	26	男	1944 年
彭友常	山亭区徐庄镇鳔沃村	24	男	1944 年
王传海	山亭区徐庄镇丁山顶村	21	男	1944 年
郭殿金	山亭区徐庄镇前辛召村	57	男	1944 年
李炳胜	山亭区徐庄镇岭前村	35	男	1944 年
徐广元	山亭区徐庄镇谢庄村	42	男	1944 年
朱广法	山亭区桑村镇才林村	20	男	1944 年
付广金	山亭区桑村镇才林村	36	男	1944 年
张景路	—	40	男	1944 年
李庆堂	山亭区桑村镇芹沃村	33	男	1944 年
胡成生	山亭区桑村镇马厂村	18	男	1944 年
雷同仁	山亭区桑村镇辛庄村	38	男	1944 年
李庆华	山亭区桑村镇芹沃村	33	男	1944 年
孟宪堂	山亭区桑村镇辛庄村	19	男	1944 年

姓　名	籍　贯	年　龄	性　别	死难时间
于永环	山亭区桑村镇辛庄村	23	男	1944 年
郑广金	山亭区店子镇卜各崖村	21	男	1944 年
侯士茂	山亭区店子镇王河村	58	男	1944 年
侯永金之子	山亭区店子镇王河村	6	男	1944 年
郑硕明	山亭区冯卯镇涝坡村	48	男	1944 年
李道东	山亭区冯卯镇青石村	21	男	1944 年
张三喜	—	—	男	1944 年
大老董之妻	山亭区西集镇西集村	—	女	1944 年
姜兴汉之妻	山亭区西集镇西集村	—	女	1944 年
褚庆功	山亭区西集镇西集村	—	男	1944 年
孙传义	山亭区西集镇姚庄村	20	男	1944 年
赵文礼	山亭区西集镇西集村	21	男	1944 年
李文华	山亭区山城街道东山亭村	20	男	1944 年
吴全岭	山亭区山城街道吴庄村	28	男	1944 年
吴全玉	山亭区山城街道吴庄村	22	男	1944 年
李登弟	山亭区山城街道东山亭村	24	男	1944 年
黄　流	山亭区城头镇西城头村	21	男	1944 年
丁立臣	山亭区城头镇西城头村	30	男	1944 年
田　四	山亭区城头镇西城头村	19	男	1944 年
田　娃	山亭区城头镇西城头村	17	男	1944 年
杜丁银	山亭区城头镇西城头村	35	男	1944 年
张丁存	山亭区城头镇西城头村	24	男	1944 年
朱元海	山亭区城头镇西城头村	27	男	1944 年
杜振鲁	山亭区城头镇西城头村	32	男	1944 年
杜振田	山亭区城头镇西城头村	19	男	1944 年
陈孔德	山亭区徐庄镇徐庄村	25	男	1945 年 1 月
孙茂友	—	—	男	1945 年 2 月
李连长	—	—	男	1945 年 2 月
李兴堂	山亭区徐庄镇高庄村	23	男	1945 年 3 月
白玉泉	山亭区水泉镇东柴胡村	35	男	1945 年 3 月
陈永六	山亭区徐庄镇徐庄村	—	男	1945 年 4 月
张伯喜	山亭区水泉镇东堌城村	42	男	1945 年 5 月
闫宗文	山亭区水泉镇庙子南村	25	男	1945 年 5 月
顾成江	山亭区北庄镇曹庄村	28	男	1945 年 5 月

姓　名	籍　贯	年　龄	性别	死难时间
张玉山	山亭区桑村镇辛庄村	21	男	1945 年 7 月
李光亮	山亭区桑村镇上黄沟村	38	男	1945 年 8 月
闵召立	山亭区水泉镇石户峪村	26	男	1945 年 8 月
尹洪亮	山亭区北庄镇小北庄村	20	男	1945 年 8 月
赵崇岭	山亭区桑村镇	24	男	1945 年秋
刘子义	山亭区桑村镇西户口村	25	男	1945 年
李宝玉	山亭区城头镇高庄村	20	男	1945 年
张金付	山亭区城头镇西城头村	18	男	1945 年
闫宗高	山亭区水泉镇庙子南村	28	男	1945 年
韩从佩	山亭区水泉镇王庄村	30	男	1945 年
王秉恕	山亭区水泉镇下辛庄村	28	男	1945 年
连德忍	山亭区水泉镇磨塘村	24	男	1945 年
陈昭法	山亭区水泉镇东塸城村	20	男	1945 年
卢　二	山亭区水泉镇东塸城村	17	男	1945 年
黄恒义	山亭区北庄镇青石岭村	17	男	1945 年
齐学义	山亭区北庄镇徐洼村	21	男	1945 年
李兴连	山亭区北庄镇高庄村	29	男	1945 年
王传胜	山亭区北庄镇北庄村	—	男	1945 年
高怀松	山亭区徐庄镇藤花峪村	32	男	1945 年
王成叶	山亭区徐庄镇花山头村	38	男	1945 年
李传胜	山亭区徐庄镇九子峪村	35	男	1945 年
张兆宽	山亭区徐庄镇大峪村	21	男	1945 年
陈永贵	山亭区徐庄镇徐庄村	32	男	1945 年
张文政	山亭区徐庄镇后安村	25	男	1945 年
张文坤	山亭区徐庄镇后安村	31	男	1945 年
李士景	山亭区桑村镇盘石沟村	20	男	1945 年
马志海	山亭区桑村镇西斗城村	22	男	1945 年
李子春	山亭区桑村镇白庄村	21	男	1945 年
李继德	山亭区桑村镇上黄沟村	22	男	1945 年
徐慎喜	山亭区店子镇卜各崖村	16	男	1945 年
满清胜	山亭区冯卯镇北山村	50	男	1945 年
闫吉泉	山亭区冯卯镇北山村	41	男	1945 年
陈芳田	山亭区徐庄镇南山头村	16	男	1945 年
神维童	山亭区冯卯镇东岩下村	34	男	1945 年

姓　名	籍　贯	年　龄	性　别	死难时间
万如桂	山亭区西集镇东集村	61	男	1945 年
张殿文	山亭区西集镇李辛庄村	37	男	1945 年
程子显	山亭区桑村镇西坦村	38	男	1945 年
程子亮	山亭区桑村镇西坦村	33	男	1945 年
王凤明之子	山亭区山城街道东山亭村	20	男	1945 年
于广荣	山亭区山城街道东山亭村	—	男	1945 年
冯金田	山亭区山城街道东山亭村	—	男	1945 年
王成义	山亭区山城街道东山亭村	—	男	1945 年
刘良先	山亭区山城街道东山亭村	—	男	1945 年
巩童全	山亭区山城街道东山亭村	—	男	1945 年
李井泉	山亭区山城街道东山亭村	—	男	1945 年
杨　牛	山亭区山城街道东山亭村	—	男	1945 年
李文序	山亭区山城街道东山亭村	—	男	1945 年
刘锦忠	山亭区山城街道东山亭村	—	男	1945 年
许培兴	山亭区山城街道西南庄村	24	男	1945 年
娄继海	山亭区山城街道西山亭村	38	男	1945 年
许培刚	山亭区山城街道善堌村	25	男	1945 年
梁金光	山亭区山城街道小岩头村	41	男	1945 年
赵明聪	山亭区山城街道驳山头村	16	男	1945 年
满景泉	山亭区山城街道沙河头村	37	男	1945 年
许文坤	山亭区山城街道善堌村	31	男	1945 年
吴全运	山亭区山城街道吴庄村	22	男	1945 年
张玉清	山亭区水泉镇柴山前村	—	男	1945 年
合　计	**564**			

责任人：朱道来　　　　　　　　核实人：王立忠　贾玉娟　　　　　填表人：贾玉娟
填报单位（签章）：枣庄市山亭区委党史研究室　　　　　　　　填报时间：2009 年 4 月 20 日

枣庄市市中区抗日战争时期死难者名录

姓名	籍贯	年龄	性别	死难时间
李夏氏	市中区税郭镇鲁王桥村	70	女	1938年2月13日
韩乐田	市中区西王庄乡东王庄村	75	男	1938年2月20日
冯铁匠	市中区西王庄乡东王庄村	62	男	1938年2月20日
冯大妮	市中区西王庄乡东王庄村	18	女	1938年2月20日
刘增雨之妻	市中区西王庄乡东王庄村	53	女	1938年2月20日
陈六妮	市中区西王庄乡东王庄村	28	女	1938年2月20日
冯××	市中区西王庄乡东王庄村	32	男	1938年2月20日
孙会成	市中区西王庄乡东王庄村	21	男	1938年2月20日
韩荣茂	市中区西王庄乡东王庄村	68	男	1938年2月20日
刘李氏	市中区税郭镇纪官庄村	—	女	1938年2月24日
刘青	市中区税郭镇纪官庄村	—	男	1938年2月24日
王山	市中区税郭镇纪官庄村	—	男	1938年2月24日
董凤山	市中区税郭镇纪官庄村	50	男	1938年2月24日
吴水怀	市中区税郭镇王庄村	—	男	1938年2月27日
胡××	市中区税郭镇王庄村	—	男	1938年2月27日
白大开	—	—	男	1938年2月27日
陈聋子	—	—	男	1938年2月28日
冯茂成	市中区西王庄乡东王庄村	54	男	1938年2月
任聋子	市中区西王庄乡高庄村	41	男	1938年2月
张六	市中区西王庄乡黄楼村	60	男	1938年2月
张值启	市中区西王庄乡黄楼村	61	男	1938年2月
赵孙氏	市中区西王庄乡黄楼村	74	女	1938年2月
沈李氏	市中区西王庄乡黄楼村	66	女	1938年2月
沈连成	市中区西王庄乡黄楼村	20	男	1938年2月
沈大妮	市中区西王庄乡黄楼村	17	女	1938年2月
沈二妮	市中区西王庄乡黄楼村	15	女	1938年2月
张马	市中区西王庄乡黄楼村	20	男	1938年2月
张副增	市中区西王庄乡黄楼村	70	男	1938年2月
李成田	市中区西王庄乡黄楼村	26	男	1938年2月
牛传志	市中区西王庄乡黄楼村	28	男	1938年2月
牛传典	市中区西王庄乡黄楼村	27	男	1938年2月

姓　名	籍　贯	年　龄	性　别	死难时间
张文平	市中区西王庄乡黄楼村	28	男	1938 年 2 月
孟广学	市中区西王庄乡黄楼村	27	男	1938 年 2 月
李银柱	市中区西王庄乡黄楼村	49	男	1938 年 2 月
孙庆凯	市中区西王庄乡东王庄村	74	男	1938 年 2 月
刘　畋	市中区孟庄镇上道沟村	35	男	1938 年 2 月
孙宝开	市中区税郭镇宋湖村	60	男	1938 年 3 月 11 日
龙维生	市中区税郭镇东北村	60	男	1938 年 3 月 12 日
龙维振	市中区税郭镇东北村	—	男	1938 年 3 月 12 日
魏　狗	市中区税郭镇东北村	—	男	1938 年 3 月 12 日
贾林章之父	市中区税郭镇东北村	26	男	1938 年 3 月 12 日
陈庆安	市中区西王庄乡杨楼村	67	男	1938 年 3 月 17 日
陆茂秀	市中区西王庄乡杨楼村	26	男	1938 年 3 月 17 日
陆玉成	市中区西王庄乡杨楼村	20	男	1938 年 3 月 17 日
陆成良	市中区西王庄乡杨楼村	40	男	1938 年 3 月 17 日
赵　海	市中区中心街街道马宅子社区	12	男	1938 年 3 月 17 日
颜老头	市中区中心街街道马宅子社区	60	男	1938 年 3 月 17 日
田老大	市中区齐村镇西圩子村	23	男	1938 年 3 月 18 日
孙井启	市中区西王庄乡石羊村	—	男	1938 年 3 月 20 日
孙井启之侄	市中区西王庄乡石羊村	—	男	1938 年 3 月 20 日
孙　壁	市中区西王庄乡石羊村	18	男	1938 年 3 月 20 日
王金芳	市中区西王庄乡石羊村	20	女	1938 年 3 月 20 日
李方动	市中区西王庄乡石羊村	42	女	1938 年 3 月 20 日
李马氏	市中区西王庄乡石羊村	51	女	1938 年 3 月 20 日
李方良	市中区西王庄乡石羊村	31	男	1938 年 3 月 20 日
李孙氏	市中区西王庄乡石羊村	29	女	1938 年 3 月 20 日
李校虎	市中区西王庄乡石羊村	36	男	1938 年 3 月 20 日
李方良之女	市中区西王庄乡石羊村	—	女	1938 年 3 月 20 日
李方良之长子	市中区西王庄乡石羊村	—	男	1938 年 3 月 20 日
李方良之二子	市中区西王庄乡石羊村	—	男	1938 年 3 月 20 日
孙晋臣	市中区西王庄乡石羊村	21	男	1938 年 3 月 20 日
孙井元	市中区西王庄乡石羊村	32	男	1938 年 3 月 20 日
孙庆海	市中区西王庄乡石羊村	27	男	1938 年 3 月 20 日
孙庆瑞	市中区西王庄乡石羊村	32	男	1938 年 3 月 20 日
刘张氏	市中区西王庄乡石羊村	41	女	1938 年 3 月 20 日

姓 名	籍 贯	年 龄	性 别	死难时间
徐星胜	市中区西王庄乡石羊村	52	男	1938 年 3 月 20 日
王 良	市中区西王庄乡石羊村	35	男	1938 年 3 月 20 日
苏 氏	市中区西王庄乡石羊村	—	女	1938 年 3 月 20 日
贺××	市中区西王庄乡石羊村	27	男	1938 年 3 月 20 日
王大常	市中区西王庄乡石羊村	29	男	1938 年 3 月 20 日
王大常之父	市中区西王庄乡石羊村	46	男	1938 年 3 月 20 日
王大蛋	市中区西王庄乡石羊村	20	男	1938 年 3 月 20 日
宋继法	市中区西王庄乡石羊村	35	男	1938 年 3 月 20 日
宋继法之母	市中区西王庄乡石羊村	56	女	1938 年 3 月 20 日
宋继法之子	市中区西王庄乡石羊村	20	男	1938 年 3 月 20 日
丁民友	市中区西王庄乡石羊村	—	男	1938 年 3 月 20 日
梁克由	市中区西王庄乡石羊村	—	男	1938 年 3 月 20 日
李××	市中区西王庄乡石羊村	—	—	1938 年 3 月 20 日
邵陈氏	市中区光明路街道岳楼村	40	女	1938 年 3 月 20 日
杨火兵	市中区中心街街道	—	男	1938 年 3 月 20 日
杨志启	市中区中心街街道	—	男	1938 年 3 月 20 日
吕方志	市中区中心街街道	—	男	1938 年 3 月 20 日
张成喜	市中区西王庄乡古屯村	43	男	1938 年 3 月 22 日
王德友	市中区西王庄乡丁庄村	26	男	1938 年 3 月 22 日
赵化山	市中区西王庄乡丁庄村	30	男	1938 年 3 月 22 日
宋如宁	市中区西王庄乡丁庄村	24	男	1938 年 3 月 22 日
赵大娘	市中区西王庄乡营子村	60	女	1938 年 3 月 22 日
张兴喜之祖父	市中区西王庄乡营子村	—	男	1938 年 3 月 22 日
赵先生	市中区西王庄乡西街村	40	男	1938 年 3 月 22 日
石圣惠之母	市中区西王庄乡西街村	30	女	1938 年 3 月 22 日
李朝义	市中区西王庄乡民主村	38	男	1938 年 3 月 22 日
李朝礼	市中区西王庄乡民主村	32	男	1938 年 3 月 22 日
刘麻子	市中区西王庄乡民主村	36	男	1938 年 3 月 22 日
周凤伦	市中区西王庄乡民主村	40	男	1938 年 3 月 22 日
任广俊	市中区西王庄乡民主村	46	男	1938 年 3 月 22 日
华 宪	市中区西王庄乡民主村	50	男	1938 年 3 月 22 日
张 二	市中区西王庄乡民主村	22	男	1938 年 3 月 22 日
张公义	市中区西王庄乡民主村	35	男	1938 年 3 月 22 日
李赵氏	市中区西王庄乡前小湾村	40	女	1938 年 3 月 22 日

姓 名	籍 贯	年龄	性别	死难时间
周五留	市中区西王庄乡前小湾村	64	男	1938年3月22日
王开田	市中区西王庄乡前小湾村	60	男	1938年3月22日
梁允服	市中区西王庄乡前小湾村	42	男	1938年3月22日
梁继庆	市中区西王庄乡前小湾村	70	男	1938年3月22日
任振成	市中区西王庄乡前小湾村	70	男	1938年3月22日
王大娘	市中区西王庄乡前小湾村	68	女	1938年3月22日
宋任氏	市中区西王庄乡前小湾村	40	女	1938年3月22日
宋连明	市中区西王庄乡前小湾村	60	男	1938年3月22日
孙　四	市中区西王庄乡前小湾村	60	男	1938年3月22日
周长富	市中区西王庄乡前小湾村	50	男	1938年3月22日
周　四	市中区西王庄乡前小湾村	62	男	1938年3月22日
张二协	市中区西王庄乡前小湾村	40	男	1938年3月22日
赵梁氏	市中区西王庄乡前小湾村	70	女	1938年3月22日
王褚氏	市中区西王庄乡前小湾村	60	女	1938年3月22日
王志远	市中区西王庄乡前小湾村	70	男	1938年3月22日
赵富贵	市中区西王庄乡前小湾村	40	男	1938年3月22日
梁继昌	市中区西王庄乡前小湾村	32	男	1938年3月22日
王　环	市中区西王庄乡前小湾村	32	女	1938年3月22日
王景太	市中区西王庄乡前小湾村	25	男	1938年3月22日
丁二柱	市中区西王庄乡丁庄村	26	男	1938年3月22日
丁行头	市中区西王庄乡丁庄村	27	男	1938年3月22日
冯老六	市中区西王庄乡丁庄村	66	男	1938年3月22日
王　六	市中区西王庄乡丁庄村	62	男	1938年3月22日
任中忍	市中区西王庄乡	—	男	1938年3月22日
李祥营	市中区西王庄乡	—	男	1938年3月22日
张继祥	市中区西王庄乡	—	男	1938年3月22日
董　二	市中区西王庄乡	—	男	1938年3月22日
张套驴	市中区西王庄乡	—	男	1938年3月22日
王　三	市中区西王庄乡	—	男	1938年3月22日
任殿彩	市中区西王庄乡	—	男	1938年3月22日
石任氏	市中区西王庄乡	—	女	1938年3月22日
赵瞎子	市中区西王庄乡	—	男	1938年3月22日
纪学千之祖父	市中区税郭镇纪官庄村	60	男	1938年3月23日
纪学千之祖母	市中区税郭镇纪官庄村	56	女	1938年3月23日

姓　名	籍　贯	年　龄	性　别	死难时间
纪允俱	市中区税郭镇纪官庄村	—	男	1938 年 3 月 23 日
纪允俱之妻	市中区税郭镇纪官庄村	—	女	1938 年 3 月 23 日
纪徐氏	市中区税郭镇纪官庄村	—	女	1938 年 3 月 23 日
纪张氏	市中区税郭镇纪官庄村	—	女	1938 年 3 月 23 日
纪陈氏	市中区税郭镇纪官庄村	—	女	1938 年 3 月 23 日
纪宋氏	市中区税郭镇纪官庄村	—	女	1938 年 3 月 23 日
纪允铎	市中区税郭镇纪官庄村	—	—	1938 年 3 月 23 日
纪××	市中区税郭镇纪官庄村	—	—	1938 年 3 月 23 日
纪允松	市中区税郭镇纪官庄村	—	男	1938 年 3 月 23 日
纪允松之母	市中区税郭镇纪官庄村	—	女	1938 年 3 月 23 日
傅井哲	市中区税郭镇纪官庄村	—	男	1938 年 3 月 23 日
纪学亮之祖母	市中区税郭镇纪官庄村	52	女	1938 年 3 月 23 日
纪学亮之祖父	市中区税郭镇纪官庄村	65	男	1938 年 3 月 23 日
纪王氏	市中区税郭镇纪官庄村	51	女	1938 年 3 月 23 日
纪玉桂	市中区税郭镇纪官庄村	45	男	1938 年 3 月 23 日
纪学义之祖父	市中区税郭镇纪官庄村	—	男	1938 年 3 月 23 日
赵麻子	市中区税郭镇纪官庄村	27	男	1938 年 3 月 23 日
赵麻子之妻	市中区税郭镇纪官庄村	24	女	1938 年 3 月 23 日
张广良	市中区税郭镇王庄村	—	男	1938 年 3 月 23 日
纪玉白大姐之公公	市中区税郭镇王庄村	53	男	1938 年 3 月 23 日
许培元	市中区中心街街道太平街社区	—	男	1938 年 3 月 27 日
宋汝汉之兄	市中区龙山路街道红星社区	—	男	1938 年 3 月 28 日
杨庚样	市中区西王庄乡石羊村	33	男	1938 年 3 月
王丙全	市中区西王庄乡黄楼村	40	男	1938 年 3 月
宗　二	市中区西王庄乡高庄村	48	男	1938 年 3 月
宗茂元	市中区西王庄乡高庄村	25	男	1938 年 3 月
冯光启	市中区西王庄乡高庄村	52	男	1938 年 3 月
孙　郎	市中区西王庄乡东王庄村	1	男	1938 年 3 月
关　氏	市中区西王庄乡刘耀村	40	女	1938 年 3 月
吕　氏	市中区西王庄乡刘耀村	23	女	1938 年 3 月
吕氏之女	市中区西王庄乡刘耀村	1	女	1938 年 3 月
高　氏	市中区西王庄乡刘耀村	21	女	1938 年 3 月
高氏之子	市中区西王庄乡刘耀村	1 个月	男	1938 年 3 月
李建友	市中区西王庄乡刘耀村	52	男	1938 年 3 月

姓　名	籍　贯	年　龄	性　别	死难时间
宋忠义之叔	市中区西王庄乡西王庄村	—	男	1938 年 3 月
宋忠义之侄	市中区西王庄乡西王庄村	—	男	1938 年 3 月
宋景财	市中区西王庄乡付湾村	28	男	1938 年 3 月
李吕氏	市中区孟庄镇上道沟村	60	女	1938 年 3 月
张　发	市中区税郭镇宋湖村	45	男	1938 年 3 月
郝玉章	市中区税郭镇宋湖村	65	男	1938 年 3 月
郝龙氏	市中区税郭镇宋湖村	63	女	1938 年 3 月
孙成法	市中区税郭镇宋湖村	62	男	1938 年 3 月
袁王氏	市中区税郭镇宋湖村	70	女	1938 年 3 月
程蔡氏	市中区税郭镇宋湖村	75	女	1938 年 3 月
程二妮	市中区税郭镇宋湖村	7	女	1938 年 3 月
李玉俭	市中区税郭镇宋湖村	45	男	1938 年 3 月
李启东	市中区税郭镇宋湖村	40	男	1938 年 3 月
刘三成	市中区税郭镇宋湖村	50	男	1938 年 3 月
王二瘸子	市中区税郭镇王庄村	40	男	1938 年 3 月
崔成德	市中区税郭镇王庄村	27	男	1938 年 3 月
崔成堂	市中区税郭镇王庄村	41	男	1938 年 3 月
李　三	市中区税郭镇王庄村	—	男	1938 年 3 月
崔兰苞	市中区税郭镇王庄村	4	女	1938 年 3 月
崔级奋	市中区税郭镇王庄村	27	男	1938 年 3 月
杨知化	市中区税郭镇王庄村	—	男	1938 年 3 月
王　五	市中区税郭镇上义和村	64	男	1938 年 3 月
吕成前	市中区税郭镇下泥河村	—	男	1938 年 3 月
张景怀	市中区税郭镇野岗埠村	65	男	1938 年 3 月
李拉子	市中区税郭镇	—	男	1938 年 3 月
王志成	市中区齐村镇后村社区	—	男	1938 年 3 月
冯大妮	市中区齐村镇后村社区		女	1938 年 3 月
牛景连	市中区齐村镇后村社区	—	男	1938 年 3 月
黄　氏	市中区齐村镇后村社区	57	女	1938 年 3 月
冯玉奎	市中区齐村镇西圩子村	—	男	1938 年 3 月
田四耕之父	市中区齐村镇西圩子村	—	男	1938 年 3 月
宋纲良	市中区齐村镇西圩子村	—	男	1938 年 3 月
田德胜	市中区齐村镇西圩子村	—	男	1938 年 3 月
崔　林	市中区齐村镇西圩子村	—	男	1938 年 3 月

姓　名	籍　贯	年　龄	性　别	死难时间
孙茂营之子	市中区齐村镇西圩子村	—	男	1938 年 3 月
魏老四	市中区齐村镇西圩子村	—	男	1938 年 3 月
牛××	市中区齐村镇西圩子村	—	男	1938 年 3 月
李化营	市中区齐村镇朱子埠村	36	男	1938 年 3 月
张从普	市中区齐村镇朱子埠村	28	男	1938 年 3 月
张　氏	市中区齐村镇朱子埠村	30	女	1938 年 3 月
李　氏	市中区齐村镇朱子埠村	42	女	1938 年 3 月
王井义	市中区齐村镇朱子埠村	25	男	1938 年 3 月
王　氏	市中区齐村镇朱子埠村	43	女	1938 年 3 月
李　氏	市中区齐村镇朱子埠村	36	女	1938 年 3 月
刘开太	市中区齐村镇齐东社区	—	男	1938 年 3 月
戴丙章	市中区齐村镇齐东社区	—	男	1938 年 3 月
戴启玉	市中区齐村镇齐东社区	—	男	1938 年 3 月
刘学金	市中区齐村镇齐东社区	—	男	1938 年 3 月
李运章	市中区齐村镇柏山村	—	男	1938 年 3 月
焦××	市中区齐村镇柏山村	—	男	1938 年 3 月
李老头	市中区齐村镇二街村	56	男	1938 年 3 月
蒋大汉	市中区齐村镇二街村	48	男	1938 年 3 月
梁兰庭	市中区齐村镇侯宅子村	12	男	1938 年 3 月
朱铁匠	市中区齐村镇	—	男	1938 年 3 月
吴　三	市中区齐村镇	—	男	1938 年 3 月
吴　四	市中区齐村镇	—	男	1938 年 3 月
朱　×	市中区龙山路街道道南社区	18	男	1938 年 3 月
吕　×	市中区龙山路街道道南社区	19	男	1938 年 3 月
褚衍信	市中区光明路街道东山阴村	17	男	1938 年 3 月
黄张氏	市中区光明路街道东山阴村	36	女	1938 年 3 月
黄大庆	市中区光明路街道东山阴村	17	男	1938 年 3 月
黄三成	市中区光明路街道东山阴村	16	男	1938 年 3 月
王家良	市中区中心街街道三合街社区	—	男	1938 年 3 月
孙　马	市中区西王庄乡刘耀村	23	男	1938 年 4 月 8 日
黄二荣	市中区西王庄乡刘耀村	22	男	1938 年 4 月 8 日
陈立信	市中区西王庄乡刘耀村	21	男	1938 年 4 月 8 日
李文言	市中区西王庄乡刘耀村	24	男	1938 年 4 月 8 日
龙启仁	市中区税郭镇东南村	55	男	1938 年 4 月 9 日

姓 名	籍 贯	年龄	性别	死难时间
李大虎	市中区税郭镇桃园村	18	男	1938 年 4 月 10 日
李二讲	市中区税郭镇桃园村	16	男	1938 年 4 月 10 日
马珍子	市中区税郭镇桃园村	35	男	1938 年 4 月 10 日
宋黑子	市中区税郭镇桃园村	—	—	1938 年 4 月 10 日
李宋氏	市中区税郭镇桃园村	33	女	1938 年 4 月 10 日
郑永营	市中区税郭镇长汪村	22	男	1938 年 4 月 11 日
郑任氏	市中区税郭镇长汪村	48	女	1938 年 4 月 11 日
郑克孝	市中区税郭镇长汪村	45	男	1938 年 4 月 11 日
郑二妮	市中区税郭镇长汪村	25	女	1938 年 4 月 11 日
郑实纯	市中区税郭镇长汪村	32	男	1938 年 4 月 11 日
刘 三	市中区税郭镇长汪村	32	男	1938 年 4 月 11 日
郑实典	市中区税郭镇长汪村	60	男	1938 年 4 月 11 日
郑徐氏	市中区税郭镇长汪村	61	女	1938 年 4 月 11 日
郑孙氏	市中区税郭镇长汪村	42	女	1938 年 4 月 11 日
郑克兴之妻	市中区税郭镇长汪村	45	女	1938 年 4 月 11 日
郑得山	市中区税郭镇长汪村	55	男	1938 年 4 月 11 日
郑大友	市中区税郭镇长汪村	24	男	1938 年 4 月 11 日
郑狗胜	市中区税郭镇长汪村	17	男	1938 年 4 月 11 日
郑克任	市中区税郭镇长汪村	36	男	1938 年 4 月 11 日
郑实瑞	市中区税郭镇长汪村	55	男	1938 年 4 月 11 日
龙维召	市中区税郭镇东北村	56	男	1938 年 4 月 11 日
耿 ×	市中区税郭镇三里屯村	—	—	1938 年 4 月 11 日
李干巴	市中区税郭镇三里屯村	—	男	1938 年 4 月 11 日
王保亭	市中区税郭镇	—	—	1938 年 4 月 11 日
孙晋香之兄	市中区西王庄乡刘耀村	—	男	1938 年 4 月 13 日
孙晋香之弟	市中区西王庄乡刘耀村	—	男	1938 年 4 月 13 日
王 氏	市中区西王庄乡刘耀村	60	女	1938 年 4 月 13 日
杨 大	市中区西王庄乡刘耀村	20	男	1938 年 4 月 13 日
杨之水	市中区西王庄乡刘耀村	13	男	1938 年 4 月 13 日
孙大妮	市中区西王庄乡刘耀村	15	女	1938 年 4 月 13 日
孙三妮	市中区西王庄乡刘耀村	1	女	1938 年 4 月 13 日
孙茂林	市中区西王庄乡刘耀村	1	男	1938 年 4 月 13 日
陈茂修	市中区西王庄乡刘耀村	—	男	1938 年 4 月 13 日
冯郝氏	市中区西王庄乡刘耀村	46	女	1938 年 4 月 13 日

姓 名	籍 贯	年 龄	性 别	死难时间
冯郝氏之子	市中区西王庄乡刘耀村	23	男	1938 年 4 月 13 日
冯 四	市中区西王庄乡刘耀村	81	男	1938 年 4 月 13 日
李老三	市中区西王庄乡刘耀村	68	男	1938 年 4 月 13 日
崔永法	市中区西王庄乡刘耀村	42	男	1938 年 4 月 13 日
李专运	市中区西王庄乡刘耀村	20	男	1938 年 4 月 13 日
李怀义	市中区西王庄乡刘耀村	51	男	1938 年 4 月 13 日
武得菊	市中区西王庄乡刘耀村	31	女	1938 年 4 月 13 日
黄胡子	市中区齐村镇郭村	40	男	1938 年 4 月 19 日
褚修田	市中区齐村镇郭村	42	男	1938 年 4 月 19 日
张传成之父	市中区齐村镇朱子埠村	—	男	1938 年 4 月 24 日
张传成之祖母	市中区齐村镇朱子埠村	—	女	1938 年 4 月 24 日
李化营	市中区齐村镇朱子埠村	—	男	1938 年 4 月 24 日
李传金之祖母	市中区齐村镇朱子埠村	—	女	1938 年 4 月 24 日
王井胜之母	市中区齐村镇朱子埠村	—	女	1938 年 4 月 24 日
李洪忠之祖母	市中区齐村镇朱子埠村	—	女	1938 年 4 月 24 日
宋振方	市中区齐村镇和平村	—	男	1938 年 4 月 25 日
吴张氏	市中区税郭镇鲁王桥村	42	女	1938 年 4 月 26 日
吴兴启	市中区税郭镇鲁王桥村	32	男	1938 年 4 月 26 日
吴兴海	市中区税郭镇鲁王桥村	27	男	1938 年 4 月 26 日
王玉心	市中区税郭镇鲁王桥村	36	男	1938 年 4 月 26 日
赵克祥	市中区税郭镇鲁王桥村	28	男	1938 年 4 月 26 日
王 行	市中区税郭镇鲁王桥村	51	男	1938 年 4 月 26 日
李雪媛	市中区税郭镇鲁王桥村	35	女	1938 年 4 月 26 日
王 氏	市中区税郭镇鲁王桥村	42	女	1938 年 4 月 26 日
薛为生	市中区税郭镇鲁王桥村	41	男	1938 年 4 月 26 日
李长海	市中区税郭镇鲁王桥村	29	男	1938 年 4 月 26 日
薛海存	市中区税郭镇鲁王桥村	36	男	1938 年 4 月 26 日
吴保生	市中区税郭镇鲁王桥村	29	男	1938 年 4 月 26 日
吴二花	市中区税郭镇鲁王桥村	51	女	1938 年 4 月 26 日
李友村	市中区税郭镇鲁王桥村	36	男	1938 年 4 月 26 日
李二孩	市中区税郭镇鲁王桥村	46	男	1938 年 4 月 26 日
李王氏	市中区税郭镇鲁王桥村	51	女	1938 年 4 月 26 日
李振喜	市中区税郭镇鲁王桥村	61	男	1938 年 4 月 26 日
吴刘氏	市中区税郭镇鲁王桥村	20	女	1938 年 4 月 26 日

姓　名	籍　贯	年龄	性别	死难时间
魏保真	市中区税郭镇鲁王桥村	64	男	1938 年 4 月 26 日
王东洋	市中区税郭镇鲁王桥村	56	男	1938 年 4 月 26 日
王朱氏	市中区税郭镇鲁王桥村	23	女	1938 年 4 月 26 日
景友山	市中区税郭镇鲁王桥村	2	男	1938 年 4 月 26 日
王二荒	市中区税郭镇鲁王桥村	52	男	1938 年 4 月 26 日
吴全友	市中区税郭镇鲁王桥村	54	男	1938 年 4 月 26 日
李振银	市中区税郭镇鲁王桥村	52	男	1938 年 4 月 26 日
李久恒	市中区税郭镇鲁王桥村	54	男	1938 年 4 月 26 日
李长林	市中区税郭镇鲁王桥村	56	男	1938 年 4 月 26 日
王陈氏	市中区税郭镇鲁王桥村	20	女	1938 年 4 月 26 日
赵和尚	市中区税郭镇鲁王桥村	54	男	1938 年 4 月 26 日
孙传栋	市中区齐村镇朱子埠村	15	男	1938 年 4 月 26 日
李朝銮之父	市中区齐村镇朱子埠村	—	男	1938 年 4 月 26 日
王老五	市中区齐村镇朱子埠村	—	男	1938 年 4 月 26 日
李建章	市中区齐村镇朱子埠村	43	男	1938 年 4 月
李建平	市中区齐村镇朱子埠村	34	男	1938 年 4 月
孙传运	市中区齐村镇朱子埠村	16	男	1938 年 4 月
王　五	市中区齐村镇朱子埠村	62	男	1938 年 4 月
王妞之父	市中区齐村镇朱子埠村	39	男	1938 年 4 月
李　四	市中区齐村镇朱子埠村	—	男	1938 年 4 月
孙转运	市中区齐村镇朱子埠村	—	男	1938 年 4 月
李　大	市中区齐村镇朱子埠村	—	男	1938 年 4 月
王××	市中区齐村镇朱子埠村	—	男	1938 年 4 月
李　天	市中区齐村镇朱子埠村	—	男	1938 年 4 月
王士瑞	市中区齐村镇凤凰岭村	27	男	1938 年 4 月
孙秉哲	市中区西王庄乡东王庄村	54	男	1938 年 4 月
孙丙益	市中区西王庄乡东王庄村	46	男	1938 年 4 月
赵　美	市中区西王庄乡高庄村	35	女	1938 年 4 月
赵　氏	市中区西王庄乡高庄村	27	女	1938 年 4 月
赵闫氏	市中区西王庄乡高庄村	32	女	1938 年 4 月
赵闫氏之子	市中区西王庄乡高庄村	—	男	1938 年 4 月
赵闫氏之女	市中区西王庄乡高庄村	—	女	1938 年 4 月
邱学文	市中区西王庄乡	—	男	1938 年 4 月
贾　玉	市中区孟庄镇上道沟村	60	男	1938 年 4 月

姓 名	籍 贯	年 龄	性 别	死难时间
杨文功	市中区孟庄镇上道沟村	42	男	1938 年 4 月
曹井文	市中区光明路街道东各塔埠村	62	男	1938 年 4 月
李化德	市中区光明路街道东各塔埠村	20	男	1938 年 4 月
王××	市中区光明路街道东各塔埠村	20	男	1938 年 4 月
孙汉成	市中区光明路街道官地村	—	男	1938 年 4 月
宋汝祥	市中区光明路街道官地村	50	男	1938 年 4 月
孙裁缝	市中区税郭镇南安城村	60	男	1938 年 4 月
宋 如	市中区税郭镇南安城村	40	男	1938 年 4 月
宋树芝	市中区税郭镇南安城村	14	男	1938 年 4 月
宗振刚	市中区税郭镇南安城村	45	男	1938 年 4 月
孟昭加	市中区税郭镇南安城村	—	男	1938 年 4 月
孟昭加之妻	市中区税郭镇南安城村	—	女	1938 年 4 月
孔祥奋	市中区税郭镇南安城村	—	男	1938 年 4 月
李 ×	市中区税郭镇南安城村	—	男	1938 年 4 月
佟 氏	市中区税郭镇南安城村	—	女	1938 年 4 月
刘奋清之母	市中区税郭镇南安城村	—	女	1938 年 4 月
孙继成	市中区税郭镇南安城村	5	男	1938 年 4 月
刘奋清	市中区税郭镇南安城村	44	男	1938 年 4 月
扈二胖子	市中区税郭镇上义合村	35	男	1938 年 4 月
刘全让	市中区税郭镇上义合村	42	男	1938 年 4 月
刘开芝	市中区税郭镇王庄村	78	女	1938 年 4 月
李部典	市中区税郭镇东北村	—	男	1938 年 4 月
宋徐氏	市中区税郭镇野岗埠村	—	女	1938 年 4 月
江志郢之母	市中区税郭镇东北村	—	女	1938 年 4 月
龙维善	市中区税郭镇东北村	48	男	1938 年 4 月
王大群	市中区永安乡寨子村	20	男	1938 年 4 月
梁文彬	市中区永安乡寨子村	28	男	1938 年 4 月
戴广海	市中区永安乡王林社区	—	男	1938 年 4 月
戴广海之子	市中区永安乡王林社区	—	男	1938 年 4 月
王允正之子	市中区永安乡前陈社区	12	男	1938 年 4 月
赵广仁	市中区西王庄乡高庄村	72	男	1938 年 5 月 3 日
孙裕成	市中区永安乡天桥村	67	男	1938 年 5 月 8 日
姚兴全	市中区永安乡天桥村	65	男	1938 年 5 月 8 日
刘 顺	市中区永安乡永安村	12	男	1938 年 5 月 13 日

姓 名	籍 贯	年 龄	性 别	死难时间
焦 三	市中区永安乡永安村	37	男	1938 年 5 月 13 日
邱毛二	市中区永安乡永安村	36	男	1938 年 5 月 13 日
李继友	市中区永安乡永安村	—	男	1938 年 5 月 13 日
孟来群	市中区永安乡永安村	—	男	1938 年 5 月 13 日
冯 氏	市中区西王庄乡东王庄村	29	女	1938 年 5 月 13 日
冯大友	市中区西王庄乡东王庄村	19	男	1938 年 5 月 13 日
颜成德	市中区永安乡寨子村	—	男	1938 年 5 月 16 日
高文玉	市中区文化路街道北龙头社区	—	—	1938 年 5 月 16 日
杜玉堂	市中区文化路街道北龙头社区	—	男	1938 年 5 月 16 日
孔庆根	市中区文化路街道南龙头社区	—	—	1938 年 5 月 16 日
王×××	市中区光明路街道东龙头社区	—	—	1938 年 5 月 16 日
王厚增	市中区光明路街道东龙头社区	59	男	1938 年 5 月 16 日
王锡恭	市中区光明路街道东龙头社区	65	男	1938 年 5 月 16 日
王银增	市中区光明路街道东龙头社区	54	男	1938 年 5 月 16 日
王现增	市中区光明路街道东龙头社区	56	男	1938 年 5 月 16 日
宋汝来	市中区光明路街道东龙头社区	23	男	1938 年 5 月 16 日
王培武	市中区光明路街道东龙头社区	18	男	1938 年 5 月 16 日
种明样之女	市中区永安乡官庄社区	4	女	1938 年 5 月
刘 四	市中区永安乡永安村	36	男	1938 年 5 月
孙 五	市中区永安乡	—	男	1938 年 5 月
赵副起	市中区税郭镇大辛庄村	63	男	1938 年 5 月
孙广年	市中区税郭镇胡庄村	34	男	1938 年 5 月
张庆传	市中区税郭镇野岗埠村	29	男	1938 年 5 月
李 环	市中区税郭镇野岗埠村	34	男	1938 年 5 月
杨茂山	市中区龙山路街道红星社区	28	男	1938 年 5 月
汤永才之父	市中区龙山路街道道南社区	32	男	1938 年 5 月
牛以芹	市中区龙山路街道	20	男	1938 年 5 月
孙庆密	市中区西王庄乡东王庄村	50	男	1938 年 5 月
潘 氏	市中区西王庄乡刘耀村	57	女	1938 年 5 月
吴增付之祖母	市中区齐村镇齐西村	—	女	1938 年 5 月
刘长友	市中区永安乡永安村	50	男	1938 年 6 月 5 日
刘登俊	市中区永安乡永安村	—	男	1938 年 6 月 5 日
姚立功	市中区西王庄乡刘耀村	29	男	1938 年 6 月 10 日
王德章	市中区永安乡王林社区	52	男	1938 年 6 月 12 日

姓 名	籍 贯	年 龄	性 别	死难时间
戴×之女	市中区永安乡王林社区	1岁多	女	1938年6月12日
宋二喜	市中区光明路街道官地村	20多	男	1938年6月
宋兆春	市中区西王庄乡东王庄村	17	男	1938年6月
马廷祥	市中区西王庄乡刘耀村	44	男	1938年6月
杨思义	市中区西王庄乡刘耀村	39	男	1938年6月
李传运	市中区西王庄乡刘耀村	32	男	1938年6月
李成柱	市中区西王庄乡刘耀村	41	男	1938年6月
冯相礼	市中区西王庄乡刘耀村	46	男	1938年6月
秦 山	市中区西王庄乡刘耀村	37	男	1938年6月
石 三	市中区齐村镇后村社区	25	男	1938年6月
段宝三	市中区齐村镇西圩子村	38	男	1938年6月
刘向同	市中区税郭镇西南村	31	男	1938年7月7日
宋兆吉	市中区税郭镇冯庄村	19	男	1938年7月
顾××	市中区齐村镇前良庄村	—	男	1938年7月
董二瘸	市中区西王庄乡东王庄村	60	男	1938年7月
宋汝坤	市中区西王庄乡东王庄村	35	男	1938年7月
宋汝雨	市中区光明路街道官地村	40	男	1938年7月
屈桂凤	市中区龙山路街道道南社区	19	女	1938年8月
杨 氏	市中区龙山路街道道南社区	—	女	1938年8月
吴贞发之父	市中区文化路街道龙头里社区	—	男	1938年8月
高老头	市中区文化路街道龙头里社区	—	男	1938年8月
谷 二	市中区文化路街道龙头里社区	—	男	1938年8月
孔庆恩	市中区文化路街道龙头里社区	—	男	1938年8月
杜金山之妻	市中区文化路街道龙头里社区	—	女	1938年8月
二 生	市中区文化路街道龙头里社区	—	男	1938年8月
吴清义	市中区文化路街道龙头里社区	—	男	1938年8月
徐之发之父	市中区文化路街道龙头里社区	52	男	1938年8月
李四元	市中区文化路街道龙头里社区	45	男	1938年8月
高振昌之父	市中区文化路街道龙头里社区	61	男	1938年8月
杜××	市中区文化路街道龙头里社区	42	男	1938年8月
孙 二	市中区文化路街道龙头里社区	34	男	1938年8月
邵立光	市中区永安乡官庄社区	—	男	1938年8月
韩复全	市中区齐村镇乔屯村	—	男	1938年10月12日
陈素金	市中区齐村镇乔屯村	—	男	1938年10月12日

姓　名	籍　贯	年　龄	性　别	死难时间
陈素金之子	市中区齐村镇乔屯村	—	男	1938 年 10 月 12 日
杨茂法之大伯	市中区齐村镇乔屯村	—	男	1938 年 10 月 12 日
田毓凯	市中区齐村镇赵庄村	58	男	1938 年 10 月 21 日
李良随	市中区光明路街道东山阴村	28	男	1938 年 10 月
鹿振祥	市中区永安乡马庄社区	40	男	1938 年 11 月
梁刘氏	市中区永安乡马庄社区	—	女	1938 年 11 月
梁田氏	市中区永安乡马庄社区	—	女	1938 年 11 月
肖老三之妻	市中区永安乡马庄社区	—	女	1938 年 11 月
吴二庆	市中区税郭镇师山口村	22	男	1938 年 12 月 25 日
梁羊套	市中区永安乡马庄社区	4	男	1938 年
褚三之妻	市中区永安乡马庄社区	38	女	1938 年
张文友	市中区永安乡薄板泉村	30	男	1938 年
代广海	市中区永安乡王林社区	49	男	1938 年
代成思	市中区永安乡王林社区	46	男	1938 年
代启全	市中区永安乡王林社区	38	男	1938 年
张夫林	市中区齐村镇凤凰岭村	—	男	1938 年
张夫来	市中区齐村镇凤凰岭村	—	男	1938 年
陈素金之父	市中区齐村镇乔屯村	—	男	1938 年
杨张氏	市中区齐村镇乔屯村	28	女	1938 年
彭继富	市中区齐村镇柏山村	—	男	1938 年
何玉清之母	市中区齐村镇柏山村	60	女	1938 年
彭继田	市中区齐村镇柏山村	—	男	1938 年
何柏氏	市中区齐村镇柏山村	—	女	1938 年
陶金明	市中区齐村镇建国村	—	男	1938 年
邵树松	市中区齐村镇建国村	—	男	1938 年
崔广方	市中区齐村镇西圩子村	16	男	1938 年
郭　三	市中区齐村镇西圩子村	—	男	1938 年
马金付之妻	市中区齐村镇渴口村	—	女	1938 年
顾天柱	市中区齐村镇后村社区	—	男	1938 年
段宝山	市中区齐村镇后村社区	—	—	1938 年
张文美	市中区齐村镇张庄村	21	男	1938 年
王士运	市中区齐村镇凤凰岭村	32	男	1938 年
孙汉义	市中区龙山路街道公胜街社区	20	男	1938 年
孙德军	市中区龙山路街道公胜街社区	20	男	1938 年

姓　名	籍　贯	年　龄	性　别	死难时间
张兆堂	市中区文化路街道立新社区	19	男	1938 年
张世金	市中区文化路街道立新社区	40	男	1938 年
张建军	市中区文化路街道立新社区	38	男	1938 年
包柱子	市中区税郭镇三里屯村	32	男	1938 年
姚元太	市中区税郭镇三里屯村	50	男	1938 年
吴增立	市中区税郭镇牛角村	23	男	1938 年
王　五	市中区税郭镇牛角村	56	男	1938 年
张××	市中区税郭镇牛角村	46	男	1938 年
王其环	市中区税郭镇冯庄村	26	男	1938 年
王其伟	市中区税郭镇冯庄村	17	男	1938 年
李　×	市中区税郭镇南安城村	50	男	1938 年
王×氏	市中区税郭镇南安城村	70	女	1938 年
胡　×	市中区税郭镇南安城村	—	男	1938 年
冯俊昌	市中区税郭镇胡庄村	—	男	1938 年
董李氏	市中区税郭镇胡庄村	39	女	1938 年
任振军	市中区税郭镇下泥河村	50	男	1938 年
刘传成	市中区税郭镇西南村	—	男	1938 年
陈敬贤	市中区中心街街道马宅子社区	70	男	1938 年
李　×	市中区中心街街道新凤里社区	60	男	1938 年
扈常林	市中区中心街街道新凤里社区	—	男	1938 年
扈常林之妻	市中区中心街街道新凤里社区	—	女	1938 年
扈常林之子	市中区中心街街道新凤里社区	—	男	1938 年
方采山	市中区中心街街道新凤里社区	35	男	1938 年
宋士玖	市中区中心街街道新凤里社区	26	男	1938 年
金保龙	市中区中心街街道新凤里社区	38	男	1938 年
金泽枣	市中区中心街街道新凤里社区	51	女	1938 年
扈　氏	市中区中心街街道新凤里社区	—	女	1938 年
扈氏之子	市中区中心街街道新凤里社区	—	男	1938 年
许　武	市中区光明路街道岳楼村	30	男	1938 年
梁中文	市中区光明路街道岳楼村	—	男	1938 年
梁孙氏	市中区光明路街道岳楼村	55	女	1938 年
梁宗玺	市中区光明路街道岳楼村	30	男	1938 年
张李氏	市中区光明路街道岳楼村	26	女	1938 年
张土文	市中区光明路街道岳楼村	18	男	1938 年

姓 名	籍 贯	年 龄	性 别	死难时间
张颜氏	市中区光明路街道岳楼村	50	女	1938 年
张 妮	市中区光明路街道岳楼村	4	女	1938 年
秋玉奎	市中区光明路街道岳楼村	40	男	1938 年
刘保英	市中区光明路街道岳楼村	40	女	1938 年
王大长	市中区光明路街道官地村	30	男	1938 年
梁 套	市中区西王庄乡前小湾村	21	男	1938 年
王××	市中区西王庄乡前小湾村	26	男	1938 年
付××	市中区西王庄乡前小湾村	19	男	1938 年
李广坤	市中区西王庄乡前小湾村	26	男	1938 年
邓玉庭	市中区西王庄乡前小湾村	35	男	1938 年
孙昌藜	市中区西王庄乡前小湾村	30	男	1938 年
吕××	市中区西王庄乡前小湾村	29	男	1938 年
付珍刚	市中区西王庄乡傅刘耀村	12	男	1938 年
付宝廷	市中区西王庄乡傅刘耀村	32	男	1938 年
付珍贵	市中区西王庄乡傅刘耀村	30	男	1938 年
李庆仁	市中区西王庄乡黄楼村	52	男	1938 年
杜春起	市中区西王庄乡黄楼村	56	男	1938 年
任振远	市中区西王庄乡黄楼村	60	男	1938 年
牛士杰	市中区西王庄乡黄楼村	61	男	1938 年
张广浩	市中区西王庄乡黄楼村	64	男	1938 年
张广浩之子	市中区西王庄乡黄楼村	—	男	1938 年
李桂斗之父	市中区西王庄乡黄楼村	—	男	1938 年
赵立田之祖母	市中区西王庄乡黄楼村	—	女	1938 年
刘洪才之祖母	市中区西王庄乡黄楼村	—	女	1938 年
李光跃	市中区西王庄乡黄楼村	50	男	1938 年
季洪运	市中区西王庄乡黄楼村	53	男	1938 年
孙晋同	市中区西王庄乡杨楼村	6	男	1938 年
宋忠美	市中区西王庄乡西王庄村	—	男	1938 年
宋忠美之子	市中区西王庄乡西王庄村	—	男	1938 年
邱克芳	市中区西王庄乡西王庄村	—	男	1938 年
丁××	市中区西王庄乡西大楼村	49	男	1938 年
孟昭友	市中区西王庄乡西大楼村	43	男	1938 年
孟昭胜	市中区西王庄乡西大楼村	45	男	1938 年
孟广玉	市中区西王庄乡西大楼村	56	男	1938 年

姓　名	籍　贯	年　龄	性　别	死难时间
孙业言	市中区西王庄乡西大楼村	48	男	1938 年
孙老大	市中区西王庄乡西大楼村	50	男	1938 年
陈兰香	市中区西王庄乡天齐庙村	21	女	1938 年
王　柱	市中区西王庄乡天齐庙村	18	男	1938 年
陈长举	市中区西王庄乡陈刘跃村	49	男	1938 年
王桂春	市中区西王庄乡	32	男	1938 年
赵王氏	市中区西王庄乡丁庄村	46	女	1938 年
冯　氏	市中区西王庄乡丁庄村	64	女	1938 年
宋付田	市中区西王庄乡前小湾村	40	男	1938 年
刘孙氏	市中区西王庄乡前小湾村	74	女	1938 年
张清怀	市中区西王庄乡前小湾村	60	男	1938 年
张元亮	市中区孟庄镇峨山口村	35	男	1938 年
任振常	市中区孟庄镇峨山口村	—	男	1938 年
高贵顶	市中区孟庄镇大郭庄村	—	男	1938 年
孙高氏	市中区孟庄镇崖头村	38	女	1938 年
褚思哲	市中区文化路街道立新社区	41	男	1939 年 1 月
褚思哲之妻	市中区文化路街道立新社区	42	女	1939 年 1 月
褚庆喜	市中区文化路街道立新社区	52	男	1939 年 1 月
田　五	市中区文化路街道立新社区	24	男	1939 年 1 月
褚大良	市中区文化路街道立新社区	36	男	1939 年 1 月
田二木	市中区文化路街道立新社区	29	男	1939 年 1 月
褚　力	市中区文化路街道立新社区	26	男	1939 年 1 月
魏马安	市中区文化路街道立新社区	35	男	1939 年 1 月
吴贞法之叔	市中区文化路街道立新社区	36	男	1939 年 1 月
陈茂申	市中区孟庄镇崖头村	32	男	1939 年 2 月
孙董氏	市中区齐村镇渴口村	20	女	1939 年 3 月 28 日
马颜氏	市中区齐村镇渴口村	—	女	1939 年 3 月 28 日
颜振宝	市中区齐村镇渴口村	56	男	1939 年 3 月 28 日
王文田	市中区齐村镇朱子埠村	46	男	1939 年 3 月 28 日
宋照喜	市中区税郭镇王庄村	27	男	1939 年 4 月
章士礼之祖父	市中区孟庄镇崖头村	—	男	1939 年 4 月
孙　二	市中区孟庄镇崖头村	18	男	1939 年 4 月
孙　三	市中区孟庄镇崖头村	4	男	1939 年 4 月
孙　四	市中区孟庄镇崖头村	7 天	男	1939 年 5 月

姓　名	籍　贯	年　龄	性　别	死难时间
李清叶之父	市中区税郭镇王庄村	—	男	1939 年 5 月
王　彬	市中区光明路街道东山阴村	18	男	1939 年 5 月
周凤德	市中区光明路街道东山阴村	20	男	1939 年 5 月
刘开玉	市中区光明路街道东山阴村	17	男	1939 年 5 月
代恩文之女	市中区永安乡永安村	—	女	1939 年 6 月
白大华	市中区税郭镇王庄村	—	男	1939 年 7 月 15 日
高纪山	市中区齐村镇侯宅子村	24	男	1939 年 8 月
武德三	市中区光明路街道东山阴村	32	男	1939 年 8 月
田培毛	市中区齐村镇赵庄村	43	男	1939 年 9 月 27 日
田培生	市中区齐村镇赵庄村	51	男	1939 年 9 月 27 日
王广田	市中区齐村镇朱子埠村	—	男	1939 年 10 月
傅王氏	市中区齐村镇朱子埠村	—	女	1939 年 11 月
杨大妮	市中区永安乡聂庄村	5	女	1939 年 11 月
冯振美	市中区齐村镇韩庄村	15	男	1939 年 11 月
冯振杰	市中区齐村镇韩庄村	18	男	1939 年 12 月 4 日
李永才	市中区孟庄镇崖头村	31	男	1939 年 12 月 4 日
徐德兰	市中区永安乡李庄村	23	女	1939 年 12 月 4 日
鹿广连之子	市中区永安乡李庄村	1	男	1939 年 12 月 4 日
李　康	市中区永安乡李庄村	—	男	1939 年 12 月 4 日
郑玉林	市中区永安乡李庄村	—	男	1939 年 12 月 4 日
金泽藻	市中区光明路街道利民社区	30	男	1939 年 12 月 28 日
吴清杰	市中区光明路街道石碑社区	—	男	1939 年
吴清杰之子	市中区光明路街道石碑社区	—	男	1939 年
李均阔	市中区光明路街道十里泉村	—	男	1939 年
李汉慈	市中区光明路街道十里泉村	—	男	1939 年
代锦娥	市中区永安乡永安村	18	女	1940 年 4 月
孙　杏	市中区孟庄镇崖头村	20	男	1940 年 7 月 29 日
钟继英之兄	市中区龙山路街道前岭社区	19	男	1940 年 7 月 29 日
轩　×	市中区龙山路街道红旗社区	23	男	1940 年 7 月 29 日
轩×之妻	市中区龙山路街道红旗社区	22	女	1940 年 7 月 29 日
张××	市中区齐村镇朱子埠村	—	男	1940 年 7 月 29 日
张××	市中区齐村镇朱子埠村	—	男	1940 年 7 月 29 日
张××	市中区齐村镇朱子埠村	—	男	1940 年 7 月 29 日
张××	市中区齐村镇朱子埠村	—	男	1940 年 7 月 29 日

姓 名	籍 贯	年龄	性别	死难时间
张××	市中区齐村镇朱子埠村	—	男	1940年7月29日
彭继长	市中区齐村镇银庄村	38	男	1940年8月20日
陈清岳	市中区齐村镇汤庄村	—	男	1940年8月20日
张福勤	市中区齐村镇大刘庄村	—	—	1940年11月
王保章	市中区龙山路街道红星社区	13	男	1940年
李均调	市中区光明路街道十里泉村	39	男	1940年
孙汉章	市中区齐村镇和平村	25	男	1940年
李成栋	市中区齐村镇乔屯村	52	男	1940年
朱铁匠	市中区齐村镇南园社区	31	男	1940年
丁低平	市中区西王庄乡丁庄村	17	男	1940年
田思道	市中区光明路街道田庄村	38	男	1940年
张文德	市中区齐村镇西圩子村	—	男	1940年
任振常	市中区孟庄镇孟庄村	20	男	1940年
李培仁	市中区中心街街道新凤里社区	56	男	1940年
袁成付	市中区永安乡蔡庄村	27	男	1940年
姜培德之父	市中区永安乡遗棠村	—	男	1940年
陈立云	市中区孟庄镇崖头村	28	男	1940年
李如梅	市中区孟庄镇崖头村	80	男	1940年
梁油付	市中区孟庄镇峨山口村	22	男	1940年
丁信义之祖父	市中区孟庄镇大郭庄村	—	男	1940年
杨德清	市中区齐村镇王沟村	27	男	1940年
崔玉根	市中区齐村镇王沟村	38	男	1940年
刘家珍	市中区税郭镇西南村	—	女	1940年
刘池俊	市中区永安乡西山阴村	24	男	1940年
孙景松	市中区西王庄刘耀村	58	男	1940年
范洪章	市中区永安乡寨子村	—	男	1940年
韩帮友	市中区永安乡西山阴村	18	男	1940年
袁×	市中区光明路街道陈庄社区	26	男	1940年
单皮匠	市中区税郭镇	—	男	1941年1月
张文付	市中区齐村镇韩庄村	21	男	1941年2月
周玉明	市中区光明路街道东山阴村	26	男	1941年3月
赵凤永	市中区龙山路街道老车站社区	—	男	1941年5月
傅×	市中区西王庄乡傅刘耀村	20	—	1941年
陈黄脸	市中区永安乡夏庄村	59	男	1941年

姓 名	籍 贯	年 龄	性 别	死难时间
孙晋友	市中区永安乡薄板泉村	24	男	1941 年
武德芳	市中区永安乡西山阴村	18	男	1941 年
王二瞎	市中区永安乡西山阴村	27	男	1941 年
赵永庆	市中区永安乡蔡庄村	—	男	1941 年
高怀仁	市中区永安乡蔡庄村	35	男	1941 年
张凤元	市中区永安乡蔡庄村	26	男	1941 年
王守仁	市中区龙山路街道老车站社区	22	男	1941 年
王永堂	市中区光明路街道东山阴村	21	男	1942 年 6 月
刘汝俊	市中区永安乡西山阴村	—	—	1942 年 9 月
张玉林	市中区税郭镇冯庄村	25	男	1942 年
刘怀文	市中区永安乡薄板泉村	40	男	1942 年
刘恒才	市中区永安乡西山阴村	22	男	1942 年
梁继法	市中区永安乡蔡庄村	30	男	1942 年
林庆森之祖父	市中区龙山路街道公胜街社区	—	男	1942 年
王守义	市中区龙山路街道老车站社区	21	男	1942 年
赵永泉	市中区永安乡蔡庄村	—	男	1943 年 3 月
鹿广连	市中区永安乡李庄村	29	男	1943 年 10 月 29 日
武学广	市中区永安乡西山阴村	18	男	1943 年
刘成美	市中区永安乡夏庄村	30	男	1943 年
吴增玉	市中区光明路街道十里泉村	23	男	1943 年
杜继岭	市中区齐村镇大刘庄村	22	男	1943 年
杨茂美	市中区齐村镇乔屯村	26	男	1943 年
田培平	市中区齐村镇赵庄村	42	男	1944 年 3 月
曹德祥	市中区中心街街道安全街社区	29	男	1944 年 3 月
李士田	市中区永安乡永安村	20	男	1944 年 5 月 20 日
曹正平	市中区永安乡蔡庄村	28	男	1944 年 6 月 18 日
陈炳厚	市中区永安乡永安村	21	男	1944 年 6 月
田传香	市中区永安乡聂庄村	22	女	1944 年 7 月
周茂生	市中区永安乡聂庄村	32	男	1944 年 7 月
孙成启	市中区永安乡聂庄村	34	男	1944 年 8 月
李歪子	市中区永安乡	—	男	1944 年 8 月
宋 楞	市中区税郭镇王庄村	—	男	1944 年 10 月 22 日
王成月	市中区龙山路街道红星社区	—	男	1944 年 10 月
孙景海	市中区齐村镇柏山村	20	男	1944 年

姓 名	籍 贯	年 龄	性 别	死难时间
付继修	市中区齐村镇侯宅子村	22	男	1944 年
杜振银	市中区齐村镇大刘庄村	—	男	1944 年
雷田氏	市中区孟庄镇崖头村	38	女	1944 年
刘　金	市中区永安乡永安村	21	男	1944 年
姜泗金	市中区永安乡遗棠村	36	男	1944 年
韩荣贵	市中区永安乡遗棠村	46	男	1944 年
马玉林	市中区孟庄镇黄山涧村	37	男	1945 年 2 月
孙茂强	市中区孟庄镇黄山涧村	25	男	1945 年 2 月
孙茂元	市中区孟庄镇黄山涧村	30	男	1945 年 2 月
孙茂友	市中区孟庄镇黄山涧村	34	男	1945 年 2 月
魏崇修	市中区孟庄镇黄山涧村	36	男	1945 年 2 月
王以昌	市中区孟庄镇黄山涧村	24	男	1945 年 2 月
李宗国	市中区孟庄镇黄山涧村	24	男	1945 年 2 月
邱和尚	市中区孟庄镇黄山涧村	64	男	1945 年 2 月
高　才	市中区孟庄镇黄山涧村	25	男	1945 年 2 月
张文山	市中区孟庄镇里筲村	23	男	1945 年 6 月
董金才	市中区税郭镇沙沟村	30	男	1945 年
王大妮	市中区税郭镇沙沟村	7	女	1945 年
王二妮	市中区税郭镇沙沟村	6	女	1945 年
魏　三	市中区西王庄乡高庄村	46	男	1945 年
赵德全	市中区永安乡李庄村	—	男	1945 年
徐玉庆	市中区永安乡李庄村	—	男	1945 年
郑王氏	市中区孟庄镇张庄村	—	女	1945 年
王开志	市中区	60	男	1938 年 2 月
王开业	市中区	57	男	1938 年 2 月
赵李氏之大伯	市中区中心街街道香港街社区	—	男	1938 年 2 月
王大群	市中区永安乡寨子村	—	男	1938 年 3 月
王二群	市中区永安乡寨子村	—	男	1938 年 3 月
高继友之父	市中区永安乡寨子村	—	男	1938 年 3 月
梁宗喜之父	市中区永安乡寨子村	—	男	1938 年 3 月
李德山之父	市中区永安乡寨子村	—	男	1938 年 3 月
鹿　二	市中区永安乡寨子村	44	男	1938 年 3 月
王麻子	市中区齐村镇郭村	—	男	1938 年 4 月 19 日
徐广忠	市中区齐村镇郭村	—	男	1938 年 4 月 19 日

姓 名	籍 贯	年 龄	性 别	死难时间
王毛孩	市中区齐村镇郭村	—	男	1938 年 4 月 19 日
王作路	市中区永安乡寨子村	—	男	1938 年 4 月 26 日
高振田	市中区永安乡寨子村	—	男	1938 年 4 月 26 日
王作鹏	市中区永安乡寨子村	—	男	1938 年 4 月 26 日
鹿炳文	市中区永安乡寨子村	—	男	1938 年 4 月 26 日
李文斌	市中区永安乡寨子村	—	男	1938 年 4 月 26 日
梁玉兰	市中区永安乡寨子村	—	男	1938 年 4 月 26 日
马新立	市中区永安乡永安村	—	男	1938 年 5 月 13 日
王 海	市中区永安乡永安村	—	男	1938 年 5 月 13 日
王××	市中区光明路街道陈庄社区	26	男	1938 年 5 月
吕 平	市中区税郭镇鲁王桥村	23	男	1938 年 6 月
宋铭友	市中区光明路街道官地村	—	男	1938 年 7 月
王金荣之叔	市中区龙山路街道辛庄社区	26	男	1938 年 8 月
徐茂海	市中区永安乡王林社区	—	男	1938 年 10 月 15 日
戴广义	市中区永安乡王林社区	—	男	1938 年 10 月 15 日
王士银	市中区齐村镇凤凰岭村	51	男	1938 年
孙茂一	市中区光明路街道雷村	40	男	1938 年
王培信	市中区光明路街道雷村	44	男	1938 年
冯培经	市中区光明路街道雷村	46	男	1938 年
李 三	市中区西王庄乡刘耀村	26	男	1938 年
单如军	市中区税郭镇西南村	50	男	1938 年
李大环	市中区光明路街道陈庄社区	54	男	1938 年
毛 海	市中区永安乡永安村	25	男	1938 年
徐二妮	市中区	2	女	1938 年
李培仁	市中区中心街街道大观园社区	41	男	1938 年
王友祖	市中区矿区街道	83	男	1938 年
徐 闹	市中区中心街街道马宅子社区	31	男	1938 年
徐传林	市中区永安乡李庄村	21	男	1939 年 9 月
褚庆山	市中区文化路街道立新社区	17	男	1939 年
朱魏氏	市中区西王庄乡西大楼村	70	女	1939 年
谷床良	市中区永安乡永安村	35	男	1939 年
王志增	市中区光明路街道陈庄社区	30	男	1940 年
李宗珍	市中区光明路街道陈庄社区	26	男	1940 年
赵奎友	市中区光明路街道陈庄社区	28	男	1940 年

姓 名	籍 贯	年 龄	性 别	死难时间
赵凤礼	市中区龙山路街道公胜街社区	35	男	1941 年 5 月
刘赖妮	市中区永安乡永安村	18	女	1941 年
魏老大	市中区中心街街道大观园社区	35	男	1941 年
刘明新	市中区文化路街道立新社区	—	男	1942 年
鲁芳智	市中区文化路街道立新社区	—	男	1942 年
郑毓东之兄	市中区文化路街道立新社区	—	男	1942 年
谢多文	市中区文化路街道立新社区	—	男	1942 年
汤 狗	市中区光明路街道陈庄社区	27	男	1942 年
董 妮	市中区光明路街道陈庄社区	27	女	1942 年
李友付	市中区光明路街道陈庄社区	24	男	1942 年
李友芝	市中区光明路街道陈庄社区	25	男	1942 年
武学富	市中区光明路街道陈庄社区	30	男	1942 年
刘帮动	市中区永安乡永安村	55	男	1942 年
李玉芝	市中区龙山路街道陈庄社区	—	女	1943 年
曹大法	市中区齐村镇大刘庄村	25	男	1943 年
周继德	市中区光明路街道陈庄社区	55	男	1943 年
徐广运	市中区光明路街道陈庄社区	34	男	1943 年
李银成	市中区中心街街道太平街社区	—	男	1945 年 8 月
李学文	市中区中心街街道安全街社区	27	男	—
徐广俊	市中区龙山路街道辛庄社区	30	男	—
李学武	市中区中心街街道安全街社区	26	男	—
沈英俊之父	市中区龙山路街道辛庄社区	—	男	—
郑广太	市中区孟庄镇张庄村	—	男	—
合 计	**768**			

责任人：刘广忠　高玉龙　　　　核实人：王启东　曹厚芹　　　填表人：曹厚芹
填报单位（签章）：枣庄市市中区委党史研究室　　　　填报时间：2009 年 12 月 24 日

枣庄市峄城区抗日战争时期死难者名录

姓 名	籍 贯	年 龄	性 别	死难时间
闫洪彩	峄城区吴林街道杨楼村	32	男	1938 年 3 月
杨继官	峄城区吴林街道杨楼村	52	男	1938 年 3 月
赵广银	峄城区吴林街道杨楼村	58	男	1938 年 3 月
吴绍桂	峄城区榴园镇濠沟村	59	男	1938 年 3 月
晁大木匠	峄城区底阁镇东南晁村	52	男	1938 年 3 月
董金化	峄城区峨山镇董流井村	29	男	1938 年 3 月
李怀田	峄城区榴园镇南刘村	51	男	1938 年 3 月
刘开斌	峄城区吴林街道李庄村	42	男	1938 年 3 月
刘开方	峄城区吴林街道李庄村	36	男	1938 年 3 月
刘克慧	峄城区榴园镇南刘村	50	男	1938 年 3 月
宋茂礼	峄城区吴林街道王屯村	60	男	1938 年 3 月
孙傻友	峄城区吴林街道小屯村	21	男	1938 年 3 月
孙旺之妻	峄城区吴林街道小屯村	21	女	1938 年 3 月
孙肖化	峄城区吴林街道小屯村	60	女	1938 年 3 月
王平仁	峄城区吴林街道李庄村	47	男	1938 年 3 月
王 三	峄城区吴林街道李庄村	58	男	1938 年 3 月
吴赵氏	峄城区榴园镇濠沟村	80	女	1938 年 3 月
吴贞红	峄城区榴园镇濠沟村	58	男	1938 年 3 月
张继清	峄城区吴林街道李庄村	49	男	1938 年 3 月
张守业	峄城区吴林街道李庄村	39	男	1938 年 3 月
张 亭	峄城区吴林街道李庄村	25	男	1938 年 3 月
张 雨	峄城区吴林街道李庄村	28	男	1938 年 3 月
宗 二	峄城区吴林街道王屯村	20	男	1938 年 3 月
宗二群	峄城区吴林街道王屯村	25	男	1938 年 3 月
白老太	峄城区吴林街道肖桥村	72	女	1938 年 3 月
白哑巴	峄城区吴林街道涝滩村	40	男	1938 年 3 月
本 立	峄城区坛山街道兴国	20	女	1938 年 3 月
本 助	峄城区坛山街道兴国	20	女	1938 年 3 月
曹×氏	峄城区坛山街道兴国	30	女	1938 年 3 月
晁清亮	峄城区吴林街道坝子村	28	男	1938 年 3 月
晁祥飞	峄城区吴林街道坝子村	52	男	1938 年 3 月

姓　名	籍　贯	年　龄	性　别	死难时间
陈大傻	峄城区吴林街道崔庄村	30	男	1938 年 3 月
陈二蛮子	峄城区吴林街道七里店村	41	男	1938 年 3 月
陈光田之父	峄城区吴林街道崔庄村	60	男	1938 年 3 月
陈　清	峄城区吴林街道七里店村	70	男	1938 年 3 月
程二马	峄城区峨山镇石埠村	—	男	1938 年 3 月
崔转玉	峄城区吴林街道东潘安村	18	男	1938 年 3 月
大老黑	峄城区坛山街道兴国	70	男	1938 年 3 月
邓义侠之祖父	峄城区吴林街道肖桥村	70	男	1938 年 3 月
丁志安之父	峄城区吴林街道崔庄村	60	男	1938 年 3 月
董方园	峄城区吴林街道乱沟村	65	男	1938 年 3 月
董业振之祖父	峄城区吴林街道肖桥村	70	男	1938 年 3 月
杜茂林	峄城区吴林街道米庄村	23	男	1938 年 3 月
杜年氏	峄城区吴林街道米庄村	43	女	1938 年 3 月
二　柱	峄城区吴林街道大李楼村	38	男	1938 年 3 月
房井信	峄城区吴林街道黄庄村	25	男	1938 年 3 月
付其胜	峄城区吴林街道米庄村	50	男	1938 年 3 月
付学生	峄城区吴林街道米庄村	11	男	1938 年 3 月
高振成之母	峄城区吴林街道陈埠村	60	女	1938 年 3 月
高振海之妻	峄城区吴林街道陈埠村	50	女	1938 年 3 月
韩陈氏	峄城区吴林街道崔庄村	20	女	1938 年 3 月
韩夫堂	峄城区古邵镇文堆村	50	男	1938 年 3 月
韩老太	峄城区古邵镇文堆村	70	女	1938 年 3 月
胡　氏	峄城区吴林街道东潘安村	76	女	1938 年 3 月
胡××	峄城区吴林街道东潘安村	52	男	1938 年 3 月
华明巨	峄城区古邵镇文堆村	30	男	1938 年 3 月
蒋保氏	峄城区吴林街道南刘村	80	女	1938 年 3 月
李　安	峄城区底阁镇底阁村	13	男	1938 年 3 月
李春发之母	峄城区底阁镇底阁村	67	女	1938 年 3 月
李春发之妻	峄城区底阁镇底阁村	35	女	1938 年 3 月
李春发之子	峄城区底阁镇底阁村	11	男	1938 年 3 月
李春发之子	峄城区底阁镇底阁村	8	男	1938 年 3 月
李春生之妻	峄城区底阁镇底阁村	25	女	1938 年 3 月
李春生之子	峄城区底阁镇底阁村	3	男	1938 年 3 月
梁××	峄城区	—	男	1938 年 3 月

姓　名	籍　贯	年龄	性别	死难时间
王恒星	峄城区	—	男	1938 年 3 月
王恒星之母	峄城区	—	女	1938 年 3 月
李怀仁之妻	峄城区	—	女	1938 年 3 月
李得贵之父	峄城区底阁镇底阁村	70	男	1938 年 3 月
李孩孩	峄城区峨山镇石门西村	8	男	1938 年 3 月
李化芬	峄城区坛山街道侯桥	27	男	1938 年 3 月
李佳青	峄城区吴林街道七里店村	32	男	1938 年 3 月
李××	峄城区坛山街道兴国	60	男	1938 年 3 月
李启英	峄城区峨山镇石门西村	—	男	1938 年 3 月
李清龙	峄城区峨山镇石布村	—	男	1938 年 3 月
李文典	峄城区吴林街道乱沟村	65	男	1938 年 3 月
李文珠	峄城区吴林街道崔庄村	60	男	1938 年 3 月
李现芝	峄城区吴林街道曹庄村	42	男	1938 年 3 月
李云珠	峄城区吴林街道坝子村	63	男	1938 年 3 月
刘继哲	峄城区吴林街道七里店村	70	男	1938 年 3 月
刘　仁	峄城区阴平镇张庄村	62	男	1938 年 3 月
马金呼	峄城区峨山镇马楼村	16	女	1938 年 3 月
马××	峄城区峨山镇东任庄村	40	男	1938 年 3 月
马士俊之兄	峄城区吴林街道陈埠村	38	男	1938 年 3 月
马　氏	峄城区峨山镇任庄村	26	女	1938 年 3 月
孟　氏	峄城区峨山镇赵庄村	80	女	1938 年 3 月
苗张氏	峄城区峨山镇任庄村	67	女	1938 年 3 月
平老头	峄城区吴林街道肖桥村	70	男	1938 年 3 月
邵官氏	峄城区峨山镇石埠村	—	女	1938 年 3 月
宋　妮	峄城区峨山镇石埠村	—	女	1938 年 3 月
宋　于	峄城区峨山镇石埠村	—	男	1938 年 3 月
宋茂章	峄城区峨山镇石埠村	—	男	1938 年 3 月
宋　三	峄城区吴林街道陈埠村	50	男	1938 年 3 月
孙周氏	峄城区坛山街道兴国	67	女	1938 年 3 月
王保川之母	峄城区吴林街道东潘安村	53	女	1938 年 3 月
王　大	峄城区吴林街道七里店村	67	男	1938 年 3 月
王家银之母	峄城区吴林街道陈埠村	60	女	1938 年 3 月
王景仁	峄城区坛山街道张店	54	男	1938 年 3 月
王开业	峄城区峨山镇石埠村	—	男	1938 年 3 月

姓 名	籍 贯	年 龄	性 别	死难时间
王开志	峄城区峨山镇石埠村	—	男	1938 年 3 月
王克贵	峄城区吴林街道黄庄村	63	男	1938 年 3 月
王茂山	峄城区吴林街道黄庄村	52	男	1938 年 3 月
王 三	峄城区吴林街道七里店村	38	男	1938 年 3 月
王 小	峄城区吴林街道东潘安村	60	男	1938 年 3 月
王彦勤之祖父	峄城区吴林街道陈埠村	48	男	1938 年 3 月
王己氏	峄城区吴林街道南刘村	34	女	1938 年 3 月
王志阵	峄城区吴林街道崔庄村	60	男	1938 年 3 月
吴 田	峄城区吴林街道七里店村	22	男	1938 年 3 月
武 妮	峄城区峨山镇石埠村	—	女	1938 年 3 月
武徐氏	峄城区峨山镇石埠村	—	女	1938 年 3 月
徐蛮子	峄城区峨山镇仙桥村	18	男	1938 年 3 月
徐傻子	峄城区吴林街道南刘村	38	男	1938 年 3 月
徐傻子之母	峄城区吴林街道南刘村	61	女	1938 年 3 月
许化山之祖母	峄城区吴林街道东潘安村	54	女	1938 年 3 月
旭 银	峄城区坛山街道兴国	30	女	1938 年 3 月
旭 增	峄城区坛山街道兴国	30	女	1938 年 3 月
薛老头	峄城区坛山街道兴国	70	男	1938 年 3 月
颜吴氏	峄城区吴林街道大李楼村	34	女	1938 年 3 月
杨××	峄城区吴林街道坝子村	24	男	1938 年 3 月
杨大牙	峄城区峨山镇石埠村	—	男	1938 年 3 月
杨二祥	峄城区峨山镇石埠村	—	男	1938 年 3 月
杨增三	峄城区吴林街道坝子村	65	男	1938 年 3 月
杨真田之祖父	峄城区底阁镇陶墩村	72	男	1938 年 3 月
姚吴氏	峄城区峨山镇任庄村	44	女	1938 年 3 月
尹洪生	峄城区吴林街道东潘安村	46	男	1938 年 3 月
于电宾	峄城区峨山镇于流井村	19	男	1938 年 3 月
于广都	峄城区峨山镇于流井村	68	男	1938 年 3 月
于广颜	峄城区峨山镇于流井村	26	男	1938 年 3 月
于文浩	峄城区峨山镇于流井村	30	男	1938 年 3 月
于永庆	峄城区峨山镇于流井村	20	男	1938 年 3 月
原 六	峄城区坛山街道兴国	50	女	1938 年 3 月
张××	峄城区吴林街道黄庄村	56	男	1938 年 3 月
张××	峄城区吴林街道黄庄村	50	男	1938 年 3 月

姓　名	籍　贯	年 龄	性 别	死难时间
张东金	峄城区吴林街道陈埠村	45	男	1938 年 3 月
张学栋	峄城区吴林街道坝子村	23	男	1938 年 3 月
赵　岑	峄城区峨山镇石门西村	28	男	1938 年 3 月
赵××	峄城区吴林街道坝子村	19	男	1938 年 3 月
郑　二	峄城区吴林街道七里店村	41	男	1938 年 3 月
周　坡	峄城区坛山街道兴国	50	男	1938 年 3 月
周　三	峄城区坛山街道兴国	70	男	1938 年 3 月
周　山	峄城区峨山镇福临村	—	男	1938 年 3 月
周长春	峄城区底阁镇底阁村	41	男	1938 年 3 月
周广法之母	峄城区底阁镇后岳城村	57	女	1938 年 3 月
周××	峄城区坛山街道兴国	70	男	1938 年 3 月
周秦氏	峄城区坛山街道兴国	50	女	1938 年 3 月
周　友	峄城区吴林街道南刘村	20	男	1938 年 3 月
宗茂东	峄城区吴林街道涝滩村	70	男	1938 年 3 月
左××	峄城区吴林街道黄庄村	51	男	1938 年 3 月
马董氏	峄城区峨山镇马楼村	48	女	1938 年 3 月 4 日
马根才	峄城区峨山镇马楼村	35	男	1938 年 3 月 4 日
马郭氏	峄城区峨山镇马楼村	31	女	1938 年 3 月 4 日
马玲呼	峄城区峨山镇马楼村	13	女	1938 年 3 月 4 日
马振安	峄城区峨山镇马楼村	39	男	1938 年 3 月 4 日
马振泗	峄城区峨山镇马楼村	40	男	1938 年 3 月 4 日
马中义	峄城区峨山镇马楼村	32	男	1938 年 3 月 4 日
刘　四	峄城区峨山镇太平庄村	—	男	1938 年 3 月 12 日
刘　五	峄城区峨山镇太平庄村	—	男	1938 年 3 月 12 日
孟大牙	峄城区峨山镇太平庄村	50	男	1938 年 3 月 12 日
孟宪姚之母	峄城区峨山镇太平庄村	—	女	1938 年 3 月 12 日
王怀忠	峄城区峨山镇太平庄村	60	男	1938 年 3 月 12 日
王××	峄城区峨山镇太平庄村	—	男	1938 年 3 月 12 日
赵大脚	峄城区峨山镇太平庄村	—	女	1938 年 3 月 12 日
朱　三	峄城区峨山镇太平庄村	29	男	1938 年 3 月 12 日
王道全	峄城区榴园镇苗圈村	—	男	1938 年 4 月 1 日
白洪昌	峄城区峨山镇沃洛村	30	男	1938 年 4 月 18 日
王元吉	峄城区峨山镇沃洛村	50	男	1938 年 4 月 18 日
白　氏	峄城区榴园镇七里山村	75	女	1938 年 4 月

姓 名	籍 贯	年 龄	性 别	死难时间
曹张氏	峄城区古邵镇曹胡元村	—	女	1938 年 4 月
晁二妮	峄城区底阁镇大晁村	19	男	1938 年 4 月
晁 庆	峄城区底阁镇大晁村	37	男	1938 年 4 月
晁王氏	峄城区底阁镇大晁村	68	女	1938 年 4 月
晁 言	峄城区底阁镇大晁村	58	男	1938 年 4 月
陈立狗	峄城区吴林街道王庄村	18	男	1938 年 4 月
褚庆罗	峄城区榴园镇大明官庄村	41	男	1938 年 4 月
褚庆远	峄城区榴园镇大明官庄村	43	男	1938 年 4 月
褚思安	峄城区榴园镇龙泉庄村	—	男	1938 年 4 月
董继娈	峄城区阴平镇黄崖村	79	男	1938 年 4 月
董沈氏	峄城区阴平镇黄崖村	70	女	1938 年 4 月
董士舍	峄城区阴平镇黄崖村	—	男	1938 年 4 月
张光余	峄城区阴平镇黄崖村	78	男	1938 年 3—5 月
董士金	峄城区阴平镇黄崖村	—	男	1938 年 3—5 月
徐成厚	峄城区阴平镇黄崖村	79	男	1938 年 3—5 月
贺传芝	峄城区阴平镇黄崖村	—	男	1938 年 3—5 月
贺六妮	峄城区阴平镇黄崖村	—	男	1938 年 3—5 月
贺字朝	峄城区阴平镇黄崖村	—	男	1938 年 3—5 月
贺字朝之妻	峄城区阴平镇黄崖村	—	女	1938 年 3—5 月
冯振海	峄城区榴园镇后光庄村	29	男	1938 年 4 月
耿傻子	峄城区阴平镇黄崖村	62	男	1938 年 4 月
功 氏	峄城区榴园镇前光庄村	32	女	1938 年 4 月
功仓雾	峄城区榴园镇前光庄村	14	男	1938 年 4 月
巩立仁	峄城区榴园镇后光庄村	19	男	1938 年 4 月
韩××	峄城区榴园镇东匡村	42	男	1938 年 4 月
韩××	峄城区榴园镇东匡村	40	男	1938 年 4 月
贺传芝之六女	峄城区阴平镇黄崖村	—	女	1938 年 4 月
贺传芝之子	峄城区阴平镇黄崖村	—	男	1938 年 4 月
侯茂领	峄城区吴林街道天柱山村	45	男	1938 年 4 月
胡二兰	峄城区吴林街道天柱山村	8	女	1938 年 4 月
胡印述	峄城区吴林街道天柱山村	30	男	1938 年 4 月
胡赵氏	峄城区吴林街道天柱山村	29	女	1938 年 4 月
贾 二	峄城区吴林街道王庄村	20	男	1938 年 4 月
姜大麻子	峄城区底阁镇西南杨村	60	男	1938 年 4 月

姓 名	籍 贯	年 龄	性 别	死难时间
李安尾	峄城区榴园镇前光庄村	17	男	1938 年 4 月
李×氏	峄城区峨山镇福临村	—	女	1938 年 4 月
李王氏	峄城区榴园镇王府山村	39	女	1938 年 4 月
李学昌之父	峄城区底阁镇后岳城村	32	男	1938 年 4 月
李正友	峄城区古邵镇沈庄村	56	男	1938 年 4 月
梁凤军	峄城区榴园镇七里山村	61	男	1938 年 4 月
梁苗氏	峄城区榴园镇七里山村	84	女	1938 年 4 月
孟郭氏	峄城区吴林街道天柱山村	60	女	1938 年 4 月
孟现才	峄城区吴林街道天柱山村	26	男	1938 年 4 月
孟现增	峄城区吴林街道天柱山村	30	男	1938 年 4 月
孟张氏	峄城区吴林街道天柱山村	28	女	1938 年 4 月
苗二孩	峄城区榴园镇前光庄村	36	男	1938 年 4 月
苗老大	峄城区榴园镇七里山村	79	男	1938 年 4 月
苗朱氏	峄城区吴林街道王庄村	54	女	1938 年 4 月
孙仓林	峄城区榴园镇前光庄村	18	男	1938 年 4 月
孙成可	峄城区吴林街道天柱山村	29	男	1938 年 4 月
孙井银	峄城区榴园镇前光庄村	36	男	1938 年 4 月
孙志成	峄城区古邵镇沈庄村	37	男	1938 年 4 月
田××	峄城区底阁镇大晁村	—	男	1938 年 4 月
王 孩	峄城区榴园镇前光庄村	1	男	1938 年 4 月
王二孩	峄城区榴园镇前光庄村	16	男	1938 年 4 月
王凤拨	峄城区榴园镇前光庄村	14	男	1938 年 4 月
王夫平	峄城区榴园镇前光庄村	39	男	1938 年 4 月
王景春	峄城区坛山街道张店	53	男	1938 年 4 月
王 垮	峄城区吴林街道涝滩村	50	男	1938 年 4 月
王茂春	峄城区榴园镇龙泉庄村	—	男	1938 年 4 月
王 妮	峄城区吴林街道王庄村	8	女	1938 年 4 月
王 平	峄城区吴林街道王庄村	60	男	1938 年 4 月
王三蛋	峄城区吴林街道王庄村	18	男	1938 年 4 月
王 氏	峄城区吴林街道王庄村	78	女	1938 年 4 月
王 氏	峄城区吴林街道王庄村	65	女	1938 年 4 月
王四子	峄城区榴园镇前光庄村	26	男	1938 年 4 月
王相珍	峄城区榴园镇曹马村	23	男	1938 年 4 月
王薛氏	峄城区吴林街道王庄村	43	女	1938 年 4 月

姓　名	籍　贯	年　龄	性　别	死难时间
王赵氏	峄城区吴林街道王庄村	53	女	1938 年 4 月
王周氏	峄城区吴林街道王庄村	83	女	1938 年 4 月
魏　娃	峄城区榴园镇前光庄村	20	男	1938 年 4 月
魏李氏	峄城区底阁镇甘沟村	40	女	1938 年 4 月
吴贾氏	峄城区吴林街道天柱山村	56	女	1938 年 4 月
吴绍文	峄城区吴林街道天柱山村	60	男	1938 年 4 月
吴贞兰	峄城区吴林街道天柱山村	17	女	1938 年 4 月
武长安	峄城区榴园镇王府山村	10	男	1938 年 4 月
武二鸭	峄城区榴园镇王府山村	19	男	1938 年 4 月
徐成中	峄城区阴平镇黄崖村	68	男	1938 年 4 月
徐广荣	峄城区阴平镇黄崖村	88	男	1938 年 4 月
杨灵千	峄城区榴园镇前马山套村	18	男	1938 年 4 月
杨茂忠	峄城区榴园镇龙泉庄村	74	男	1938 年 4 月
杨孙氏	峄城区榴园镇前马山套村	42	女	1938 年 4 月
于大孩	峄城区榴园镇前光庄村	47	男	1938 年 4 月
岳进才之女	峄城区榴园镇东匡村	10	女	1938 年 4 月
张　妮	峄城区榴园镇前光庄村	8	女	1938 年 4 月
张保明	峄城区榴园镇前光庄村	40	男	1938 年 4 月
张曹氏	峄城区榴园镇七里山村	—	女	1938 年 4 月
张长篇	峄城区阴平镇黄崖村	70	男	1938 年 4 月
张传义	峄城区榴园镇龙泉庄村	—	男	1938 年 4 月
张大永	峄城区古邵镇沈庄村	41	男	1938 年 4 月
张　二	峄城区吴林街道王庄村	38	男	1938 年 4 月
张凤学	峄城区底阁镇大晁村	59	男	1938 年 4 月
张合一	峄城区坛山街道张店	38	男	1938 年 4 月
张井深	峄城区吴林街道王庄村	60	男	1938 年 4 月
张奎龙	峄城区古邵镇兴集村	47	男	1938 年 4 月
张立芳	峄城区古邵镇沈庄村	43	男	1938 年 4 月
张立向	峄城区古邵镇沈庄村	36	男	1938 年 4 月
张刘氏	峄城区古邵镇沈庄村	62	女	1938 年 4 月
张刘氏	峄城区吴林街道王庄村	60	女	1938 年 4 月
张永法	峄城区榴园镇韩楼村	17	男	1938 年 4 月
张玉凡	峄城区吴林街道曹庄村	42	男	1938 年 4 月
张宗氏	峄城区吴林街道王庄村	—	女	1938 年 4 月

姓 名	籍 贯	年 龄	性 别	死难时间
郑 氏	峄城区榴园镇东匡村	30	女	1938年4月
郑氏之女	峄城区榴园镇东匡村	10	女	1938年4月
郑允平	峄城区榴园镇东匡村	48	男	1938年4月
周济标	峄城区古邵镇沈庄村	70	男	1938年4月
周三娃	峄城区榴园镇朱村	11	女	1938年4月
周喜娃	峄城区榴园镇朱村	11	女	1938年4月
周小运	峄城区榴园镇朱村	9	男	1938年4月
周至春	峄城区榴园镇朱村	7	男	1938年4月
周至冬	峄城区榴园镇朱村	9	男	1938年4月
朱红飞	峄城区榴园镇后光庄村	21	男	1938年4月
白 井	峄城区峨山镇沃洛村	14	女	1938年5月6日
孙法政	峄城区峨山镇沃洛村	38	男	1938年5月6日
张玉海	峄城区峨山镇沃洛村	32	男	1938年5月6日
陈连翠	峄城区榴园镇贾泉村	26	男	1938年5月
陈连菊	峄城区榴园镇贾泉村	40	男	1938年5月
李均平	峄城区吴林街道大桥村	54	男	1938年5月
刘文茂	峄城区底阁镇运卜屯村	20	男	1938年5月
秦德法	峄城区底阁镇南杨庄村	60	男	1938年5月
孙王氏	峄城区古邵镇梅台村	20	女	1938年5月
王 秋	峄城区底阁镇周庄村	30	男	1938年5月
王董氏	峄城区吴林街道北曹庄村	38	女	1938年5月
王焕昌	峄城区吴林街道大桥村	52	男	1938年5月
王应刚	峄城区峨山镇杨堡村	40	男	1938年5月
王子成	峄城区吴林街道北曹庄村	40	男	1938年5月
王××	峄城区吴林街道北曹庄村	40	男	1938年5月
王宗林	峄城区榴园镇付庄	29	男	1938年5月
吴玉亮	峄城区峨山镇黄泉村	—	男	1938年5月
杨 ×	峄城区底阁镇运卜屯村	20	男	1938年5月
杨郭氏	峄城区峨山镇杨堡村	45	女	1938年5月
张 三	峄城区吴林街道大桥村	60	男	1938年5月
张 五	峄城区吴林街道大桥村	54	男	1938年5月
朱玉合	峄城区峨山镇夏庄村	39	男	1938年5月
褚庆才	峄城区榴园镇褚庄村	37	男	1938年6月
褚衍和	峄城区榴园镇褚庄村	40	男	1938年6月

姓 名	籍 贯	年 龄	性 别	死难时间
冯店友	峄城区峨山镇西马寨村	25	男	1938 年 6 月
高大留	峄城区峨山镇任庄村	11	男	1938 年 6 月
韩××	峄城区榴园镇王马山口村	70	男	1938 年 6 月
李 三	峄城区榴园镇王马山口村	72	男	1938 年 6 月
李黄牛	峄城区榴园镇褚庄村	—	男	1938 年 6 月
李金山	峄城区峨山镇李堡村	60	男	1938 年 6 月
李 ×	峄城区峨山镇福临村	—	男	1938 年 6 月
李××	峄城区峨山镇福临村	—	男	1938 年 6 月
刘戴氏	峄城区峨山镇西马寨村	25	女	1938 年 6 月
刘文灿	峄城区古邵镇梅台村	60	男	1938 年 6 月
彭孟氏	峄城区峨山镇后马寨村	—	女	1938 年 6 月
宋黑妮	峄城区峨山镇西马寨村	22	女	1938 年 6 月
孙孟氏	峄城区古邵镇梅台村	21	女	1938 年 6 月
王××	峄城区榴园镇王马山口村	65	男	1938 年 6 月
徐洪德	峄城区底阁镇河湾村	20	男	1938 年 6 月
赵二猫	峄城区榴园镇褚庄村	26	男	1938 年 6 月
赵启村	峄城区榴园镇褚庄村	52	男	1938 年 6 月
赵 三	峄城区吴林街道大桥村	52	男	1938 年 6 月
李 二	峄城区古邵镇大安村	60	男	1938 年 6 月 28 日
李 亮	峄城区榴园镇濠沟村	16	男	1938 年 7 月
李 氏	峄城区榴园镇濠沟村	70	女	1938 年 7 月
刘敦山	峄城区古邵镇曹胡元村	41	男	1938 年 7 月
邵 玉	峄城区峨山镇福临村	—	男	1938 年 7 月
孙茂一	峄城区吴林街道三里庄村	60	男	1938 年 7 月
刘敦本	峄城区古邵镇曹胡元村	27	男	1938 年 8 月
程郭氏	峄城区榴园镇关山口村	80	女	1938 年 9 月
司景伦	峄城区峨山镇董流井村	28	男	1938 年 9 月
孙晋汶	峄城区古邵镇坊上村	—	男	1938 年 9 月
小 八	峄城区榴园镇固庄村	12	男	1938 年 9 月
张成印	峄城区峨山镇董流井村	24	男	1938 年 9 月
张凤学	峄城区底阁镇张庄村	60	男	1938 年 9 月
赵成金	峄城区吴林街道坝子村	56	男	1938 年 12 月
赵成谦	峄城区吴林街道坝子村	60	男	1938 年 12 月
赵葵娃	峄城区吴林街道坝子村	1	女	1938 年 12 月

姓　名	籍　贯	年　龄	性　别	死难时间
赵沈氏	峄城区吴林街道坝子村	68	女	1938 年 12 月
白　氏	峄城区吴林街道田楼村	75	女	1938 年
白孝纯	峄城区吴林街道田楼村	41	男	1938 年
白孝林	峄城区吴林街道田楼村	46	男	1938 年
白孝章	峄城区吴林街道田楼村	60	男	1938 年
鲍培让	峄城区阴平镇东各庄村	50	男	1938 年
边广卫	峄城区吴林街道边官庄村	70	男	1938 年
边振才	峄城区吴林街道边官庄村	40	男	1938 年
卜现中	峄城区峨山镇黄庄村	16	男	1938 年
曹××	峄城区榴园镇王庄村	70	男	1938 年
曹大斗	峄城区榴园镇桃花村	18	男	1938 年
曹化冒之祖母	峄城区阴平镇赵村	60	女	1938 年
曹化雨	峄城区榴园镇桃花村	19	男	1938 年
曹玉堂之姑	峄城区榴园镇王庄村	68	女	1938 年
常园忠	峄城区峨山镇太平庄村	—	男	1938 年
陈　三	峄城区阴平镇黄庄村	60	男	1938 年
陈　氏	峄城区峨山镇太平庄村	—	女	1938 年
陈桂军之姐	峄城区峨山镇侯流井村	3	女	1938 年
陈庆明	峄城区榴园镇匡五村	40	男	1938 年
陈西胜	峄城区坛山街道前湾村	—	男	1938 年
陈宗文	峄城区榴园镇匡五村	21	男	1938 年
程恩远	峄城区坛山街道徐楼	40	男	1938 年
程瘸子	峄城区阴平镇东楼村	57	男	1938 年
褚敬宽	峄城区阴平镇黄庄村	80	男	1938 年
褚思朋	峄城区榴园镇南棠阴村	30	男	1938 年
褚太太	峄城区阴平镇黄庄村	35	女	1938 年
褚衍宣	峄城区榴园镇褚庄村	17	男	1938 年
崔××	峄城区坛山街道南关	20	男	1938 年
董金夫	峄城区阴平镇石头楼村	—	男	1938 年
范　×	峄城区阴平镇上郭村	—	男	1938 年
高百友	峄城区榴园镇卜村	30	男	1938 年
高二喜	峄城区峨山镇任庄村	9	男	1938 年
高永镇	峄城区阴平镇上刘村	21	男	1938 年
高有朋	峄城区榴园镇卜村	36	男	1938 年

姓　名	籍　贯	年　龄	性　别	死难时间
葛广德	峄城区吴林街道谢山村	35	男	1938 年
葛名法	峄城区阴平镇东各庄村	60	男	1938 年
郭贾氏	峄城区吴林街道肖桥村	40	女	1938 年
韩建壁之妹	峄城区阴平镇西白西村	20	女	1938 年
韩建壁之兄	峄城区阴平镇西白西村	—	男	1938 年
韩××	峄城区榴园镇东匿村	42	男	1938 年
韩××	峄城区榴园镇东匿村	40	男	1938 年
韩荣宣	峄城区榴园镇白庙村	—	男	1938 年
贺参保之伯母	峄城区阴平镇斜屋村	—	女	1938 年
贺参保之伯父	峄城区阴平镇斜屋村	—	男	1938 年
贺传之之子	峄城区阴平镇老汪村	—	男	1938 年
贺敬田	峄城区古邵镇西官村	—	男	1938 年
洪举人	峄城区吴林街道田楼村	66	男	1938 年
侯兆贵	峄城区坛山街道南关村	30	男	1938 年
胡继明之伯母	峄城区阴平镇赵村	26	女	1938 年
胡太太	峄城区吴林街道大李楼村	81	女	1938 年
胡震才	峄城区榴园镇后湖村	60	男	1938 年
华大罐子	峄城区阴平镇东楼村	43	男	1938 年
华二罐子	峄城区阴平镇东楼村	40	男	1938 年
黄老甫	峄城区榴园镇白庙村	26	男	1938 年
黄×氏	峄城区阴平镇东楼村	53	女	1938 年
霍　氏	峄城区峨山镇任庄村	—	女	1938 年
纪文胜	峄城区榴园镇魏楼村	28	男	1938 年
贾　丑	峄城区吴林街道后土河村	23	男	1938 年
贾传祥之四叔	峄城区吴林街道前土河村	—	男	1938 年
贾传孝	峄城区阴平镇李庄村	—	男	1938 年
贾　让	峄城区底阁镇朱官庄村	28	男	1938 年
贾荣章之父	峄城区底阁镇杨楼村	20	男	1938 年
贾有功	峄城区吴林街道贾庄村	—	男	1938 年
蒋进芝之弟	峄城区榴园镇南棠阴村	4	男	1938 年
蒋进芝之妹	峄城区榴园镇南棠阴村	8	女	1938 年
蒋进芝之妹	峄城区榴园镇南棠阴村	6	女	1938 年
靳　才	滕州市	40	男	1938 年
孔××	峄城区坛山街道南关	26	男	1938 年

姓 名	籍 贯	年 龄	性 别	死难时间
孔孙氏	峄城区榴园镇前孙庄村	23	女	1938年
李 氏	峄城区阴平镇卜乐村	—	女	1938年
李 妮	峄城区榴园镇前孙庄村	2	女	1938年
李 氏	峄城区阴平镇罗山口村	30	女	1938年
李 氏	峄城区阴平镇章庄村	55	女	1938年
李大孩	峄城区榴园镇西白楼村	9	男	1938年
李夫景之姐	峄城区阴平镇王庄村瓦房组	20	女	1938年
李付美	峄城区阴平镇罗山口村	2	女	1938年
李韩氏	峄城区榴园镇濠沟村	60	女	1938年
李浩俊	峄城区阴平镇东楼村	38	男	1938年
李均富	峄城区坛山街道刘村	—	男	1938年
李均堂	峄城区吴林街道后土河村	38	男	1938年
李良卫	峄城区吴林街道大李楼村	60	男	1938年
李胖子	峄城区阴平镇东各庄村	60	男	1938年
李荣林	峄城区阴平镇东高皇庙村	32	男	1938年
李石头	峄城区阴平镇阴平村	16	男	1938年
李孙氏	峄城区吴林街道大李楼村	78	女	1938年
李王氏	峄城区榴园镇前孙庄村	21	女	1938年
李文久	峄城区吴林街道后土河村	32	男	1938年
李孝德	峄城区阴平镇罗山口村	42	男	1938年
李秀文	峄城区阴平镇大南庄村	34	男	1938年
李玉贵	峄城区峨山镇李流井村	35	男	1938年
李忠臣	峄城区吴林街道大李楼村	38	男	1938年
梁广文之次女	峄城区阴平镇东楼村	17	女	1938年
梁 三	峄城区吴林街道吴林西村	65	男	1938年
林 银	峄城区吴林街道田楼村	12	男	1938年
刘 底	峄城区榴园镇逍遥村	70	男	1938年
刘 三	峄城区阴平镇东白西村	50	男	1938年
刘本元	峄城区榴园镇卜村	42	男	1938年
刘本元之妻	峄城区榴园镇卜村	—	女	1938年
刘丙恒之祖母	峄城区榴园镇卜村	—	女	1938年
刘炳之祖母	峄城区阴平镇斜屋村	—	女	1938年
刘炳之祖父	峄城区阴平镇斜屋村	—	男	1938年
刘长元之曾祖母	峄城区榴园镇卜村	60	女	1938年

姓 名	籍 贯	年 龄	性 别	死难时间
刘传伟之五祖父	峄城区榴园镇卜村	40	男	1938 年
刘传喜之祖母	峄城区阴平镇赵村	50	女	1938 年
刘继全	峄城区阴平镇石头楼村	—	男	1938 年
刘姜氏	峄城区吴林街道吴林西村	60	女	1938 年
刘姜氏之女	峄城区吴林街道吴林西村	26	女	1938 年
刘开全	峄城区坛山街道刘村	—	男	1938 年
刘培青	峄城区阴平镇东楼村	32	男	1938 年
刘三增	峄城区吴林街道谢山村	37	男	1938 年
刘孙氏	峄城区阴平镇东白西村	50	女	1938 年
刘庭新	峄城区阴平镇东楼村	42	男	1938 年
刘小魄	峄城区坛山街道刘村	—	男	1938 年
刘秀全之叔	峄城区底阁镇杨楼村	55	男	1938 年
刘转运	峄城区阴平镇东楼村	8	男	1938 年
刘宗美	峄城区坛山街道孔村	32	男	1938 年
刘宗贤	峄城区阴平镇东楼村	22	男	1938 年
刘宗贤之弟	峄城区阴平镇东楼村	20	男	1938 年
吕凤啟	峄城区坛山街道兴华	13	男	1938 年
吕福松	峄城区坛山街道兴华	—	男	1938 年
吕周氏	峄城区坛山街道兴华	—	女	1938 年
马 二	峄城区榴园镇白庙村	60	男	1938 年
马 扣	峄城区峨山镇赵庄村	—	男	1938 年
马 氏	峄城区峨山镇左庄村	—	女	1938 年
马贵洪	峄城区坛山街道南关	21	男	1938 年
马振山	峄城区阴平镇陈楼村	—	男	1938 年
孟宪庭	峄城区峨山镇太平庄村	—	男	1938 年
苗新元	峄城区阴平镇东楼村	32	男	1938 年
牛银玲	峄城区榴园镇卜村	81	女	1938 年
潘 氏	峄城区阴平镇尚庄村	83	女	1938 年
齐疯子	峄城区阴平镇上屯村	32	男	1938 年
秦衍法	峄城区坛山街道刘村	—	男	1938 年
任边氏	峄城区吴林街道边官庄村	60	女	1938 年
任洪恩	峄城区峨山镇左庄村	—	男	1938 年
任可德	峄城区峨山镇东任庄村	—	男	1938 年
任 氏	峄城区阴平镇朱庄村	—	女	1938 年

姓 名	籍 贯	年 龄	性 别	死难时间
任玉心	峄城区坛山街道兴华	—	男	1938年
任振坡	峄城区吴林街道吴林西村	56	男	1938年
沈 氏	峄城区阴平镇卜乐村	—	女	1938年
四 妮	峄城区峨山镇左庄村	—	女	1938年
宋伯长之父	峄城区坛山街道魁星村	68	男	1938年
宋粗腰	峄城区坛山街道前湾村	—	男	1938年
隋大牙	峄城区峨山镇左庄村	—	男	1938年
孙 大	峄城区榴园镇小庄子村	20	男	1938年
孙 道	峄城区阴平镇赵村	28	男	1938年
孙 氏	峄城区阴平镇罗山口村	55	女	1938年
孙 业	峄城区坛山街道徐楼	—	男	1938年
孙成德	峄城区榴园镇白庙村	60	男	1938年
孙成文	峄城区吴林街道田楼村	65	男	1938年
孙斗振	峄城区阴平镇东高庙村	—	男	1938年
孙法本之母	峄城区阴平镇赵村	25	女	1938年
孙法义	峄城区坛山街道孔村	30	男	1938年
孙晋传	峄城区阴平镇种庄村	—	男	1938年
孙晋荣	峄城区阴平镇东楼村	30	男	1938年
孙井敖	峄城区阴平镇新庄村	30	男	1938年
孙井千	峄城区阴平镇二郎庙村	44	男	1938年
孙井银	峄城区榴园镇南棠阴村	40	男	1938年
孙景彪	峄城区阴平镇东各庄村	40	男	1938年
孙景胜	峄城区阴平镇二郎庙村	34	男	1938年
孙刘氏	峄城区阴平镇东高庙村	—	女	1938年
孙茂怀	峄城区阴平镇吴家坡村	20	男	1938年
孙茂明	峄城区阴平镇东高庙村	—	男	1938年
孙茂勤	峄城区阴平镇东各庄村	50	男	1938年
孙××	峄城区阴平镇朱庄村	—	男	1938年
孙同成之祖母	峄城区阴平镇赵村	60	女	1938年
孙业芹之叔	峄城区阴平镇赵村	2	男	1938年
孙业宪	峄城区坛山街道徐楼	45	男	1938年
孙业政之母	峄城区阴平镇赵村	26	女	1938年
孙业志	峄城区阴平镇东白西村	19	男	1938年
孙振义	峄城区榴园镇北刘庄村	46	男	1938年

姓　名	籍　贯	年　龄	性　别	死难时间
潭　×	峄城区阴平镇东白西村	21	男	1938 年
唐风林	峄城区古邵镇杨关村	51	男	1938 年
唐玉才之祖父	峄城区底阁镇唐庄村	—	男	1938 年
田金海	峄城区坛山街道徐楼	26	男	1938 年
田××	峄城区坛山街道徐楼	24	男	1938 年
田思聪	峄城区底阁镇康庄村	58	男	1938 年
王　六	峄城区峨山镇店子村	7	男	1938 年
王××	峄城区吴林街道大李楼村	—	男	1938 年
王大孩	峄城区榴园镇卜村	8	男	1938 年
王得志	峄城区吴林街道田楼村	48	男	1938 年
王德配	峄城区阴平镇王庄村瓦房组	24	男	1938 年
王董氏	峄城区坛山街道南关	31	女	1938 年
王冯氏	峄城区峨山镇店子村	46	女	1938 年
王凤祥之妹	峄城区底阁镇杨楼村	14	女	1938 年
王凤祥之妹	峄城区底阁镇杨楼村	8	女	1938 年
王凤祥之叔	峄城区底阁镇杨楼村	42	男	1938 年
王福生	峄城区榴园镇白庙村	26	男	1938 年
王贾氏	峄城区峨山镇店子村	70	女	1938 年
王进昌	峄城区阴平镇老汪村	—	男	1938 年
王李氏	峄城区峨山镇前山头村	70	女	1938 年
王冒才	峄城区阴平镇西白西村	—	男	1938 年
王冒才之母	峄城区阴平镇西白西村	—	女	1938 年
王冒元	峄城区阴平镇西白西村	—	男	1938 年
王明远之姐	峄城区阴平镇王庄村瓦房组	18	女	1938 年
王尚存	峄城区榴园镇牛山后村	22	男	1938 年
王天奎	峄城区吴林街道前土河村	46	男	1938 年
王天奎之妻	峄城区吴林街道前土河村	46	女	1938 年
王魏氏	峄城区吴林街道边官庄村	60	女	1938 年
王文喜之父	峄城区底阁镇杨楼村	40	男	1938 年
王文远	峄城区底阁镇更鸡岭村	60	男	1938 年
王玉叶	峄城区峨山镇赵庄村	50	男	1938 年
王在友之伯父	峄城区坛山街道南关	35	男	1938 年
王张氏	峄城区阴平镇罗山口村	60	女	1938 年
王张氏	峄城区峨山镇店子村	50	女	1938 年

姓　名	籍　贯	年　龄	性　别	死难时间
王振路	峄城区峨山镇店子村	36	男	1938 年
王周氏	峄城区峨山镇店子村	54	女	1938 年
卫　氏	峄城区吴林街道后土河村	80	女	1938 年
魏××	峄城区坛山街道徐楼	—	男	1938 年
吴　氏	峄城区榴园镇西白楼村	50	女	1938 年
吴成志之祖父	峄城区阴平镇西白西村	—	男	1938 年
吴老二	峄城区吴林街道吴林西村	50	男	1938 年
吴瘸子	峄城区榴园镇白庙村	37	男	1938 年
吴潭氏	峄城区榴园镇濠沟村	30	女	1938 年
吴王氏	峄城区吴林街道吴林西村	70	女	1938 年
吴修海之父	峄城区吴林街道前土河村	—	男	1938 年
吴修胜之伯父	峄城区吴林街道前土河村	—	男	1938 年
吴贞言	峄城区吴林街道大李楼村	50	男	1938 年
吴贞玉	峄城区吴林街道前土河村	—	男	1938 年
肖建奎之父	峄城区阴平镇老汪村	—	男	1938 年
肖振师之父	峄城区阴平镇老汪村	—	男	1938 年
谢××	峄城区坛山街道南关	—	男	1938 年
谢学贵	峄城区阴平镇上郭村	37	男	1938 年
徐成厚	峄城区阴平镇斜屋村	—	男	1938 年
徐傻子	峄城区阴平镇卜乐村	—	男	1938 年
徐玉喜	峄城区榴园镇吴庄村	28	男	1938 年
许长耿之曾祖母	峄城区阴平镇大南庄村	76	女	1938 年
许二孩	峄城区榴园镇牛山后村	20	男	1938 年
许浮元	峄城区榴园镇牛山后村	30	男	1938 年
许汝员	峄城区榴园镇牛山后村	30	男	1938 年
许周元	峄城区榴园镇牛山后村	23	男	1938 年
薛××	峄城区古邵镇程庄村	—	男	1938 年
颜西明	峄城区阴平镇东白西村	20	男	1938 年
杨根柱	峄城区坛山街道徐楼	—	男	1938 年
杨三矗	峄城区坛山街道前湾村	—	男	1938 年
姚茂居之母	峄城区阴平镇老汪村	—	女	1938 年
姚佩刀	峄城区阴平镇姚庄村	17	男	1938 年
姚佩军	峄城区阴平镇姚庄村	18	男	1938 年
姚佩重	峄城区阴平镇姚庄村	14	男	1938 年

姓　名	籍　贯	年　龄	性别	死难时间
姚兴华	峄城区阴平镇姚庄村	12	男	1938 年
叶德付	峄城区峨山镇黄泉村	—	男	1938 年
沂　四	峄城区底阁镇更鸡岭村	20	男	1938 年
殷士勤	峄城区阴平镇东楼村	18	男	1938 年
于邵氏	峄城区榴园镇北刘庄村	22	女	1938 年
于兴元	峄城区坛山街道南关	32	男	1938 年
岳　粉	峄城区榴园镇前匡四村	13	女	1938 年
岳进才之女	峄城区榴园镇东匡村	5	女	1938 年
岳永兰	峄城区榴园镇前匡四村	48	男	1938 年
张　柯	峄城区阴平镇尚庄村	65	男	1938 年
张　三	峄城区阴平镇尚庄村	64	男	1938 年
张　三	峄城区坛山街道徐楼	—	男	1938 年
张　四	峄城区阴平镇尚庄村	63	男	1938 年
张×氏	峄城区古邵镇大枣庄村	30	女	1938 年
张×氏	峄城区古邵镇大枣庄村	31	女	1938 年
张常刚	峄城区榴园镇颜村	38	男	1938 年
张成举	峄城区吴林街道前土河村	50	男	1938 年
张成新之父	峄城区阴平镇王庄村瓦房组	40	男	1938 年
张大啦	峄城区吴林街道大李楼村	60	女	1938 年
张大庆	峄城区榴园镇卜村	80	男	1938 年
张二川	峄城区古邵镇大枣庄村	20	男	1938 年
张归腰	峄城区榴园镇匡五村	60	男	1938 年
张怀珠	峄城区阴平镇卜乐村	—	男	1938 年
张焦氏	峄城区榴园镇魏楼村	50	女	1938 年
张敬允之祖母	峄城区阴平镇赵村	65	女	1938 年
张来亮	峄城区榴园镇匡五村	70	男	1938 年
张连壁	峄城区阴平镇张庄村	38	男	1938 年
张垄子	峄城区吴林街道大李楼村	43	男	1938 年
张米全	峄城区吴林街道大李楼村	26	男	1938 年
张×氏	峄城区阴平镇东楼村	70	女	1938 年
张庆勇之祖父	峄城区阴平镇西白西村	—	男	1938 年
张瑞仁	峄城区底阁镇候庄村	39	男	1938 年
张傻子	峄城区吴林街道吴林西村	13	男	1938 年
张善庚	峄城区峨山镇左庄村	—	男	1938 年

姓　名	籍　贯	年　龄	性　别	死难时间
张士宝	峄城区榴园镇前湖村	79	男	1938 年
张文学	峄城区阴平镇卜乐村	—	男	1938 年
张文友之祖父	峄城区阴平镇卜乐村	—	男	1938 年
张西晨	峄城区阴平镇黄庄村	60	男	1938 年
张　喜	峄城区吴林街道后土河村	27	男	1938 年
张孝光	峄城区吴林街道边官庄村	30	男	1938 年
张兴奎	峄城区阴平镇东楼村	32	男	1938 年
张学彬之祖母	峄城区阴平镇卜乐村	—	女	1938 年
张永法	峄城区榴园镇前韩庄村	11	男	1938 年
张友连	峄城区阴平镇朱元村	28	男	1938 年
张元堂之兄	峄城区峨山镇左庄村	52	男	1938 年
张运中之祖父	峄城区底阁镇唐庄村	—	男	1938 年
张志学	峄城区阴平镇老汪村	—	男	1938 年
张中才	峄城区吴林街道边官庄村	70	男	1938 年
章开连	峄城区阴平镇章庄村	60	男	1938 年
赵何氏	峄城区底阁镇张庄村	35	女	1938 年
赵开岭之祖母	峄城区阴平镇赵村	55	女	1938 年
赵连斋	峄城区阴平镇赵村	50	男	1938 年
赵荣山	峄城区榴园镇曹马村	30	男	1938 年
赵中义	峄城区阴平镇赵村	30	男	1938 年
郑　氏	峄城区榴园镇东匡村	30	女	1938 年
郑氏之女	峄城区榴园镇东匡村	9	女	1938 年
郑鸭子	峄城区吴林街道田楼村	46	男	1938 年
郑在元	峄城区坛山街道南关	26	男	1938 年
种夫怀之祖母	峄城区阴平镇赵村	50	女	1938 年
种广某	峄城区阴平镇老汪村	—	男	1938 年
种尹氏	峄城区榴园镇卜村	78	女	1938 年
周×××	峄城区阴平镇朱庄村	—	男	1938 年
周　三	峄城区底阁镇郭楼村	25	男	1938 年
朱　氏	峄城区峨山镇后屯村	—	女	1938 年
朱邦俊	峄城区底阁镇宋官庄村	—	男	1938 年
朱韩氏	峄城区古邵镇凡庄村	—	女	1938 年
朱洪生	峄城区榴园镇卜村	—	男	1938 年
朱××	峄城区阴平镇朱庄村	—	男	1938 年

姓 名	籍 贯	年 龄	性 别	死难时间
朱先生	峄城区榴园镇卜村	50	男	1938 年
张本祥	峄城区坛山街道张店村	22	男	1939 年 1 月
褚庆平	峄城区榴园镇大明官庄村	44	男	1939 年 2 月
褚衍遗	峄城区榴园镇大明官庄村	21	男	1939 年 2 月
二老安	峄城区榴园镇大明官庄村	58	男	1939 年 2 月
李仲山	峄城区榴园镇大明官庄村	32	男	1939 年 2 月
范明启	峄城区榴园镇和顺庄村	30	男	1939 年 3 月
贾探章	峄城区峨山镇贾楼村	—	男	1939 年 3 月
贾绪田	峄城区峨山镇贾楼村	—	男	1939 年 3 月
李四妮	峄城区榴园镇前林桥村	—	女	1939 年 3 月
李银彩	峄城区底阁镇张庄村	26	男	1939 年 3 月
杨 苗	峄城区底阁镇陶墩村	11	女	1939 年 3 月
王佰河	峄城区峨山镇后山头村	—	男	1939 年 3 月
颜振生	峄城区古邵镇西沿河村	30	男	1939 年 3 月
杨得山	峄城区峨山镇贾楼村	—	男	1939 年 3 月
张贵田	峄城区峨山镇贾楼村	—	男	1939 年 3 月
朱结巴	峄城区榴园镇前林桥村	50	男	1939 年 3 月
朱结巴之妻	峄城区榴园镇前林桥村	48	女	1939 年 3 月
刘庆荣	峄城区古邵镇西沿河村	31	男	1939 年 3 月 20 日
颜 全	峄城区古邵镇西沿河村	32	男	1939 年 3 月 20 日
王尚才	峄城区阴平镇下郭村	—	男	1939 年 3 月 28 日
褚庆玲	峄城区榴园镇褚庄村	38	男	1939 年 4 月
褚衍太	峄城区榴园镇褚庄村	32	男	1939 年 4 月
郭传昌	峄城区底阁镇甘沟村	—	男	1939 年 4 月
李 二	峄城区底阁镇王庄村	50	男	1939 年 4 月
刘付田	峄城区底阁镇东甘寺村	34	男	1939 年 4 月
任孙氏	峄城区古邵镇东沿河村	17	女	1939 年 4 月
魏桂银之祖母	峄城区底阁镇东甘寺村	42	女	1939 年 4 月
魏忠敢之伯父	峄城区底阁镇东甘寺村	42	男	1939 年 4 月
夏茂亮	峄城区底阁镇甘沟村	—	男	1939 年 4 月
杨建邦	峄城区底阁镇甘沟村	—	男	1939 年 4 月
杨开亮	峄城区底阁镇甘沟村	—	男	1939 年 4 月
刘修灿之祖父	峄城区榴园镇王庄村	—	男	1939 年 6 月
刘修灿之祖母	峄城区榴园镇王庄村	80	女	1939 年 6 月

姓 名	籍 贯	年 龄	性 别	死难时间
王同成之父	峄城区榴园镇王庄村	38	男	1939 年 6 月
刘修灿之三祖父	峄城区榴园镇王庄村	76	男	1939 年 6 月
刘修灿之四祖父	峄城区榴园镇王庄村	74	男	1939 年 6 月
耿 茂	峄城区榴园镇前匡四村	46	男	1939 年 7 月
高纪法	峄城区榴园镇龙泉庄村	—	男	1939 年 8 月
张立良	峄城区榴园镇龙泉庄村	—	男	1939 年 8 月
孙景菊	峄城区古邵镇坊上村	28	男	1939 年 9 月
孙茂荣	峄城区峨山镇峨山村	—	男	1939 年 9 月
孙井西	峄城区榴园镇郭庄村	36	男	1939 年 11 月
王茂前	峄城区榴园镇娘娘村	30	男	1939 年 11 月
王茂如	峄城区榴园镇娘娘村	39	男	1939 年 11 月
王茂雨	峄城区榴园镇娘娘村	28	男	1939 年 11 月
王庆胜	峄城区古邵镇双楼村	—	男	1939 年 11 月
白孝思	峄城区吴林街道田楼村	39	男	1939 年
曹××	峄城区底阁镇小刘村	50	男	1939 年
程继贤	峄城区阴平镇菜园村	34	男	1939 年
褚贺氏	峄城区古邵镇双楼村	30	女	1939 年
褚庆琮	峄城区古邵镇褚楼东村	13	男	1939 年
董 氏	峄城区阴平镇小南庄村	71	女	1939 年
杜 大	峄城区峨山镇王庄村	16	男	1939 年
杜把戏	峄城区底阁镇王庄村	60	男	1939 年
高 强	峄城区榴园镇逍遥村	46	男	1939 年
韩文生	峄城区榴园镇前孙庄村	30	男	1939 年
韩西贵	峄城区榴园镇匡谈村	22	男	1939 年
贺敬彬	峄城区阴平镇石头楼村	—	男	1939 年
黄孙氏	峄城区吴林街道转湾村	18	女	1939 年
黄文胜	峄城区古邵镇韩洼村	19	男	1939 年
贾传祥	峄城区吴林街道前土河村	32	男	1939 年
贾青章之伯祖父	峄城区吴林街道前土河村	37	男	1939 年
姜二孩	峄城区吴林街道吴林东村	13	男	1939 年
井喜之妹	峄城区榴园镇小庄子村	6	女	1939 年
井喜之母	峄城区榴园镇小庄子村	40	女	1939 年
李陈氏	峄城区峨山镇福临村	—	女	1939 年
李二平	峄城区古邵镇褚楼东村	15	男	1939 年

姓　名	籍　贯	年　龄	性　别	死难时间
李金娥	峄城区峨山镇王庄村	—	女	1939 年
李培业	峄城区古邵镇古邵西村	23	男	1939 年
李　三	峄城区底阁镇王庄村	49	男	1939 年
李吴氏	峄城区峨山镇王庄村	—	女	1939 年
梁广友	峄城区吴林街道转湾村	34	男	1939 年
刘佰胜之叔	峄城区底阁镇大刘庄村	40	男	1939 年
刘保千	峄城区古邵镇古东村	30	男	1939 年
刘陈氏	峄城区榴园镇小庄子村	32	女	1939 年
刘　三	峄城区底阁镇王庄村	50	男	1939 年
刘秃子	峄城区吴林街道前土河村	27	男	1939 年
孟杨氏	峄城区峨山镇王庄村	52	女	1939 年
苏长春	峄城区峨山镇黄泉村	—	男	1939 年
孙　氏	峄城区阴平镇小南庄村	75	女	1939 年
孙大令	峄城区榴园镇小庄子村	16	男	1939 年
孙大哑	峄城区阴平镇小南庄村	15	男	1939 年
孙晋礼之兄	峄城区阴平镇小南庄村	—	男	1939 年
孙井锡	峄城区榴园镇郭庄村	34	男	1939 年
孙景才	峄城区底阁镇卜东店村	16	男	1939 年
孙景锡	峄城区榴园镇郭庄村	34	男	1939 年
孙刘氏	峄城区古邵镇孝三村	26	女	1939 年
孙茂宜	峄城区阴平镇小南庄村	69	男	1939 年
孙业本	峄城区吴林街道转湾村	36	男	1939 年
田厚虎	峄城区吴林街道转湾村	41	男	1939 年
王　四	峄城区榴园镇小庄子村	44	男	1939 年
王段氏	峄城区底阁镇小刘庄村	19	女	1939 年
王公让之长子	峄城区榴园镇田村	6	男	1939 年
王公让之次子	峄城区榴园镇田村	4	男	1939 年
王公让之妻	峄城区榴园镇田村	—	女	1939 年
王平彩之姐	峄城区吴林街道大埝村	6	女	1939 年
王平彩之兄	峄城区吴林街道大埝村	4	男	1939 年
吴成俊之叔祖父	峄城区吴林街道前土河村	28	男	1939 年
吴修道	峄城区吴林街道转湾村	22	男	1939 年
肖××	峄城区榴园镇王庄村	74	男	1939 年
肖××	峄城区榴园镇王庄村	72	男	1939 年

姓 名	籍 贯	年 龄	性 别	死难时间
肖××	峄城区榴园镇王庄村	68	男	1939 年
肖 氏	峄城区榴园镇王庄村	72	女	1939 年
肖 氏	峄城区榴园镇王庄村	69	女	1939 年
徐 銮	峄城区古邵镇褚楼东村	12	男	1939 年
徐大瑞	峄城区吴林街道前土河村	30	男	1939 年
徐连付	峄城区吴林街道大埝村	45	男	1939 年
颜大狗	峄城区吴林街道西潘安村	4	男	1939 年
杨大车	峄城区吴林街道西潘安村	23	男	1939 年
杨大莲	峄城区吴林街道西潘安村	8	女	1939 年
杨青云之姐	峄城区底阁镇陶墩村	16	女	1939 年
杨四善	峄城区吴林街道西潘安村	42	男	1939 年
杨 文	峄城区底阁镇王庄村	60	男	1939 年
杨张氏	峄城区坛山街道徐楼	—	女	1939 年
杨知文	峄城区吴林街道西潘安村	24	男	1939 年
张井林	峄城区吴林街道田楼村	46	男	1939 年
张同春	峄城区榴园镇濠沟村	70	男	1939 年
张文楼	峄城区阴平镇东楼村	28	男	1939 年
赵贤德	峄城区吴林街道大埝村	52	男	1939 年
周庆宇	峄城区榴园镇周庄	20	男	1939 年
周永春	峄城区古邵镇大王庄村	14	男	1939 年
朱 姝	峄城区阴平镇朱元村	2	女	1939 年
朱本荣	峄城区阴平镇上屯村	38	男	1939 年
朱本田	峄城区古邵镇凡庄村	—	男	1939 年
朱李氏	峄城区阴平镇朱元村	72	女	1939 年
朱王氏	峄城区阴平镇朱元村	40	女	1939 年
朱义新	峄城区阴平镇朱元村	1	男	1939 年
蔡敬启	—	—	男	1940 年 1 月
陈安生	—	—	男	1940 年 1 月
陈诚一	—	—	男	1940 年 1 月
戴休正	—	—	男	1940 年 1 月
高文厚	—	—	男	1940 年 1 月
贺明漠	—	—	男	1940 年 1 月
侯 三	—	—	男	1940 年 1 月
李 继	—	—	男	1940 年 1 月

姓　名	籍　贯	年　龄	性　别	死难时间
李　明	—	—	男	1940 年 1 月
李思彦	—	—	男	1940 年 1 月
李彦召	—	—	男	1940 年 1 月
李玉银	—	—	男	1940 年 1 月
刘安松	—	—	男	1940 年 1 月
马成富	—	—	男	1940 年 1 月
沙玉坤	—	—	男	1940 年 1 月
孙景凤	—	—	男	1940 年 1 月
孙茂名	—	—	男	1940 年 1 月
王昌维	—	—	男	1940 年 1 月
王夫金	峄城区榴园镇曹马村	38	男	1940 年 1 月
王茂渭	—	—	男	1940 年 1 月
王清雅	—	—	男	1940 年 1 月
王衍庆	—	—	男	1940 年 1 月
王玉昭	—	—	男	1940 年 1 月
武永法	—	—	男	1940 年 1 月
张志成	—	—	男	1940 年 1 月
褚庆生	峄城区榴园镇大明官庄村	42	男	1940 年 3 月
何憨了	峄城区古邵镇马庄村	51	男	1940 年 3 月
贾玉喜	峄城区吴林街道大埝村	56	男	1940 年 3 月
邢化鹏	峄城区阴平镇常庄村	40	男	1940 年 3 月
徐连法	峄城区吴林街道大埝村	43	男	1940 年 3 月
杨邵华	峄城区吴林街道大埝村	44	男	1940 年 3 月
郑均桥	峄城区古邵镇马庄村	50	男	1940 年 3 月
张长桂	峄城区榴园镇逍遥村	22	男	1940 年 3 月
赵士友	峄城区榴园镇曹马村	19	男	1940 年 3 月
赵有田	峄城区吴林街道大埝村	48	男	1940 年 3 月
魏建德之父	峄城区峨山镇城四村	—	男	1940 年 4 月
李洪才	峄城区古邵镇巨桥村	—	男	1940 年 5 月
李洪梯之妻	峄城区古邵镇巨桥村	—	女	1940 年 5 月
李×氏	峄城区古邵镇巨桥村	—	女	1940 年 5 月
平金莲	峄城区古邵镇巨桥村	—	男	1940 年 5 月
孙　贵	峄城区榴园镇和顺庄村	18	男	1940 年 5 月
杨黄氏	峄城区峨山镇杨堡村	30	女	1940 年 5 月

姓名	籍贯	年龄	性别	死难时间
孙景凤	峄城区古邵镇巨梁桥村	—	男	1940年10月
王昌维	峄城区古邵镇巨梁桥村	—	男	1940年10月
李继	峄城区古邵镇巨梁桥村	—	男	1940年10月
侯三	峄城区古邵镇巨梁桥村	—	男	1940年10月
徐生英	峄城区古邵镇巨梁桥村	—	男	1940年10月
武永发	峄城区古邵镇巨梁桥村	—	男	1940年10月
王清印	峄城区古邵镇巨梁桥村	—	男	1940年10月
张喻州	峄城区古邵镇巨梁桥村	—	男	1940年10月
戚成资	峄城区古邵镇巨梁桥村	—	男	1940年10月
王守良	峄城区古邵镇巨梁桥村	—	男	1940年10月
李明	峄城区古邵镇巨梁桥村	—	男	1940年10月
杨赵氏	峄城区峨山镇杨堡村	30	女	1940年5月
钟加友	峄城区古邵镇巨桥村	—	男	1940年5月
钟×氏	峄城区古邵镇巨桥村	—	女	1940年5月
朱瞎子	峄城区榴园镇前匡四村	32	男	1940年5月
杨陶氏	峄城区峨山镇杨堡村	20	女	1940年6月
陈胡瓦	峄城区榴园镇逍遥村	52	女	1940年7月
孙茂松	峄城区榴园镇逍遥村	21	男	1940年7月
孙景铎	峄城区古邵镇郝湖村	33	男	1940年8月
王茂田	峄城区榴园镇陈村	30	男	1940年8月
魏宪成	峄城区榴园镇后洪楼村	34	男	1940年8月
褚思桂	峄城区古邵镇花元村	37	男	1940年8月13日
孙井铎	峄城区古邵镇郝湖村	33	男	1940年8月13日
褚思注	峄城区古邵镇郝湖村	33	男	1940年8月13日
王景祥	峄城区坛山街道张店	20	男	1940年9月
侯茂胜	峄城区榴园镇王马山口村	24	男	1940年11月
程继法	峄城区阴平镇菜园村	18	男	1940年
程继伦	峄城区阴平镇菜园村	20	男	1940年
程继元	峄城区阴平镇菜园村	40	男	1940年
程井睦	峄城区阴平镇菜园村	19	男	1940年
程井清	峄城区阴平镇菜园村	40	男	1940年
单友山	峄城区古邵镇大汪村	28	男	1940年
董金才	峄城区阴平镇石头楼村	24	男	1940年
付安业	峄城区坛山街道徐楼	—	男	1940年

姓 名	籍 贯	年 龄	性 别	死难时间
葛继作	峄城区吴林街道肖桥村	33	男	1940 年
郭荣检	峄城区峨山镇王庄村	38	男	1940 年
郭依奎	峄城区阴平镇小姚庄村	19	男	1940 年
黄××	峄城区古邵镇朱元村	7	男	1940 年
黄褚氏	峄城区古邵镇朱元村	30	女	1940 年
贾保平	峄城区吴林街道贾庄村	—	男	1940 年
蒋德宫	峄城区阴平镇三汪村	31	男	1940 年
蒋夫朴	峄城区阴平镇三汪村	32	男	1940 年
蒋井贵	峄城区阴平镇三汪村	46	男	1940 年
李桂清之伯母	峄城区阴平镇老汪村	—	女	1940 年
李纪成	峄城区古邵镇曹庄村	22	男	1940 年
李纪法	峄城区阴平镇老汪村	—	男	1940 年
李运林	峄城区古邵镇新村	40	男	1940 年
刘盛良	峄城区古邵镇新村	40	男	1940 年
刘忠伦	峄城区榴园镇南棠阴村	21	男	1940 年
孟继生	峄城区吴林街道肖桥村	33	男	1940 年
齐凤石	峄城区古邵镇古西村	24	男	1940 年
宋二麻子	峄城区吴林街道谢山村	32	男	1940 年
孙晋鋬	峄城区阴平镇二朗庙村	26	男	1940 年
孙晋桥	峄城区阴平镇小石泉村	30	男	1940 年
孙晋香	峄城区古邵镇大枣庄村	26	男	1940 年
孙井鸢	峄城区阴平镇常庄村	38	男	1940 年
孙井堂	峄城区峨山镇王庄村	37	男	1940 年
孙井五	峄城区阴平镇二郎庙村	36	男	1940 年
孙井镇	峄城区榴园镇郭庄村	65	男	1940 年
孙景标	峄城区古邵镇新村	50	男	1940 年
孙景富	峄城区阴平镇二郎庙村	41	男	1940 年
孙景耀	峄城区古邵镇大潘楼村	36	男	1940 年
王怀付之母	峄城区底阁镇运卜屯村	36	女	1940 年
王金合	峄城区底阁镇张庄村	30	男	1940 年
王茂钱	峄城区榴园镇娘娘村	32	男	1940 年
王茂宇	峄城区榴园镇娘娘村	30	男	1940 年
王启善	峄城区吴林街道肖村	56	男	1940 年
王仁合	峄城区底阁镇张庄村	51	男	1940 年

姓 名	籍 贯	年 龄	性 别	死难时间
吴秀车	峄城区阴平镇燕庄村	33	男	1940 年
肖振恩之父	峄城区阴平镇老汪村	—	男	1940 年
杨志宽	峄城区峨山镇任庄村	15	男	1940 年
姚 氏	峄城区阴平镇姚庄村	22	女	1940 年
姚老五	峄城区阴平镇燕庄村	—	男	1940 年
张 克	峄城区阴平镇燕庄村	—	男	1940 年
张继法	峄城区阴平镇菜园村	18	男	1940 年
张老凤	峄城区古邵镇大汪村	26	男	1940 年
张思兰	峄城区阴平镇上黄崖村	21	男	1940 年
张玉厚之妻	峄城区阴平镇金寺村	40	女	1940 年
张玉厚之子	峄城区阴平镇金寺村	16	男	1940 年
赵文灿	峄城区阴平镇二郎庙村	40	男	1940 年
朱茂林	峄城区坛山街道仙坛村	40	男	1940 年
刘文青	峄城区阴平镇石头楼村	19	男	1941 年 1 月
程玉山	峄城区榴园镇曹马村	26	男	1941 年 2 月
李开红	峄城区古邵镇倪庄村	41	男	1941 年 4 月
杨万年	峄城区榴园镇南棠阴村	18	男	1941 年 4 月
李培兵	峄城区古邵镇古西村	—	男	1941 年 5 月
李培年	峄城区古邵镇古西村	—	男	1941 年 5 月
李裕兵	峄城区古邵镇古西村	46	男	1941 年 5 月
李张氏	峄城区古邵镇古西村	—	女	1941 年 5 月
巩兆才之妻	峄城区古邵镇前虎村	26	女	1941 年 6 月
王二歪	峄城区古邵镇前虎村	31	男	1941 年 6 月
张允胜之妻	峄城区古邵镇前虎村	27	女	1941 年 6 月
张洪君	峄城区榴园镇龙泉庄	30	男	1941 年 8 月
褚×氏	峄城区阴平镇朱沟村	31	女	1941 年 9 月 12 日
郭方亭	峄城区榴园镇高庄村	18	男	1941 年 9 月
孙井楷	峄城区榴园镇张庄村	40	男	1941 年 9 月
童先生	峄城区古邵镇小韩村	—	男	1941 年 9 月
王继明	峄城区榴园镇白庙村	24	男	1941 年 9 月
白 宝	峄城区古邵镇曹庄村	16	男	1941 年
褚大明	峄城区吴林街道西潘安村	21	男	1941 年
褚二明	峄城区吴林街道西潘安村	19	男	1941 年
褚庆法	峄城区古邵镇东大辛庄村	22	男	1941 年

姓　名	籍　贯	年　龄	性　别	死难时间
褚思德	峄城区古邵镇花元村	40	男	1941 年
范志德	峄城区古邵镇程庄村	—	男	1941 年
高　三	峄城区榴园镇高村	22	男	1941 年
高安桂	峄城区榴园镇高村	40	男	1941 年
高水振	峄城区阴平镇上刘村	20	男	1941 年
高思荣	峄城区榴园镇高村	24	男	1941 年
高思祥	峄城区阴平镇常庄村	28	男	1941 年
郝玉明	峄城区峨山镇石门东村	—	男	1941 年
贺敬水	峄城区阴平镇石头楼村	—	男	1941 年
金和尚	峄城区阴平镇东金庄村	—	男	1941 年
金志立	峄城区阴平镇老龙潭村	27	男	1941 年
敬秀芝	峄城区坛山街道	—	男	1941 年
李付兰	峄城区阴平镇二沟村	17	女	1941 年
潘存福	峄城区榴园镇卜村	39	男	1941 年
潘存君	峄城区古邵镇武寺村	19	男	1941 年
平生才	峄城区古邵镇东大辛庄村	31	男	1941 年
邵长顺	峄城区阴平镇老汪崖村	36	男	1941 年
石百生	峄城区古邵镇双楼村	20	男	1941 年
孙承慎	峄城区榴园镇曹马村	30	男	1941 年
孙承珠	峄城区阴平镇石头楼村	50	男	1941 年
孙晋九	峄城区古邵镇朱庄村	26	男	1941 年
孙井银	峄城区榴园镇曹马村	21	男	1941 年
孙井玉	峄城区阴平镇石头楼村	—	男	1941 年
孙茂典	峄城区榴园镇曹马村	30	男	1941 年
孙茂营	峄城区榴园镇曹马村	25	男	1941 年
屠思元	峄城区古邵镇文堆村	—	男	1941 年
王广进	峄城区古邵镇东大辛庄村	25	男	1941 年
王厚田	峄城区古邵镇东大辛庄村	32	男	1941 年
王金明	峄城区榴园镇颜村	38	男	1941 年
王延常	峄城区榴园镇北孙庄村	24	男	1941 年
王以山	峄城区峨山镇前山头村	30	男	1941 年
杨茂法	峄城区古邵镇文堆村	—	男	1941 年
杨玉田	峄城区古邵镇孝三村	27	男	1941 年
张广庭	峄城区峨山镇西马寨村	19	男	1941 年

姓　名	籍　贯	年　龄	性　别	死难时间
赵花氏	峄城区阴平镇二沟村	41	女	1941年
阵永河	峄城区古邵镇曹庄村	20	男	1941年
张玉生	峄城区榴园镇曹马村	22	男	1941年
陈桂林	峄城区吴林街道车庄村	44	男	1942年1月
李增银	峄城区吴林街道车庄村	44	男	1942年1月
王荣山	峄城区榴园镇曹马村	19	男	1942年1月
曹张氏	峄城区吴林街道大埝村	50	女	1942年4月
曹张氏之子	峄城区吴林街道大埝村	4	男	1942年4月
李二狗	峄城区古邵镇褚西村	24	男	1942年4月
刘盛华	峄城区古邵镇邱庄村	22	男	1942年4月
孙××	峄城区古邵镇褚西村	35	男	1942年4月
魏　妮	峄城区榴园镇前光庄村	12	女	1942年4月
姚沛仲	峄城区阴平镇姚庄村	19	男	1942年4月
张　氏	峄城区榴园镇前光庄村	40	女	1942年4月
张××	峄城区古邵镇褚西村	30	男	1942年4月
张宝启	峄城区榴园镇前光庄村	29	男	1942年4月
张保敢	峄城区榴园镇前光庄村	20	男	1942年4月
大　摔	峄城区古邵镇曹庄村	32	男	1942年5月
二　摔	峄城区古邵镇曹庄村	30	男	1942年5月
张均昌之曾祖母	峄城区古邵镇曹庄村	58	女	1942年5月
张则庆之叔祖母	峄城区古邵镇曹庄村	60	女	1942年5月
曹瘸子	峄城区吴林街道大埝村	47	男	1942年6月
王长静	峄城区底阁镇更鸡岭村	—	男	1942年6月
杨兴友	峄城区底阁镇西甘寺村	60	男	1942年6月
田厚金	峄城区榴园镇逍遥村	45	男	1942年7月
张光前	峄城区榴园镇逍遥村	56	男	1942年8月
平　氏	峄城区古邵镇大辛村	19	女	1942年9月
褚敬领	峄城区古邵镇花园村	—	女	1942年9月12日
褚敬亭	峄城区古邵镇花园村	19	男	1942年9月12日
褚敬喜	峄城区古邵镇花园村	15	男	1942年9月12日
孙丁氏	峄城区古邵镇花园村	59	女	1942年9月12日
李刘氏	峄城区古邵镇褚西村	26	女	1942年11月
张孙氏	峄城区古邵镇褚西村	62	女	1942年11月
程继来	峄城区阴平镇菜元村	30	男	1942年

姓 名	籍 贯	年 龄	性 别	死难时间
褚延宜	峄城区榴园镇褚庄村	20	男	1942 年
代云龙	峄城区榴园镇西棠阴村	18	男	1942 年
董夫金	峄城区峨山镇夏庄村	40	男	1942 年
华绍臣	峄城区阴平镇东楼庄村	28	男	1942 年
贾传金	峄城区底阁镇贾庄村	19	男	1942 年
李桂银	峄城区古邵镇曹庄村	36	男	1942 年
李化银之母	峄城区峨山镇晏庄村	—	女	1942 年
李三夫	峄城区古邵镇曹庄村	19	男	1942 年
李王氏	峄城区峨山镇晏庄村	—	女	1942 年
李王氏之女	峄城区峨山镇晏庄村	1	女	1942 年
刘庆德	峄城区阴平镇上刘家村	25	男	1942 年
刘文章	峄城区阴平镇二里沟村	24	男	1942 年
马失木	峄城区阴平镇李庄村	24	男	1942 年
潘宪友	峄城区古邵镇曹庄村	24	男	1942 年
邵长青	峄城区阴平镇老汪村	—	男	1942 年
孙吉城	峄城区榴园镇北孙庄村	26	男	1942 年
孙晋峦	峄城区阴平镇二郎庙村	20	男	1942 年
孙井芬	峄城区阴平镇二郎庙村	38	男	1942 年
孙井红	峄城区古邵镇小安村	80	男	1942 年
孙井銮	峄城区阴平镇常庄村	30	男	1942 年
孙井全	峄城区阴平镇菜元村	30	男	1942 年
孙景礼	峄城区阴平镇二郎庙村	36	男	1942 年
孙刘氏	峄城区古邵镇洛庄村	28	女	1942 年
孙茂成	峄城区峨山镇后马寨村	23	男	1942 年
孙茂金	峄城区阴平镇石头楼村	—	男	1942 年
孙雪妮	峄城区吴林街道车庄村	13	女	1942 年
王狗胜	峄城区峨山镇晏庄村	—	男	1942 年
王金田	峄城区榴园镇北棠阴村	17	男	1942 年
王茂法	峄城区榴园镇娘娘村	35	男	1942 年
王茂振	峄城区榴园镇娘娘村	33	男	1942 年
王三龙	峄城区古邵镇武寺村	—	男	1942 年
王尚才	峄城区阴平镇中寺村	24	男	1942 年
王四龙	峄城区古邵镇武寺村	—	男	1942 年
王挺怀	峄城区榴园镇曹马村	22	男	1942 年

姓 名	籍 贯	年 龄	性 别	死难时间
王曾兰	峄城区阴平镇胡庄村	32	男	1942 年
肖井付	峄城区峨山镇夏庄村	26	男	1942 年
邢化朋	峄城区阴平镇常庄村	45	男	1942 年
徐才用	峄城区峨山镇晏庄村	—	男	1942 年
许 四	峄城区榴园镇高村	20	男	1942 年
杨士廷	峄城区阴平镇石头楼村	24	男	1942 年
张××	峄城区吴林街道车庄村	43	男	1942 年
张厚歧	峄城区榴园镇壕沟村	18	男	1942 年
张明立	峄城区阴平镇中寺村	19	男	1942 年
张士臣	峄城区古邵镇洛庄村	26	男	1942 年
张廷海	峄城区峨山镇晏庄村	—	男	1942 年
张宪杰	峄城区坛山街道岳庄	16	男	1942 年
张兴奎	峄城区阴平镇张庄村	40	男	1942 年
张义呼	峄城区峨山镇晏庄村	—	男	1942 年
朱玉芝	峄城区峨山镇夏庄村	51	男	1942 年
左忠秀	峄城区峨山镇夏庄村	60	男	1942 年
刘宗伦	峄城区榴园镇南棠阴村	30	男	1943 年 1 月
褚思义	峄城区坛山街道岳庄	20	男	1943 年 4 月
吴修文	峄城区榴园镇东白楼村	26	男	1943 年 4 月
褚 擢	峄城区古邵镇曹庄村	21	男	1943 年 4 月
褚庆山	峄城区古邵镇大新庄村	24	男	1943 年 4 月
高安闽	峄城区古邵镇曹庄村	21	男	1943 年 4 月
韩敬廷	峄城区古邵镇小潘楼村	42	男	1943 年 4 月
靳永胜	峄城区古邵镇大辛庄村	27	男	1943 年 4 月
李纪德	峄城区古邵镇曹庄村	21	男	1943 年 4 月
王后科	峄城区古邵镇东大辛庄村	26	男	1943 年 4 月
王金柱	峄城区古邵镇小潘楼村	36	男	1943 年 4 月
薛永才	峄城区古邵镇大潘楼村	34	男	1943 年 4 月
薛永贵	峄城区古邵镇大潘楼村	31	男	1943 年 4 月
姚 成	峄城区古邵镇曹庄村	21	男	1943 年 4 月
张 二	峄城区古邵镇曹庄村	21	男	1943 年 4 月
张 领	峄城区古邵镇曹庄村	24	男	1943 年 4 月
赵景法	峄城区古邵镇沙路口村	22	男	1943 年 4 月
郑工文	峄城区古邵镇曹庄村	22	男	1943 年 4 月

姓　名	籍　贯	年　龄	性　别	死难时间
高安业	峄城区榴园镇高庄村	37	男	1943 年 5 月
高思营	峄城区榴园镇高庄村	37	男	1943 年 5 月
高停德	峄城区榴园龙泉庄村	—	男	1943 年 9 月
陈存现	峄城区峨山镇太平庄村	—	男	1943 年 12 月 16 日
陈培祥	峄城区峨山镇太平庄村	—	男	1943 年 12 月 16 日
董业华	峄城区峨山镇太平庄村	—	男	1943 年 12 月 16 日
孟庆全	峄城区峨山镇太平庄村	—	男	1943 年 12 月 16 日
孟庆松	峄城区峨山镇太平庄村	—	男	1943 年 12 月 16 日
孟现任	峄城区峨山镇太平庄村	—	男	1943 年 12 月 16 日
孟昭敏	峄城区峨山镇太平庄村	—	男	1943 年 12 月 16 日
秦照仁	峄城区峨山镇太平庄村	—	男	1943 年 12 月 16 日
王慎德	峄城区峨山镇太平庄村	—	男	1943 年 12 月 16 日
王慎征	峄城区峨山镇太平庄村	—	男	1943 年 12 月 16 日
张福德	峄城区峨山镇太平庄村	—	男	1943 年 12 月 16 日
班秀正	峄城区峨山镇黄泉村	—	男	1943 年
晁刘氏	峄城区底阁镇东南晁村	56	女	1943 年
丁　刘	峄城区古邵镇大王庄村	18	男	1943 年
高安生	峄城区榴园镇高村	38	男	1943 年
高益生	峄城区榴园镇卜村	37	男	1943 年
何志平之母	峄城区底阁镇望夫台村	40	女	1943 年
李广信	峄城区榴园镇匡谈村	27	男	1943 年
李友德	峄城区阴平镇西楼村	30	男	1943 年
刘世昌	峄城区坛山街道刘村	—	男	1943 年
刘文清	峄城区阴平镇石头楼村	—	男	1943 年
秦现辈	峄城区峨山镇黄泉村	—	男	1943 年
邵金明	峄城区阴平镇邵楼村	19	男	1943 年
宋宝常之父	峄城区坛山街道仙坛村	55	男	1943 年
孙成珠	峄城区阴平镇石头楼村	—	男	1943 年
孙晋锡	峄城区榴园镇郭庄村	26	男	1943 年
孙井全	峄城区阴平镇仁庄村	39	男	1943 年
孙景芬	峄城区阴平镇二郎庙村	40	男	1943 年
孙业如	峄城区阴平镇黄庄村	55	男	1943 年
王井香	峄城区底阁镇望夫台村	—	女	1943 年
张西美	峄城区阴平镇石西村	29	女	1943 年

姓　名	籍　贯	年 龄	性 别	死难时间
张宜轩	峄城区坛山街道岳庄	—	男	1943 年
郑均义	峄城区榴园镇马山套村	22	男	1943 年
周长顺	峄城区底阁镇卜东店村	—	男	1943 年
李文纪	峄城区吴林街道后土河村	16	男	1944 年 1 月
苗兴武	峄城区榴园镇北棠阴村	19	男	1944 年 1 月
王延新	峄城区榴园镇贾泉村	19	男	1944 年 1 月
魏学理	峄城区榴园镇前光庄村	24	男	1944 年 1 月
梁克红	峄城区榴园镇魏楼村	17	男	1944 年 3 月
褚福臣	峄城区榴园镇西棠阴村	37	男	1944 年 4 月
刘夫汉	峄城区榴园镇南棠阴村	28	男	1944 年 7 月
任玉才	峄城区吴林街道东潘安村	43	男	1944 年 7 月
许茂建	峄城区榴园镇牛山后村	23	男	1944 年 7 月
张茂华	峄城区峨山镇后山头村	50	男	1944 年 7 月
王功才	峄城区榴园镇陈村	20	男	1944 年 8 月
邵理志	峄城区榴园镇龙泉庄村	—	男	1944 年 9 月
孙崇志	峄城区榴园镇和顺庄村	33	男	1944 年 11 月
刘坤锋	峄城区榴园镇苗圈村	21	男	1944 年 12 月
王俊启	峄城区吴林街道前土河村	23	男	1944 年 12 月
陈桂生	峄城区榴园镇西棠阴村	27	男	1944 年
董运龙	峄城区榴园镇匡谈村	23	男	1944 年
董周氏	峄城区峨山镇前山头村	72	女	1944 年
郭方庭	峄城区榴园镇高村	20	男	1944 年
洪长标	峄城区榴园镇匡谈村	28	男	1944 年
姬庆元	峄城区榴园镇东白楼村	20	男	1944 年
焦　丁	峄城区坛山街道工农社区	5	男	1944 年
焦大妮	峄城区坛山街道工农社区	9	女	1944 年
焦二军	峄城区坛山街道工农社区	8	男	1944 年
焦贵银	峄城区坛山街道工农社区	41	男	1944 年
焦任民	峄城区坛山街道工农社区	70	女	1944 年
焦小五	峄城区坛山街道工农社区	1	男	1944 年
李庆平	峄城区阴平镇大南庄村	17	男	1944 年
梁克洪	峄城区榴园镇魏楼村	6	男	1944 年
刘福汉	峄城区榴园镇南棠阴村	24	男	1944 年
刘恒久	峄城区阴平镇前陈楼村	27	男	1944 年

姓 名	籍 贯	年 龄	性 别	死难时间
马丙伦	峄城区榴园镇朱村	33	男	1944 年
宋付余	峄城区阴平镇二李沟村	33	男	1944 年
宋光泉	峄城区榴园镇官庄	19	男	1944 年
孙井香	峄城区榴园镇南棠阴村	25	男	1944 年
孙井忠	峄城区榴园镇北棠阴村	21	男	1944 年
孙茂荣	峄城区榴园镇北棠阴村	34	男	1944 年
张连永	峄城区阴平镇东楼庄村	27	男	1944 年
张西美	峄城区阴平镇大石泉村	33	男	1944 年
刘昆峰	峄城区榴园镇苗圈村	—	男	1944 年
程广德	峄城区榴园镇南棠阴村	20	男	1945 年 3 月
孙晋贵	峄城区榴园镇和顺庄	18	男	1945 年 3 月
高明业	峄城区阴平镇阴平村	26	男	1945 年 3 月 27 日
李德生	峄城区榴园镇李山口村	23	男	1945 年 4 月
孙茂荣	峄城区榴园镇北棠阴村	30	男	1945 年 5 月
辛××	峄城区榴园镇固庄村	5	男	1945 年 6 月
褚思启	峄城区坛山街道南关	16	男	1945 年 6 月
程继友	峄城区榴园镇卜村	38	男	1945 年 7 月
孙晋德	峄城区榴园镇南棠阴村	20	男	1945 年 8 月
孙晋銮	峄城区榴园镇陈村	31	男	1945 年 8 月
王守义	峄城区榴园镇陈村	22	男	1945 年 8 月
吴修章	峄城区榴园镇东白楼村	28	男	1945 年 11 月
程挡云	峄城区榴园镇曹马村	24	男	1945 年
程桂善	峄城区榴园镇	21	男	1945 年
程继元	峄城区榴园镇卜村	87	男	1945 年
付老汉	峄城区榴园镇郭庄村	74	男	1945 年
高思涛	峄城区榴园镇高村	31	男	1945 年
贺敬圣	峄城区阴平镇石头楼村	23	男	1945 年
金志力	峄城区阴平镇老龙潭村	18	男	1945 年
李化友	峄城区古邵镇倪庄村	26	男	1945 年
李继银	峄城区榴园镇壕沟村	25	男	1945 年
梁李氏	峄城区榴园镇北孙庄村	50	女	1945 年
廖增义	峄城区峨山镇前香屯村	22	男	1945 年
刘继才	峄城区阴平镇石头楼村	22	男	1945 年
刘玉章	峄城区底阁镇前甘寺村	20	男	1945 年

姓 名	籍 贯	年 龄	性 别	死难时间
宋大可	峄城区阴平镇西金庄村	23	男	1945 年
宋付余	峄城区阴平镇二沟村	20	男	1945 年
苏广太	峄城区峨山镇大官庄村	16	男	1945 年
孙丙元	峄城区古邵镇西大辛庄村	23	男	1945 年
孙井卓	峄城区古邵镇文堆村	25	男	1945 年
孙里四	峄城区榴园镇北孙庄村	42	男	1945 年
孙张氏	峄城区榴园镇北孙庄村	46	女	1945 年
田传海	峄城区底阁镇西南晁村	25	男	1945 年
田传江	峄城区底阁镇西南晁村	24	男	1945 年
王绍刚	峄城区榴园镇北孙庄村	43	男	1945 年
王延富	峄城区榴园镇曹马村	22	男	1945 年
杨加友	峄城区榴园镇北棠阴村	18	男	1945 年
张德龙	峄城区榴园镇逍遥村	48	男	1945 年
张志友	峄城区阴平镇宁楼村	20	男	1945 年
赵文元	峄城区榴园镇匡谈村	20	男	1945 年
崔汉营	峄城区榴园镇北棠阴村	35	男	—
贺宗朝	峄城区阴平镇黄崖村	—	男	—
贺宗朝之妻	峄城区阴平镇黄崖村	—	女	—
宋付云	峄城区阴平镇上刘村	—	男	—
孙晋松	峄城区榴园镇北棠阴村	26	男	—
孙井宗	峄城区榴园镇北棠阴村	37	男	—
孙茂源之四祖父	峄城区阴平镇上刘村	—	男	—
杨末群	峄城区榴园镇北棠阴村	35	男	—
李宝贵	峄城区榴园镇卜村	18	男	—
郑允珠	峄城区阴平镇上刘村	—	男	—
杨三界	峄城区峨山镇石布村	—	男	1938 年 3 月
李金山	峄城区峨山镇李卜村	12	男	1938 年 7 月
王家林	峄城区榴园镇付庄村	29	男	1938 年
肖建洪	峄城区阴平镇阴平村	21	男	1938 年
种广义	峄城区山阴平镇赵村	—	男	1938 年
孙 柱	峄城区古邵镇古东村	19	男	1939 年
侯茂臣	峄城区榴园镇王马山口村	50	男	1939 年
王振业	峄城区峨山镇左庄村	—	男	1939 年
张中付	峄城区峨山镇左庄村	—	男	1939 年

姓　名	籍　贯	年　龄	性　别	死难时间
李明俊	峄城区峨山镇左庄村	—	男	1939 年
邵泽善	峄城区峨山镇大鲍村	—	男	1940 年
高桂清	峄城区峨山镇大鲍村	—	男	1940 年
杨更久	峄城区峨山镇大鲍村	—	男	1940 年
孙法金	峄城区古邵镇大王村	32	男	1941 年 7 月
刘　泉	峄城区古邵镇洛庄村	17	男	1941 年
赵传生	峄城区阴平镇上刘村	—	男	1941 年
丁化武	峄城区古邵镇大王村	49	男	1944 年 11 月
孙成皆	峄城区峨山镇黄泉村	—	男	1944 年
郑六香	峄城区阴平镇阴平村	—	男	1944 年
史久胜	峄城区阴平镇石楼村	—	男	1944 年
孙晋池	峄城区阴平镇石楼村	—	男	1944 年
孙茂礼	峄城区阴平镇石楼村	—	男	1944 年
张成顺	峄城区阴平镇东楼村	—	男	1944 年
郁忠锦	峄城区阴平镇下郭村	—	男	—
张明效	峄城区阴平镇下郭村	—	男	—
张明玉	峄城区阴平镇下郭村	—	男	—
王进昌	峄城区阴平镇赵村	—	男	—
张志学	峄城区阴平镇赵村	—	男	—
合　计	1206			

责任人：车凤银　孟祥德　　　　核实人：鲍祥会　徐　婷　　　填表人：孙中正
填表单位（签章）：枣庄市峄城区委党史研究室　　　　　　　填报时间：2009 年 5 月 11 日

枣庄市台儿庄区抗日战争时期死难者名录

姓　名	籍　贯	年　龄	性　别	死难时间
徐保安	台儿庄区张山子镇侯孟前村	54	男	1938 年
褚××	台儿庄区张山子镇耿山子村	24	男	1938 年 4 月
殷××	台儿庄区张山子镇耿山子村	22	男	1938 年 4 月
王良福	台儿庄区张山子镇耿山子村	26	男	1938 年 4 月
王清林之兄	台儿庄区张山子镇大单庄村	21	男	1938 年 5 月
王清雅	台儿庄区张山子镇大单庄村	25	男	1938 年 5 月
刘兆余	台儿庄区张山子镇后村	53	男	1938 年 5 月
郭张氏	台儿庄区张山子镇郭洼村	27	女	1938 年 6 月
于大密	台儿庄区张山子镇后于村	17	男	1938 年 7 月
翟××	台儿庄区张山子镇后于村	—	男	1938 年 9 月
韩广友	台儿庄区运河街道西关居	30	男	1938 年春
郭成豹	台儿庄区运河街道西关居	57	男	1938 年春
周俊德之祖父	台儿庄区运河街道西关居	70	男	1938 年春
孟召明之父	台儿庄区运河街道西关居	60	男	1938 年春
王兴志	台儿庄区运河街道西关居	62	男	1938 年春
赵玉环之母	台儿庄区运河街道西关居	60	女	1938 年春
孙李氏	台儿庄区运河街道西关居	50	女	1938 年春
于　氏	台儿庄区运河街道西关居	60	女	1938 年春
李桂生	台儿庄区运河街道西关居	30	男	1938 年春
李桂生之妻	台儿庄区运河街道西关居	30	女	1938 年春
陈　二	台儿庄区运河街道西关居	43	男	1938 年春
郭长荣	台儿庄区运河街道西关居	68	男	1938 年春
韩××	台儿庄区运河街道北关居	63	男	1938 年春
栗冠海	台儿庄区运河街道北关居	60	男	1938 年春
马文庆	台儿庄区运河街道北关居	50	男	1938 年春
马福尔	台儿庄区运河街道北关居	20	男	1938 年春
殷驰德	台儿庄区运河街道北关居	30	男	1938 年春
李红英之祖父	台儿庄区运河街道北关居	40	男	1938 年春
李红英之祖母	台儿庄区运河街道北关居	40	女	1938 年春
赵克楼	台儿庄区运河街道北关居	35	男	1938 年春
李汉启	台儿庄区运河街道北关居	40	男	1938 年春

姓 名	籍 贯	年 龄	性 别	死难时间
周延英之母	台儿庄区运河街道北关居	38	女	1938 年春
岳电英	台儿庄区运河街道北关居	23	男	1938 年春
张小脚	台儿庄区运河街道北关居	20	男	1938 年春
白君泰	台儿庄区运河街道北关居	20	男	1938 年春
孙传合	台儿庄区运河街道北关居	50	男	1938 年春
李沈氏	台儿庄区运河街道北关居	50	女	1938 年春
殷连昌	台儿庄区运河街道北关居	30	男	1938 年春
丁志才	台儿庄区运河街道北关居	60	男	1938 年春
张玉典	台儿庄区运河街道北关居	50	男	1938 年春
马文德	台儿庄区运河街道北关居	50	男	1938 年春
宋××	台儿庄区运河街道北关居	30	男	1938 年春
张秀玲之舅父	台儿庄区运河街道北关居	29	男	1938 年春
马洪奎	台儿庄区运河街道北关居	30	男	1938 年春
杜玉海之祖父	台儿庄区运河街道北关居	30	男	1938 年春
马西全之母	台儿庄区运河街道北关居	30	女	1938 年春
马福春	台儿庄区运河街道北关居	30	男	1938 年春
杨守财	台儿庄区运河街道北关居	30	男	1938 年春
李干一	台儿庄区运河街道北关居	30	男	1938 年春
张部龙	台儿庄区运河街道北关居	30	男	1938 年春
黄运江	台儿庄区运河街道北关居	40	男	1938 年春
马洪德	台儿庄区运河街道北关居	—	男	1938 年春
王元志之姐	台儿庄区运河街道北园居	30	女	1938 年春
王元志之外甥女	台儿庄区运河街道北园居	21	女	1938 年春
杨友田	台儿庄区运河街道北园居	26	男	1938 年春
荣庆朋	台儿庄区运河街道北园居	66	男	1938 年春
王继山	台儿庄区运河街道北园居	47	男	1938 年春
仲继领之祖父	台儿庄区运河街道北园居	62	男	1938 年春
杨王氏之公公	台儿庄区运河街道北园居	48	男	1938 年春
贾木樟之母	台儿庄区运河街道北园居	58	女	1938 年春
朱宪英	台儿庄区运河街道顺河居	18	女	1938 年春
刘方平	台儿庄区运河街道顺河居	58	男	1938 年春
邱德金	台儿庄区运河街道顺河居	24	男	1938 年春
姜妮	台儿庄区运河街道顺河居	15	女	1938 年春
邱德英	台儿庄区运河街道顺河居	35	女	1938 年春

姓 名	籍 贯	年 龄	性 别	死难时间
张敬典	台儿庄区运河街道顺河居	38	男	1938年春
殷××	台儿庄区运河街道顺河居	34	男	1938年春
钟昌璧	台儿庄区运河街道顺河居	46	男	1938年春
陈永平	台儿庄区运河街道顺河居	54	男	1938年春
张警玉	台儿庄区运河街道顺河居	42	男	1938年春
刘 六	台儿庄区运河街道顺河居	30	男	1938年春
刘洪氏	台儿庄区运河街道顺河居	58	女	1938年春
石清延	台儿庄区运河街道顺河居	31	男	1938年春
石新延	台儿庄区运河街道顺河居	32	男	1939年春
刘房友	台儿庄区运河街道顺河居	48	男	1938年春
刘王氏	台儿庄区运河街道顺河居	76	女	1938年春
李锡铭	台儿庄区运河街道顺河居	36	男	1938年春
李马氏	台儿庄区运河街道顺河居	70	女	1938年春
马洪×	台儿庄区运河街道顺河居	38	男	1938年春
马鸿奎	台儿庄区运河街道顺河居	36	男	1938年春
乔 氏	台儿庄区运河街道顺河居	50	女	1938年春
马寿民	台儿庄区运河街道顺河居	3	男	1938年春
马寿松	台儿庄区运河街道顺河居	8	男	1938年春
高 氏	台儿庄区运河街道顺河居	60	女	1938年春
王可增	台儿庄区运河街道顺河居	70	男	1938年春
张允龙	台儿庄区运河街道张庄居	22	男	1938年春
李良才	台儿庄区运河街道张庄居	24	男	1938年春
张文泉	台儿庄区运河街道张庄居	45	男	1938年春
张井言	台儿庄区运河街道黄庄居	62	男	1938年春
栗 ×	台儿庄区运河街道华阳居	40	男	1938年春
厉见英	台儿庄区运河街道华阳居	35	男	1938年春
闫 水	台儿庄区运河街道华阳居	30	男	1938年春
朱玉法	台儿庄区运河街道华阳居	30	男	1938年春
张尚氏	台儿庄区运河街道兴中居	37	女	1938年春
徐守礼	台儿庄区运河街道兴中居	40	男	1938年春
张玉鼎	台儿庄区运河街道兴中居	35	男	1938年春
褚思会	台儿庄区运河街道兴中居	33	男	1938年春
朱振江之女	台儿庄区张山子镇平东村	1	女	1938年秋
杜邵莲	济宁市微山县石塘子村	28	男	1938年秋

姓 名	籍 贯	年 龄	性 别	死难时间
王兆福	台儿庄区张山子镇平东村	40	男	1938 年秋
潘明西	台儿庄区张山子镇平东村	30	男	1938 年秋
翟得全	台儿庄区张山子镇杜安村	22	男	1938 年
于传声	台儿庄区张山子镇后于村	37	男	1938 年
高×氏	台儿庄区涧头集镇朱庄村	—	女	1938 年
高庆菊	台儿庄区涧头集镇朱庄村	—	男	1938 年
章桂发	台儿庄区张山子镇岔椅子村	—	男	1938 年
刘怀志	台儿庄区张山子镇桥上村	38	男	1938 年
李长胜	台儿庄区张山子镇桥上村	38	男	1938 年
刘均芳	台儿庄区张山子镇桥上村	38	男	1938 年
吴增沉	台儿庄区张山子镇桥上村	38	男	1938 年
李清权	台儿庄区张山子镇桥上村	38	男	1938 年
徐××	台儿庄区涧头集镇徐庄村	70	男	1938 年
道 侠	台儿庄区涧头集镇黄庄村	27	男	1938 年
徐××	台儿庄区涧头集镇黄庄村	27	男	1938 年
李××	台儿庄区涧头集镇黄庄村	27	男	1938 年
颜振彬	台儿庄区涧头集镇颜庄村	28	男	1938 年
颜锡志	台儿庄区涧头集镇颜庄村	50	男	1938 年
徐成浮	台儿庄区涧头集镇颜庄村	23	男	1938 年
侯全夫	台儿庄区涧头集镇颜庄村	32	男	1938 年
颜振侠	台儿庄区涧头集镇颜庄村	25	男	1938 年
徐广德	台儿庄区涧头集镇颜庄村	36	男	1938 年
颜振怀	台儿庄区涧头集镇颜庄村	35	男	1938 年
谢井环	台儿庄区涧头集镇颜庄村	35	男	1938 年
颜成志	台儿庄区涧头集镇颜庄村	27	男	1938 年
李晋荣	台儿庄区涧头集镇颜庄村	28	男	1938 年
张传坦	台儿庄区涧头集镇老宅子村	40	男	1938 年
张三志	台儿庄区涧头集镇老宅子村	27	男	1938 年
张李氏	台儿庄区涧头集镇王河口村	60	女	1938 年
张×氏	台儿庄区涧头集镇王河口村	62	女	1938 年
张××	台儿庄区涧头集镇王河口村	40	男	1938 年
田××	台儿庄区涧头集镇贾桥村	35	男	1938 年
殷茂雨	台儿庄区涧头集镇李庄村	53	男	1938 年
李××	峄城区古邵镇孙村	52	男	1938 年

姓　名	籍　贯	年　龄	性　别	死难时间
李××	台儿庄区涧头集镇徐塘村	51	男	1938 年
张三弟	台儿庄区涧头集镇谢庄村	4	男	1938 年
孙广常	台儿庄区涧头集镇徐楼村	37	男	1938 年
王荣介	台儿庄区涧头集镇徐楼村	40	男	1938 年
蔡广田	台儿庄区涧头集镇徐楼村	50	男	1938 年
孙　氏	台儿庄区涧头集镇呼庄村	36	女	1938 年
孙毛金	台儿庄区涧头集镇毛楼村	26	男	1938 年
张作存	台儿庄区涧头集镇毛楼村	53	男	1938 年
孙业俭	台儿庄区涧头集镇毛楼村	30	男	1938 年
张传业	台儿庄区涧头集镇东于沟村	62	男	1938 年
孙二锅	台儿庄区涧头集镇东于沟村	18	男	1938 年
王先生	台儿庄区涧头集镇金楼村	52	男	1938 年
王克福	台儿庄区涧头集镇金楼村	26	男	1938 年
邵振端	台儿庄区涧头集镇金楼村	67	男	1938 年
王克明	台儿庄区涧头集镇旺庄村	61	男	1938 年
曹铁匠	台儿庄区涧头集镇高山后村	50	男	1938 年
马吴氏	台儿庄区涧头集镇前马家村	27	女	1938 年
丁继宝	台儿庄区涧头集镇官庄村	26	男	1938 年
咸　料	台儿庄区涧头集镇官庄村	42	男	1938 年
王昌伦	台儿庄区涧头集镇官庄村	27	男	1938 年
孙二科	台儿庄区涧头集镇官庄村	23	男	1938 年
孙红叶	台儿庄区涧头集镇官庄村	24	男	1938 年
李张氏	台儿庄区涧头集镇李山口村	68	女	1938 年
李庆贞	台儿庄区涧头集镇李山口村	66	男	1938 年
黄××	台儿庄区涧头集镇李山口村	—	男	1938 年
黄×氏	台儿庄区涧头集镇李山口村	—	女	1938 年
黄×之子	台儿庄区涧头集镇李山口村		男	1938 年
黄×之女	台儿庄区涧头集镇李山口村	—	女	1938 年
何青领	台儿庄区涧头集镇巨梁桥村	62	男	1938 年
王家才	台儿庄区涧头集镇万年闸村	26	男	1938 年
杨传贵	台儿庄区涧头集镇万年闸村	23	男	1938 年
张兆安	台儿庄区涧头集镇万年闸村	24	男	1938 年
刘成标	台儿庄区涧头集镇万年闸村	27	男	1938 年
赵××	台儿庄区涧头集镇万年闸村	25	男	1938 年

姓　名	籍　贯	年　龄	性　别	死难时间
邓××	台儿庄区涧头集镇万年闸村	28	男	1938 年
钟×氏	台儿庄区涧头集镇万年闸村	44	女	1938 年
郝×氏	台儿庄区涧头集镇万年闸村	49	女	1938 年
吴××	台儿庄区涧头集镇万年闸村	31	男	1938 年
张××	台儿庄区涧头集镇万年闸村	28	男	1938 年
张×氏	台儿庄区涧头集镇万年闸村	50	女	1938 年
张×氏	台儿庄区涧头集镇万年闸村	44	女	1938 年
孙　氏	台儿庄区涧头集镇万年闸村	56	女	1938 年
刘××	台儿庄区涧头集镇刘庄村	41	男	1938 年
王兴锁	台儿庄区涧头集镇刘庄村	38	男	1938 年
徐夫才	台儿庄区涧头集镇刘庄村	40	男	1938 年
徐夫海	台儿庄区涧头集镇刘庄村	38	男	1938 年
苗皮氏	台儿庄区涧头集镇郝楼村	19	女	1938 年
苗　童	台儿庄区涧头集镇郝楼村	2	男	1938 年
姚桂平	台儿庄区涧头集镇郝楼村	28	男	1938 年
孙茂宣	台儿庄区涧头集镇郝楼村	29	男	1938 年
刘宗礼	台儿庄区涧头集镇郝楼村	41	男	1938 年
姚中奎	台儿庄区涧头集镇郝楼村	58	男	1938 年
冯××	台儿庄区涧头集镇万仓村	28	男	1938 年
孙　氏	台儿庄区涧头集镇万年闸村	—	女	1938 年
王××	台儿庄区涧头集镇楼子村	21	男	1938 年
刘×氏	台儿庄区涧头集镇楼子村	42	女	1938 年
王×氏	台儿庄区涧头集镇楼子村	62	女	1938 年
王文志	台儿庄区涧头集镇楼子村	22	男	1938 年
王　氏	台儿庄区涧头集镇楼子村	18	女	1938 年
刘××	台儿庄区涧头集镇楼子村	27	男	1938 年
王化玖	台儿庄区涧头集镇楼子村	46	男	1938 年
王文路	台儿庄区涧头集镇楼子村	21	男	1938 年
于广先	台儿庄区涧头集镇大花厂村	22	男	1938 年
李贡堂	台儿庄区涧头集镇大花厂村	21	男	1938 年
孙士民	台儿庄区涧头集镇小花厂村	23	男	1938 年
王××	台儿庄区涧头集镇核桃园村	26	男	1938 年
龙海道	台儿庄区涧头集镇新河崖村	24	男	1938 年
赵×氏	台儿庄区涧头集镇新河崖村	26	女	1938 年

姓 名	籍 贯	年 龄	性 别	死难时间
咸继昌	台儿庄区涧头集镇新河崖村	31	男	1938 年
田兆彬	台儿庄区涧头集镇贾桥村	40	男	1938 年
提启录	台儿庄区涧头集镇褚提楼村	40	男	1938 年
张 学	台儿庄区涧头集镇姬楼村	41	男	1938 年
周响延	台儿庄区涧头集镇多乐村	27	男	1938 年
任 大	台儿庄区涧头集镇顿东村	12	男	1938 年
任 四	台儿庄区涧头集镇顿东村	5	男	1938 年
任××	台儿庄区涧头集镇顿西村	32	男	1938 年
田××	台儿庄区涧头集镇顿西村	35	男	1938 年
孙 氏	台儿庄区涧头集镇顿西村	31	女	1938 年
贾荣平	台儿庄区邳庄镇贾园村	50	男	1938 年
李有钱	台儿庄区邳庄镇贾园村	20	男	1938 年
贾继常	台儿庄区邳庄镇贾园村	9	男	1938 年
霍 氏	台儿庄区邳庄镇旗杆村	70	女	1938 年
付二坡	台儿庄区邳庄镇旗杆村	30	男	1938 年
付 氏	台儿庄区邳庄镇旗杆村	80	女	1938 年
栗太宾	台儿庄区邳庄镇旗杆村	40	男	1938 年
栗法芝	台儿庄区邳庄镇旗杆村	56	男	1938 年
褚敬一	台儿庄区邳庄镇旗杆村	60	男	1938 年
白××	台儿庄区邳庄镇旗杆村	56	男	1938 年
白×氏	台儿庄区邳庄镇旗杆村	54	女	1938 年
宋××	台儿庄区邳庄镇刘桥村	60	男	1938 年
苏×氏	台儿庄区邳庄镇刘桥村	18	女	1938 年
沙宜俊之祖母	台儿庄区邳庄镇小李庄村	74	女	1938 年
李加山	台儿庄区邳庄镇蟠龙村	30	男	1938 年
刘××	台儿庄区邳庄镇蟠龙村	30	男	1938 年
刘××	台儿庄区邳庄镇蟠龙村	10	男	1938 年
丁志才	台儿庄区邳庄镇邳庄村	60	男	1938 年
王世龙之祖父	台儿庄区邳庄镇邳庄村	63	男	1938 年
李 氏	台儿庄区邳庄镇邳庄村	40	女	1938 年
荣庆明	台儿庄区邳庄镇邵庄村	42	男	1938 年
韩玉珍	台儿庄区邳庄镇邵庄村	40	男	1938 年
贾友德	台儿庄区邳庄镇涛沟桥村	20	男	1938 年
贾 麦	台儿庄区邳庄镇涛沟桥村	18	女	1938 年

姓 名	籍 贯	年 龄	性 别	死难时间
胡成俊	台儿庄区邳庄镇涛沟桥村	30	男	1938 年
秦学才之祖母	台儿庄区邳庄镇涛沟桥村	60	女	1938 年
纪××	台儿庄区邳庄镇涛沟桥村	60	男	1938 年
闫吉俊之祖父	台儿庄区邳庄镇涛沟桥村	50	男	1938 年
白天洋	台儿庄区邳庄镇涛沟桥村	26	男	1938 年
秦金一	台儿庄区邳庄镇涛沟桥村	30	男	1938 年
周 ×	台儿庄区邳庄镇彭庄村	60	男	1938 年
王方伦	台儿庄区邳庄镇赵村	30	男	1938 年
王 ×	台儿庄区邳庄镇赵村	70	男	1938 年
房修礼	台儿庄区邳庄镇赵村	20	男	1938 年
雷学法之母	台儿庄区邳庄镇赵村	70	女	1938 年
韩 氏	台儿庄区邳庄镇孟庄村	40	女	1938 年
刘玉声	台儿庄区邳庄镇孟庄村	9	男	1938 年
徐 三	台儿庄区邳庄镇斗沟村	40	男	1938 年
丁 氏	台儿庄区邳庄镇斗沟村	60	女	1938 年
靳庄海	台儿庄区邳庄镇南黄村	40	男	1938 年
靳忠思	台儿庄区邳庄镇南黄村	30	男	1938 年
佟景立	台儿庄区邳庄镇苍庙村	30	男	1938 年
王艳才之姑	台儿庄区邳庄镇苍庙村	25	女	1938 年
徐俊田	台儿庄区邳庄镇苍庙村	30	男	1938 年
皮文橇	台儿庄区邳庄镇尚庄村	52	男	1938 年
皮文田	台儿庄区邳庄镇尚庄村	50	男	1938 年
杜喜拔	台儿庄区邳庄镇马庄村	5	女	1938 年
张文春	台儿庄区邳庄镇马庄村	48	男	1938 年
张德之	台儿庄区邳庄镇马庄村	30	男	1938 年
齐兴河	台儿庄区邳庄镇马庄村	40	男	1938 年
李 氏	台儿庄区邳庄镇马庄村	80	女	1938 年
李运中	台儿庄区邳庄镇马庄村	60	男	1938 年
吴 氏	台儿庄区邳庄镇边庄村	50	女	1938 年
张镜善	台儿庄区邳庄镇边庄村	40	男	1938 年
张崔氏	台儿庄区邳庄镇边庄村	60	女	1938 年
张西胜之祖父	台儿庄区邳庄镇边庄村	60	男	1938 年
田 氏	台儿庄区邳庄镇边庄村	62	女	1938 年
张 氏	台儿庄区邳庄镇边庄村	40	女	1938 年

姓　名	籍　贯	年　龄	性　别	死难时间
王大木	台儿庄区邳庄镇边庄村	10	男	1938 年
王二木	台儿庄区邳庄镇边庄村	8	男	1938 年
王　一	台儿庄区邳庄镇马庄村	3	女	1938 年
房金元	台儿庄区邳庄镇马庄村	60	男	1938 年
李延亮	台儿庄区邳庄镇马庄村	21	男	1938 年
谭大孩	台儿庄区邳庄镇马庄村	3	男	1938 年
谭　妮	台儿庄区邳庄镇马庄村	4	女	1938 年
高二妮	台儿庄区邳庄镇马庄村	12	女	1938 年
李　二	台儿庄区邳庄镇马庄村	37	男	1938 年
李　氏	台儿庄区邳庄镇马庄村	35	女	1938 年
李志呼	台儿庄区邳庄镇马庄村	6	男	1938 年
李　一	台儿庄区邳庄镇马庄村	3	男	1938 年
李成祥	台儿庄区邳庄镇马庄村	32	男	1938 年
王李氏	台儿庄区邳庄镇马庄村	30	女	1938 年
齐　氏	台儿庄区邳庄镇马庄村	40	女	1938 年
李　氏	台儿庄区邳庄镇马庄村	15	女	1938 年
张　九	台儿庄区邳庄镇马庄村	16	男	1938 年
贺祖瑞	台儿庄区邳庄镇韩场村	40	男	1938 年
于老大	台儿庄区邳庄镇韩场村	50	男	1938 年
韩小妹	台儿庄区邳庄镇韩场村	6	女	1938 年
韩小朴	台儿庄区邳庄镇韩场村	19	男	1938 年
贺祖喜	台儿庄区邳庄镇韩场村	50	男	1938 年
李老二	台儿庄区邳庄镇韩场村	62	男	1938 年
吴洪春	台儿庄区邳庄镇燕井村	46	男	1938 年
吴元善	台儿庄区邳庄镇燕井村	24	男	1938 年
张成金	台儿庄区邳庄镇马庄村	7	男	1938 年
徐二秃	台儿庄区邳庄镇大黄庄村	41	男	1938 年
王　氏	台儿庄区邳庄镇大黄庄村	32	女	1938 年
周守田	台儿庄区邳庄镇黄林村	72	男	1938 年
郑蔡氏	台儿庄区邳庄镇黄林村	68	女	1938 年
孙大孩	台儿庄区邳庄镇黄林村	12	男	1938 年
马刘氏	台儿庄区邳庄镇黄林村	10	女	1938 年
于大孩	台儿庄区邳庄镇黄林村	18	男	1938 年
于二孩	台儿庄区邳庄镇黄林村	15	男	1938 年

姓 名	籍 贯	年 龄	性 别	死难时间
于三孩	台儿庄区邳庄镇黄林村	8	男	1938 年
于四海	台儿庄区邳庄镇黄林村	18	男	1938 年
马二妮	台儿庄区邳庄镇黄林村	8	女	1938 年
孙小超	台儿庄区邳庄镇黄林村	4	男	1938 年
于拐子	台儿庄区邳庄镇黄林村	52	男	1938 年
于刘氏	台儿庄区邳庄镇黄林村	50	女	1938 年
从学政	台儿庄区邳庄镇秦庄村	63	男	1938 年
黄玉宝	台儿庄区邳庄镇秦庄村	60	男	1938 年
姚老五	台儿庄区邳庄镇秦庄村	63	男	1938 年
张　氏	台儿庄区邳庄镇秦庄村	60	女	1938 年
韩振山	台儿庄区邳庄镇张楼村	50	男	1938 年
韩振明	台儿庄区邳庄镇张楼村	48	男	1938 年
李加新	台儿庄区邳庄镇小集子村	25	男	1938 年
冯广和	台儿庄区邳庄镇小集子村	20	男	1938 年
李××	台儿庄区邳庄镇小集子村	80	男	1938 年
徐聂氏	台儿庄区邳庄镇小集子村	20	女	1938 年
孙田氏	台儿庄区泥沟镇东黄庄村	60	女	1938 年
殷茂山	台儿庄区泥沟镇东黄庄村	72	男	1938 年
殷召某	台儿庄区泥沟镇东黄庄村	26	男	1938 年
王二黑	台儿庄区泥沟镇东黄庄村	60	男	1938 年
贾汉平	台儿庄区泥沟镇坊上村	55	男	1938 年
贾有力	台儿庄区泥沟镇坊上村	38	男	1938 年
秦　三	台儿庄区泥沟镇坊上村	26	男	1938 年
秦　四	台儿庄区泥沟镇坊上村	24	男	1938 年
秦　五	台儿庄区泥沟镇坊上村	22	男	1938 年
老钱三	台儿庄区泥沟镇滕楼村	70	男	1938 年
孙茂全	台儿庄区泥沟镇滕楼村	43	男	1938 年
王昆才之祖母	台儿庄区泥沟镇孙河湾村	50	女	1938 年
孔祥计之祖母	台儿庄区泥沟镇孙河湾村	60	女	1938 年
马口之祖母	台儿庄区泥沟镇孙河湾村	70	女	1938 年
王为忠之祖母	台儿庄区泥沟镇孙河湾村	60	女	1938 年
吴疯子	台儿庄区泥沟镇姚庄村	35	男	1938 年
车立才之妻	台儿庄区泥沟镇吉庄村	34	女	1938 年
赵××	台儿庄区泥沟镇吉庄村	35	男	1938 年

姓　名	籍　贯	年　龄	性　别	死难时间
邵士放	台儿庄区泥沟镇吉庄村	62	男	1938 年
郑×氏	台儿庄区泥沟镇吉庄村	62	女	1938 年
邵士放之女	台儿庄区泥沟镇吉庄村	18	女	1938 年
唐老头	台儿庄区泥沟镇吉庄村	60	男	1938 年
于克田之母	台儿庄区泥沟镇吉庄村	56	女	1938 年
孙立珍	台儿庄区泥沟镇坊上村	60	男	1938 年
贾彩平	台儿庄区泥沟镇坊上村	68	男	1938 年
郝全中	台儿庄区泥沟镇坊上村	19	男	1938 年
胡存善	台儿庄区泥沟镇坊上村	54	男	1938 年
方启发	台儿庄区泥沟镇坊上村	26	男	1938 年
贾华仓	台儿庄区泥沟镇坊上村	36	男	1938 年
孙魏氏	台儿庄区泥沟镇贾庄村	22	女	1938 年
刘凤基	台儿庄区泥沟镇贾庄村	18	男	1938 年
刘凤基之父	台儿庄区泥沟镇贾庄村	61	男	1938 年
霍广太	台儿庄区泥沟镇西鲍楼村	60	男	1938 年
李××	台儿庄区泥沟镇西鲍楼村	60	男	1938 年
贾怀平之妻	台儿庄区泥沟镇蒋庄村	30	女	1938 年
翟　毛	台儿庄区泥沟镇蒋庄村	16	男	1938 年
王××	台儿庄区泥沟镇蒋庄村	—	男	1938 年
刘××	台儿庄区泥沟镇蒋庄村	40	男	1938 年
姚立坡	台儿庄区泥沟镇姚庄村	86	男	1938 年
姚孙氏	台儿庄区泥沟镇姚庄村	80	女	1938 年
袁扬俊	台儿庄区泥沟镇岔河村	41	男	1938 年
张玉池	台儿庄区泥沟镇岔河村	40	男	1938 年
王孙氏	台儿庄区泥沟镇大郝湖村	48	女	1938 年
朱安荣	台儿庄区泥沟镇大郝湖村	42	女	1938 年
张学武	台儿庄区泥沟镇大郝湖村	17	男	1938 年
大铁匠	台儿庄区泥沟镇邵里村	72	男	1938 年
陈继方之祖父	台儿庄区泥沟镇邵里村	63	男	1938 年
冯　氏	台儿庄区泥沟镇邵里村	45	女	1938 年
张成法	台儿庄区泥沟镇良庄村	52	男	1938 年
赵继明	台儿庄区泥沟镇良庄村	23	男	1938 年
孙　氏	台儿庄区泥沟镇丁楼村	51	女	1938 年
孙燕氏	台儿庄区泥沟镇丁楼村	23	女	1938 年

姓 名	籍 贯	年 龄	性 别	死难时间
赵　氏	台儿庄区泥沟镇丁楼村	80	女	1938 年
宋主力	台儿庄区泥沟镇新河庄村	31	男	1938 年
徐文义	台儿庄区泥沟镇新河庄村	30	男	1938 年
贾传志	台儿庄区泥沟镇岔河村	35	男	1938 年
张龙氏	台儿庄区泥沟镇佟庄村	68	女	1938 年
朱　文	台儿庄区泥沟镇佟庄村	66	男	1938 年
贺爱谋	台儿庄区泥沟镇贺庄村	70	男	1938 年
门六猴	台儿庄区泥沟镇贺庄村	68	男	1938 年
崔学堂	台儿庄区泥沟镇贺庄村	50	男	1938 年
尹大臣	台儿庄区泥沟镇大张山头村	65	男	1938 年
胡继坤	台儿庄区泥沟镇大张山头村	68	男	1938 年
于××	台儿庄区泥沟镇大张山头村	68	男	1938 年
尹　氏	台儿庄区泥沟镇大张山头村	60	女	1938 年
蔡常德	台儿庄区泥沟镇小张山头村	45	男	1938 年
吴成俊	台儿庄区泥沟镇小张山头村	38	男	1938 年
张麻子	台儿庄区泥沟镇小张山头村	36	男	1938 年
曹恒春之祖父	台儿庄区泥沟镇小北洛村	50	男	1938 年
胡殿术	台儿庄区泥沟镇左王房村	37	男	1938 年
田　二	台儿庄区泥沟镇南黄庄村	30	男	1938 年
刘二蛋	台儿庄区泥沟镇南黄庄村	12	男	1938 年
孙发文	台儿庄区泥沟镇南黄庄村	25	男	1938 年
王　臭	台儿庄区泥沟镇南黄庄村	18	男	1938 年
高介凡	台儿庄区泥沟镇南黄庄村	32	男	1938 年
张学斌	台儿庄区泥沟镇湖洼村	36	男	1938 年
黄　俊	台儿庄区泥沟镇湖洼村	16	男	1938 年
黄　氏	台儿庄区泥沟镇湖洼村	38	女	1938 年
杨秀云之妻	台儿庄区泥沟镇湖洼村	20	女	1938 年
孟传喜之祖母	台儿庄区泥沟镇大北洛村	—	女	1938 年
张永平之祖母	台儿庄区泥沟镇大北洛村	—	女	1938 年
贾大麻子	台儿庄区泥沟镇大北洛村	—	男	1938 年
毛　三	台儿庄区泥沟镇大北洛村	40	男	1938 年
陈广仁之祖母	台儿庄区泥沟镇大北洛村	70	女	1938 年
刘士良之母	台儿庄区泥沟镇大北洛村	50	女	1938 年
韩　三	台儿庄区泥沟镇大北洛村	50	男	1938 年

姓　名	籍　贯	年龄	性别	死难时间
陈　学	台儿庄区泥沟镇欢屯村	30	男	1938年
李可心	台儿庄区泥沟镇毛草河村	19	男	1938年
胡志术	台儿庄区泥沟镇夹坊村	40	男	1938年
张保云之祖父	台儿庄区泥沟镇东鹿湾村	33	男	1938年
庄成计	台儿庄区泥沟镇东鹿湾村	60	男	1938年
张保启之祖父	台儿庄区泥沟镇东鹿湾村	60	男	1938年
张万锋	台儿庄区泥沟镇东鹿湾村	60	男	1938年
张同德之伯父	台儿庄区泥沟镇东鹿湾村	51	男	1938年
张同德之伯母	台儿庄区泥沟镇东鹿湾村	45	女	1938年
张同德	台儿庄区泥沟镇东鹿湾村	25	男	1938年
张同德之弟	台儿庄区泥沟镇东鹿湾村	15	男	1938年
张同真之祖母	台儿庄区泥沟镇东鹿湾村	61	女	1938年
张同真之父	台儿庄区泥沟镇东鹿湾村	38	男	1938年
孙井兰	台儿庄区泥沟镇三付楼村	25	男	1938年
孙茂银	台儿庄区泥沟镇三付楼村	58	男	1938年
孙井同	台儿庄区泥沟镇三付楼村	20	男	1938年
史德云	台儿庄区泥沟镇三付楼村	30	男	1938年
胡　亲	台儿庄区泥沟镇三付楼村	11	男	1938年
薛如意	台儿庄区泥沟镇三付楼村	22	男	1938年
杜鲁牛	台儿庄区泥沟镇三付楼村	63	男	1938年
田成译	台儿庄区泥沟镇西鹿湾村	48	男	1938年
田贾氏	台儿庄区泥沟镇西鹿湾村	37	女	1938年
张朋兴之父	台儿庄区泥沟镇西鹿湾村	58	男	1938年
张亚新	台儿庄区泥沟镇西鹿湾村	78	男	1938年
张龚氏	台儿庄区泥沟镇西鹿湾村	73	女	1938年
陆明山之父	台儿庄区泥沟镇西鹿湾村	81	男	1938年
贾玉彬	台儿庄区泥沟镇西鹿湾村	75	男	1938年
王文彬	台儿庄区泥沟镇西鹿湾村	67	男	1938年
冯开祥之母	台儿庄区泥沟镇西鹿湾村	75	女	1938年
冯开祥之父	台儿庄区泥沟镇西鹿湾村	77	男	1938年
冯开祥之妹	台儿庄区泥沟镇西鹿湾村	—	女	1938年
荣　四	台儿庄区泥沟镇邵庄村	26	男	1938年
马　锁	台儿庄区泥沟镇邵庄村	20	男	1938年
李兴才	台儿庄区泥沟镇邵庄村	20	男	1938年

姓 名	籍 贯	年 龄	性 别	死难时间
王百奋	台儿庄区泥沟镇邵庄村	8	男	1938 年
王二妮	台儿庄区泥沟镇邵庄村	12	女	1938 年
杨传会	台儿庄区泥沟镇西兰城村	12	男	1938 年
赵立成之外祖母	台儿庄区泥沟镇西兰城村	66	女	1938 年
赵克章	台儿庄区泥沟镇西兰城村	78	男	1938 年
张学山之祖父	台儿庄区泥沟镇张庄村	70	男	1938 年
胡道术之母	台儿庄区泥沟镇张庄村	71	女	1938 年
王志叶	台儿庄区泥沟镇张庄村	24	男	1938 年
贾茂荣	台儿庄区泥沟镇张庄村	60	男	1938 年
滕凤启	台儿庄区泥沟镇张庄村	54	男	1938 年
谢 二	台儿庄区泥沟镇张庄村	50	男	1938 年
韩凤仙	台儿庄区泥沟镇张庄村	44	男	1938 年
王昌贵	台儿庄区泥沟镇罗庄村	60	男	1938 年
吴殿华	台儿庄区泥沟镇罗庄村	70	男	1938 年
孙传合	台儿庄区泥沟镇杨庙村	43	男	1938 年
孙茂亮之母	台儿庄区泥沟镇杨庙村	40	女	1938 年
陈王氏	台儿庄区泥沟镇杨庙村	43	女	1938 年
任太和	台儿庄区泥沟镇杨庙村	43	男	1938 年
刘广寒之伯父	台儿庄区泥沟镇杨庙村	45	男	1938 年
李 三	台儿庄区泥沟镇杨庙村	44	男	1938 年
丁仲喜	台儿庄区泥沟镇杨庙村	58	男	1938 年
张夏氏	台儿庄区泥沟镇东兰城村	78	女	1938 年
张居正之祖父	台儿庄区泥沟镇东兰城村	31	男	1938 年
李夏启之祖父	台儿庄区泥沟镇东兰城村	25	男	1938 年
郭 梁	台儿庄区泥沟镇东兰城村	22	男	1938 年
马传标	台儿庄区泥沟镇峨城村	25	男	1938 年
贾三梭	台儿庄区泥沟镇堡子村	55	男	1938 年
贾传久	台儿庄区泥沟镇堡子村	37	男	1938 年
高 妮	台儿庄区泥沟镇东大庄村	16	女	1938 年
李兰娟之祖母	台儿庄区泥沟镇东大庄村	—	女	1938 年
李兴荣	台儿庄区泥沟镇东大庄村	—	女	1938 年
张二弯腿	台儿庄区泥沟镇小张山头村	34	男	1938 年
刘六妮	台儿庄区泥沟镇小张山头村	9	女	1938 年
黄连珠	台儿庄区泥沟镇小张山头村	60	男	1938 年

姓 名	籍 贯	年龄	性别	死难时间
刘大重	台儿庄区泥沟镇小张山头村	24	男	1938 年
刘大季	台儿庄区泥沟镇张山头村	24	男	1938 年 3 月
刘 四	台儿庄区泥沟镇张山头村	40	男	1938 年 3 月
张瑞法	台儿庄区泥沟镇张山头村	47	男	1938 年 3 月
王继孔	台儿庄区泥沟镇张山头村	39	男	1938 年 3 月
吴 氏	台儿庄区泥沟镇张山头村	45	女	1938 年 3 月
贺孙氏	台儿庄区泥沟镇张山头村	62	女	1938 年 3 月
贺文谋	台儿庄区泥沟镇张山头村	68	男	1938 年 3 月
尹 氏	台儿庄区泥沟镇张山头村	69	女	1938 年 3 月
赵常信	台儿庄区泥沟镇张山头村	56	男	1938 年 3 月
陈大匡	台儿庄区泥沟镇张山头村	54	男	1938 年 3 月
邓兹武	台儿庄区泥沟镇红东村	51	男	1938 年
苗瑞玲之伯父	台儿庄区泥沟镇红东村	32	男	1938 年
邓二牛	台儿庄区泥沟镇红东村	19	男	1938 年
孙承信	台儿庄区泥沟镇前黄村	84	男	1938 年
孙魏氏	台儿庄区泥沟镇前黄村	80	女	1938 年
黄崇海之祖父	台儿庄区泥沟镇前黄村	72	男	1938 年
黄举仁之祖母	台儿庄区泥沟镇前黄村	70	女	1938 年
黄举仁之祖父	台儿庄区泥沟镇前黄村	62	男	1938 年
丁信启之祖父	台儿庄区泥沟镇红西村	78	男	1938 年
杨光武之祖父	台儿庄区泥沟镇红西村	72	男	1938 年
田 氏	台儿庄区泥沟镇红西村	75	女	1938 年
张保义	台儿庄区泥沟镇红西村	25	男	1938 年
张西凡	台儿庄区泥沟镇红西村	23	男	1938 年
曹履臣	台儿庄区泥沟镇廖庄村	50	男	1938 年
万保本之父	台儿庄区泥沟镇廖庄村	55	男	1938 年
郭福衡	台儿庄区泥沟镇廖庄村	46	男	1938 年
洪立忠	台儿庄区泥沟镇孔洪庄村	22	男	1938 年
孔召伦	台儿庄区泥沟镇孔洪庄村	25	男	1938 年
洪全英之母	台儿庄区泥沟镇孔洪庄村	20	女	1938 年
王永生	台儿庄区泥沟镇汪庄村	65	男	1938 年
廖祥春之母	台儿庄区泥沟镇汪庄村	72	女	1938 年
房玉龙之母	台儿庄区泥沟镇汪庄村	65	女	1938 年
赵现平之祖父	台儿庄区泥沟镇汪庄村	65	男	1938 年

姓　名	籍　贯	年龄	性别	死难时间
高大玲	台儿庄区泥沟镇汪庄村	52	男	1938 年
尹保河之祖父	台儿庄区泥沟镇汪庄村	60	男	1938 年
赵有为	台儿庄区泥沟镇汪庄村	32	男	1938 年
赵作国之祖母	台儿庄区泥沟镇水湖村	75	女	1938 年
王赶年	台儿庄区泥沟镇水湖村	25	男	1938 年
孙守志	台儿庄区泥沟镇水湖村	28	男	1938 年
郑　二	台儿庄区泥沟镇刘滩村	50	男	1938 年
刘开祥	台儿庄区泥沟镇刘滩村	72	女	1938 年
高洪生	台儿庄区泥沟镇上屯村	70	男	1938 年
张　氏	台儿庄区泥沟镇上屯村	65	女	1938 年
赵现春	台儿庄区泥沟镇上屯村	30	男	1938 年
孙　贵	台儿庄区泥沟镇上屯村	30	男	1938 年
龚三之妻	台儿庄区泥沟镇上屯村	20	女	1938 年
李玉环	台儿庄区泥沟镇冯湖村	60	男	1938 年
唐贾氏	台儿庄区泥沟镇冯湖村	62	女	1938 年
李志军	台儿庄区泥沟镇冯湖村	63	男	1938 年
殷茂成	台儿庄区泥沟镇冯湖村	30	男	1938 年
满　娥	台儿庄区泥沟镇冯湖村	64	女	1938 年
殷茂元	台儿庄区泥沟镇冯湖村	40	男	1938 年
陈常兴之母	台儿庄区泥沟镇冯湖村	66	女	1938 年
贾　斗	台儿庄区泥沟镇冯湖村	60	男	1938 年
冯广生	台儿庄区泥沟镇冯湖村	60	男	1938 年
冯广生之妻	台儿庄区泥沟镇冯湖村	60	女	1938 年
冯四妮	台儿庄区泥沟镇冯湖村	18	女	1938 年
王大麻之母	台儿庄区泥沟镇冯湖村	29	女	1938 年
瞎眼王老头	台儿庄区泥沟镇冯湖村	67	男	1938 年
冯四桂	台儿庄区泥沟镇冯湖村	25	男	1938 年
贾靳氏	台儿庄区泥沟镇榆树子村	60	女	1938 年
贾三橱子	台儿庄区泥沟镇榆树子村	67	男	1938 年
贾中平之母	台儿庄区泥沟镇榆树子村	69	女	1938 年
李玉环	台儿庄区泥沟镇榆树子村	63	男	1938 年
孟现文之叔	台儿庄区泥沟镇柿树元村	72	男	1938 年
孙　氏	台儿庄区泥沟镇北大庄子村	79	女	1938 年
干拨泥	台儿庄区泥沟镇腰里徐村	65	男	1938 年

姓　名	籍　贯	年　龄	性　别	死难时间
徐井坤之祖母	台儿庄区泥沟镇腰里徐村	69	女	1938 年
赵介山	台儿庄区泥沟镇腰里徐村	66	男	1938 年
赵宣恒	台儿庄区泥沟镇腰里徐村	36	男	1938 年
刘傻子	台儿庄区泥沟镇前程村	39	男	1938 年
蔡井权	台儿庄区泥沟镇前程村	42	男	1938 年
贾杨四	台儿庄区泥沟镇岔河村	57	男	1938 年
王　丫	台儿庄区泥沟镇新河庄村	1	女	1938 年
朱八戒	台儿庄区泥沟镇前程村	38	男	1938 年
陈二套	台儿庄区泥沟镇前程村	43	男	1938 年
蔡洪思	台儿庄区泥沟镇前程村	19	男	1938 年
褚玉生	台儿庄区泥沟镇西潘安村	16	男	1938 年
王昌玉	台儿庄区泥沟镇后程村	43	男	1938 年
张成太之曾祖母	台儿庄区泥沟镇后程村	71	女	1938 年
赵克学之祖父	台儿庄区泥沟镇后程村	47	男	1938 年
刘开涛之祖父	台儿庄区泥沟镇后程村	41	男	1938 年
刘开山之祖父	台儿庄区泥沟镇后程村	39	男	1938 年
赵学文	台儿庄区泥沟镇后程村	23	男	1938 年
三　憨	台儿庄区泥沟镇后程村	26	男	1938 年
辛贵海之母	台儿庄区泥沟镇沟圈村	63	女	1938 年
辛贵富之父	台儿庄区泥沟镇沟圈村	62	男	1938 年
吴成聚之祖母	台儿庄区泥沟镇赵庄村	71	女	1938 年
田永启之姑父	台儿庄区泥沟镇吴庄村	31	男	1938 年
辛孙氏之婆祖母	台儿庄区泥沟镇沟圈村	72	女	1938 年
辛孙氏之公公	台儿庄区泥沟镇沟圈村	51	男	1938 年
吴成聚之父	台儿庄区泥沟镇赵庄村	38	男	1938 年
孙传家	台儿庄区泥沟镇赵庄村	32	男	1938 年
李培明	台儿庄区泥沟镇小刘桥村	38	男	1938 年
朱　六	台儿庄区泥沟镇小刘桥村	23	男	1938 年
于星海之祖母	台儿庄区泥沟镇小刘桥村	69	女	1938 年
李培振	台儿庄区泥沟镇小兴桥村	31	男	1938 年
李培振之母	台儿庄区泥沟镇小兴桥村	58	女	1938 年
王玉兰	台儿庄区泥沟镇小兴桥村	23	男	1938 年
王玉兰之母	台儿庄区泥沟镇小兴桥村	50	女	1938 年
王玉兰之伯母	台儿庄区泥沟镇小兴桥村	57	女	1938 年

姓　名	籍　贯	年　龄	性　别	死难时间
陈忠良	台儿庄区泥沟镇大兴桥村	60	男	1938 年
陈忠良之妻	台儿庄区泥沟镇大兴桥村	61	女	1938 年
陈忠良之父	台儿庄区泥沟镇大兴桥村	78	男	1938 年
陈忠良之母	台儿庄区泥沟镇大兴桥村	76	女	1938 年
陈忠良之长子	台儿庄区泥沟镇大兴桥村	38	男	1938 年
陈忠良之长媳	台儿庄区泥沟镇大兴桥村	—	女	1938 年
陈忠良之长孙	台儿庄区泥沟镇大兴桥村	—	男	1938 年
陈忠良之次孙	台儿庄区泥沟镇大兴桥村	—	男	1938 年
陈忠良之次子	台儿庄区泥沟镇大兴桥村	30	男	1938 年
陈忠良之次子妻	台儿庄区泥沟镇大兴桥村	29	女	1938 年
陈忠良之三孙	台儿庄区泥沟镇大兴桥村	—	男	1938 年
陈忠良之四孙	台儿庄区泥沟镇大兴桥村	—	男	1938 年
陈忠良之三子	台儿庄区泥沟镇大兴桥村	23	男	1938 年
陈忠良之三儿媳	台儿庄区泥沟镇大兴桥村	18	女	1938 年
陈忠良之四子	台儿庄区泥沟镇大兴桥村	17	男	1938 年
陈忠良之长女	台儿庄区泥沟镇大兴桥村	—	女	1938 年
陈二麻子	台儿庄区泥沟镇大兴桥村	55	男	1938 年
陈二麻子之妻	台儿庄区泥沟镇大兴桥村	56	女	1938 年
陈二之子	台儿庄区泥沟镇大兴桥村	32	男	1938 年
陈二之长媳	台儿庄区泥沟镇大兴桥村	30	女	1938 年
陈二之长孙	台儿庄区泥沟镇大兴桥村	—	男	1938 年
陈二之次孙	台儿庄区泥沟镇大兴桥村	—	男	1938 年
王百姓	台儿庄区泥沟镇大兴桥村	32	男	1938 年
王百姓之妻	台儿庄区泥沟镇大兴桥村	34	女	1938 年
王百姓之母	台儿庄区泥沟镇大兴桥村	68	女	1938 年
王百姓之长子	台儿庄区泥沟镇大兴桥村	—	男	1938 年
王百姓之次子	台儿庄区泥沟镇大兴桥村	—	男	1938 年
陈贵本	台儿庄区泥沟镇大兴桥村	58	男	1938 年
陈贵本之妻	台儿庄区泥沟镇大兴桥村	56	女	1938 年
陈贵本之母	台儿庄区泥沟镇大兴桥村	76	女	1938 年
陈贵本之长子	台儿庄区泥沟镇大兴桥村	36	男	1938 年
陈贵本之长媳	台儿庄区泥沟镇大兴桥村	36	女	1938 年
陈贵本之长孙	台儿庄区泥沟镇大兴桥村	—	男	1938 年
陈贵本之次孙	台儿庄区泥沟镇大兴桥村	—	男	1938 年

姓　名	籍　贯	年　龄	性　别	死难时间
陈贵本之长女	台儿庄区泥沟镇大兴桥村	33	女	1938 年
陈贵本之次子	台儿庄区泥沟镇大兴桥村	25	男	1938 年
陈　四	台儿庄区泥沟镇大兴桥村	48	男	1938 年
陈四之妻	台儿庄区泥沟镇大兴桥村	46	女	1938 年
赵振阶	台儿庄区泥沟镇大兴桥村	68	男	1938 年
赵振阶之妻	台儿庄区泥沟镇大兴桥村	66	女	1938 年
赵振阶之子	台儿庄区泥沟镇大兴桥村	43	男	1938 年
宋大拔	台儿庄区泥沟镇西宋铺村	—	男	1938 年
孙青春之祖母	台儿庄区泥沟镇西宋铺村	47	女	1938 年
孙善亭	台儿庄区泥沟镇西洪庄村	48	男	1938 年
徐荣标之嫂	台儿庄区泥沟镇西洪庄村	52	女	1938 年
邵泽田之祖父	台儿庄区泥沟镇西洪庄村	64	男	1938 年
张成付之父	台儿庄区泥沟镇泥沟村	45	男	1938 年
车开启之母	台儿庄区泥沟镇泥沟村	20	女	1938 年
李长发	台儿庄区泥沟镇泥沟村	65	男	1938 年
陈永亮之祖父	台儿庄区泥沟镇泥沟村	49	男	1938 年
李宝贵	台儿庄区泥沟镇泥沟村	20	男	1938 年
吴征元之母	台儿庄区泥沟镇吴代庄村	48	女	1938 年
辛贵海之母	台儿庄区泥沟镇吴代庄村	53	女	1938 年
吴修才之祖父	台儿庄区泥沟镇吴代庄村	76	男	1938 年
吴修才之祖母	台儿庄区泥沟镇吴代庄村	76	女	1938 年
龚伯华之兄	台儿庄区泥沟镇前黄村	6	男	1938 年
龚如仁之祖父	台儿庄区泥沟镇前黄村	67	男	1938 年
龚如仁之祖母	台儿庄区泥沟镇前黄村	63	女	1938 年
任宝之母	台儿庄区泥沟镇郭庄村	61	女	1938 年
郭景安	台儿庄区泥沟镇郭庄村	48	男	1938 年
胡继仁	台儿庄区泥沟镇鲍庄村	38	男	1938 年
韩邦云	台儿庄区泥沟镇鲍庄村	77	男	1938 年
宋井星	台儿庄区泥沟镇东宋铺村	41	男	1938 年
宋黄氏	台儿庄区泥沟镇东宋铺村	38	女	1938 年
宋焕举之祖父	台儿庄区泥沟镇东宋铺村	30	男	1938 年
张殿奎之妻	台儿庄区泥沟镇马庄村	43	女	1938 年
张　五	台儿庄区泥沟镇马庄村	—	男	1938 年
马广秋之母	台儿庄区泥沟镇马庄村	57	女	1938 年

姓 名	籍 贯	年 龄	性 别	死难时间
满圆志	台儿庄区马兰屯镇南洛村	23	男	1938 年
胡北洛	台儿庄区马兰屯镇南洛村	41	男	1938 年
赵风岭	台儿庄区马兰屯镇南洛村	71	男	1938 年
李明远之母	台儿庄区马兰屯镇南洛村	31	女	1938 年
马示本之兄	台儿庄区马兰屯镇前于里村	30	男	1938 年
王大领	台儿庄区马兰屯镇前于里村	5	男	1938 年
王 氏	台儿庄区马兰屯镇前于里村	60	女	1938 年
宋克文	台儿庄区马兰屯镇前于里村	70	男	1938 年
觉悟和尚	台儿庄区马兰屯镇前于里村	41	男	1938 年
李宗合	台儿庄区马兰屯镇前于里村	30	男	1938 年
于德安之叔	台儿庄区马兰屯镇姚楼村	67	男	1938 年
李光友之叔	台儿庄区马兰屯镇姚楼村	70	男	1938 年
童桂友之叔	台儿庄区马兰屯镇姚楼村	71	男	1938 年
邵士明之祖母	台儿庄区马兰屯镇后枣村	82	女	1938 年
朱良友之父	台儿庄区马兰屯镇后枣村	41	男	1938 年
孙业坤之叔	台儿庄区马兰屯镇后枣村	31	男	1938 年
孙铁匠之母	台儿庄区马兰屯镇后枣村	70	女	1938 年
陈开中之伯父	台儿庄区马兰屯镇后枣村	22	男	1938 年
邢夫堂	台儿庄区马兰屯镇后枣村	13	男	1938 年
孟腊月	台儿庄区马兰屯镇后枣村	40	男	1938 年
张允法之伯父	台儿庄区马兰屯镇后枣村	30	男	1938 年
朱德林之祖父	台儿庄区马兰屯镇南洛村	70	男	1938 年
李井文之祖父	台儿庄区马兰屯镇南洛村	71	男	1938 年
王茂田之父	台儿庄区马兰屯镇南洛村	46	男	1938 年
吴珍会之弟	台儿庄区马兰屯镇南洛村	31	男	1938 年
张绪山	台儿庄区马兰屯镇南洛村	35	男	1938 年
孙井兰	台儿庄区马兰屯镇南洛村	33	男	1938 年
孙井法	台儿庄区马兰屯镇南洛村	36	男	1938 年
刘井义之兄	台儿庄区马兰屯镇南洛村	33	男	1938 年
曹 牛	台儿庄区马兰屯镇孙庄村	17	男	1938 年
张允法之祖父	台儿庄区马兰屯镇前枣村	35	男	1938 年
王 三	台儿庄区马兰屯镇前枣村	33	男	1938 年
张学思之父	台儿庄区马兰屯镇前枣村	51	男	1938 年
魏水之母	台儿庄区马兰屯镇前枣村	66	女	1938 年

姓名	籍贯	年龄	性别	死难时间
魏水	台儿庄区马兰屯镇前枣村	32	男	1938年
侯环	台儿庄区马兰屯镇前枣村	80	男	1938年
郁得牛	台儿庄区马兰屯镇前枣村	37	男	1938年
郁得牛之子	台儿庄区马兰屯镇前枣村	4	男	1938年
郁道奎之弟	台儿庄区马兰屯镇前枣村	2	男	1938年
张凤标之母	台儿庄区马兰屯镇前枣村	56	女	1938年
刘仕国	台儿庄区马兰屯镇东王庄村	35	男	1938年
林夫山之父	台儿庄区马兰屯镇后于里村	70	男	1938年
孙守才	台儿庄区马兰屯镇后于里村	20	男	1938年
马召启之姐	台儿庄区马兰屯镇后于里村	28	女	1938年
胡庆付之姐	台儿庄区马兰屯镇后于里村	65	女	1938年
马召海	台儿庄区马兰屯镇后于里村	20	男	1938年
代小兵	台儿庄区马兰屯镇后于里村	17	男	1938年
马三序	台儿庄区马兰屯镇后于里村	26	男	1938年
柴玉法	台儿庄区马兰屯镇后于里村	33	男	1938年
柴玉权	台儿庄区马兰屯镇后于里村	31	男	1938年
赵光香	台儿庄区马兰屯镇后于里村	18	男	1938年
邵驴	台儿庄区马兰屯镇后于里村	21	男	1938年
胡氏	台儿庄区马兰屯镇后于里村	60	女	1938年
刘电明	台儿庄区马兰屯镇后于里村	31	男	1938年
王牛	台儿庄区马兰屯镇后于里村	30	男	1938年
尚洪彬	台儿庄区马兰屯镇后于里村	33	男	1938年
王玉启	台儿庄区马兰屯镇后于里村	32	男	1938年
吴珍会	台儿庄区马兰屯镇南洛村	37	男	1938年
孙黑妮	台儿庄区马兰屯镇后于里村	9	男	1938年
贺二木匠	台儿庄区马兰屯镇贾口村	60	男	1938年
王德志	台儿庄区马兰屯镇贾口村	36	男	1938年
唐夫玉之祖父	台儿庄区马兰屯镇贾口村	57	男	1938年
唐春	台儿庄区马兰屯镇贾口村	35	男	1938年
刘泉传之四叔	台儿庄区马兰屯镇东刘庄村	26	男	1938年
张天义之祖父	台儿庄区马兰屯镇东刘庄村	46	男	1938年
李安朴	台儿庄区马兰屯镇东刘庄村	44	男	1938年
司有如	台儿庄区马兰屯镇东刘庄村	24	男	1938年
贺狗妮	台儿庄区马兰屯镇东刘庄村	28	男	1938年

姓 名	籍 贯	年 龄	性 别	死难时间
刘元恩	台儿庄区马兰屯镇东刘庄村	37	男	1938 年
张文全	台儿庄区马兰屯镇东刘庄村	35	男	1938 年
张元和	台儿庄区马兰屯镇东刘庄村	36	男	1938 年
张纪星	台儿庄区马兰屯镇东刘庄村	73	男	1938 年
张孙氏	台儿庄区马兰屯镇东刘庄村	73	女	1938 年
张中珍	台儿庄区马兰屯镇东刘庄村	46	男	1938 年
张中坤	台儿庄区马兰屯镇东刘庄村	43	男	1938 年
马全斌之弟	台儿庄区马兰屯镇东刘庄村	40	男	1938 年
高廷山	台儿庄区马兰屯镇黄口村	70	男	1938 年
陈茂胜	台儿庄区马兰屯镇黄口村	50	男	1938 年
陈 田	台儿庄区马兰屯镇黄口村	19	男	1938 年
郭传彬之祖母	台儿庄区马兰屯镇黄口村	20	女	1938 年
陈茂贵	台儿庄区马兰屯镇黄口村	64	男	1938 年
任新彩	台儿庄区马兰屯镇任楼村	70	女	1938 年
刘兴旺之祖母	台儿庄区马兰屯镇任楼村	63	女	1938 年
赵有生	台儿庄区马兰屯镇任楼村	60	男	1938 年
姜孝义	台儿庄区马兰屯镇任楼村	60	男	1938 年
侯茂洪之父	台儿庄区马兰屯镇任楼村	60	男	1938 年
张 业	台儿庄区马兰屯镇任楼村	20	男	1938 年
陈夫华之曾祖母	台儿庄区马兰屯镇东李庄村	74	女	1938 年
陈夫华之祖母	台儿庄区马兰屯镇东李庄村	58	女	1938 年
陈夫华之祖父	台儿庄区马兰屯镇东李庄村	56	男	1938 年
提 尿	台儿庄区马兰屯镇东李庄村	22	男	1938 年
张郭氏	台儿庄区马兰屯镇东李庄村	60	女	1938 年
张继仁	台儿庄区马兰屯镇东李庄村	30	男	1938 年
张立志之母	台儿庄区马兰屯镇东李庄村	70	女	1938 年
李学支	台儿庄区马兰屯镇林桥村	60	男	1938 年
李学贵	台儿庄区马兰屯镇林桥村	60	男	1938 年
马 三	台儿庄区马兰屯镇林桥村	21	男	1938 年
徐夫俊	台儿庄区马兰屯镇林桥村	13	男	1938 年
张法动之祖母	台儿庄区马兰屯镇林桥村	60	女	1938 年
于 香	台儿庄区马兰屯镇林桥村	4	女	1938 年
于明花	台儿庄区马兰屯镇林桥村	40	女	1938 年
闫俊和之父	台儿庄区马兰屯镇闫浅村	32	男	1938 年

姓 名	籍 贯	年 龄	性 别	死难时间
郭再法	台儿庄区马兰屯镇南闸村	40	男	1938 年
李传贵	台儿庄区马兰屯镇南闸村	51	男	1938 年
王茂雨	台儿庄区马兰屯镇南闸村	60	男	1938 年
闫守田	台儿庄区马兰屯镇南闸村	46	男	1938 年
钟福年	台儿庄区马兰屯镇南闸村	32	男	1938 年
王正臣	台儿庄区马兰屯镇南闸村	47	男	1938 年
李学远	台儿庄区马兰屯镇林桥村	38	男	1938 年
孙业起	台儿庄区马兰屯镇林桥村	30	男	1938 年
李学武	台儿庄区马兰屯镇林桥村	62	男	1938 年
李 恶	台儿庄区马兰屯镇林桥村	18	男	1938 年
李学更	台儿庄区马兰屯镇林桥村	66	男	1938 年
李学友	台儿庄区马兰屯镇林桥村	60	男	1938 年
金王氏	台儿庄区马兰屯镇林桥村	63	女	1938 年
李长文	台儿庄区马兰屯镇林桥村	40	男	1938 年
尽 毛	台儿庄区马兰屯镇林桥村	22	男	1938 年
李贵林	台儿庄区马兰屯镇林桥村	32	男	1938 年
平徐氏	台儿庄区马兰屯镇林桥村	45	女	1938 年
万士荣	台儿庄区马兰屯镇林桥村	40	男	1938 年
车麻子	台儿庄区马兰屯镇林桥村	9	男	1938 年
万李氏	台儿庄区马兰屯镇林桥村	44	女	1938 年
杨付金	台儿庄区马兰屯镇林桥村	21	男	1938 年
马金叶	台儿庄区马兰屯镇林桥村	31	男	1938 年
王 永	台儿庄区马兰屯镇刘湖村	21	男	1938 年
孙茂友	台儿庄区马兰屯镇彭楼村	33	男	1938 年
赵胡氏	台儿庄区马兰屯镇彭楼村	68	女	1938 年
王赵氏	台儿庄区马兰屯镇彭楼村	—	女	1938 年
王化增	台儿庄区马兰屯镇彭楼村	—	女	1938 年
赵胡氏	台儿庄区马兰屯镇彭楼村	—	女	1938 年
李文田	台儿庄区马兰屯镇彭楼村	37	男	1938 年
朱茂堂	台儿庄区马兰屯镇彭楼村	30	男	1938 年
李成志	台儿庄区马兰屯镇彭楼村	23	男	1938 年
李广友	台儿庄区马兰屯镇林桥村	60	男	1938 年
李王氏	台儿庄区马兰屯镇林桥村	58	女	1938 年
李广友之子	台儿庄区马兰屯镇林桥村	18	男	1938 年

姓 名	籍 贯	年 龄	性 别	死难时间
徐明国	台儿庄区马兰屯镇林桥村	19	男	1938 年
王 大	台儿庄区马兰屯镇林桥村	23	男	1938 年
王 二	台儿庄区马兰屯镇林桥村	22	男	1938 年
黄老头	台儿庄区马兰屯镇林桥村	60	男	1938 年
蒋电付	台儿庄区马兰屯镇林桥村	62	男	1938 年
李 氏	台儿庄区马兰屯镇林桥村	68	女	1938 年
梁电彬	台儿庄区马兰屯镇巫山村	46	男	1938 年
张凤鸣	台儿庄区马兰屯镇巫山村	53	男	1938 年
杨 醒	台儿庄区马兰屯镇巫山村	13	男	1938 年
梁毛孩	台儿庄区马兰屯镇巫山村	8	男	1938 年
肖 氏	台儿庄区马兰屯镇巫山村	53	女	1938 年
韩景川	台儿庄区马兰屯镇板桥村	18	男	1938 年
韩庆顺	台儿庄区马兰屯镇板桥村	18	男	1938 年
李老大	台儿庄区马兰屯镇板桥村	21	男	1938 年
侯××	台儿庄区马兰屯镇板桥村	82	男	1938 年
徐凤兰	台儿庄区马兰屯镇刘湖村	43	男	1938 年
付贵仁	台儿庄区马兰屯镇刘湖村	51	男	1938 年
付 氏	台儿庄区马兰屯镇刘湖村	49	女	1938 年
王玉朋	台儿庄区马兰屯镇刘湖村	78	男	1938 年
王 氏	台儿庄区马兰屯镇刘湖村	75	女	1938 年
陈桂友	台儿庄区马兰屯镇闫浅村	33	男	1938 年
梁传海	台儿庄区马兰屯镇闫浅村	20	男	1938 年
梁三毛	台儿庄区马兰屯镇闫浅村	15	男	1938 年
张癞毛	台儿庄区马兰屯镇闫浅村	15	男	1938 年
渠志友	台儿庄区马兰屯镇闫浅村	28	男	1938 年
李朱氏	台儿庄区马兰屯镇闫浅村	32	女	1938 年
李得全	台儿庄区马兰屯镇闫浅村	51	男	1938 年
徐宝贵	台儿庄区马兰屯镇闫浅村	62	男	1938 年
周庆德之父	台儿庄区马兰屯镇闫浅村	32	男	1938 年
徐 三	台儿庄区马兰屯镇闫浅村	57	男	1938 年
张季永	台儿庄区马兰屯镇闫浅村	48	男	1938 年
杨 二	台儿庄区马兰屯镇廖巷村	72	男	1938 年
张季全	台儿庄区马兰屯镇廖巷村	43	男	1938 年
张季全之妻	台儿庄区马兰屯镇廖巷村	43	女	1938 年

姓　名	籍　贯	年　龄	性　别	死难时间
张季全之女	台儿庄区马兰屯镇廖巷村	16	女	1938 年
张季全之二女	台儿庄区马兰屯镇廖巷村	14	女	1938 年
张中红	台儿庄区马兰屯镇廖巷村	63	男	1938 年
张中红之妻	台儿庄区马兰屯镇廖巷村	62	女	1938 年
褚思安	台儿庄区马兰屯镇廖巷村	55	男	1938 年
褚思安之妻	台儿庄区马兰屯镇廖巷村	55	女	1938 年
董　五	台儿庄区马兰屯镇廖巷村	28	女	1938 年
孙晋才之弟	台儿庄区马兰屯镇廖巷村	18	男	1938 年
黄纪田	台儿庄区马兰屯镇八队村	29	男	1938 年
黄纪郝	台儿庄区马兰屯镇八队村	24	男	1938 年
黄墩勤之妻	台儿庄区马兰屯镇八队村	42	女	1938 年
黄　氏	台儿庄区马兰屯镇八队村	23	女	1938 年
孙　二	台儿庄区马兰屯镇王庄村	82	男	1938 年
袁振东	台儿庄区马兰屯镇王庄村	16	男	1938 年
曹安举之父	台儿庄区马兰屯镇官宅村	45	男	1938 年
黄洁启	台儿庄区马兰屯镇官宅村	65	男	1938 年
黄洁启之妻弟	台儿庄区马兰屯镇官宅村	53	男	1938 年
董义昌	台儿庄区马兰屯镇廖巷村	70	男	1938 年
黄墩桂	台儿庄区马兰屯镇廖巷村	62	男	1938 年
陈佃友	台儿庄区马兰屯镇廖巷村	40	男	1938 年
林开星	台儿庄区马兰屯镇道庄村	54	男	1938 年
孙晋举	台儿庄区马兰屯镇道庄村	23	男	1938 年
闫志全	台儿庄区马兰屯镇王庄村	60	男	1938 年
张凤仪	台儿庄区马兰屯镇王庄村	70	男	1938 年
郑××	台儿庄区马兰屯镇王庄村	46	男	1938 年
赵肖勤	台儿庄区马兰屯镇赵庄村	55	男	1938 年
王梁氏	台儿庄区马兰屯镇赵庄村	30	女	1938 年
赵孙氏	台儿庄区马兰屯镇赵庄村	62	女	1938 年
包纪梁	台儿庄区马兰屯镇赵庄村	30	男	1938 年
赵克胜	台儿庄区马兰屯镇前大河村	27	男	1938 年
赵××	台儿庄区马兰屯镇前大河村	28	男	1938 年
孙井礼	台儿庄区马兰屯镇陇子村	21	男	1938 年
苏恒德	台儿庄区马兰屯镇陇子村	30	男	1938 年
苏恒德之妻	台儿庄区马兰屯镇陇子村	30	女	1938 年

姓　名	籍　贯	年　龄	性　别	死难时间
苏恒德之子	台儿庄区马兰屯镇陇子村	7	男	1938 年
孙三之岳母	台儿庄区马兰屯镇陇子村	50	女	1938 年
刘金玲	台儿庄区马兰屯镇西龙庙村	22	男	1938 年
徐文界之女	台儿庄区马兰屯镇徐庄村	15	女	1938 年
徐文献	台儿庄区马兰屯镇徐庄村	30	男	1938 年
边　仲	台儿庄区马兰屯镇徐庄村	18	男	1938 年
徐大洋	台儿庄区马兰屯镇徐庄村	18	男	1938 年
李小鱼	台儿庄区马兰屯镇徐庄村	17	男	1938 年
张学元之祖父	台儿庄区马兰屯镇西李庄村	50	男	1938 年
张宜法之姊	台儿庄区马兰屯镇西李庄村	60	女	1938 年
王纪芳之母	台儿庄区马兰屯镇抗埠村	50	女	1938 年
秦中信之父	台儿庄区马兰屯镇抗埠村	52	男	1938 年
周庆臣	台儿庄区马兰屯镇抗埠村	47	男	1938 年
廖广德之母	台儿庄区马兰屯镇抗埠村	60	女	1938 年
何长友之祖父	台儿庄区马兰屯镇古路沟村	70	男	1938 年
王金刀	台儿庄区马兰屯镇古路沟村	70	男	1938 年
岳邦峨	台儿庄区马兰屯镇顿庄村	25	男	1938 年
龙配玉	台儿庄区马兰屯镇顿庄村	44	男	1938 年
田兆启	台儿庄区马兰屯镇顿庄村	50	男	1938 年
岳邦平	台儿庄区马兰屯镇顿庄村	33	男	1938 年
岳邦士	台儿庄区马兰屯镇顿庄村	31	男	1938 年
袁洋印	台儿庄区马兰屯镇顿庄村	60	男	1938 年
王国礼	台儿庄区马兰屯镇顿庄村	40	男	1938 年
龙配善	台儿庄区马兰屯镇顿庄村	43	男	1938 年
沙秀村	台儿庄区马兰屯镇坝子村	60	男	1938 年
龙希彦之父	台儿庄区马兰屯镇龙口村	20	男	1938 年
孙业红之父	台儿庄区马兰屯镇龙口村	60	男	1938 年
孙存成	台儿庄区马兰屯镇龙口村	40	男	1938 年
龙希道	台儿庄区马兰屯镇龙口村	64	男	1938 年
龙　二	台儿庄区马兰屯镇龙口村	35	男	1938 年
龙大羔	台儿庄区马兰屯镇龙口村	32	男	1938 年
刘奉启	台儿庄区马兰屯镇褚堡村	36	男	1938 年
刘家甲	台儿庄区马兰屯镇褚堡村	30	男	1938 年
刘家乙	台儿庄区马兰屯镇褚堡村	29	男	1938 年

姓　名	籍　贯	年　龄	性　别	死难时间
刘家丙	台儿庄区马兰屯镇褚堡村	26	男	1938 年
刘家丁	台儿庄区马兰屯镇褚堡村	21	男	1938 年
刘秀和	台儿庄区马兰屯镇顿庄村	40	男	1938 年
龙　广	台儿庄区马兰屯镇褚堡村	20	男	1938 年
郭宜庆之祖母	台儿庄区马兰屯镇坝子村	—	女	1938 年
曹玉华之祖母	台儿庄区马兰屯镇坝子村	—	女	1938 年
刘钦美	台儿庄区张山子镇杨西村	35	男	1939 年 1 月
徐德厚	台儿庄区张山子镇三合庄村	60	男	1939 年 1 月
徐于氏	台儿庄区张山子镇三合庄村	58	女	1939 年 1 月
黄节有	台儿庄区张山子镇六里石村	40	男	1939 年 2 月
于修兰	台儿庄区张山子镇新闸子村	46	男	1939 年 2 月
殷茂雨	台儿庄区张山子镇新闸子村	53	男	1939 年 2 月
王元安	台儿庄区张山子镇杜安村	18	男	1939 年 2 月
于圣营	台儿庄区张山子镇新闸子村	70	男	1939 年 2 月
满　秋	台儿庄区张山子镇新闸子村	53	男	1939 年 2 月
苗　昌	台儿庄区张山子镇新闸子村	64	男	1939 年 2 月
晏武氏	台儿庄区张山子镇新闸子村	62	女	1939 年 2 月
于刘氏	台儿庄区张山子镇新闸子村	—	女	1939 年 2 月
于　氏	台儿庄区张山子镇新闸子村	—	女	1939 年 2 月
莫茂义	台儿庄区涧头集镇徐塘村	30	男	1939 年 6 月
刘培军	台儿庄区张山子镇后村	29	男	1939 年 7 月
王新珍之三叔	台儿庄区张山子镇鹿荒村	45	男	1939 年夏
王传真	台儿庄区张山子镇鹿荒村	43	男	1939 年夏
李昌运	台儿庄区张山子镇鹿荒村	42	男	1939 年夏
牛胜群	台儿庄区张山子镇梁庄村	—	男	1939 年夏
张喻鼎	台儿庄区涧头集镇徐塘村	32	男	1939 年
李茂海	台儿庄区张山子镇李庄村	31	男	1939 年
刘克堂	台儿庄区张山子后村	35	男	1939 年
杨思富	台儿庄区张山子镇武宅村	62	男	1939 年
毛金刀	台儿庄区运河街道西关居	20	男	1939 年
张张氏	台儿庄区运河街道兴隆居	30	女	1939 年
王西臣之母	台儿庄区运河街道兴隆居	20	女	1939 年
郭　氏	台儿庄区运河街道兴隆居	21	女	1939 年
周允志	台儿庄区运河街道兴中居	30	男	1939 年

姓名	籍贯	年龄	性别	死难时间
刘井文	台儿庄区运河街道兴中居	—	男	1939 年
黄守干	台儿庄区运河街道兴中居	—	男	1939 年
裴传经	台儿庄区运河街道兴中居	—	男	1939 年
梁 军	台儿庄区运河街道兴中居	—	男	1939 年
张友凡	台儿庄区运河街道兴中居	31	男	1939 年
王茂蔚	台儿庄区运河街道兴中居	32	男	1939 年
李成栋	台儿庄区运河街道兴中居	—	男	1939 年
冯坤帘	台儿庄区运河街道兴中居	—	男	1939 年
贾亭贞	台儿庄区运河街道兴中居	—	男	1939 年
王志友	台儿庄区运河街道兴中居	—	男	1939 年
李文标	台儿庄区运河街道兴中居	—	男	1939 年
黄正炎	台儿庄区运河街道兴中居	—	男	1939 年
黄殿光	台儿庄区运河街道兴中居	—	男	1939 年
孙广彬	台儿庄区运河街道兴中居	—	男	1939 年
单本良	台儿庄区运河街道兴中居	—	男	1939 年
王 氏	台儿庄区运河街道兴中居	25	女	1939 年
张宜点	台儿庄区运河街道兴中居	22	男	1939 年
马洪德	台儿庄区运河街道兴中居	26	男	1939 年
黄修林	台儿庄区涧头集镇新庄村	35	男	1939 年
池广兰	台儿庄区涧头集镇李庄村	52	男	1939 年
张玉鼎	台儿庄区涧头集镇徐塘村	28	男	1939 年
莫茂义	台儿庄区涧头集镇徐塘村	24	男	1939 年
何二妮	台儿庄区涧头集镇巨梁桥村	24	男	1939 年
邢成标	台儿庄区涧头集镇刘庄村	27	男	1939 年
邢成山	台儿庄区涧头集镇刘庄村	36	男	1939 年
王兴礼	台儿庄区涧头集镇刘庄村	18	男	1939 年
张×氏	台儿庄区涧头集镇刘庄村	33	女	1939 年
邢电士	台儿庄区涧头集镇刘庄村	61	男	1939 年
袁广业	台儿庄区涧头集镇刘庄村	41	男	1939 年
王丙福	台儿庄区涧头集镇刘庄村	27	男	1939 年
刘计昌	台儿庄区涧头集镇郝楼村	25	男	1939 年
黄连法	台儿庄区涧头集镇郝楼村	22	男	1939 年
吴韶延	台儿庄区涧头集镇郝楼村	66	男	1939 年
王佃义	台儿庄区涧头集镇郝楼村	30	男	1939 年

姓 名	籍 贯	年龄	性别	死难时间
苗玉华	台儿庄区涧头集镇郝楼村	31	男	1939 年
吴贞全	台儿庄区涧头集镇郝楼村	33	男	1939 年
郝传公	台儿庄区涧头集镇郝楼村	48	男	1939 年
厉维停	台儿庄区涧头集镇核桃园村	50	男	1939 年
王化坡	台儿庄区涧头集镇核桃园村	38	男	1939 年
王文美	台儿庄区涧头集镇核桃园村	18	男	1939 年
姚电荣	台儿庄区涧头集镇核桃园村	37	男	1939 年
贺存仁	台儿庄区涧头集镇丁庙村	36	男	1939 年
秦 氏	台儿庄区涧头集镇丁庙村	27	女	1939 年
王井振	—	30	男	1939 年
殷茂义	—	60	男	1939 年
殷×氏	—	18	女	1939 年
孙 彩	台儿庄区涧头集镇孙苏庄村	6	女	1939 年
孙 元	台儿庄区涧头集镇孙苏庄村	8	男	1939 年
郑允才	台儿庄区涧头集镇薛庄村	31	男	1939 年
刘二忠	台儿庄区涧头集镇薛庄村	22	男	1939 年
邵广泽	台儿庄区涧头集镇薛庄村	30	男	1939 年
赵风云	台儿庄区涧头集镇薛庄村	26	男	1939 年
王××	台儿庄区涧头集镇薛庄村	26	男	1939 年
李××	台儿庄区涧头集镇薛庄村	32	男	1939 年
王加安	台儿庄区涧头集镇薛庄村	22	男	1939 年
刘××	台儿庄区涧头集镇薛庄村	23	男	1939 年
咸永胜	台儿庄区涧头集镇薛庄村	32	男	1939 年
刘玉春	台儿庄区涧头集镇薛庄村	38	男	1939 年
刘秀金	台儿庄区涧头集镇薛庄村	10	男	1939 年
秦忠领	台儿庄区涧头集镇薛庄村	30	男	1939 年
贺敬芳	台儿庄区涧头集镇小楼子村	19	男	1939 年
贺可谋	台儿庄区涧头集镇小楼子村	19	男	1939 年
安德古之兄	台儿庄区泥沟镇大官庄村	40	男	1939 年
黄崇俊之祖父	台儿庄区泥沟镇大官庄村	70	男	1939 年
庄 氏	台儿庄区泥沟镇大官庄村	50	女	1939 年
秦 二	台儿庄区泥沟镇大官庄村	20	男	1939 年
张××	台儿庄区泥沟镇良山村	30	男	1939 年
田士耀	台儿庄区涧头集镇曹楼村	50	男	1939 年

姓 名	籍 贯	年 龄	性 别	死难时间
刘亢堂	台儿庄区泥沟镇欢屯村	32	男	1939 年
刘加堂	台儿庄区泥沟镇欢屯村	30	男	1939 年
刘加永	台儿庄区泥沟镇欢屯村	28	男	1939 年
张继田	台儿庄区泥沟镇大北洛村	36	男	1939 年
孙业茂	台儿庄区泥沟镇大北洛村	50	男	1939 年
孙业龙	台儿庄区泥沟镇大北洛村	34	男	1939 年
孙二臣	台儿庄区泥沟镇大北洛村	18	男	1939 年
杨大彪	台儿庄区泥沟镇大北洛村	30	男	1939 年
杨二彪	台儿庄区泥沟镇大北洛村	28	男	1939 年
尚　和	台儿庄区泥沟镇大北洛村	28	男	1939 年
孙锦成	台儿庄区泥沟镇大北洛村	50	男	1939 年
孙××	台儿庄区泥沟镇大北洛村	18	男	1939 年
孙锦成之妻	台儿庄区泥沟镇大北洛村	48	女	1939 年
代瑞学	台儿庄区泥沟镇欢屯村	28	男	1939 年
苗允山	台儿庄区泥沟镇红东村	62	男	1939 年
苗田深	台儿庄区泥沟镇红东村	90	男	1939 年
邓洪祥	台儿庄区泥沟镇红东村	42	男	1939 年
邓洪祥之子	台儿庄区泥沟镇红东村	5	男	1939 年
王玉秀	台儿庄区泥沟镇廖庄村	40	男	1939 年
王子和之叔	台儿庄区泥沟镇廖庄村	18	男	1939 年
赵皮氏	台儿庄区泥沟镇上屯村	37	女	1939 年
冯　马	台儿庄区泥沟镇上屯村	18	男	1939 年
冯二木匠	台儿庄区泥沟镇上屯村	70	男	1939 年
赵现彪	台儿庄区泥沟镇上屯村	30	男	1939 年
张怀千	台儿庄区泥沟镇上屯村	72	男	1939 年
张　氏	台儿庄区泥沟镇上屯村	18	女	1939 年
张兴军	台儿庄区马兰屯镇西张庄村	23	男	1939 年
张兴才	台儿庄区马兰屯镇西张庄村	47	男	1939 年
孙井新	台儿庄区马兰屯镇草湖村	32	男	1939 年
程二才	台儿庄区马兰屯镇抗埠村	20	男	1939 年
马　九	台儿庄区马兰屯镇抗埠村	32	男	1939 年
张传柱之子	台儿庄区马兰屯镇吴庄村	20	男	1939 年
白孝思	台儿庄区马兰屯镇赵庄村	30	男	1939 年
孙茂常之妻	台儿庄区马兰屯镇于树子村	30	女	1939 年

姓　名	籍　贯	年龄	性别	死难时间
徐　女	台儿庄区马兰屯镇抗埠村	18	女	1939 年
高同训之母	台儿庄区马兰屯镇高庄村	30	女	1939 年
孙井彬之母	台儿庄区马兰屯镇高庄村	30	女	1939 年
万龙海	台儿庄区马兰屯镇龙口村	68	男	1939 年
万　氏	台儿庄区马兰屯镇龙口村	60	女	1939 年
龙吴氏	台儿庄区马兰屯镇龙口村	40	女	1939 年
龙庆新	台儿庄区马兰屯镇龙口村	10	男	1939 年
龙河道	台儿庄区马兰屯镇龙口村	40	男	1939 年
王克玉	台儿庄区马兰屯镇新楼村	65	男	1939 年
赵文印	台儿庄区张山子镇赵圩子村	27	男	1940 年 1 月
赵敬波	台儿庄区马兰屯镇赵村	38	男	1940 年 1 月
李玉银	台儿庄区张山子镇武宅子村	22	男	1940 年 1 月
蔡墩启	台儿庄区张山子镇尤窝子村	26	男	1940 年 1 月
王冒维	台儿庄区张山子镇	19	男	1940 年 1 月
戚成质	台儿庄区张山子镇杜安	27	男	1940 年 1 月
刘钦道	台儿庄区张山子镇前刘村	28	男	1940 年 1 月
徐得全	台儿庄区张山子镇官牧村	18	男	1940 年 1 月
张志成	台儿庄区张山子镇中山子村	21	男	1940 年 1 月
张玉州	台儿庄区涧头集镇后赵家村	36	男	1940 年 1 月
张志成	台儿庄区涧头集镇黄庄村	17	男	1940 年 1 月
贺明谋	台儿庄区薛庄乡贺窑村	27	男	1940 年 1 月
马好钱	台儿庄区张山子镇黄邱村	30	男	1940 年 3 月
刘钦章	台儿庄区张山子镇后孟村	54	男	1940 年 7 月
王脉风	台儿庄区张山子镇杜安村	22	女	1940 年 8 月
张志成	台儿庄区张山子镇中山子村	19	男	1940 年 9 月
王衍庆	台儿庄区张山子镇西伊家	23	男	1940 年 10 月
王清印	台儿庄区张山子镇大单庄村	23	男	1940 年 10 月
结巴孙	台儿庄区张山子镇黄邱村	37	男	1940 年 11 月
王明珍	台儿庄区张山子镇鹿荒村	47	男	1940 年夏
彭继业	台儿庄区涧头集	27	男	1940 年
赵文晋	台儿庄区张山子镇赵圩子村	28	男	1940 年
刘洪轩	台儿庄区涧头集	22	男	1940 年
丁继先	台儿庄区张山子镇杜安村	23	男	1940 年
丁继先之妻	台儿庄区张山子镇杜安村	20	女	1940 年

姓 名	籍 贯	年 龄	性 别	死难时间
丁继先之子	台儿庄区张山子镇杜安村	—	男	1940 年
李德镇	台儿庄区张山子镇前李村	26	男	1940 年
李功藏	台儿庄区张山子镇前李村	23	男	1940 年
张玉新	台儿庄区张山子镇侯塘村	19	男	1940 年
张刘氏	台儿庄区张山子镇张村	—	女	1940 年
刘冠义	台儿庄区张山子镇唐庄村	18	男	1940 年
于东明	台儿庄区涧头集镇杜庄村	72	男	1940 年
于明亮	台儿庄区涧头集镇杜庄村	69	男	1940 年
于明启	台儿庄区涧头集镇杜庄村	65	男	1940 年
于文忠	台儿庄区涧头集镇杜庄村	34	男	1940 年
于文堂	台儿庄区涧头集镇杜庄村	21	男	1940 年
丁文胜	台儿庄区涧头集镇杜庄村	39	男	1940 年
邵士生	台儿庄区涧头集镇杜庄村	20	男	1940 年
吕风春	台儿庄区涧头集镇杜庄村	24	男	1940 年
魏成喜	台儿庄区涧头集镇杜庄村	37	男	1940 年
李 二	台儿庄区涧头集镇杜庄村	70	男	1940 年
王庆先	台儿庄区涧头集镇杜庄村	40	男	1940 年
王小刘	台儿庄区涧头集镇杜庄村	8	男	1940 年
侯振福	台儿庄区涧头集镇杜庄村	62	男	1940 年
李 三	台儿庄区涧头集镇杜庄村	67	男	1940 年
魏侯氏	台儿庄区涧头集镇杜庄村	69	女	1940 年
丁魏氏	台儿庄区涧头集镇杜庄村	33	女	1940 年
王王氏	台儿庄区涧头集镇杜庄村	30	女	1940 年
张×氏	台儿庄区涧头集镇朱庄村	30	女	1940 年
高×氏	台儿庄区涧头集镇朱庄村	50	女	1940 年
张邢氏	台儿庄区涧头集镇朱庄村	21	女	1940 年
张××	台儿庄区涧头集镇朱庄村	8	男	1940 年
高庆军	台儿庄区涧头集镇朱庄村	30	男	1940 年
魏云启	台儿庄区涧头集镇朱庄村	30	男	1940 年
高二应	台儿庄区涧头集镇涧头村	32	男	1940 年
周 安	台儿庄区涧头集镇周庄村	14	男	1940 年
侯全生	台儿庄区涧头集镇周庄村	40	男	1940 年
周宗员	台儿庄区涧头集镇周庄村	40	男	1940 年
王李氏	台儿庄区涧头集镇木庄村	40	女	1940 年

姓　名	籍　贯	年　龄	性　别	死难时间
王××	台儿庄区涧头集镇木庄村	19	男	1940 年
赵　三	台儿庄区涧头集镇木庄村	51	男	1940 年
王脉长	台儿庄区涧头集镇木庄村	9	男	1940 年
王石头	台儿庄区涧头集镇木庄村	17	男	1940 年
王家立	台儿庄区涧头集镇木庄村	50	男	1940 年
权继友	台儿庄区涧头集镇木庄村	24	男	1940 年
王继月	台儿庄区涧头集镇木庄村	19	男	1940 年
张克镇	台儿庄区涧头集镇木庄村	32	男	1940 年
王　氏	台儿庄区涧头集镇杜庄村	2	女	1940 年
王　氏	台儿庄区涧头集镇杜庄村	40	女	1940 年
张××	台儿庄区涧头集镇杜庄村	12	男	1940 年
张言才	台儿庄区涧头集镇张楼村	31	男	1940 年
张裕珍	台儿庄区涧头集镇西呈庄村	50	男	1940 年
张玉新	台儿庄区涧头集镇官庄村	26	男	1940 年
王××	台儿庄区涧头集镇孙庄村	32	男	1940 年
孙××	台儿庄区涧头集镇孙庄村	31	男	1940 年
王茂思	台儿庄区涧头集镇孙庄村	30	男	1940 年
王克建	台儿庄区涧头集镇孙庄村	40	男	1940 年
孙密成	台儿庄区涧头集镇孙庄村	39	男	1940 年
赵×氏	台儿庄区涧头集镇薛庄村	33	女	1940 年
袁××	台儿庄区马兰屯镇马兰屯村	30	男	1940 年
贺成谋	台儿庄区涧头集镇贺窑村	25	男	1940 年
王洪汉	台儿庄区涧头集镇贺窑村	31	男	1940 年
耿守堂	台儿庄区涧头集镇耿楼村	22	男	1940 年
王志青	台儿庄区泥沟镇小官庄村	30	男	1940 年
张永华之祖父	台儿庄区泥沟镇大北洛村	70	男	1940 年
靳其山之姊	台儿庄区泥沟镇大北洛村	48	女	1940 年
苗雨善	台儿庄区泥沟镇红东村	20	男	1940 年
苗实善	台儿庄区泥沟镇红东村	17	男	1940 年
蒋兴义之祖母	台儿庄区马兰屯镇板桥村	42	女	1940 年
蒋　氏	台儿庄区马兰屯镇板桥村	40	女	1940 年
姜得法	台儿庄区马兰屯镇河湾村	50	男	1940 年
姜得法之妻	台儿庄区马兰屯镇河湾村	50	女	1940 年
姜得法之女	台儿庄区马兰屯镇河湾村	16	女	1940 年

姓　名	籍　贯	年　龄	性　别	死难时间
姜得法之女	台儿庄区马兰屯镇河湾村	18	女	1940 年
孙景银	台儿庄区马兰屯镇道庄村	52	男	1940 年
赵长氏	台儿庄区马兰屯镇小赵庄村	40	女	1940 年
孙晋祥之舅	台儿庄区马兰屯镇廖巷村	30	男	1940 年
范宝财	台儿庄区马兰屯镇陇子村	28	男	1940 年
孙大升	台儿庄区马兰屯镇高庄村	29	男	1940 年
张文启	台儿庄区马兰屯镇高庄村	37	男	1940 年
张壮义	台儿庄区马兰屯镇高庄村	30	男	1940 年
郭××	台儿庄区马兰屯镇高庄村	26	男	1940 年
葛传友	台儿庄区马兰屯镇古路沟村	50	男	1940 年
佟金栋	台儿庄区马兰屯镇古路沟村	40	男	1940 年
闫启和	台儿庄区张山子镇官庄村	30	男	1941 年 1 月
杨加才	台儿庄区张山子镇杨西村	35	男	1941 年 1 月
陈荣坡	台儿庄区张山子镇官庄村	34	男	1941 年 1 月
刘丙仪	台儿庄区张山子镇毛官庄村	54	男	1941 年 6 月
尹成志	台儿庄区张山子镇毛官庄村	51	男	1941 年 6 月
尹恩荣	台儿庄区张山子镇毛官庄村	58	男	1941 年 6 月
褚庆山	台儿庄区张山子镇毛官庄村	52	男	1941 年 6 月
郑允桥之妻	台儿庄区张山子镇毛官庄村	32	女	1941 年 6 月
褚庆厚	台儿庄区张山子镇毛官庄村	57	男	1941 年 6 月
厉　氏	台儿庄区张山子镇毛官庄村	37	女	1941 年 6 月
厉　妮	台儿庄区张山子镇毛官庄村	18	女	1941 年 6 月
王义珍	台儿庄区张山子镇鹿荒村	44	男	1941 年夏
马安荣	台儿庄区涧头集镇李山口村	35	男	1941 年
李培吉	台儿庄区马兰屯镇前于里村	26	男	1941 年
龚钢顶	台儿庄区张山子镇杜安村	20	男	1941 年
戚成芝	台儿庄区张山子镇杜安村	18	男	1941 年
侯全举	台儿庄区张山子镇后塘村	23	男	1941 年
王培成	台儿庄区张山子镇鹿荒村	41	男	1941 年
马春生	台儿庄区张山子镇黄邱村	33	男	1941 年
蔡　启	台儿庄区涧头集镇巨梁桥	24	男	1941 年
张永兴	台儿庄区张山子镇张西村	30	男	1941 年
李功仕	台儿庄区张山子镇前李村	28	男	1941 年
刘洪祥之父	台儿庄区运河街道华阳居	41	男	1941 年

姓 名	籍 贯	年 龄	性 别	死难时间
张门象	台儿庄区运河街道沿河居	35	男	1941 年
马运莲之婶	台儿庄区运河街道繁荣居	24	女	1941 年
马运莲之弟	台儿庄区运河街道繁荣居	1	男	1941 年
咸二两	台儿庄区涧头集镇张庄村	35	男	1941 年
王克礼	台儿庄区涧头集镇徐楼村	28	男	1941 年
颜士英	台儿庄区涧头集镇西于沟村	21	男	1941 年
周三钱	台儿庄区涧头集镇西于沟村	18	男	1941 年
周长庚	台儿庄区涧头集镇西于沟村	26	男	1941 年
马 黑	台儿庄区涧头集镇后赵家村	22	男	1941 年
姜 氏	台儿庄区涧头集镇高山前村	33	女	1941 年
尚电臣	台儿庄区涧头集镇高山后村	37	男	1941 年
解安活	台儿庄区泥沟镇湖洼村	25	男	1941 年
孙胡氏	台儿庄区泥沟镇丁楼村	42	女	1941 年
赵静波	台儿庄区马兰屯镇赵庄村	30	男	1941 年
龙传道	台儿庄区马兰屯镇龙口村	65	男	1941 年
龙希贤	台儿庄区马兰屯镇龙口村	22	男	1941 年
任庆德	台儿庄区张山子镇西伊村	35	男	1942 年 1 月
李功杰	台儿庄区张山子镇前李家村	23	男	1942 年 1 月
赵井坤	台儿庄区张山子镇赵圩子村	—	男	1942 年 2 月
李德旬	台儿庄区张山子镇前李家村	21	男	1942 年 6 月
韩哑巴	台儿庄区张山子镇阚庄村	20	男	1942 年 7 月
郝传功	台儿庄区张山子镇冷庄村	36	男	1942 年 8 月
徐马结	台儿庄区张山子镇后楼村	48	男	1942 年 9 月
郑 氏	台儿庄区张山子镇崔庄村	59	女	1942 年 9 月
陈夫昌	台儿庄区张山子镇南官庄村	32	男	1942 年 9 月
赵 氏	—	31	女	1942 年春
刘凤英	台儿庄区张山子镇毛官庄村	23	男	1942 年
张华延	台儿庄区张山子镇城西村	27	男	1942 年
李冠义	台儿庄区张山子镇唐庄村	21	男	1942 年
黄班长	台儿庄区张山子镇平山子村	38	男	1942 年
张友藩	台儿庄区涧头集镇徐塘村	22	男	1942 年
韩广法	台儿庄区张山子镇阚庄村	32	男	1942 年
褚 楞	台儿庄区张山子镇后塘村	22	男	1942 年
单 三	台儿庄区张山子镇张东村	32	男	1942 年

姓 名	籍 贯	年 龄	性 别	死难时间
赵文清	台儿庄区张山子镇刘庄村	31	男	1942 年
李培伦	台儿庄区张山子镇前李村	23	男	1942 年
李功响	台儿庄区张山子镇前李村	22	男	1942 年
龚刚整	台儿庄区张山子镇磨石楼村	20	男	1942 年
李贵荣	台儿庄区运河街道西关居	32	男	1942 年
胡 三	台儿庄区运河街道西关居	30	男	1942 年
韩庆林	台儿庄区运河街道西关居	14	女	1942 年
李云亭	台儿庄区运河街道西关居	35	男	1942 年
张玉延	台儿庄区运河街道西关居	30	男	1942 年
韩庆彬之妹	台儿庄区运河街道西关居	14	女	1942 年
李王氏	台儿庄区运河街道兴中居	21	女	1942 年
苑长海	台儿庄区运河街道兴中居	41	男	1942 年
李玉仁	台儿庄区运河街道兴中居	18	男	1942 年
李茂彩	台儿庄区运河街道兴中居	22	男	1942 年
王夫山	台儿庄区运河街道西关居	27	男	1942 年
赵麻子	台儿庄区涧头集镇旺庄村	60	男	1942 年
李××	台儿庄区涧头集镇西徐塘村	50	男	1942 年
李××	台儿庄区涧头集镇西徐塘村	41	男	1942 年
曹三妮	台儿庄区涧头集镇涧头集村	26	女	1942 年
颜××	台儿庄区涧头集镇西于沟村	42	男	1942 年
孙伯英	台儿庄区马兰屯镇道庄村	42	男	1942 年
张××	台儿庄区涧头集镇涧头集村	36	男	1942 年
刘洪轩	台儿庄区涧头集镇涧头集村	26	男	1942 年
张宜珠	台儿庄区涧头集镇涧头集村	28	男	1942 年
王平昌	台儿庄区涧头集镇涧头集村	30	男	1942 年
彭建业	台儿庄区涧头集镇涧头集村	20	男	1942 年
高继田	台儿庄区涧头集镇涧头集村	24	男	1942 年
李永平	台儿庄区涧头集镇涧头集村	29	男	1942 年
王轻庭	台儿庄区涧头集镇徐庄村	27	男	1942 年
张裕学	台儿庄区涧头集镇谢庄村	67	男	1942 年
张 三	台儿庄区涧头集镇谢庄村	5	男	1942 年
张 二	台儿庄区涧头集镇谢庄村	17	男	1942 年
张大姐	台儿庄区涧头集镇谢庄村	8	女	1942 年
张裕柱	台儿庄区涧头集镇张楼村	25	男	1942 年

姓　名	籍　贯	年龄	性别	死难时间
孙王氏	台儿庄区涧头集镇毛楼村	60	女	1942 年
咸马氏	台儿庄区涧头集镇毛楼村	36	女	1942 年
孙传哲	台儿庄区涧头集镇毛楼村	64	男	1942 年
刘颜氏	台儿庄区涧头集镇毛楼村	64	女	1942 年
黄节成	台儿庄区涧头集镇毛楼村	55	男	1942 年
孙业标	台儿庄区涧头集镇毛楼村	18	男	1942 年
王明雨	台儿庄区涧头集镇徐楼村	35	男	1942 年
孙广平	台儿庄区涧头集镇西于沟村	50	男	1942 年
马安荣	台儿庄区涧头集镇前马村	40	男	1942 年
李克芳	台儿庄区涧头集镇西李家村	28	男	1942 年
杨瞎子	台儿庄区涧头集镇西李家村	64	男	1942 年
李开胜	台儿庄区涧头集镇李山口村	22	男	1942 年
孙晋成	台儿庄区涧头集镇新河崖村	42	男	1942 年
褚庆祥	台儿庄区涧头集镇孙庄村	27	男	1942 年
李春和	台儿庄区涧头集镇薛庄村	40	男	1942 年
王克其	台儿庄区涧头集镇小山子村	21	男	1942 年
李方美	台儿庄区泥沟镇东黄庄村	35	女	1942 年
李玉坡	台儿庄区泥沟镇东黄庄村	22	男	1942 年
燕中志	台儿庄区涧头集镇顿西村	40	男	1942 年
王志友	台儿庄区泥沟镇新河庄村	34	男	1942 年
任玉付	台儿庄区泥沟镇前程村	47	男	1942 年
何老由	台儿庄区马兰屯镇贾口村	40	男	1942 年
黄介瑶	台儿庄区马兰屯镇贾口村	39	男	1942 年
刘兴旺之祖母	台儿庄区马兰屯镇任楼村	52	女	1942 年
侯茂林	台儿庄区马兰屯镇小龚庄村	47	男	1942 年
龙希水	台儿庄区马兰屯镇任楼村	26	男	1942 年
龙希恒	台儿庄区马兰屯镇任楼村	22	男	1942 年
武××	台儿庄区马兰屯镇东李庄村	25	男	1942 年
王学志	台儿庄区马兰屯镇东李庄村	27	男	1942 年
王脉山	台儿庄区张山子镇泉源村	32	男	1943 年 1 月
刘风英	台儿庄区张山子镇毛官庄村	24	男	1943 年 1 月
庞召田	台儿庄区张山子镇半楼村	22	男	1943 年 1 月
阚东敏	台儿庄区张山子镇阚庄村	58	男	1943 年 1 月
姬继井	台儿庄区张山子镇泉源村	30	男	1943 年 1 月

姓 名	籍 贯	年 龄	性 别	死难时间
庞清林	台儿庄区张山子镇阚庄村	30	男	1943 年 3 月
刘克已	台儿庄区张山子后村	33	男	1943 年 6 月
刘钦行	台儿庄区张山子镇后村	26	男	1943 年 7 月
高 勤	台儿庄区张山子镇后村	24	男	1943 年 7 月
李功亮	台儿庄区张山子镇前李家村	20	男	1943 年 7 月
李汉长	台儿庄区张山子镇磨石楼村	52	男	1943 年 7 月
厉夫堂	台儿庄区张山子镇南官庄村	28	男	1943 年 11 月
王××	—	18	男	1943 年春
陈功力	台儿庄区张山子镇张山子村	42	男	1943 年
任庆德	台儿庄区张山子镇西伊家	25	男	1943 年
孙庆云	台儿庄区涧头集镇徐塘村	23	男	1943 年
田景佃	台儿庄区涧头集镇郝楼村	33	男	1943 年
刘慎义之母	台儿庄区张山子镇杨东村	43	女	1943 年
孙晋珠之姑	台儿庄区张山子镇杨东村	32	女	1943 年
孙井奋之弟	台儿庄区张山子镇杨东村	26	男	1943 年
任庆堂	台儿庄区张山子镇大沟上村	22	男	1943 年
杨士昌	台儿庄区张山子镇杜安村	18	男	1943 年
刘钦敏	台儿庄区张山子镇杨东村	29	男	1943 年
周跃彩	台儿庄区张山子镇杜安村	21	男	1943 年
牛俊玲之岳父	台儿庄区张山子镇杨东村	29	男	1943 年
王学芝	台儿庄区张山子镇冷庄村	25	男	1943 年
王天柱	台儿庄区张山子镇冷庄村	20	男	1943 年
李功亮	台儿庄区张山子镇前李村	22	男	1943 年
李德随	台儿庄区张山子镇前李村	18	男	1943 年
曹继光	台儿庄区张山子镇尤窝子村	27	男	1943 年
张学堂	台儿庄区张山子镇冷庄村	23	男	1943 年
刘克秀	台儿庄区张山子镇刘庄村	28	男	1943 年
王克山	台儿庄区运河街道西关居	30	男	1943 年
王克忠	台儿庄区运河街道西关居	35	男	1943 年
吴 二	台儿庄区运河街道西关居	40	男	1943 年
李 氏	台儿庄区运河街道兴隆居	20	女	1943 年
龙传道	台儿庄区运河街道兴隆居	36	男	1943 年
龙传道之子	台儿庄区运河街道兴隆居	15	男	1943 年
李开跃	台儿庄区运河街道兴中居	20	男	1943 年

姓　名	籍　贯	年　龄	性　别	死难时间
李开成	台儿庄区运河街道兴中居	19	男	1943 年
孔壮龙	台儿庄区运河街道兴中居	50	男	1943 年
王天柱	台儿庄区运河街道兴中居	22	男	1943 年
刘立和	台儿庄区运河街道兴中居	23	男	1943 年
刘大才	台儿庄区运河街道兴中居	43	男	1943 年
刘广清	台儿庄区运河街道兴中居	70	男	1943 年
张友凡	台儿庄区涧头集镇徐塘村	32	男	1943 年
夏继元	台儿庄区涧头集镇西呈庄村	24	男	1943 年
李俊生	台儿庄区涧头集镇曹林村	20	男	1943 年
程桂芳	台儿庄区涧头集镇东于沟村	26	男	1943 年
马怀荣	台儿庄区涧头集镇前马村	24	男	1943 年
赵建德	台儿庄区涧头集镇后赵家村	19	男	1943 年
赵　三	台儿庄区涧头集镇后赵家村	58	男	1943 年
张二胜	台儿庄区涧头集镇巨梁桥村	26	男	1943 年
姚贵银	台儿庄区涧头集镇郝楼村	20	男	1943 年
田井佃	台儿庄区涧头集镇郝楼村	21	男	1943 年
谷××	台儿庄区涧头集镇核桃园村	18	男	1943 年
古怀宝	台儿庄区涧头集镇核桃园村	19	男	1943 年
褚思先	台儿庄区涧头集镇褚提楼村	40	男	1943 年
李四忠	台儿庄区涧头集镇薛庄村	23	男	1943 年
贺礼谋	台儿庄区涧头集镇贺窑村	30	男	1943 年
孙景祥	台儿庄区涧头集镇桥头村	28	男	1943 年
耿立业	台儿庄区涧头集镇耿楼村	24	男	1943 年
张明良	台儿庄区涧头集镇小山子村	26	男	1943 年
张孙氏	台儿庄区涧头集镇太平桥村	23	女	1943 年
李二曼	台儿庄区涧头集镇草沃村	70	男	1943 年
徐大吉	台儿庄区泥沟镇良庄村	33	男	1943 年
程贯军	台儿庄区泥沟镇良庄村	25	男	1943 年
程银拨	台儿庄区泥沟镇良庄村	31	男	1943 年
杜××	台儿庄区泥沟镇新河庄村	33	男	1943 年
张茂地	台儿庄区泥沟镇张山头村	38	男	1943 年
张原林	台儿庄区马兰屯镇龙口村	30	男	1943 年
杨加才	台儿庄区张山子镇南官庄村	29	男	1944 年 1 月
丁广举	台儿庄区张山子镇丁庄村	27	男	1944 年 2 月

姓 名	籍 贯	年 龄	性 别	死难时间
刘钦美	台儿庄区张山子镇杨埠村	33	男	1944 年 3 月
刘学友	台儿庄区张山子镇前刘村	31	男	1944 年 7 月
王家山	台儿庄区涧头集镇穆庄村	22	男	1944 年 7 月
王 氏	台儿庄区张山子镇官牧村	27	女	1944 年 8 月
陈公立	台儿庄区张山子镇张西村	28	男	1944 年 8 月
胡大孩	台儿庄区张山子镇官牧村	30	男	1944 年 8 月
权继友	台儿庄区涧头集镇穆庄村	26	男	1944 年 9 月
刘慎林	台儿庄区张山子镇黄邱村	30	男	1944 年
翟德全	台儿庄区张山子镇杜安西	42	男	1944 年
于传生	台儿庄区张山子镇后于村	42	男	1944 年
龚纲整	台儿庄区张山子镇杜安	25	男	1944 年
马怀荣	台儿庄区涧头集镇李山口村	26	男	1944 年
王守银	台儿庄区涧头集镇万西村	34	男	1944 年
韩乐根	台儿庄区涧头集镇核桃园村	37	男	1944 年
张玉珏	台儿庄区涧头集镇刘庄村	42	男	1944 年
王茂自	台儿庄区薛庄乡太平桥村	26	男	1944 年
徐成柱	台儿庄区张山子镇后楼村	53	男	1944 年
李功法	台儿庄区张山子镇唐庄村	31	男	1944 年
章茂尧	台儿庄区张山子镇妈妈桥村	37	男	1944 年
杨杰明	台儿庄区张山子镇大沟上村	30	男	1944 年
李功俊	台儿庄区张山子镇唐庄村	46	男	1944 年
马安荣	台儿庄区运河街道兴中居	30	男	1944 年
王明本	台儿庄区涧头集镇龙庄村	25	男	1944 年
吴 香	台儿庄区涧头集镇徐楼村	32.	男	1944 年
王明彩	台儿庄区涧头集镇徐楼村	26	男	1944 年
张大孩	台儿庄区涧头集镇东于沟村	24	男	1944 年
张二孩	台儿庄区涧头集镇东于沟村	19	男	1944 年
李××	台儿庄区涧头集镇西李家村	18	男	1944 年
李开成	台儿庄区涧头集镇李山口村	23	男	1944 年
陆长林	台儿庄区涧头集镇巨梁桥村	27	男	1944 年
王守银	台儿庄区涧头集镇万年闸村	30	男	1944 年
孙成会	台儿庄区涧头集镇郝楼村	68	男	1944 年
刘明礼	台儿庄区涧头集镇核桃园村	33	男	1944 年
韩乐振	台儿庄区涧头集镇核桃园村	34	男	1944 年

姓　名	籍　贯	年龄	性别	死难时间
姜成才	台儿庄区涧头集镇薛庄村	21	男	1944 年
韩成信	台儿庄区涧头集镇贺窑村	42	男	1944 年
刘志远	台儿庄区涧头集镇贺窑村	31	男	1944 年
王克贤	台儿庄区涧头集镇桥头村	39	男	1944 年
尚延信	台儿庄区涧头集镇高山后村	30	男	1944 年
尚殿法	台儿庄区涧头集镇高山后村	28	男	1944 年
李文海	台儿庄区涧头集镇高山后村	26	男	1944 年
赵玉礼	台儿庄区涧头集镇多乐村	22	男	1944 年
王克贤	台儿庄区涧头集镇小山子村	21	男	1944 年
孟克扬	台儿庄区涧头集镇小山子村	21	男	1944 年
陈化云	台儿庄区涧头集镇耿楼村	30	男	1944 年
王茂自	台儿庄区涧头集镇太平桥村	25	男	1944 年
李家增之次子	台儿庄区马兰屯镇贾口村	26	男	1944 年
黄　立	台儿庄区泥沟镇欢屯村	18	男	1944 年
王利荣	台儿庄区泥沟镇廖庄村	31	男	1944 年
李玉春	台儿庄区马兰屯镇龙口村	20	男	1944 年
褚思惠	台儿庄区涧头集镇孙庄村	48	男	1945 年 2 月
任庆棠	台儿庄区张山子镇大沟上村	23	男	1945 年 3 月
管　四	台儿庄区张山子后村	21	男	1945 年 3 月
单力文	台儿庄区张山子镇张山子村	28	男	1945 年 11 月
单立文	台儿庄区张山子镇张东村	23	男	1945 年
王义珍	台儿庄区张山子镇黑山西村	36	男	1945 年
张孝胜	台儿庄区张山子镇郑庄村	26	男	1945 年
徐同才	台儿庄区张山子镇张山子村	21	男	1945 年
岳朝义	台儿庄区张山子镇大单庄村	25	男	1945 年
李传珍	台儿庄区张山子镇六里石村	25	男	1945 年
李德安	台儿庄区张山子镇前刘村	20	男	1945 年
刘文元	台儿庄区张山子镇前刘村	24	男	1945 年
管恋生	台儿庄区张山子镇前刘村	24	男	1945 年
王兆梅	台儿庄区张山子镇泉源村	26	男	1945 年
王方品	台儿庄区张山子镇泉源村	25	男	1945 年
杨士冒	台儿庄区张山子镇杜安	21	男	1945 年
李修全	台儿庄区涧头集镇老宅子村	24	男	1945 年
龙广修	台儿庄区涧头集镇龙庄村	18	男	1945 年

姓 名	籍 贯	年 龄	性 别	死难时间
褚庆华	台儿庄区涧头集镇后赵家村	40	男	1945 年
苗玉玲	台儿庄区涧头集镇郝楼村	21	男	1945 年
王平昌	台儿庄区涧头集	21	男	1945 年
周传礼	台儿庄区张山子镇唐庄村	25	男	1945 年
孙梁氏	台儿庄区涧头集镇徐塘村	44	女	1945 年
孙 挨	台儿庄区涧头集镇徐塘村	18	女	1945 年
孙刘氏	台儿庄区涧头集镇徐塘村	41	女	1945 年
王 多	台儿庄区涧头集镇呼庄村	18	男	1945 年
王茂良	台儿庄区涧头集镇毛楼村	66	男	1945 年
于宝林	台儿庄区涧头集镇后赵家村	24	男	1945 年
苗玉岭	台儿庄区涧头集镇郝楼村	19	男	1945 年
张孝义	台儿庄区涧头集镇核桃园村	29	男	1945 年
褚思会	台儿庄区涧头集镇孙庄村	48	男	1945 年
李元斗	台儿庄区涧头集镇高山后村	24	男	1945 年
王克生	台儿庄区涧头集镇曹楼村	40	男	1945 年
田兆亮	台儿庄区涧头集镇曹楼村	37	男	1945 年
田敬凯	台儿庄区涧头集镇顿东村	21	男	1945 年
田兆强	台儿庄区涧头集镇顿东村	20	男	1945 年
田仲池	台儿庄区涧头集镇顿东村	20	男	1945 年
刘青艳	台儿庄区泥沟镇湖洼村	70	男	1945 年
赵克明	台儿庄区泥沟镇大北洛村	45	男	1945 年
潘栋伦	台儿庄区马兰屯镇贾口村	56	男	1945 年
李韩氏	台儿庄区马兰屯镇柳泉头村	43	女	1945 年
李丙年	台儿庄区张山子镇武宅子村	—	男	—
周苗氏	台儿庄区涧头集镇多乐村	25	女	1938 年
周××	台儿庄区涧头集镇多乐村	3	男	1938 年
秦 二	台儿庄区张山子镇冷庄村	49	男	1939 年 2 月
王克军	台儿庄区涧头集镇金楼村	28	男	1939 年
胡安本之祖父	台儿庄区泥沟镇柿树元村	32	男	1939 年
丁学礼	台儿庄区运河街道西关社区	32	男	1940 年
徐敬美	台儿庄区运河街道西关社区	30	男	1940 年
王三之父	台儿庄区运河街道西关社区	32	男	1940 年
孙大孩	台儿庄区涧头集镇孙庄村	5	男	1940 年
李明山	台儿庄区涧头集镇徐楼村	46	男	1941 年

姓 名	籍 贯	年 龄	性 别	死难时间
张玉谋	台儿庄区涧头集镇南庄村	—	男	1942 年
殷茂山	台儿庄区泥沟镇上屯村	50	男	1942 年
李松堂	台儿庄区张山子镇南官庄村	30	男	1942 年
李××	台儿庄区涧头集镇徐塘村	—	男	1942 年
倪李氏	台儿庄区涧头集镇西李家村	70	女	1942 年
张金伟	台儿庄区涧头集镇小张庄村	35	男	1942 年
韩轻宗	台儿庄区涧头集镇李庄村	25	男	1943 年
马清荣	台儿庄区涧头集镇前马村	43	男	1943 年
张同文	峄城区阴平镇	36	男	1944 年 9 月
张同彬	峄城区阴平镇	41	男	1944 年 9 月
胡 三	台儿庄区运河街道兴隆社区	15	男	1944 年
孙井泰	台儿庄区张山子镇梁庄村	23	男	1944 年
刘广印	台儿庄区张山子镇武宅村	17	男	1944 年
合 计	**1438**			

责任人：杨伟　　　　　　　　核实人：赵敏　　　　　　　填表人：刘娟
填报单位（签章）：枣庄市台儿庄区委党史研究室　　　　　填报时间：2009 年 4 月 20 日

广饶县抗日战争时期死难者名录

姓 名	籍 贯	年龄	性别	死难时间
禹全之子	广饶县广饶镇五村	12	男	1937 年
何德富	广饶县广饶镇五村	62	男	1937 年
宋中兴之妻	广饶县广饶镇五村	40	女	1937 年
聂兆康	广饶县石村镇侯家村	15	男	1938 年 1 月 6 日
李伟钢	广饶县大王镇小李村	22	男	1938 年 1 月 8 日
徐德善	广饶县李鹊镇西堡村	22	男	1938 年 1 月 8 日
严传峰	广饶县李鹊镇西堡村	22	男	1938 年 1 月 8 日
刘元祥	广饶县李鹊镇张一村	23	男	1938 年 1 月 8 日
隋川川	广饶县李鹊镇张一村	23	男	1938 年 1 月 8 日
延来妮	广饶县大王镇延集村	12	女	1938 年 1 月 15 日
孙迎梅	广饶县稻庄镇稻三村	—	男	1938 年 1 月
李有元	广饶县广饶镇九村	40	男	1938 年 1 月
刘中荣	广饶县石村镇甄庙村	50	男	1938 年 1 月
孙丕原	广饶县经济开发区西康社区	19	男	1938 年 2 月 25 日
成法修之妻	广饶县石村镇高柳村	38	女	1938 年 2 月
成法修之子	广饶县石村镇高柳村	3	男	1938 年 2 月
贾志远	广饶县李鹊镇梨园村	29	男	1938 年 2 月
刘士茂	广饶县李鹊镇梨园村	29	男	1938 年 2 月
代盛泰之妻	广饶县花官乡草北村	40	女	1938 年 3 月 3 日
代文全	广饶县花官乡草北村	27	男	1938 年 3 月 3 日
杜以训	广饶县稻庄镇东杜村	—	男	1938 年 3 月 17 日
徐传忠	广饶县稻庄镇徐楼村	—	男	1938 年 3 月 19 日
闫来兴	广饶县稻庄镇闫口村	—	男	1938 年 3 月
王金章之子	广饶县广饶镇五村	8	男	1938 年 3 月
赵 氏	广饶县李鹊镇十里村	34	女	1938 年 3 月
朱春田	广饶县丁庄镇朱咀村	18	男	1938 年 3 月
张友义	广饶县经济开发区张汪社区	23	男	1938 年 3 月
张广车	广饶县经济开发区张汪社区	28	男	1938 年 3 月
张广文	广饶县经济开发区张汪社区	27	男	1938 年 3 月
王兰城	广饶县石村镇王家大营村	30	男	1938 年春
王云珂	广饶县石村镇王家大营村	35	男	1938 年春
郑丰禄之姑	广饶县石村镇东关村	25	女	1938 年春

姓 名	籍 贯	年 龄	性 别	死难时间
叶文书	广饶县李鹊镇后大张村	70	男	1938年春
司嘉香	广饶县经济开发区司家社区	22	女	1938年春
崔刘氏	广饶县经济开发区司家社区	41	女	1938年春
崔刘氏之女	广饶县经济开发区司家社区	22	女	1938年春
陈庆元	广饶县经济开发区东康社区	21	男	1938年春末夏初
吴廷献	广饶县广饶镇白坞村	43	男	1938年4月1日
曲运波	广饶县李鹊镇李西村	30	男	1938年4月8日
孟凡超	广饶县李鹊镇李家村	22	男	1938年4月8日
宋启堂	广饶县稻庄镇西水村	—	男	1938年4月
宋玉会	广饶县稻庄镇西水村	—	男	1938年4月
滕作商	广饶县广饶镇莲花村	20	男	1938年4月
刘义经	广饶县丁庄镇刘道村	35	男	1938年4月
李乐增	广饶县花官乡草李村	23	男	1938年4月
张元贞	广饶县陈官乡斜里村	22	男	1938年5月10日
李延祉	广饶县广饶镇蔡家村	42	男	1938年5月16日
滕其凤之女	广饶县广饶镇五村	12	女	1938年5月
韩其宽	广饶县李鹊镇黄西村	21	男	1938年5月
朱老六	广饶县丁庄镇朱咀村	30	男	1938年5月
赵佃臣	广饶县经济开发区同李社区	50	男	1938年5月
赵狗	广饶县经济开发区同李社区	30	男	1938年5月
李效武	广饶县经济开发区同李社区	35	男	1938年5月
李四清之弟	广饶县经济开发区同李社区	32	男	1938年5月
蒋守某	广饶县经济开发区同李社区	30	男	1938年5月
徐英才	广饶县稻庄镇徐湾村	—	男	1938年6月14日
李良臣	广饶县稻庄镇徐湾村	—	男	1938年6月14日
张善忠	广饶县大王镇小李村	22	男	1938年6月
王玉兰	广饶县李鹊镇张一村	23	男	1938年6月
张磊	广饶县李鹊镇张一村	23	男	1938年6月
徐金庚	广饶县大王镇后屯村	38	男	1938年6月
徐氏	广饶县大码头乡东燕村	45	女	1938年7月5日
许寿德	广饶县石村镇项庄村	26	男	1938年7月
李友仁	广饶县大王镇铁匠李村	42	男	1938年7月
王秀文	广饶县大王镇范家村	28	女	1938年8月3日
王换秀	广饶县花官乡草南村	27	男	1938年8月25日

姓 名	籍 贯	年 龄	性 别	死难时间
宿怀永	广饶县陈官乡陈官村	30	男	1938 年 8 月
孟宪宗	广饶县稻庄镇北孟村	—	男	1938 年 8 月
闫其祥	广饶县稻庄镇闫口村	—	男	1938 年 8 月
焦金凯	广饶县李鹊镇后大张村	30	男	1938 年 9 月
鲍安之	广饶县石村镇新河村	60	男	1938 年 9 月
王秋红	广饶县李鹊镇后大张村	30	男	1938 年 9 月
孟广亭	广饶县大王镇孟集村	24	男	1938 年秋
孟宣武	广饶县大王镇孟集村	26	男	1938 年秋
孟广四	广饶县大王镇孟集村	41	男	1938 年秋
郭仲滨之祖母	广饶县大王镇大张淡村	38	女	1938 年秋
郭学田之母	广饶县大王镇大张淡村	39	女	1938 年秋
毛天章	广饶县广饶镇东毛村	32	男	1938 年秋
毛春和	广饶县广饶镇东毛村	35	男	1938 年秋
毛春明	广饶县广饶镇东毛村	30	男	1938 年秋
毛纪楚	广饶县广饶镇东毛村	29	男	1938 年秋
李宅子	广饶县丁庄镇李道村	26	男	1938 年秋
李清田	广饶县丁庄镇李道村	25	男	1938 年秋
王建全	广饶县石村镇王家大营村	36	男	1938 年秋
许同安之祖父	广饶县石村镇王家大营村	45	男	1938 年秋
王云峰	广饶县石村镇王家大营村	42	男	1938 年秋
蒋桂柱	广饶县经济开发区杨家社区	18	男	1938 年秋后
马长山	广饶县稻庄镇西大村	—	男	1938 年 10 月 6 日
高春举	广饶县大王镇高卜纸村	29	男	1938 年 10 月 14 日
高同福之母	广饶县大王镇高卜纸村	48	女	1938 年 10 月 14 日
卜书楼	广饶县大王镇高卜纸村	30	男	1938 年 10 月 14 日
郑广田	广饶县石村镇东关村	35	男	1938 年 12 月 8 日
赵锡勇	广饶县李鹊镇赵庄村	25	男	1938 年 12 月 24 日
田淑常	广饶县李鹊镇东柳村	26	男	1938 年 12 月 26 日
赵大刚	广饶县李鹊镇东柳村	26	男	1938 年 12 月 26 日
于春荣	广饶县广饶镇北花园村	37	男	1938 年 12 月 26 日
张廷祥	广饶县陈官乡陈官村	25	男	1938 年 12 月
孙同伦	广饶县稻庄镇稻三村	—	男	1938 年 12 月
赵玉臻	广饶县李鹊镇十里村	27	男	1938 年 12 月
代宝善	广饶县花官乡草北村	37	男	1938 年 12 月

姓　名	籍　贯	年龄	性别	死难时间
李圣告	广饶县经济开发区闫李社区	35	男	1938 腊月
宋文梅	广饶县广饶镇五村	30	男	1938 年冬
王长俊	广饶县广饶镇四村	16	男	1938 年冬
张茂堂	广饶县李鹊镇后大张村	36	男	1938 年冬
李世英	广饶县李鹊镇后大张村	36	男	1938 年冬
汪甫元	广饶县经济开发区杨家社区	—	男	1938 年冬
李少木	广饶县丁庄镇李道村	21	男	1938 年
赵玉环	广饶县丁庄镇赵东村	20	男	1938 年
代盛泰	广饶县花官乡草北村	40	男	1938 年
杨家信	广饶县花官乡草北村	30	男	1938 年
杨尊杰	广饶县花官乡草南村	23	男	1938 年
王佩丰	广饶县石村镇南店村	45	男	1939 年 1 月 16 日
霍周氏	广饶县大王镇王东村	40	女	1939 年 1 月 31 日
霍周氏之女	广饶县大王镇王东村	—	女	1939 年 1 月 31 日
任钦勉	广饶县西刘桥乡西雷埠村	28	男	1939 年 1 月
王传兴	广饶县广饶镇颜徐村	29	男	1939 年 1 月
王艳华	广饶县广饶镇颜徐村	22	男	1939 年 1 月
周元国	广饶县广饶镇颜徐村	28	男	1939 年 1 月
张布舟	广饶县大王镇曲江村	60	男	1939 年 2 月 4 日
聂作福	广饶县大王镇曲江村	40	男	1939 年 2 月 4 日
孙传书	广饶县经济开发区杨家社区	28	男	1939 年 2 月 14 日
李德锡	广饶县李鹊镇黄西村	18	男	1939 年 2 月
宫晓东	广饶县李鹊镇黄西村	18	男	1939 年 2 月
艾宝山	广饶县广饶镇艾家村	22	男	1939 年 2 月
李庆超	广饶县李鹊镇艾家村	22	男	1939 年 2 月
徐守道	广饶县稻庄镇徐楼村	—	男	1939 年 3 月 2 日
周玉山	广饶县陈官乡坡南村	22	男	1939 年 3 月 18 日
于金圣	广饶县陈官乡坡南村	24	男	1939 年 3 月 18 日
王心同	广饶县石村镇大店村	30	男	1939 年 3 月
孙守梅	广饶县经济开发区杨家社区	33	男	1939 年 3 月
汪小凤	广饶县经济开发区杨家社区	20	女	1939 年 3 月
逯乐书	广饶县经济开发区常徐社区	23	男	1939 年 3 月
张思和	广饶县大王镇东张庄村	23	男	1939 年春
徐李氏	广饶县大王镇后屯村	30	女	1939 年春

姓　名	籍　贯	年　龄	性　别	死难时间
焦俊臣	广饶县李鹊镇后大张村	38	男	1939 年春
汪　眉	广饶县李鹊镇后大张村	38	男	1939 年春
徐金伦	广饶县稻庄镇徐楼村	—	男	1939 年 4 月 3 日
庞九明	广饶县稻庄镇皂李村	—	男	1939 年 4 月 8 日
徐汉云	广饶县稻庄镇徐楼村	—	男	1939 年 4 月 13 日
卢祥庆之母	广饶县大码头乡央上村	75	女	1939 年 4 月 23 日
徐钦光	广饶县大码头乡央上村	—	男	1939 年 4 月 23 日
徐双同之父	广饶县大码头乡央上村	—	男	1939 年 4 月 23 日
徐书久之子	广饶县大码头乡央上村	18	男	1939 年 4 月 23 日
徐邓当	广饶县大码头乡央上村	19	男	1939 年 4 月 23 日
徐布堂	广饶县大码头乡央上村	—	男	1939 年 4 月 23 日
徐顺农	广饶县大码头乡央上村	—	男	1939 年 4 月 23 日
徐圣斋	广饶县大码头乡央上村	—	男	1939 年 4 月 23 日
燕明农	广饶县大码头乡东燕村	20	男	1939 年 4 月 28 日
任金月	广饶县西刘桥乡东河口村	31	男	1939 年 4 月
王金光	广饶县西刘桥乡东河口村	53	男	1939 年 4 月
陈公田	广饶县西刘桥乡东河口村	42	男	1939 年 4 月
宋本俊	广饶县丁庄镇北常村	19	男	1939 年 4 月
商鹊令	广饶县丁庄镇商庄村	33	男	1939 年 4 月
王效峰	广饶县花官乡北口村	28	男	1939 年 4 月
李圣佃	广饶县大王镇大王西村	42	男	1939 年 5 月 10 日
燕树林	广饶县西刘桥乡桑一村	36	男	1939 年 5 月
王兴鑫	广饶县大王镇小李村	22	男	1939 年 5 月
杨福进	广饶县李鹊镇杨家村	26	男	1939 年 5 月
杨新花	广饶县李鹊镇杨家村	26	男	1939 年 5 月
王有兴	广饶县李鹊镇张一村	22	男	1939 年 5 月
钟志宝	广饶县李鹊镇张一村	22	男	1939 年 5 月
汪根香	广饶县经济开发区杨家社区	30	男	1939 年 5 月
许荣庆	广饶县稻庄镇长行村	—	男	1939 年 6 月 2 日
韩法顺	广饶县稻庄镇长行村	—	男	1939 年 6 月 2 日
韩其德	广饶县稻庄镇长行村	—	男	1939 年 6 月 2 日
燕文能	广饶县西刘桥乡桑二村	30	男	1939 年 6 月 10 日
李云彩	广饶县广饶镇九村	35	男	1939 年 6 月
王　氏	广饶县李鹊镇前大张村	36	女	1939 年 6 月

姓名	籍贯	年龄	性别	死难时间
王　菲	广饶县李鹊镇前大张村	36	男	1939 年 6 月
张来勇	广饶县广饶镇杜后村	21	男	1939 年 6 月
王同和之兄	广饶县大码头乡大码头村	—	男	1939 年 7 月 10 日
韩其连	广饶县大码头乡大码头村	—	男	1939 年 7 月 10 日
马泽田	广饶县大码头乡大码头村	32	男	1939 年 7 月 10 日
马振山	广饶县大码头乡大码头村	20	男	1939 年 7 月 10 日
许新清	广饶县大码头乡大码头村	21	男	1939 年 7 月 10 日
许金聚	广饶县大码头乡大码头村	28	男	1939 年 7 月 10 日
许文英	广饶县大码头乡大码头村	41	男	1939 年 7 月 10 日
陈士茂	广饶县大码头乡大码头村	51	男	1939 年 7 月 10 日
韩其端	广饶县大码头乡大码头村	35	男	1939 年 7 月 10 日
成学信	广饶县大码头乡大码头村	45	男	1939 年 7 月 10 日
韩安祥	广饶县大码头乡大码头村	41	男	1939 年 7 月 10 日
韩干祥	广饶县大码头乡大码头村	38	男	1939 年 7 月 10 日
韩林祥	广饶县大码头乡大码头村	27	男	1939 年 7 月 10 日
韩丰池	广饶县大码头乡大码头村	29	男	1939 年 7 月 10 日
许玉英	广饶县大码头乡大码头村	41	男	1939 年 7 月 10 日
许丙诺	广饶县大码头乡大码头村	41	男	1939 年 7 月 10 日
许连玉	广饶县大码头乡大码头村	29	男	1939 年 7 月 10 日
许宗合之父	广饶县大码头乡大码头村	41	男	1939 年 7 月 10 日
许勤业	广饶县大码头乡大码头村	39	男	1939 年 7 月 10 日
许宗青	广饶县大码头乡大码头村	32	男	1939 年 7 月 10 日
谷金云	广饶县大码头乡大码头村	42	男	1939 年 7 月 10 日
谷单池	广饶县大码头乡大码头村	14	男	1939 年 7 月 10 日
李福兴	广饶县大码头乡大码头村	19	男	1939 年 7 月 10 日
许敦仁	广饶县大码头乡大码头村	50	男	1939 年 7 月 10 日
郜振子	广饶县大码头乡大码头村	28	男	1939 年 7 月 10 日
王　田	广饶县大码头乡大码头村	21	男	1939 年 7 月 10 日
许功述	广饶县大码头乡大码头村	34	男	1939 年 7 月 10 日
许爱堂	广饶县大码头乡大码头村	34	男	1939 年 7 月 10 日
许协合	广饶县大码头乡大码头村	32	男	1939 年 7 月 10 日
张学清	广饶县大码头乡大码头村	37	男	1939 年 7 月 10 日
马臣山	广饶县大码头乡大码头村	29	男	1939 年 7 月 10 日
许庆恩	广饶县大码头乡大码头村	41	男	1939 年 7 月 10 日

姓　名	籍　贯	年　龄	性　别	死难时间
孟广屯	广饶县大王镇孟集村	45	男	1939 年 7 月 15 日
丁长文	广饶县大码头乡小丁家村	28	男	1939 年 7 月 22 日
丁绍文	广饶县大码头乡小丁家村	24	男	1939 年 7 月 22 日
杨明德	广饶县陈官乡杨斗村	37	男	1939 年 7 月
燕俊亭	广饶县西刘桥乡桑一村	40	男	1939 年 7 月
韩文发	广饶县李鹊镇黄西村	18	男	1939 年 7 月
张　鑫	广饶县石村镇张庄村	26	男	1939 年 7 月
张　钧	广饶县李鹊镇黄西村	18	男	1939 年 7 月
郑志民之祖母	广饶县石村镇东关村	28	女	1939 年 8 月 4 日
燕奎中	广饶县西刘桥乡房家村	28	男	1939 年 8 月
冯广玉	广饶县大王镇纪庄村	22	男	1939 年 8 月
纪长胜	广饶县大王镇纪庄村	22	男	1939 年 8 月
纪长随	广饶县大王镇纪庄村	20	男	1939 年 8 月
纪明聚	广饶县大王镇纪庄村	21	男	1939 年 8 月
纪顺成	广饶县大王镇纪庄村	32	男	1939 年 8 月
李正乔	广饶县大王镇纪庄村	32	男	1939 年 8 月
王树磊	广饶县大王镇纪庄村	21	男	1939 年 8 月
王学谦	广饶县大王镇纪庄村	20	男	1939 年 8 月
徐景玉	广饶县大王镇范家村	45	男	1939 年 8 月
杨郭氏	广饶县大王镇邓家村	23	女	1939 年 8 月
刘景文	广饶县大王镇刘堡村	26	男	1939 年 8 月
刘百祜	广饶县大王镇刘堡村	27	男	1939 年 8 月
杨照文	广饶县花官乡草北村	26	男	1939 年 9 月 1 日
张亭俊	广饶县花官乡草北村	29	男	1939 年 9 月 1 日
杨明刚	广饶县花官乡草北村	22	男	1939 年 9 月 1 日
李荣平	广饶县大王镇大王西村	31	男	1939 年 9 月 1 日
靳乐增	广饶县花官乡草北村	25	男	1939 年 9 月 1 日
李荣德	广饶县稻庄镇徐湾村	—	男	1939 年 9 月 12 日
王振起	广饶县陈官乡梯门村	29	男	1939 年 9 月
闫以勤	广饶县稻庄镇闫口村	—	男	1939 年 9 月
陈希元	广饶县石村镇陈家大营村	27	男	1939 年 9 月
纪守成	广饶县大王镇纪庄村	15	男	1939 年 9 月
聂中行	广饶县大王镇河沟村	40	男	1939 年秋
张立德	广饶县大王镇西卧石村	30	男	1939 年秋

姓 名	籍 贯	年 龄	性 别	死难时间
田修福之母	广饶县大王镇西卧石村	32	女	1939 年秋
柳同生	广饶县广饶镇柳家村	45	男	1939 年秋
杨书堂之妻	广饶县大王镇韩庄村	28	女	1939 年秋收前
杨洪信	广饶县花官乡草北村	21	男	1939 秋
徐云禄	广饶县稻庄镇徐楼村	—	男	1939 年 10 月 7 日
路在盼	广饶县稻庄镇南寨村	—	男	1939 年 10 月 10 日
秦保昌	广饶县稻庄镇稻二村	—	男	1939 年 10 月 21 日
李朝文	广饶县稻庄镇刁炉村	—	男	1939 年 10 月 23 日
赵长福	广饶县西刘桥乡韩家村	33	男	1939 年 11 月 26 日
孙太贞	广饶县稻庄镇稻一村	—	男	1939 年 12 月
尹玉恒	广饶县广饶镇十九村	37	男	1939 年 12 月
韩其敏	广饶县李鹊镇黄西村	20	男	1939 年 12 月
唐凌岩	广饶县广饶镇北花园村	37	男	1939 年 12 月
吴惠春	广饶县广饶镇北花园村	37	男	1939 年 12 月
祁高军	广饶县李鹊镇崔刘村	21	男	1939 年 12 月
董润安	广饶县李鹊镇黄西村	20	男	1939 年 12 月
孙贼牙	广饶县稻庄镇稻一村	—	男	1939 年 12 月
石大成	广饶县稻庄镇灰堆村	—	男	1939 年 12 月 2 日
耿郭氏之女	广饶县大王镇耿集村	1	女	1939 年 12 月 20 日
焦石村	广饶县李鹊镇后大张村	19	男	1939 年冬
高 岳	广饶县李鹊镇后大张村	19	男	1939 年冬
汪 氏	广饶县经济开发区杨家社区	—	女	1939 年冬
李汝阳	广饶县大王镇李桥西村	30	男	1939 年
王在田	广饶县丁庄镇王道村	23	男	1939 年
刘科经	广饶县丁庄镇刘道村	32	男	1939 年
刘西令	广饶县丁庄镇刘道村	15	男	1939 年
李善师	广饶县丁庄镇李道村	25	男	1939 年
吕烟台	广饶县花官乡草南村	25	男	1939 年
门局臣	广饶县花官乡草南村	25	男	1939 年
曹亚丽	广饶县大王镇卧石西村	30	男	1939 年
代卫亮	广饶县大王镇卧石西村	29	男	1939 年
黄文星	广饶县大王镇卧石西村	30	男	1939 年
张思梦	广饶县大王镇卧石西村	29	男	1939 年
高晓林	广饶县李鹊镇艾家村	64	男	1939 年

姓 名	籍 贯	年 龄	性 别	死难时间
杨建梅	广饶县李鹊镇艾家村	31	男	1939 年
郭 暄	广饶县李鹊镇赵庄村	40	男	1939 年
庞树峰	广饶县李鹊镇赵庄村	21	男	1939 年
韩士茂	广饶县稻庄镇长行村	—	男	1940 年 1 月
燕汝弼	广饶县西刘桥乡前桑村	40	男	1940 年 1 月
任钦才	广饶县西刘桥乡西雷埠村	25	男	1940 年 1 月
刘长贵	广饶县西刘桥乡高刘村	40	男	1940 年 1 月
韩呈顺	广饶县丁庄镇丁庄村	41	男	1940 年 1 月
韩呈顺之母	广饶县丁庄镇丁庄村	66	女	1940 年 1 月
燕同伦之子	广饶县石村镇纪家疃村	10	男	1940 年 1 月
张 孟	广饶县李鹊镇拐子村	16	男	1940 年 1 月
张延福	广饶县李鹊镇拐子村	16	男	1940 年 1 月
聂作信	广饶县经济开发区綦许社区	23	男	1940 年 1 月
延盈洲	广饶县大王镇延集村	22	男	1940 年 1 月
延福庚	广饶县大王镇延集村	20	男	1940 年 1 月
延和庚	广饶县大王镇延集村	21	男	1940 年 1 月
庞金城	广饶县大王镇后屯村	40	男	1940 年 1 月
张奎桌	广饶县花官乡古西村	17	男	1940 年 2 月 9 日
刘春荣	广饶县大王镇周庄村	40	男	1940 年 2 月
石金相	广饶县稻庄镇石家村	—	男	1940 年 2 月
燕希儒	广饶县西刘桥乡桑二村	31	男	1940 年 2 月
张少楠	广饶县西刘桥乡东杨家村	40	男	1940 年 2 月
武登元	广饶县石村镇高家大营村	35	男	1940 年 2 月
张毛堂	广饶县花官乡古西村	28	男	1940 年 2 月
高振祥	广饶县石村镇高家大营村	40	男	1940 年 2 月
任博玺	广饶县西刘桥乡西雷埠村	45	男	1940 年 3 月 6 日
王景氏	广饶县大王镇北张淡村	42	女	1940 年 3 月 21 日
庞述明	广饶县稻庄镇庞项村	—	男	1940 年 3 月
庞述胜	广饶县稻庄镇庞项村	—	男	1940 年 3 月
孙文龙	广饶县稻庄镇庞项村	—	男	1940 年 3 月
燕修田	广饶县西刘桥乡西燕村	24	女	1940 年 3 月
李洪吉	广饶县李鹊镇李东村	27	男	1940 年 3 月
孙成连	广饶县花官乡南口村	27	男	1940 年 3 月
黄性敏	广饶县大王镇卧石西村	29	男	1940 年 3 月

姓 名	籍 贯	年 龄	性 别	死难时间
段京美	广饶县李鹊镇李东村	27	男	1940 年 3 月
刘曰东	广饶县李鹊镇安里村	20	男	1940 年 3 月
马镐芪	广饶县李鹊镇安里村	20	男	1940 年 3 月
万振兴	广饶县李鹊镇赵寺村	39	男	1940 年 3 月
荣敦全	广饶县大王镇荣庄村	20	男	1940 年 3 月
荣兴东	广饶县大王镇荣庄村	23	男	1940 年 3 月
荣衍海	广饶县大王镇荣庄村	23	男	1940 年 3 月
马思全	广饶县大王镇荣庄村	25	男	1940 年 3 月
荣敦常	广饶县大王镇荣庄村	25	男	1940 年 3 月
马思英	广饶县大王镇荣庄村	25	女	1940 年 3 月
裴居端	广饶县大王镇河沟村	30	男	1940 年春
王守夫	广饶县大王镇灶户王村	35	男	1940 年春
王守珍	广饶县广饶镇柳家村	28	男	1940 年春
苏新七	广饶县李鹊镇苏家村	35	男	1940 年春
苏学成	广饶县李鹊镇苏家村	25	男	1940 年春
王兴道之妻	广饶县丁庄镇王道村	27	女	1940 年春
李景岚	广饶县李鹊镇东堡村	42	男	1940 年春
冯 俊	广饶县李鹊镇苏家村	35	男	1940 年春
郭 强	广饶县李鹊镇苏家村	25	男	1940 年春
司钧枢	广饶县经济开发区杨家社区	20	男	1940 年春
李方明	广饶县大王镇大王西村	32	男	1940 年 4 月 3 日
孙焕新	广饶县稻庄镇孙家村	—	男	1940 年 4 月 30 日
杜太山	广饶县李鹊镇前大张村	35	男	1940 年 4 月
刘曰冬	广饶县李鹊镇安里村	21	男	1940 年 4 月
孙学武	广饶县丁庄镇尚道村	39	男	1940 年 4 月
程 氏	广饶县丁庄镇尚道村	76	女	1940 年 4 月
聂作东	广饶县花官乡大桓村	30	男	1940 年 4 月
聂作宗	广饶县花官乡大桓村	28	男	1940 年 4 月
王 平	广饶县李鹊镇前大张村	35	男	1940 年 4 月
刘传良	广饶县李鹊镇苏家村	23	男	1940 年 4 月
任敬臣	广饶县李鹊镇苏家村	23	男	1940 年 4 月
刘继禹	广饶县李鹊镇西堡村	21	男	1940 年 4 月
王志朋	广饶县李鹊镇西堡村	21	男	1940 年 4 月
郑宝磊	广饶县李鹊镇赵寺村	22	男	1940 年 4 月

姓 名	籍 贯	年 龄	性 别	死难时间
任子奎	广饶县西刘桥乡北辛村	22	男	1940 年 5 月
王兴学之妹	广饶县丁庄镇王道村	10	女	1940 年 5 月
徐保唐	广饶县稻庄镇淄河店村	—	男	1940 年 6 月 5 日
燕克综	广饶县西刘桥乡桑二村	36	男	1940 年 6 月 8 日
燕武烈	广饶县西刘桥乡桑二村	30	男	1940 年 6 月 9 日
燕 群	广饶县西刘桥乡桑二村	31	男	1940 年 6 月 10 日
燕 臭	广饶县石村镇纪家疃村	20	男	1940 年 6 月 10 日
庞庆堂	广饶县稻庄镇庞项村	—	男	1940 年 6 月
任桂欣	广饶县西刘桥乡东雷埠村	20	男	1940 年 6 月
侯俊声	广饶县大码头乡东北坞村	50	男	1940 年 6 月
于渭清	广饶县大王镇北张淡村	—	男	1940 年 7 月 11 日
郭于氏	广饶县大王镇北张淡村	—	女	1940 年 7 月 11 日
吴世北	广饶县大码头乡南堤村	31	男	1940 年 7 月 11 日
燕巧云	广饶县大码头乡东燕村	41	男	1940 年 7 月 12 日
燕元和	广饶县大码头乡东燕村	16	男	1940 年 7 月 12 日
燕明一	广饶县大码头乡东燕村	35	男	1940 年 7 月 12 日
燕允会	广饶县大码头乡东燕村	27	男	1940 年 7 月 12 日
燕兰秀	广饶县大码头乡东燕村	17	男	1940 年 7 月 12 日
马龙芝	广饶县大码头乡东常徐村	22	男	1940 年 7 月 12 日
徐贤农	广饶县大码头乡东常徐村	21	男	1940 年 7 月 12 日
刘怀清	广饶县大码头乡东常徐村	28	男	1940 年 7 月 12 日
刘怀发	广饶县大码头乡东常徐村	21	男	1940 年 7 月 12 日
崔守章	广饶县广饶镇十一村	25	男	1940 年 7 月 13 日
来象瞬	广饶县西刘桥乡南塔村	20	男	1940 年 7 月
杜文广	广饶县李鹊镇前大张村	40	男	1940 年 7 月
李茂林	广饶县李鹊镇沟头村	35	男	1940 年 7 月
张照信	广饶县花官乡草李村	42	男	1940 年 7 月
刘象明	广饶县花官乡司田村	42	男	1940 年 7 月
纪 荣	广饶县李鹊镇沟头村	35	男	1940 年 7 月
孙 新	广饶县李鹊镇前大张村	40	男	1940 年 7 月
高成安	广饶县广饶镇杜后村	24	男	1940 年 7 月
李春孟	广饶县广饶镇杜后村	21	男	1940 年 7 月
田汉章	广饶县广饶镇杜后村	21	男	1940 年 7 月
汝明明	广饶县李鹊镇梨园村	29	男	1940 年 7 月

姓　名	籍　贯	年龄	性别	死难时间
刘清注	广饶县大王镇西吕村	15	男	1940 年 7 月
刘一文	广饶县大王镇西吕村	55	男	1940 年 7 月
赵如云	广饶县大王镇西吕村	57	男	1940 年 7 月
门素兰	广饶县大王镇西吕村	33	女	1940 年 7 月
武汉溪	广饶县石村镇三合村	45	男	1940 年 8 月 5 日
符春兰	广饶县大王镇东北街村	22	男	1940 年 8 月 5 日
李怀安	广饶县大王镇东庄子村	25	男	1940 年 8 月 5 日
张金明	广饶县陈官乡斜里村	60	男	1940 年 8 月 8 日
武建平	广饶县石村镇三合村	18	男	1940 年 8 月 8 日
高存美	广饶县大王镇刘堡村	35	男	1940 年 8 月 16 日
高守力	广饶县稻庄镇高湾村	—	男	1940 年 8 月
徐守成	广饶县稻庄镇南寨村	—	男	1940 年 8 月
石玉佩	广饶县稻庄镇石家村	—	男	1940 年 8 月
石本先	广饶县稻庄镇石家村	—	男	1940 年 8 月
任怀里	广饶县西刘桥乡东雷埠村	26	男	1940 年 8 月
李生全	广饶县李鹊镇李东村	22	男	1940 年 8 月
姜景颜	广饶县李鹊镇小张村	22	男	1940 年 8 月
武　飞	广饶县李鹊镇李东村	22	男	1940 年 8 月
卢培成	广饶县李鹊镇小张村	22	男	1940 年 8 月
贾秀山	广饶县李鹊镇梨园村	24	男	1940 年 8 月
李　欣	广饶县李鹊镇梨园村	24	男	1940 年 8 月
崔来青	广饶县李鹊镇张一村	23	男	1940 年 8 月
王志刚	广饶县李鹊镇赵寺村	21	男	1940 年 8 月
廉京栋	广饶县广饶镇毛王村	22	男	1940 年 8 月
刘延彦	广饶县广饶镇毛王村	39	男	1940 年 8 月
范海振	广饶县广饶镇杨家村	27	男	1940 年 8 月
孔文龙	广饶县广饶镇杨家村	30	男	1940 年 8 月
马金龙	广饶县广饶镇杨家村	18	男	1940 年 8 月
邓象文	广饶县大王镇永和村	23	男	1940 年 8 月
张心田	广饶县花官乡古西村	19	男	1940 年 9 月 3 日
张秀婷	广饶县花官乡古西村	23	男	1940 年 9 月 3 日
温连山	广饶县花官乡温楼村	27	男	1940 年 9 月 5 日
温春花	广饶县花官乡温楼村	18	男	1940 年 9 月 5 日
温新河	广饶县花官乡温楼村	23	男	1940 年 9 月 5 日

姓 名	籍 贯	年 龄	性 别	死难时间
温码头	广饶县花官乡温楼村	28	男	1940 年 9 月 5 日
燕 春	广饶县西刘桥乡桑二村	40	男	1940 年 9 月 6 日
燕锁柱	广饶县西刘桥乡桑二村	25	男	1940 年 9 月 7 日
张和同	广饶县大王镇六股路村	26	男	1940 年 9 月 7 日
张若英	广饶县花官乡古西村	35	男	1940 年 9 月 8 日
刘金明	广饶县石村镇三合村	60	男	1940 年 9 月 15 日
鞠延寿	广饶县稻庄镇段三村	—	男	1940 年 9 月 21 日
徐龙池	广饶县稻庄镇段三村	—	男	1940 年 9 月 21 日
孟广英	广饶县稻庄镇北孟村	—	男	1940 年 9 月 23 日
孟昭光	广饶县稻庄镇北孟村	—	男	1940 年 9 月 23 日
孟庆永	广饶县稻庄镇北孟村	—	男	1940 年 9 月 23 日
孟昭镜	广饶县稻庄镇北孟村	—	男	1940 年 9 月 23 日
孟宪尧	广饶县稻庄镇北孟村	—	男	1940 年 9 月 23 日
孟广凯	广饶县稻庄镇北孟村	—	男	1940 年 9 月 23 日
闫汝勤	广饶县稻庄镇闫口村	—	男	1940 年 9 月
刘风和	广饶县西刘桥乡三水口村	20	男	1940 年 9 月
李光宗	广饶县李鹊镇段家村	47	男	1940 年 9 月
王家训	广饶县石村镇大店村	30	男	1940 年 9 月
聂恒祥	广饶县石村镇陈家大营村	42	男	1940 年 9 月
沈 军	广饶县李鹊镇段家村	47	男	1940 年 9 月
程元庆	广饶县李鹊镇西大村	32	男	1940 年 9 月
张 星	广饶县李鹊镇苏家村	46	男	1940 年 9 月
马胜荣	广饶县李鹊镇赵寺村	22	男	1940 年 9 月
田俊国	广饶县李鹊镇赵寺村	22	男	1940 年 9 月
任仰方	广饶县广饶镇南西村	26	男	1940 年 9 月
王 强	广饶县广饶镇南西村	44	男	1940 年 9 月
李清洋	广饶县广饶镇前燕村	35	男	1940 年 9 月
刘 贵	广饶县广饶镇前燕村	70	男	1940 年 9 月
李文斌	广饶县广饶镇前燕村	36	男	1940 年 9 月
王洪宾	广饶县大王镇灶户王村	26	男	1940 年秋
徐树举	广饶县稻庄镇徐楼村	—	男	1940 年秋
燕寿太	广饶县西刘桥乡桑二村	35	男	1940 年秋
燕来田	广饶县西刘桥乡西燕村	21	男	1940 年秋
杜方中	广饶县李鹊镇前大张村	37	男	1940 年秋

姓 名	籍 贯	年 龄	性 别	死难时间
李文秀	广饶县李鹊镇鲍家村	40	男	1940 年秋
王振南	广饶县李鹊镇王庄村	40	男	1940 年秋
韩长林	广饶县李鹊镇西耿村	30	男	1940 年秋
李象坤	广饶县李鹊镇鲍家村	38	男	1940 年秋
钟金香	广饶县广饶镇东安德村	31	男	1940 年秋
陈 煜	广饶县李鹊镇鲍家村	40	男	1940 年秋
裴匡一	广饶县李鹊镇前大张村	37	男	1940 年秋
张亚非	广饶县李鹊镇王庄村	40	男	1940 年秋
张荣凤	广饶县李鹊镇西耿村	30	男	1940 年秋
张翔宇	广饶县李鹊镇李家村	24	男	1940 年秋
靳道星	广饶县李鹊镇赵寺村	26	男	1940 年秋
张云亭	广饶县经济开发区西康社区	21	男	1940 年秋
闫其正	广饶县稻庄镇闫口村	—	男	1940 年 10 月 2 日
徐光彩	广饶县稻庄镇段二村	—	男	1940 年 10 月 10 日
李金升	广饶县李鹊镇太三村	42	男	1940 年 10 月
信春龄	广饶县李鹊镇沟头村	37	男	1940 年 10 月
蒋玉康	广饶县李鹊镇沟头村	39	男	1940 年 10 月
药金铎	广饶县李鹊镇十里村	35	男	1940 年 10 月
黄明福	广饶县李鹊镇沟头村	39	男	1940 年 10 月
陆宝萍	广饶县李鹊镇沟头村	37	男	1940 年 10 月
郭兴明	广饶县李鹊镇太三村	38	男	1940 年 10 月
师 华	广饶县李鹊镇太三村	42	男	1940 年 10 月
张百海	广饶县李鹊镇太三村	28	男	1940 年 10 月
李效颜	广饶县大王镇红盆村	22	男	1940 年 10 月
李淑圣	广饶县大王镇红盆村	20	男	1940 年 10 月
张云书	广饶县大王镇红盆村	18	男	1940 年 10 月
李善林	广饶县李鹊镇太三村	38	男	1940 年 10 月
李士仲	广饶县李鹊镇太三村	28	男	1940 年 10 月
刘 桂	广饶县广饶镇东十里堡村	44	男	1940 年 11 月 3 日
刘 春	广饶县广饶镇东十里堡村	22	男	1940 年 11 月 3 日
刘 臻	广饶县广饶镇东十里堡村	19	男	1940 年 11 月 3 日
刘 香	广饶县广饶镇东十里堡村	18	男	1940 年 11 月 3 日
刘长庆	广饶县广饶镇东十里堡村	31	男	1940 年 11 月 3 日
刘长贵	广饶县广饶镇东十里堡村	26	男	1940 年 11 月 3 日

姓 名	籍 贯	年 龄	性 别	死难时间
刘生堂	广饶县广饶镇东十里堡村	47	男	1940 年 11 月 3 日
刘伦堂	广饶县广饶镇东十里堡村	45	男	1940 年 11 月 3 日
刘长贵之母	广饶县广饶镇东十里堡村	49	女	1940 年 11 月 3 日
刘臻之母	广饶县广饶镇东十里堡村	45	女	1940 年 11 月 3 日
李 地	广饶县大王镇大王西村	13	男	1940 年 11 月 5 日
刘富先	博兴县西秦村	27	男	1940 年 11 月 13 日
郑利义	博兴县东秦村	30	男	1940 年 11 月 13 日
杨领兵	广饶县广饶镇	18	男	1940 年 11 月 13 日
吴祥成	广饶县广饶镇朱耿村	34	男	1940 年 11 月 13 日
张书英	广饶县李鹊镇太和一村	20	女	1940 年 11 月
陈法禹	广饶县石村镇陈家大营村	50	男	1940 年 11 月
刘伟峰	广饶县李鹊镇太和一村	20	男	1940 年 11 月
李建忠	广饶县大王镇红盆村	18	男	1940 年 11 月
门登三	广饶县花官乡南口村	15	男	1940 年 12 月 5 日
门孙氏	广饶县花官乡南口村	40	女	1940 年 12 月 6 日
刘象冉	广饶县西刘桥乡高刘村	51	男	1940 年 12 月
刘培显	广饶县西刘桥乡高刘村	50	男	1940 年 12 月
徐 混	广饶县花官乡南口村	23	男	1940 年 12 月
鞠允中	广饶县花官乡南口村	24	男	1940 年 12 月
王海忠	广饶县李鹊镇西大张村	20	男	1940 年 12 月
刘庆鹏	广饶县李鹊镇西大村	20	男	1940 年 12 月
张树训	广饶县李鹊镇西大村	20	男	1940 年 12 月
杨仁山	广饶县李鹊镇十里村	26	男	1940 年 12 月
郭其正之母	广饶县大王镇大张淡村	40	女	1940 年冬
郭双田之祖母	广饶县大王镇大张淡村	41	女	1940 年冬
郭书生	广饶县大王镇大张淡村	26	男	1940 年冬
焦季春	广饶县李鹊镇后大张村	21	男	1940 年冬
韩其学之父	广饶县李鹊镇黄西村	47	男	1940 年冬
任相俭	广饶县石村镇任家大营村	43	男	1940 年冬
任汉进	广饶县石村镇任家大营村	30	男	1940 年冬
聂绍声	广饶县广饶镇马瞳村	44	男	1940 年冬
许子艳	广饶县李鹊镇后大张村	21	男	1940 年冬
冯永君	广饶县李鹊镇黄西村	47	男	1940 年冬
汪 子	广饶县经济开发区杨家社区	—	男	1940 年冬

姓　名	籍　贯	年龄	性别	死难时间
裴得亲	广饶县大王镇付家村	28	男	1940 年
魏荣合	广饶县大王镇付家村	27	男	1940 年
李存成	广饶县大王镇付家村	25	男	1940 年
郭之田	广饶县大王镇大张淡村	29	男	1940 年
李少友	广饶县大王镇李桥西村	50	男	1940 年
王运兴	广饶县陈官乡陈官村	40	男	1940 年
王光庆之祖母	广饶县陈官乡陈官村	40	女	1940 年
孟庆财	广饶县陈官乡孟庄村	19	男	1940 年
杨　氏	广饶县陈官乡孟庄村	19	女	1940 年
张东来	广饶县西刘桥乡石碑村	27	男	1940 年
任九锡	广饶县西刘桥乡东雷埠村	25	男	1940 年
任敬冉	广饶县西刘桥乡东雷埠村	19	男	1940 年
任茂怀	广饶县西刘桥乡东雷埠村	21	男	1940 年
武士告	广饶县西刘桥乡南塔村	25	男	1940 年
武大舜	广饶县西刘桥乡南塔村	32	男	1940 年
蒋方海	广饶县西刘桥乡蒋官村	26	男	1940 年
李堂师	广饶县丁庄镇李道村	26	男	1940 年
陈连重	广饶县石村镇任家大营村	30	男	1940 年
李学中	广饶县花官乡草李村	35	男	1940 年
李崇德	广饶县花官乡草李村	24	男	1940 年
李雅茹	广饶县广饶镇北花园村	38	男	1940 年
王汉农	广饶县广饶镇北花园村	38	男	1940 年
邱庆坤	广饶县李鹊镇崔刘村	21	男	1940 年
陈　浩	广饶县李鹊镇苏家村	28	男	1940 年
孔祥国	广饶县广饶镇南西村	44	男	1940 年
徐建龙	广饶县广饶镇南西村	39	男	1940 年
张中华	广饶县广饶镇南西村	38	男	1940 年
刘洪范	广饶县西刘桥乡小刘桥村	32	男	1941 年 1 月 12 日
任勤勉	广饶县大码头乡央上村	25	男	1941 年 1 月 14 日
徐九午	广饶县大码头乡央上村	—	男	1941 年 1 月 14 日
徐玉环	广饶县大码头乡央上村	—	男	1941 年 1 月 14 日
徐云福之妻	广饶县大码头乡央上村	—	女	1941 年 1 月 14 日
徐之案	广饶县大码头乡央上村	—	男	1941 年 1 月 14 日
徐六德	广饶县大码头乡央上村	—	男	1941 年 1 月 14 日

姓 名	籍 贯	年 龄	性 别	死难时间
徐会宾	广饶县大码头乡央上村	—	男	1941 年 1 月 14 日
徐荣礼	广饶县大码头乡央上村	—	男	1941 年 1 月 14 日
徐普选	广饶县大码头乡央上村	—	男	1941 年 1 月 14 日
刘九思	广饶县大王镇刘集村	40	男	1941 年 1 月 18 日
刘连元	广饶县大王镇刘集村	30	男	1941 年 1 月 18 日
刘居安	广饶县大王镇刘集村	30	男	1941 年 1 月 18 日
刘月钦	广饶县大王镇刘集村	52	男	1941 年 1 月 18 日
刘安国	广饶县大王镇刘集村	21	男	1941 年 1 月 18 日
刘良汉	广饶县大王镇刘集村	41	男	1941 年 1 月 18 日
刘希参	广饶县大王镇刘集村	33	男	1941 年 1 月 18 日
刘维贞	广饶县大王镇刘集村	30	男	1941 年 1 月 18 日
孙方田	广饶县大王镇刘集村	25	男	1941 年 1 月 18 日
刘居文	广饶县大王镇刘集村	20	男	1941 年 1 月 18 日
刘欣田	广饶县大王镇刘集村	28	男	1941 年 1 月 18 日
刘成川	广饶县大王镇刘集村	31	男	1941 年 1 月 18 日
高美兰	广饶县大王镇刘集村	27	女	1941 年 1 月 18 日
刘效引	广饶县大王镇刘集村	25	男	1941 年 1 月 18 日
刘长清	广饶县大王镇刘集村	24	男	1941 年 1 月 18 日
刘安吉	广饶县大王镇刘集村	31	男	1941 年 1 月 18 日
刘居广	广饶县大王镇刘集村	28	男	1941 年 1 月 18 日
谢子参	广饶县大王镇刘集村	35	男	1941 年 1 月 18 日
谢子德	广饶县大王镇刘集村	37	男	1941 年 1 月 18 日
刘景敏	广饶县大王镇刘集村	27	男	1941 年 1 月 18 日
李佃恩	广饶县大王镇西李村	41	男	1941 年 1 月 21 日
张 娃	广饶县广饶镇杜宋后村	19	男	1941 年 1 月
燕桂祥	广饶县西刘桥乡西燕村	43	男	1941 年 1 月
燕名书	广饶县西刘桥乡西燕村	36	男	1941 年 1 月
任荣阳	广饶县西刘桥乡西雷埠村	30	男	1941 年 1 月
武宗德	广饶县西刘桥乡南塔村	31	男	1941 年 1 月
崔乐先	广饶县丁庄镇王署埠村	66	男	1941 年 1 月
常宏芳	广饶县丁庄镇南常村	53	男	1941 年 1 月
常宝芳	广饶县丁庄镇南常村	73	男	1941 年 1 月
李金泉	广饶县大王镇吕庄村	18	男	1941 年 1 月
马冠儒	广饶县大王镇荣庄村	21	男	1941 年 1 月

姓名	籍贯	年龄	性别	死难时间
吕佃魁	广饶县大王镇后贾村	20	男	1941年1月
刘福田	广饶县大王镇后贾村	37	男	1941年1月
叶树新	广饶县大王镇叶琚村	28	男	1941年1月
韩风山	广饶县大王镇韩庄村	21	男	1941年1月
陈汝汉	广饶县大王镇孟集村	22	男	1941年1月
陈志汉	广饶县大王镇河沟村	22	男	1941年1月
顾乐贤	广饶县大王镇王东村	19	男	1941年1月
王金鉴	广饶县大王镇复兴王村	19	男	1941年1月
韩俊卿	广饶县大王镇韩桥村	21	男	1941年1月
延宪书	广饶县大王镇延集村	24	男	1941年1月
郭珠珍	广饶县大王镇南郭村	21	男	1941年1月
刘金尧	广饶县稻庄镇孙庄村	28	男	1941年1月
徐宝堂	广饶县稻庄镇稻河村	22	男	1941年1月
陈连仲	广饶县稻庄镇任家大营村	22	男	1941年1月
常月山	广饶县丁庄镇南常村	56	男	1941年1月
张 凯	广饶县石村镇大尧村	18	男	1941年1月
陈福立	广饶县大王镇小李村	22	男	1941年1月
邓相伍	广饶县大王镇小李村	22	男	1941年1月
董金堂	广饶县李鹊镇董家村	42	男	1941年1月
刘兰修	广饶县李鹊镇董家村	42	男	1941年1月
董云海	广饶县西刘桥乡胜利村	27	男	1941年1月
苗文厚	广饶县西刘桥乡胜利村	40	男	1941年1月
姚 俊	广饶县西刘桥乡胜利村	52	男	1941年1月
张 进	广饶县西刘桥乡胜利村	23	男	1941年1月
马金堂	广饶县经济开发区綦许社区	21	男	1941年1月
王振川	广饶县广饶镇三角村	27	男	1941年1月
王品三	广饶县广饶镇三角村	26	男	1941年1月
郭白云	广饶县大王镇大张淡村	32	男	1941年1月
马长德	广饶县大王镇大张淡村	25	男	1941年1月
陈五增	广饶县大王镇大张淡村	20	男	1941年1月
位来国	广饶县大王镇大张淡村	21	男	1941年1月
武振岳	广饶县西刘桥乡北塔村	32	男	1941年2月3日
武振川	广饶县西刘桥乡北塔村	30	男	1941年2月4日
王相宫	广饶县西刘桥乡北塔村	35	男	1941年2月5日

姓 名	籍 贯	年 龄	性 别	死难时间
刘龙泉	广饶县稻庄镇南寨村	—	男	1941年2月10日
宋玉德	广饶县稻庄镇西水村	—	男	1941年2月
燕致玉	广饶县西刘桥乡桑二村	30	男	1941年2月
刘继昌	广饶县西刘桥乡三水口村	18	男	1941年2月
崔德连	广饶县花官乡雒家村	21	男	1941年2月
焦宏斌	广饶县李鹊镇大张村	27	男	1941年2月
朱宝忠	广饶县李鹊镇大张村	27	男	1941年2月
魏子河	广饶县大王镇东吕村	60	男	1941年3月6日
鞠效忠	广饶县大王镇东吕村	62	男	1941年3月6日
魏德远	广饶县大王镇东吕村	18	男	1941年3月6日
张 劲	广饶县花官乡古西村	30	男	1941年3月8日
张德海	广饶县李鹊镇西大张村	21	男	1941年3月
崔立教	广饶县丁庄镇王署埠村	22	男	1941年3月
成广德之妻	广饶县丁庄镇小官村	20	女	1941年3月
成广德之子	广饶县丁庄镇小官村	—	男	1941年3月
程世用	广饶县花官乡洛程村	25	男	1941年3月
秦开堂	广饶县花官乡大桓村	24	男	1941年3月
秦玉堂	广饶县花官乡大桓村	38	男	1941年3月
秦江云	广饶县花官乡大桓村	24	男	1941年3月
李双林	广饶县李鹊镇东堡村	60	男	1941年3月
彭祖林	广饶县李鹊镇西大张村	21	男	1941年3月
吴建勇	广饶县西刘桥乡李官村	42	男	1941年3月
贾文起	广饶县西刘桥乡李官村	30	男	1941年3月
刘艳平	广饶县西刘桥乡李官村	25	男	1941年3月
许广宽	广饶县西刘桥乡李官村	20	男	1941年3月
殷坤坤	广饶县西刘桥乡李官村	47	男	1941年3月
张文举	广饶县西刘桥乡李官村	46	男	1941年3月
李秋苹	广饶县广饶镇杜后村	25	男	1941年3月
韩佃生	广饶县大王镇韩庄村	46	男	1941年3月
葛中文	广饶县大王镇邓家村	25	男	1941年春
张俊田	广饶县大王镇六股路村	32	男	1941年春
王佐圣	广饶县大王镇灶户王村	28	男	1941年春
王英明之母	广饶县大王镇灶户王村	32	女	1941年春
延育士	广饶县大王镇王永槐村	53	男	1941年春

姓 名	籍 贯	年 龄	性 别	死难时间
万长清	广饶县大王镇西卧石村	35	男	1941 年春
张永昌	广饶县大王镇西卧石村	25	男	1941 年春
张兴田	广饶县大王镇西卧石村	30	男	1941 年春
李铁匠	广饶县大王镇鞠家村	35	男	1941 年春
韩文奎	广饶县大王镇前贾村	62	男	1941 年春
郝镇南	广饶县李鹊镇郝家村	50	男	1941 年春
赵智俊	广饶县李鹊镇段家村	24	男	1941 年春
刘士侦	广饶县李鹊镇小张村	30	男	1941 年春
刘东海	广饶县李鹊镇小张村	28	男	1941 年春
刘育哲	广饶县李鹊镇小张村	35	男	1941 年春
杨维坤	广饶县李鹊镇赵寺村	20	男	1941 年春
田连永	广饶县李鹊镇赵寺村	23	男	1941 年春
焦金昌	广饶县李鹊镇后大张村	18	男	1941 年春
任西更	广饶县石村镇任家大营村	22	男	1941 年春
任西深	广饶县石村镇任家大营村	24	男	1941 年春
王长启	广饶县李鹊镇段家村	24	男	1941 年春
张小勤	广饶县李鹊镇郝家村	50	男	1941 年春
李小重	广饶县李鹊镇后大张村	18	男	1941 年春
卢湘江	广饶县李鹊镇小张村	30	男	1941 年春
吴淑荣	广饶县李鹊镇小张村	38	男	1941 年春
武靖宇	广饶县李鹊镇小张村	35	男	1941 年春
周明宇	广饶县李鹊镇小张村	28	男	1941 年春
仇尔胜	广饶县李鹊镇赵寺村	28	男	1941 年春
王念丽	广饶县李鹊镇赵寺村	23	男	1941 年春
吴慧萍	广饶县李鹊镇赵寺村	20	男	1941 年春
徐厚宝	广饶县李鹊镇赵寺村	27	男	1941 年春
石传广	广饶县广饶镇北花园村	25	男	1941 年春
赵怀宾	广饶县李鹊镇杨家村	34	男	1941 年春
徐山斋	广饶县大码头乡央上村	—	男	1941 年 4 月 6 日
徐爱德	广饶县大码头乡央上村	—	男	1941 年 4 月 6 日
徐文德之妻	广饶县大码头乡央上村	—	女	1941 年 4 月 6 日
徐鼎周	广饶县大码头乡央上村	—	男	1941 年 4 月 6 日
徐松山	广饶县大码头乡央上村	—	男	1941 年 4 月 6 日
徐孝丰	广饶县大码头乡央上村	—	男	1941 年 4 月 6 日

姓　名	籍　贯	年　龄	性　别	死难时间
徐明范	广饶县大码头乡央上村	—	男	1941 年 4 月 6 日
徐采爱	广饶县大码头乡央上村	9	女	1941 年 4 月 6 日
徐逯氏	广饶县大码头乡央上村	—	女	1941 年 4 月 6 日
徐子坡	广饶县大码头乡央上村	—	男	1941 年 4 月 6 日
李　锡	广饶县大码头乡北堤村	25	男	1941 年 4 月 16 日
郭　氏	广饶县大王镇前贾村	50	女	1941 年 4 月 28 日
岳云龙	广饶县大王镇前贾村	26	男	1941 年 4 月 28 日
张荣国	广饶县陈官乡梯门村	26	男	1941 年 4 月
李振江	广饶县稻庄镇叶家村	—	男	1941 年 4 月
张卫东	广饶县西刘桥乡乌河村	41	男	1941 年 4 月
温良荣	广饶县花官乡温楼村	21	男	1941 年 4 月
房国庆	广饶县李鹊镇鲍家村	28	男	1941 年 4 月
孙汉东	广饶县李鹊镇鲍家村	28	男	1941 年 4 月
任钦孟	广饶县西刘桥乡东雷埠村	22	男	1941 年 5 月
李士英	广饶县李鹊镇李东村	25	男	1941 年 5 月
刘锡征	广饶县丁庄镇刘沧村	52	男	1941 年 5 月
商效贤	广饶县丁庄镇商庄村	49	男	1941 年 5 月
张晓芳	广饶县李鹊镇李东村	25	男	1941 年 5 月
朱丽美	广饶县李鹊镇苏家村	29	男	1941 年 6 月
燕树增	广饶县西刘桥乡桑三村	31	男	1941 年 6 月 6 日
燕树兰	广饶县西刘桥乡桑三村	21	男	1941 年 6 月 7 日
燕多学	广饶县西刘桥乡前桑村	30	男	1941 年 6 月 7 日
燕　标	广饶县西刘桥乡前桑村	28	男	1941 年 6 月 7 日
燕贡田	广饶县西刘桥乡西燕村	37	男	1941 年 6 月
燕乐祥	广饶县西刘桥乡桑三村	36	男	1941 年 6 月
许玉堂	广饶县西刘桥乡东流桥村	41	男	1941 年 6 月
武化堂	广饶县西刘桥乡南塔村	36	男	1941 年 6 月
李富振	广饶县李鹊镇段家村	31	男	1941 年 6 月
李向梅	广饶县李鹊镇段家村	31	男	1941 年 6 月
岳　峰	广饶县李鹊镇西大村	32	男	1941 年 6 月
张子兴	广饶县李鹊镇西大村	32	男	1941 年 6 月
李国忠	广饶县西刘桥乡东流桥村	21	男	1941 年 6 月
尚国胜	广饶县西刘桥乡东流桥村	28	男	1941 年 6 月
张　涛	广饶县西刘桥乡东流桥村	37	男	1941 年 6 月

姓 名	籍 贯	年 龄	性 别	死难时间
张洪升	广饶县大王镇六股路村	25	男	1941 年 7 月 1 日
李梦训	广饶县石村镇辛庄村	27	男	1941 年 7 月 2 日
李西祥	广饶县石村镇辛庄村	35	男	1941 年 7 月 2 日
燕文山	广饶县西刘桥乡桑三村	30	男	1941 年 7 月 9 日
宋玉荣	广饶县大王镇军屯村	26	男	1941 年 7 月 10 日
郑 剑	广饶县大王镇军屯村	36	男	1941 年 7 月 10 日
康健伟	广饶县广饶镇牛家村	33	男	1941 年 7 月 13 日
殷洪昌	广饶县李鹊镇鲍家村	30	男	1941 年 7 月 13 日
牛星海	广饶县广饶镇牛家村	33	男	1941 年 7 月 13 日
刘建昌	广饶县大王镇杨琚村	44	男	1941 年 7 月 19 日
刘际华	广饶县李鹊镇小张村	22	男	1941 年 7 月
刘延英	广饶县李鹊镇车家村	52	男	1941 年 7 月
楚清华	广饶县大王镇小李村	24	男	1941 年 7 月
邓善文	广饶县大王镇小李村	22	男	1941 年 7 月
刘宪明	广饶县大王镇小李村	22	男	1941 年 7 月
王 炎	广饶县李鹊镇拐子村	28	男	1941 年 7 月
孙智杰	广饶县李鹊镇黄西村	19	男	1941 年 7 月
马 涛	广饶县李鹊镇小张村	22	男	1941 年 7 月
刘计划	广饶县李鹊镇小张村	20	男	1941 年 7 月
徐 杰	广饶县李鹊镇小张村	20	男	1941 年 7 月
邓士训之妻	广饶县大王镇小李村	65	女	1941 年 7 月
邓云山之妻	广饶县大王镇小李村	39	女	1941 年 7 月
崔来峰	广饶县大王镇崔寨村	38	男	1941 年 8 月 1 日
代杏元	广饶县花官乡古西村	40	男	1941 年 8 月 16 日
燕丕志	广饶县大码头乡屋子村	30	男	1941 年 8 月 24 日
李 氏	广饶县大码头乡屋子村	29	女	1941 年 8 月 24 日
燕怀真	广饶县大码头乡屋子村	31	男	1941 年 8 月 24 日
燕美云	广饶县大码头乡屋子村	30	男	1941 年 8 月 24 日
燕书春	广饶县大码头乡屋子村	20	男	1941 年 8 月 24 日
燕登堂	广饶县大码头乡屋子村	15	男	1941 年 8 月 24 日
燕叉子	广饶县大码头乡屋子村	20	男	1941 年 8 月 24 日
张东斗	广饶县陈官乡北户村	30	男	1941 年 8 月 27 日
赵怀成	广饶县大王镇赵家村	45	男	1941 年 8 月 29 日
李寅海	广饶县大王镇北辛村	60	男	1941 年 8 月

姓 名	籍 贯	年 龄	性 别	死难时间
任子成	广饶县西刘桥乡东雷埠村	33	男	1941 年 8 月
侯学文	广饶县大码头乡小丁家村	21	男	1941 年 8 月
董春秋	广饶县李鹊镇董家村	46	男	1941 年 8 月
任世功	广饶县李鹊镇东耿村	24	男	1941 年 8 月
王安顺	广饶县石村镇大店村	30	男	1941 年 8 月
李小萌	广饶县李鹊镇董家村	46	男	1941 年 8 月
罗世江	广饶县李鹊镇东耿村	24	男	1941 年 8 月
殷 音	广饶县李鹊镇大张村	38	男	1941 年 8 月
张星海	广饶县李鹊镇大张村	38	男	1941 年 8 月
费立勇	广饶县李鹊镇北赵村	34	男	1941 年 8 月
李昌盛	广饶县广饶镇颜徐村	21	男	1941 年 8 月
王宝娟	广饶县广饶镇颜徐村	26	男	1941 年 8 月
钟辉会	广饶县广饶镇颜徐村	20	男	1941 年 8 月
徐中美	广饶县稻庄镇徐楼村	—	男	1941 年 9 月 27 日
于佃奎	广饶县李鹊镇李东村	23	男	1941 年 9 月
温景清	广饶县花官乡温楼村	20	男	1941 年 9 月
武光利	广饶县大王镇刘家村	40	男	1941 年 9 月
徐 莉	广饶县李鹊镇李东村	23	男	1941 年 9 月
吕仁德	广饶县李鹊镇郝家村	30	男	1941 年 9 月
汤鲁海	广饶县李鹊镇郝家村	30	男	1941 年 9 月
张忠峰	广饶县李鹊镇赵寺村	31	男	1941 年 9 月
韩长雨	广饶县大王镇韩庄村	40	男	1941 年 9 月
徐征吉	广饶县大王镇东北街村	25	男	1941 年 9 月
陶金城	广饶县大王镇东北街村	23	男	1941 年 9 月
延兆禄	广饶县大王镇延集村	50	男	1941 年秋
延寿康	广饶县大王镇延集村	41	男	1941 年秋
杜和云	广饶县大王镇后屯村	50	男	1941 年秋
赵新命	广饶县大王镇赵家村	40	男	1941 年秋
燕 娃	广饶县西刘桥乡桑二村	36	男	1941 年秋
燕旺能	广饶县西刘桥乡桑二村	40	男	1941 年秋
王作肃	广饶县李鹊镇王庄村	25	女	1941 年秋
李大妮	广饶县李鹊镇太三村	32	女	1941 年秋
万俊义之妻	广饶县丁庄镇万二庄村	23	女	1941 年秋
吴贯兴	广饶县丁庄镇万二庄村	25	男	1941 年秋

姓 名	籍 贯	年 龄	性 别	死难时间
周功田	广饶县丁庄镇沙台崖村	60	男	1941 年秋
任汉章	广饶县石村镇任家大营村	25	男	1941 年秋
戴亚萍	广饶县李鹊镇王庄村	25	男	1941 年秋
刘向东	广饶县李鹊镇太三村	32	男	1941 年秋
郭六笋	广饶县李鹊镇小张村	27	男	1941 年秋
李其信	广饶县大码头乡义和村	33	男	1941 年 10 月 25 日
孙长安	广饶县大码头乡义和村	25	男	1941 年 10 月 25 日
邓连成	广饶县大王镇刘家村	25	男	1941 年 10 月
邓克五	广饶县大王镇刘家村	30	男	1941 年 10 月
刘汝俊	广饶县大王镇刘家村	50	男	1941 年 10 月
孙绪往	广饶县花官乡西薛村	23	男	1941 年 11 月 18 日
薛李氏	广饶县花官乡西薛村	45	女	1941 年 11 月 18 日
薛房德	广饶县花官乡西薛村	40	男	1941 年 11 月 18 日
隋丙文	广饶县稻庄镇长行村	—	男	1941 年 11 月
程海勇	广饶县李鹊镇鲍家村	19	男	1941 年 11 月
崔柄文	广饶县李鹊镇鲍家村	19	男	1941 年 11 月
赵金斗	广饶县大王镇王永槐村	30	男	1941 年 11 月
魏天德	广饶县大王镇邓家村	28	男	1941 年 12 月 21 日
王子通	广饶县大码头乡码前村	54	男	1941 年 12 月 22 日
王能宽	广饶县大码头乡码前村	22	男	1941 年 12 月 22 日
王春书	广饶县大码头乡码前村	51	男	1941 年 12 月 22 日
王贵书	广饶县大码头乡码前村	32	男	1941 年 12 月 22 日
王善修	广饶县大码头乡码前村	35	男	1941 年 12 月 22 日
王汉书	广饶县大码头乡码前村	18	男	1941 年 12 月 22 日
王中贤	广饶县大码头乡码前村	18	男	1941 年 12 月 22 日
王乐修	广饶县大码头乡码前村	38	男	1941 年 12 月 22 日
王乐修之女	广饶县大码头乡码前村	2	女	1941 年 12 月 22 日
王仕修	广饶县大码头乡码前村	38	男	1941 年 12 月 22 日
王仕修之女	广饶县大码头乡码前村	20	女	1941 年 12 月 22 日
王明书	广饶县大码头乡码前村	18	男	1941 年 12 月 22 日
王盼书	广饶县大码头乡码前村	16	男	1941 年 12 月 22 日
王中华	广饶县大码头乡码前村	37	男	1941 年 12 月 22 日
王月晓	广饶县大码头乡码前村	40	男	1941 年 12 月 22 日
王月荣	广饶县大码头乡码前村	28	男	1941 年 12 月 22 日

姓 名	籍 贯	年 龄	性 别	死难时间
王安夫之妻	广饶县大码头乡码前村	58	女	1941 年 12 月 22 日
任立堂	广饶县大码头乡码前村	50	男	1941 年 12 月 22 日
王善福	广饶县大码头乡码前村	37	男	1941 年 12 月 22 日
王乐然	广饶县大码头乡码前村	50	男	1941 年 12 月 22 日
王正修	广饶县大码头乡码前村	39	男	1941 年 12 月 22 日
王中正	广饶县大码头乡码前村	37	男	1941 年 12 月 22 日
王六书	广饶县大码头乡码前村	20	男	1941 年 12 月 22 日
王中会	广饶县大码头乡码前村	30	男	1941 年 12 月 22 日
王子文	广饶县大码头乡码前村	30	男	1941 年 12 月 22 日
刘长荣	广饶县大码头乡码前村	45	男	1941 年 12 月 22 日
王云起	广饶县大码头乡码前村	31	男	1941 年 12 月 22 日
王丰章	广饶县大码头乡码前村	35	男	1941 年 12 月 22 日
王洪顺	广饶县大码头乡码前村	28	男	1941 年 12 月 22 日
王洪召	广饶县大码头乡码前村	40	男	1941 年 12 月 22 日
郑振敏之祖父	广饶县大码头乡码前村	—	男	1941 年 12 月 22 日
王庆太	广饶县大码头乡码后村	45	男	1941 年 12 月 22 日
王长信	广饶县大码头乡码后村	17	男	1941 年 12 月 22 日
王英才	广饶县大码头乡码后村	30	男	1941 年 12 月 22 日
王兴仁	广饶县大码头乡码后村	34	男	1941 年 12 月 22 日
王永太	广饶县大码头乡码后村	40	男	1941 年 12 月 22 日
隋藻节	广饶县大码头乡码后村	43	男	1941 年 12 月 22 日
隋藻勤	广饶县大码头乡码后村	39	男	1941 年 12 月 22 日
吴进贤	广饶县大码头乡码后村	47	男	1941 年 12 月 22 日
吴进贤之妻	广饶县大码头乡码后村	47	女	1941 年 12 月 22 日
吴进贤之女	广饶县大码头乡码后村	12	女	1941 年 12 月 22 日
吴进贤之子	广饶县大码头乡码后村	2	男	1941 年 12 月 22 日
房俊升	广饶县大码头乡码后村	25	男	1941 年 12 月 22 日
隋士英	广饶县大码头乡码后村	50	男	1941 年 12 月 22 日
王中奎	广饶县大码头乡码后村	40	男	1941 年 12 月 22 日
隋藻山	广饶县大码头乡码后村	37	男	1941 年 12 月 22 日
王伯书	广饶县大码头乡码后村	24	男	1941 年 12 月 22 日
李仁祥	广饶县大码头乡码后村	30	男	1941 年 12 月 22 日
郑荣明之父	广饶县大码头乡小码头村	—	男	1941 年 12 月
王安修	广饶县大码头乡小码头村	73	男	1941 年 12 月

姓 名	籍 贯	年 龄	性 别	死难时间
刘长栋	广饶县大王镇刘集村	—	男	1941 年 12 月
徐新川	广饶县大码头乡小码头村	—	男	1941 年 12 月
房金生	广饶县大码头乡小码头村	—	男	1941 年 12 月
王安夫	广饶县大码头乡小码头村	58	女	1941 年 12 月
郑振敏	广饶县大码头乡小码头村	—	男	1941 年 12 月
王二艾	广饶县大码头乡小码头村	—	女	1941 年 12 月
刘光田家人7人	广饶县大码头乡小码头村	—	—	1941 年 12 月
宋永怀	广饶县丁庄镇宋圈村	73	男	1941 年 12 月
宋保书	广饶县丁庄镇宋圈村	52	男	1941 年 12 月
宋永升	广饶县丁庄镇宋圈村	45	男	1941 年 12 月
张 氏	广饶县丁庄镇宋圈村	63	女	1941 年 12 月
李 氏	广饶县丁庄镇宋圈村	64	女	1941 年 12 月
吴 氏	广饶县丁庄镇宋圈村	40	女	1941 年 12 月
马荣英	广饶县丁庄镇宋圈村	24	女	1941 年 12 月
刘金兰	广饶县丁庄镇祝庄村	25	男	1941 年 12 月
刘胡南	广饶县丁庄镇祝庄村	30	男	1941 年 12 月
田叔忠	广饶县大王镇东辛村	39	男	1941 年冬
魏凌水	广饶县广饶镇梧东村	60	男	1941 年冬
焦红宾	广饶县李鹊镇西大张村	31	男	1941 年冬
焦星业	广饶县李鹊镇西大张村	32	男	1941 年冬
马子州	广饶县石村镇甄庙村	30	男	1941 年冬
郭玉洁	广饶县李鹊镇西大张村	32	男	1941 年冬
于丽芳	广饶县李鹊镇西大张村	31	男	1941 年冬
汪 群	广饶县经济开发区杨家社区	—	男	1941 年冬
荣西路	广饶县大王镇卧石西村	40	男	1941 年
黄志远	广饶县大王镇卧石西村	21	男	1941 年
朱甲培	广饶县大王镇李桥西村	50	男	1941 年
燕少禹	广饶县西刘桥乡石碑村	25	男	1941 年
武介彬	广饶县西刘桥乡南塔村	29	男	1941 年
武星玮	广饶县西刘桥乡南塔村	17	男	1941 年
武振东	广饶县西刘桥乡南塔村	39	男	1941 年
李安然	广饶县丁庄镇王道村	18	男	1941 年
王京中	广饶县丁庄镇王道村	45	男	1941 年
于延德	广饶县丁庄镇李庄村	35	男	1941 年

姓　名	籍　贯	年　龄	性　别	死难时间
马兰亭	广饶县丁庄镇马楼村	20	男	1941 年
宋　鲁	广饶县丁庄镇宋院村	12	女	1941 年
丁　氏	广饶县丁庄镇辛桥村	50	女	1941 年
王延荣	广饶县花官乡北口村	45	男	1941 年
王　傻	广饶县花官乡北口村	24	男	1941 年
王世民	广饶县大王镇西李村	42	男	1941 年
邓善保	广饶县大王镇小李村	23	男	1941 年
高文晖	广饶县大王镇小李村	23	男	1941 年
王　峰	广饶县大王镇小李村	23	男	1941 年
杜晓飞	广饶县陈官乡芦李村	22	男	1941 年
王晓云	广饶县李鹊镇大张村	27	男	1941 年
李文佳	广饶县李鹊镇西大村	20	男	1941 年
黄晓敏	广饶县陈官乡高斗村	32	男	1941 年
刘雪林	广饶县陈官乡高斗村	20	女	1941 年
王汝冰	广饶县陈官乡高斗村	31	男	1941 年
刘井颜	广饶县李鹊镇小张村	22	男	1941 年
袁海全	广饶县李鹊镇小张村	22	男	1941 年
李永粉	广饶县李鹊镇张一村	21	男	1941 年
杨聚昌	广饶县李鹊镇张一村	21	男	1941 年
刘福君	广饶县李鹊镇赵寺村	39	男	1941 年
孙国营	广饶县李鹊镇赵寺村	27	男	1941 年
田昭礼	广饶县李鹊镇赵寺村	27	男	1941 年
田昭温	广饶县李鹊镇赵寺村	39	男	1941 年
刘师圣	广饶县李鹊镇小张村	19	男	1942 年 1 月 19 日
李秀珍	广饶县李鹊镇小张村	19	男	1942 年 1 月 19 日
赵相伟	广饶县李鹊镇郝家村	30	男	1942 年 1 月 19 日
田淑明	广饶县大王镇田门村	47	男	1942 年 1 月 30 日
田荣芝	广饶县大王镇田门村	51	男	1942 年 1 月 30 日
田洪文	广饶县大王镇田门村	25	男	1942 年 1 月 30 日
邓学彦	广饶县大王镇永和村	51	男	1942 年 1 月 30 日
邓怀义	广饶县大王镇永和村	14	男	1942 年 1 月 30 日
马长岭	广饶县西刘桥乡东雷埠村	30	男	1942 年 1 月
刘云祥	广饶县李鹊镇小张村	22	男	1942 年 1 月
赵海亭	广饶县李鹊镇赵庄村	30	男	1942 年 1 月

姓　名	籍　贯	年　龄	性　别	死难时间
高海军	广饶县李鹊镇小张村	22	男	1942 年 1 月
孙好智	广饶县广饶镇杜后村	24	男	1942 年 1 月
张儒宾	广饶县广饶镇杜后村	24	男	1942 年 1 月
刘士闽	广饶县李鹊镇郭家村	28	男	1942 年 1 月
李荣荣	广饶县李鹊镇梨园村	27	男	1942 年 1 月
郭乐善	广饶县大王镇大张淡村	26	男	1942 年 1 月
高　兴	广饶县大王镇大张淡村	23	男	1942 年 1 月
陈老二	广饶县大王镇大张淡村	19	男	1942 年 1 月
于老大	广饶县大王镇大张淡村	30	男	1942 年 1 月
刘　扣	广饶县大王镇鞠家村	30	男	1942 年 1 月
郑清亮	广饶县大王镇鞠家村	25	男	1942 年 1 月
万长俊	广饶县大王镇西卧石村	17	男	1942 年 2 月 9 日
燕套桂	广饶县西刘桥乡前桑村	32	男	1942 年 2 月 22 日
吕寿山	广饶县大王镇王镇村	24	男	1942 年 2 月 26 日
张洪杰	广饶县陈官乡梯门村	23	男	1942 年 2 月
马　强	广饶县西刘桥乡桑二村	36	男	1942 年 2 月
刘佃安	广饶县李鹊镇小张村	23	男	1942 年 2 月
董赵氏	广饶县李鹊镇董家村	55	女	1942 年 2 月
刘　夯	广饶县丁庄镇祝庄村	20	男	1942 年 2 月
杨宏征	广饶县李鹊镇董家村	55	男	1942 年 2 月
黄国华	广饶县李鹊镇小张村	23	男	1942 年 2 月
石乐彦	广饶县李鹊镇安里村	20	男	1942 年 2 月
邵大伟	广饶县李鹊镇鲍家村	30	男	1942 年 2 月
宋振高	广饶县李鹊镇鲍家村	30	男	1942 年 2 月
李方涛	广饶县李鹊镇北赵村	29	男	1942 年 2 月
路笃海	广饶县广饶镇毛王村	17	男	1942 年 2 月
宋本强	广饶县广饶镇毛王村	60	男	1942 年 2 月
吴景学	广饶县广饶镇毛王村	25	男	1942 年 2 月
翟亚龙	广饶县广饶镇毛王村	29	男	1942 年 2 月
刘金光	广饶县稻庄镇孙庄村	—	男	1942 年 3 月 6 日
刘景程	广饶县稻庄镇邢家村	—	男	1942 年 3 月 10 日
刘敬尊	广饶县稻庄镇邢家村	—	男	1942 年 3 月 10 日
刘敬新	广饶县稻庄镇邢家村	—	男	1942 年 3 月 10 日
邢效端	广饶县稻庄镇邢家村	—	男	1942 年 3 月 10 日

姓 名	籍 贯	年龄	性别	死难时间
王安太	广饶县稻庄镇稻一村	—	男	1942 年 3 月
李振红	广饶县稻庄镇叶家村	—	男	1942 年 3 月
庆志贤	广饶县稻庄镇西水村	—	男	1942 年 3 月
刘修礼	广饶县西刘桥乡三水口村	24	男	1942 年 3 月
田俊敬	广饶县李鹊镇崔刘村	49	男	1942 年 3 月
苏海清	广饶县李鹊镇苏家村	42	男	1942 年 3 月
艾家骥	广饶县李鹊镇艾家村	64	男	1942 年 3 月
艾仁芳	广饶县李鹊镇艾家村	64	男	1942 年 3 月
艾传书	广饶县李鹊镇艾家村	31	男	1942 年 3 月
艾琼善	广饶县李鹊镇艾家村	28	男	1942 年 3 月
刘荣征	广饶县丁庄镇刘沧村	24	男	1942 年 3 月
阮 红	广饶县李鹊镇崔刘村	49	男	1942 年 3 月
姚建中	广饶县李鹊镇苏家村	42	男	1942 年 3 月
李建纯	广饶县李鹊镇杨家村	39	男	1942 年 3 月
叶 芬	广饶县李鹊镇杨家村	45	男	1942 年 3 月
周志逵	广饶县李鹊镇杨家村	42	男	1942 年 3 月
谭海健	广饶县广饶镇北花园村	38	男	1942 年 3 月
马登辉	广饶县广饶镇杜后村	20	男	1942 年 3 月
田家安	广饶县广饶镇杜后村	20	男	1942 年 3 月
王国强	广饶县李鹊镇梨园村	24	男	1942 年 3 月
孙奎林	广饶县稻庄镇稻一村	—	男	1942 年 3 月
孙跃香	广饶县稻庄镇稻一村	—	男	1942 年 3 月
王建章	广饶县稻庄镇稻二村	—	男	1942 年 3 月
魏星魁	广饶县大王镇任楼村	31	男	1942 年 3 月
刘双吉	广饶县大王镇三贤村	30	男	1942 年 3 月
郭 氏	广饶县大王镇书房刘村	25	女	1942 年春
延向智	广饶县大王镇王永槐村	12	男	1942 年春
常 元	广饶县大王镇田门村	30	男	1942 年春
魏西九	广饶县广饶镇梧二西村	24	男	1942 年春
刘宗汤	广饶县李鹊镇东水村	22	男	1942 年春
李善来	广饶县李鹊镇太三村	23	男	1942 年春
付春荣	广饶县李鹊镇西耿村	35	男	1942 年春
焦好学	广饶县李鹊镇西大张村	26	男	1942 年春
魏金山	广饶县李鹊镇黄西村	19	男	1942 年春

姓 名	籍 贯	年 龄	性 别	死难时间
谢老四	广饶县李鹊镇崔刘村	22	男	1942 年春
左立任	广饶县石村镇左家村	20	男	1942 年春
左小孩	广饶县石村镇左家村	20	男	1942 年春
左功田	广饶县石村镇左家村	30	男	1942 年春
王朝菊	广饶县石村镇大店村	28	男	1942 年春
李笃庆	广饶县石村镇寺上村	35	男	1942 年春
孟折呼	广饶县石村镇三合村	—	男	1942 年春
孟折呼之妻	广饶县石村镇三合村	—	女	1942 年春
孟折呼之子	广饶县石村镇三合村	—	男	1942 年春
孟折呼之次子	广饶县石村镇三合村	—	男	1942 年春
王文杰	广饶县李鹊镇北水村	27	男	1942 年春
魏继峰	广饶县李鹊镇北水村	25	男	1942 年春
姚小兰	广饶县李鹊镇东水村	22	男	1942 年春
程焕武	广饶县李鹊镇黄西村	19	男	1942 年春
王 波	广饶县李鹊镇西大张村	26	男	1942 年春
方 芸	广饶县李鹊镇太三村	23	男	1942 年春
林永钢	广饶县李鹊镇西耿村	35	男	1942 年春
王世兴	广饶县稻庄镇稻二村	—	男	1942 年 4 月 1 日
徐丰玉	广饶县稻庄镇南寨村	—	男	1942 年 4 月 11 日
张永祥	广饶县大王镇杨琚村	52	男	1942 年 4 月 24 日
杜江田	广饶县稻庄镇东杜村	—	男	1942 年 4 月
王 雪	广饶县大王镇复兴王村	8	女	1942 年 4 月
高春桂	广饶县稻庄镇高湾村	—	男	1942 年 4 月
项玉堂	广饶县稻庄镇庞项村	—	男	1942 年 4 月
张德法	广饶县李鹊镇太二村	18	男	1942 年 4 月
付新花	广饶县李鹊镇杨家村	42	男	1942 年 4 月
付开美	广饶县李鹊镇杨家村	46	男	1942 年 4 月
周之文	广饶县丁庄镇沙台崖村	65	男	1942 年 4 月
孙博文	广饶县大王镇王东村	52	男	1942 年 4 月
何 玫	广饶县李鹊镇太二村	18	男	1942 年 4 月
刘安良	广饶县李鹊镇杨家村	42	男	1942 年 4 月
申淑云	广饶县李鹊镇杨家村	46	男	1942 年 4 月
燕庭林	广饶县大王镇王东村	52	男	1942 年 4 月
王贵盛	广饶县石村镇大店村	35	男	1942 年 5 月 27 日

姓　名	籍　贯	年　龄	性　别	死难时间
刘学堂	广饶县李鹊镇车家村	53	男	1942 年 5 月
常金领	广饶县丁庄镇西南寨村	21	男	1942 年 5 月
王之光	广饶县石村镇大店村	31	男	1942 年 5 月
聂在水之妻	广饶县石村镇佛王村	21	女	1942 年 5 月
李民贵	广饶县花官乡司田村	36	男	1942 年 5 月
李德修	广饶县大王镇西营村	52	男	1942 年 5 月
于大德	广饶县大王镇北张淡村	55	男	1942 年 6 月 3 日
徐贤良	广饶县大码头乡央上村	28	男	1942 年 6 月 7 日
徐悦章	广饶县大码头乡央上村	31	男	1942 年 6 月 7 日
徐勤明	广饶县大码头乡央上村	38	男	1942 年 6 月 7 日
徐大妮	广饶县大码头乡央上村	28	女	1942 年 6 月 7 日
徐大妮之子	广饶县大码头乡央上村	2	男	1942 年 6 月 7 日
徐友善	广饶县大码头乡央上村	40	男	1942 年 6 月 7 日
徐提太	广饶县大码头乡央上村	30	男	1942 年 6 月 7 日
徐见义	广饶县大码头乡央上村	40	男	1942 年 6 月 7 日
徐友循	广饶县大码头乡央上村	38	男	1942 年 6 月 7 日
徐早多	广饶县大码头乡央上村	37	男	1942 年 6 月 7 日
徐海早	广饶县大码头乡央上村	37	男	1942 年 6 月 7 日
徐会明	广饶县大码头乡央上村	—	男	1942 年 6 月 7 日
徐会明之子	广饶县大码头乡央上村	—	男	1942 年 6 月 7 日
徐友本之姐	广饶县大码头乡央上村	—	女	1942 年 6 月 7 日
刘福田	广饶县大码头乡高港村	29	男	1942 年 6 月 7 日
于景明	广饶县大码头乡高港村	20	男	1942 年 6 月 7 日
刘经书	广饶县大码头乡高港村	30	男	1942 年 6 月 7 日
刘安然	广饶县大码头乡高港村	28	男	1942 年 6 月 7 日
杨乐判之兄	广饶县大码头乡高港村	46	男	1942 年 6 月 7 日
王长祥	广饶县稻庄镇东水村	—	男	1942 年 6 月 8 日
刘徐氏	广饶县西刘桥乡三水口村	50	女	1942 年 6 月 9 日
李守祥	广饶县稻庄镇庞家村	—	男	1942 年 6 月
任祖年	广饶县西刘桥乡东雷埠村	40	男	1942 年 6 月
徐光照	广饶县西刘桥乡三水口村	29	男	1942 年 6 月
张兆庆	广饶县西刘桥乡乌河村	24	男	1942 年 6 月
张元彬	广饶县西刘桥乡乌河村	22	男	1942 年 6 月
张道中	广饶县花官乡古东村	35	男	1942 年 6 月

姓　名	籍　贯	年　龄	性　别	死难时间
冷丙武	广饶县大王镇河沟村	23	男	1942 年 6 月
姚春花	广饶县大王镇西李村	37	男	1942 年 6 月
田俊香	广饶县李鹊镇东柳村	21	男	1942 年 6 月
詹景伦	广饶县李鹊镇东柳村	21	男	1942 年 6 月
李　涛	广饶县李鹊镇小张村	20	男	1942 年 6 月
刘培玉	广饶县李鹊镇小张村	20	男	1942 年 6 月
李文华	广饶县大王镇六股路村	46	男	1942 年夏
董相刚	广饶县大王镇六股路村	35	男	1942 年夏
张俊梅	广饶县大王镇六股路村	27	男	1942 年夏
王风义	广饶县广饶镇张官后村	40	男	1942 年夏
张芹芳	广饶县经济开发区西康社区	25	男	1942 年夏天
于　寸	广饶县广饶镇于王村	36	男	1942 年麦前
于殿英	广饶县广饶镇于王村	32	男	1942 年麦前
于金堂	广饶县广饶镇于王村	34	男	1942 年麦前
于龙堂	广饶县广饶镇于王村	31	男	1942 年麦前
于寿礼	广饶县广饶镇于王村	29	男	1942 年麦前
李申德	广饶县大王镇河沟村	30	男	1942 年麦后
聂伦方	广饶县大王镇河沟村	30	男	1942 年麦后
徐鹏峰	广饶县大码头乡央上村	32	男	1942 年 7 月 20 日
徐西校	广饶县大码头乡央上村	42	男	1942 年 7 月 20 日
徐新德	广饶县大码头乡央上村	—	男	1942 年 7 月 20 日
徐钦天	广饶县大码头乡央上村	28	男	1942 年 7 月 20 日
徐波书之父	广饶县大码头乡央上村	30	男	1942 年 7 月 20 日
徐秋山	广饶县大码头乡央上村	22	男	1942 年 7 月 20 日
任清新	广饶县大码头乡央上村	42	男	1942 年 7 月 20 日
徐悦来	广饶县大码头乡央上村	—	男	1942 年 7 月 20 日
徐苍相	广饶县大码头乡央上村	—	男	1942 年 7 月 20 日
徐苍相之妻	广饶县大码头乡央上村	—	女	1942 年 7 月 20 日
徐效峰	广饶县大码头乡央上村	50	男	1942 年 7 月 20 日
徐溪润	广饶县大码头乡央上村	35	男	1942 年 7 月 20 日
徐勤武	广饶县大码头乡央上村	20	男	1942 年 7 月 20 日
徐淄轮	广饶县大码头乡央上村	—	男	1942 年 7 月 20 日
于明景之弟	广饶县大码头乡央上村	—	男	1942 年 7 月 20 日
徐炳藻之父	广饶县大码头乡央上村	—	男	1942 年 7 月 20 日

姓 名	籍 贯	年 龄	性 别	死难时间
徐欣波之妹	广饶县大码头乡央上村	—	女	1942 年 7 月 20 日
徐生顺	广饶县大码头乡央上村	—	男	1942 年 7 月 20 日
徐传符之母	广饶县大码头乡央上村	—	女	1942 年 7 月 20 日
苏尧仁	广饶县李鹊镇李西村	30	男	1942 年 7 月 23 日
孟彦彬	广饶县李鹊镇李西村	30	男	1942 年 7 月 23 日
温连正	广饶县李鹊镇小张村	20	男	1942 年 7 月 23 日
庞冠英	广饶县稻庄镇庞项村	—	男	1942 年 7 月
李合堂	广饶县西刘桥乡李官村	24	男	1942 年 7 月
田俊秀	广饶县李鹊镇东柳村	22	男	1942 年 7 月
朱振高	广饶县李鹊镇鲍家村	29	男	1942 年 7 月
刘俊禄	广饶县李鹊镇拐子村	23	男	1942 年 7 月
刘远程	广饶县花官乡东刘村	30	男	1942 年 7 月
梁建华	广饶县李鹊镇鲍家村	29	男	1942 年 7 月
吕 坤	广饶县李鹊镇东柳村	22	男	1942 年 7 月
徐道太	广饶县大王镇范家村	40	男	1942 年 7 月
张会川	广饶县大王镇东张庄村	29	男	1942 年 7 月
陈春强	广饶县广饶镇北花园村	34	男	1942 年 7 月
韩发仁	广饶县李鹊镇李家村	24	男	1942 年 7 月
贾文柱	广饶县李鹊镇李家村	24	男	1942 年 7 月
靳文杰	广饶县李鹊镇李家村	21	男	1942 年 7 月
符保福	广饶县大王镇东北街村	21	男	1942 年 8 月 1 日
燕镇月之妻	广饶县西刘桥乡西燕村	22	女	1942 年 8 月
刘少先	广饶县西刘桥乡小刘桥村	27	女	1942 年 8 月
张延东	广饶县李鹊镇拐子村	30	男	1942 年 8 月
常怀发	广饶县丁庄镇西南寨村	21	男	1942 年 8 月
张子浪	广饶县丁庄镇西南寨村	32	男	1942 年 8 月
黄金武	广饶县石村镇大店村	32	男	1942 年 8 月
王 跟	广饶县花官乡司田村	23	男	1942 年 8 月
郭华雪	广饶县李鹊镇西大村	23	男	1942 年 8 月
张毛同	广饶县李鹊镇西大村	23	男	1942 年 8 月
张振泰	广饶县李鹊镇西大村	28	男	1942 年 8 月
郑腾飞	广饶县李鹊镇西大村	28	男	1942 年 8 月
孟凡昌	广饶县西刘桥乡韩家村	27	男	1942 年 8 月
彭海艇	广饶县西刘桥乡韩家村	31	男	1942 年 8 月

姓 名	籍 贯	年龄	性别	死难时间
翟 帅	广饶县西刘桥乡韩家村	24	男	1942 年 8 月
刘 贺	广饶县西刘桥乡胜利村	28	男	1942 年 8 月
祝为歌	广饶县李鹊镇崔刘村	45	男	1942 年 8 月
孔祥滕	广饶县广饶镇毛王村	21	男	1942 年 8 月
渠景宽	广饶县广饶镇毛王村	23	男	1942 年 8 月
吴文超	广饶县广饶镇毛王村	23	男	1942 年 8 月
孙广云	广饶县稻庄镇稻二村	—	男	1942 年 9 月 3 日
闫 氏	广饶县陈官乡斜里村	25	女	1942 年 9 月 5 日
任相禹	广饶县石村镇任家大营村	49	男	1942 年 9 月 6 日
任西章	广饶县石村镇任家大营村	20	男	1942 年 9 月 6 日
任廷章	广饶县稻庄镇南寨村	—	男	1942 年 9 月 16 日
张连峰	广饶县陈官乡北户村	19	男	1942 年 9 月 19 日
陈长清	广饶县广饶镇四村	40	男	1942 年 9 月
文连科	广饶县广饶镇九村	19	男	1942 年 9 月
徐好志	广饶县李鹊镇段家村	30	男	1942 年 9 月
魏同善	广饶县李鹊镇黄西村	20	男	1942 年 9 月
韩征祥	广饶县李鹊镇黄西村	21	男	1942 年 9 月
韩竹子	广饶县李鹊镇黄西村	22	男	1942 年 9 月
王道祥之妻	广饶县花官乡杨王村	29	女	1942 年 9 月
秦保龙	广饶县花官乡大桓村	23	男	1942 年 9 月
秦效先	广饶县花官乡大桓村	24	男	1942 年 9 月
王大为	广饶县李鹊镇段家村	30	男	1942 年 9 月
陈亚娟	广饶县李鹊镇黄西村	20	男	1942 年 9 月
王沙丽	广饶县李鹊镇黄西村	21	男	1942 年 9 月
张建丽	广饶县李鹊镇黄西村	22	男	1942 年 9 月
柴道建	广饶县李鹊镇苏家村	23	男	1942 年 9 月
王道祥之女	广饶县花官乡杨王村	2	女	1942 年 9 月
王店富	广饶县大王镇卧石东村	20	男	1942 年秋
黄关儒	广饶县大王镇卧石东村	23	男	1942 年秋
黄青年	广饶县大王镇卧石东村	30	男	1942 年秋
黄富春	广饶县大王镇卧石东村	28	男	1942 年秋
马永元	广饶县稻庄镇马楼村	—	男	1942 年秋
马贤书	广饶县稻庄镇马楼村	—	男	1942 年秋
李宗祥	广饶县李鹊镇李东村	23	男	1942 年秋

姓　名	籍　贯	年龄	性别	死难时间
韩象申	广饶县李鹊镇苏家村	24	男	1942 年秋
刘光大	广饶县李鹊镇郭辛村	33	男	1942 年秋
吕文忠	广饶县李鹊镇郭辛村	27	男	1942 年秋
刘林渠	广饶县丁庄镇刘道村	24	男	1942 年秋
牛圣明	广饶县丁庄镇牛圈村	65	男	1942 年秋
牛景亮	广饶县丁庄镇牛圈村	60	男	1942 年秋
牛太和	广饶县丁庄镇牛圈村	23	男	1942 年秋
牛宝山之母	广饶县丁庄镇牛圈村	71	女	1942 年秋
牛圣堂之妻	广饶县丁庄镇牛圈村	54	女	1942 年秋
牛太华之妻	广饶县丁庄镇牛圈村	28	女	1942 年秋
牛太田	广饶县丁庄镇牛圈村	72	男	1942 年秋
王俊英	广饶县石村镇大店村	40	男	1942 年秋
李鸿柱	广饶县石村镇大店村	35	男	1942 年秋
张元亨	广饶县花官乡古东村	25	男	1942 年秋
李　丽	广饶县李鹊镇郭辛村	33	男	1942 年秋
施真芳	广饶县李鹊镇后大张村	30	男	1942 年秋
丁仁强	广饶县李鹊镇李东村	23	男	1942 年秋
郭树理	广饶县李鹊镇苏家村	24	男	1942 年秋
姬常宝	广饶县李鹊镇小张村	19	男	1942 年秋
徐芝润	广饶县大码头乡央上村	56	男	1942 年 10 月 15 日
徐白阴之妻	广饶县大码头乡央上村	23	女	1942 年 10 月 15 日
徐　路	广饶县大码头乡央上村	30	男	1942 年 10 月 15 日
朱泮德	广饶县大王镇东庄子村	40	男	1942 年 10 月 22 日
蒋培续	广饶县广饶镇十九村	40	男	1942 年 10 月
杨中成	广饶县大码头乡杨宅村	28	男	1942 年 10 月
杨学礼	广饶县大码头乡杨宅村	30	男	1942 年 10 月
杨学刚	广饶县大码头乡杨宅村	36	男	1942 年 10 月
杨学臣	广饶县大码头乡杨宅村	32	男	1942 年 10 月
董徐氏	广饶县李鹊镇董家村	41	女	1942 年 10 月
赵淑兰	广饶县李鹊镇董家村	41	男	1942 年 10 月
李振绪	广饶县李鹊镇苏家村	42	男	1942 年 10 月
李德龙	广饶县大王镇东营村	25	男	1942 年 10 月
殷树松	广饶县大王镇卧石东村	35	男	1942 年 10 月
石玉科	广饶县稻庄镇石家村	—	男	1942 年 11 月

姓 名	籍 贯	年 龄	性 别	死难时间
石来增	广饶县稻庄镇石家村	—	男	1942 年 11 月
焦广彬	广饶县李鹊镇前大张村	38	男	1942 年 11 月
李兰贵	广饶县李鹊镇段家村	60	男	1942 年 11 月
刘小娣	广饶县大王镇小李村	22	男	1942 年 11 月
刘利利	广饶县李鹊镇段家村	60	男	1942 年 11 月
刘纪元	广饶县李鹊镇前大张村	38	男	1942 年 11 月
张明辉	广饶县广饶镇杜后村	20	男	1942 年 11 月
张德法	广饶县李鹊镇太和一村	23	男	1942 年 11 月
周长辉	广饶县李鹊镇太和一村	23	男	1942 年 11 月
李佳齐	广饶县李鹊镇杨家村	26	男	1942 年 11 月
燕玉槐	广饶县西刘桥乡桑一村	31	男	1942 年 12 月 24 日
任龙黔	广饶县西刘桥乡西河口村	25	男	1942 年 12 月
董金国	广饶县大王镇小李村	23	男	1942 年 12 月
崔柄章	广饶县李鹊镇鲍家村	24	男	1942 年 12 月
房立志	广饶县李鹊镇鲍家村	24	男	1942 年 12 月
刘俊禄	广饶县李鹊镇鲍家村	24	男	1942 年 12 月
孟凡霞	广饶县李鹊镇鲍家村	24	男	1942 年 12 月
窦云云	广饶县李鹊镇太和一村	27	男	1942 年 12 月
张永贤	广饶县李鹊镇太和一村	27	男	1942 年 12 月
马子玉	广饶县大王镇东营村	31	男	1942 年 12 月
张本厚	广饶县大王镇东营村	22	男	1942 年 12 月
马光太	广饶县大王镇东营村	24	男	1942 年 12 月
田北关	广饶县花官乡司田村	21	男	1942 年冬
李杏林	广饶县大王镇西营村	20	男	1942 年冬
刘文斗	广饶县李鹊镇郝家村	30	男	1942 年冬
耿青州	广饶县李鹊镇黄西村	19	男	1942 年冬
万清代	广饶县丁庄镇万屋村	67	男	1942 年冬
万 氏	广饶县丁庄镇万屋村	65	女	1942 年冬
万景亮之女	广饶县丁庄镇万屋村	8	女	1942 年冬
王树堂	广饶县石村镇大店村	20	男	1942 年冬
孙延武	广饶县石村镇甄庙村	50	男	1942 年冬
赵桂芝	广饶县李鹊镇郝家村	30	男	1942 年冬
王红波	广饶县广饶镇北花园村	23	男	1942 年冬
汪群之妻	广饶县经济开发区杨家社区	—	女	1942 年冬

姓　名	籍　贯	年　龄	性　别	死难时间
王金建	广饶县大王镇复兴王村	21	男	1942 年
李少舟	广饶县大王镇李桥西村	30	男	1942 年
赵洪昌	广饶县陈官乡小赵村	26	男	1942 年
李青芳	广饶县陈官乡小赵村	25	男	1942 年
印明德	广饶县西刘桥乡三水口村	33	男	1942 年
宋长亭	广饶县西刘桥乡宋寨村	23	男	1942 年
刘顺祥	广饶县西刘桥乡高刘村	32	男	1942 年
张树海	广饶县西刘桥乡乌河村	26	男	1942 年
蒋厚友	广饶县西刘桥乡蒋官村	17	男	1942 年
徐西禄	广饶县大码头乡东常徐村	19	男	1942 年
徐平农	广饶县大码头乡东常徐村	23	男	1942 年
王绍雨	广饶县丁庄镇王道村	33	男	1942 年
王民生之母	广饶县丁庄镇王道村	35	女	1942 年
李永光	广饶县丁庄镇李道村	17	男	1942 年
李　生	广饶县丁庄镇李道村	18	男	1942 年
于伙嘴	广饶县丁庄镇李庄村	33	男	1942 年
丁长兴	广饶县丁庄镇东南坡村	26	男	1942 年
李广仁	广饶县丁庄镇李道村	19	男	1942 年
李尊师	广饶县丁庄镇李道村	40	男	1942 年
马　铁	广饶县丁庄镇崔道村	20	男	1942 年
赵鸿山	广饶县丁庄镇赵西村	24	男	1942 年
董府昌	广饶县丁庄镇后董村	42	男	1942 年
李安庆	广饶县丁庄镇辛桥村	55	男	1942 年
刘益树	广饶县丁庄镇祝庄村	23	男	1942 年
刘　苗	广饶县丁庄镇祝庄村	20	女	1942 年
缪如阔	广饶县丁庄镇缪道村	25	男	1942 年
缪日池	广饶县丁庄镇缪道村	35	男	1942 年
缪怀珍	广饶县丁庄镇缪道村	46	男	1942 年
缪丫头	广饶县丁庄镇缪道村	15	女	1942 年
缪忠厚	广饶县丁庄镇缪道村	31	男	1942 年
周绍清	广饶县丁庄镇沙台崖村	60	男	1942 年
周子新	广饶县花官乡草李村	28	男	1942 年
张金香	广饶县花官乡古东村	30	男	1942 年
李守训	广饶县花官乡草李村	24	男	1942 年

姓 名	籍 贯	年 龄	性 别	死难时间
齐两声	广饶县花官乡油坊村	39	男	1942 年
胡凡美	广饶县大王镇刘家村	48	男	1942 年
刘汝元	广饶县大王镇刘家村	48	男	1942 年
刘允和	广饶县大王镇刘家村	40	男	1942 年
赵祥磊	广饶县大王镇刘家村	40	男	1942 年
曹建方	广饶县大王镇王东村	52	男	1942 年
王新祥	广饶县大王镇卧石西村	30	男	1942 年
李方田	广饶县大王镇西李村	37	男	1942 年
李宗山	广饶县大王镇西李村	42	男	1942 年
宋德宏	广饶县大王镇西李村	42	男	1942 年
魏安辉	广饶县大王镇西李村	37	男	1942 年
邓云祥	广饶县大王镇小李村	24	男	1942 年
王茂光	广饶县大王镇小李村	24	男	1942 年
邵青龙	广饶县李鹊镇鲍家村	38	男	1942 年
杜 宁	广饶县李鹊镇北赵村	34	男	1942 年
李 爽	广饶县李鹊镇北赵村	37	男	1942 年
王良玉	广饶县李鹊镇北赵村	39	男	1942 年
王崇文	广饶县李鹊镇郭辛村	27	男	1942 年
柳 英	广饶县李鹊镇十里村	34	男	1942 年
张继霞	广饶县李鹊镇张郭村	22	男	1942 年
邓慧云	广饶县李鹊镇赵庄村	25	男	1942 年
褚 波	广饶县西刘桥乡三水村	26	男	1942 年
刘同峰	广饶县西刘桥乡三水村	23	男	1942 年
颜世勇	广饶县西刘桥乡三水村	30	男	1942 年
张海辉	广饶县西刘桥乡三水村	42	男	1942 年
陈亚琴	广饶县广饶镇	18	男	1942 年
赵萌昌	广饶县广饶镇	18	男	1942 年
黄学忠	广饶县李鹊镇大张村	38	男	1942 年
李潇潇	广饶县李鹊镇西大村	23	男	1942 年
钟振华	广饶县李鹊镇艾家村	22	男	1942 年
曹学梦	广饶县广饶镇北花园村	34	男	1942 年
杨 敏	广饶县广饶镇北花园村	34	男	1942 年
崔林东	广饶县李鹊镇崔刘村	47	男	1942 年
骆宗庆	广饶县李鹊镇崔刘村	47	男	1942 年

姓　名	籍　贯	年　龄	性　别	死难时间
朱志伟	广饶县李鹊镇崔刘村	47	男	1942 年
孙良宁	广饶县李鹊镇苏家村	42	男	1942 年
刘梅修	广饶县李鹊镇小张村	39	男	1942 年
张以鲁	广饶县李鹊镇小张村	39	男	1942 年
李跟成	广饶县李鹊镇赵寺村	26	男	1942 年
孙建军	广饶县李鹊镇赵寺村	31	男	1942 年
田家福	广饶县李鹊镇赵寺村	26	男	1942 年
田术士	广饶县李鹊镇赵寺村	31	男	1942 年
董伟强	东营区辛集	28	男	1942 年
李超楠	东营区辛集	42	女	1942 年
汪振跃	东营区辛集	28	男	1942 年
祝祥兵	东营区辛集	19	男	1942 年
郭永光	广饶县广饶镇前燕村	20	男	1942 年
李志军	广饶县广饶镇前燕村	28	男	1942 年
刘晓光	广饶县颜徐乡杨家村	24	男	1942 年
崔有勋	广饶县丁庄镇王署埠村	31	男	1943 年 1 月
聂士东	广饶县丁庄镇聂寨村	23	男	1943 年 1 月
孙良本	广饶县丁庄镇三柳村	65	男	1943 年 1 月
丁迎新	广饶县丁庄镇丁庄村	25	男	1943 年 1 月
丁刚三之子	广饶县丁庄镇丁庄村	16	男	1943 年 1 月
丁善明	广饶县丁庄镇丁庄村	28	男	1943 年 1 月
丁善堂	广饶县丁庄镇丁庄村	30	男	1943 年 1 月
甄举田	广饶县石村镇甄庙村	27	男	1943 年 1 月
于彤昌	广饶县花官乡大桓村	26	男	1943 年 1 月
朱光德	广饶县经济开发区綦许社区	38	男	1943 年 1 月
袁长顺之父	广饶县大王镇东营村	34	男	1943 年 1 月
李聂氏	广饶县大王镇东营村	55	女	1943 年 1 月
马书熙	广饶县石村镇甄庙村	31	男	1943 年 1 月
刘者奎之女	广饶县李鹊镇小张村	8	女	1943 年 2 月 19 日
刘余良	广饶县李鹊镇小张村	23	男	1943 年 2 月 11 日
马新中	广饶县西刘桥乡桑二村	30	男	1943 年 2 月
武好广之妻	广饶县西刘桥乡北塔村	42	女	1943 年 2 月
尹公亭	广饶县西刘桥乡小营村	24	男	1943 年 2 月
张闺女	广饶县西刘桥乡东杨家村	16	女	1943 年 2 月

姓　名	籍　贯	年　龄	性　别	死难时间
艾丰贵之母	广饶县李鹊镇艾家村	63	女	1943 年 2 月
赵炳义	广饶县石村镇中赵村	19	男	1943 年 3 月 2 日
刘　西	广饶县西刘桥乡高刘村	28	男	1943 年 3 月 11 日
刘长中	广饶县西刘桥乡高刘村	70	男	1943 年 3 月 11 日
刘子国	广饶县西刘桥乡高刘村	76	男	1943 年 3 月 11 日
刘世传	广饶县西刘桥乡高刘村	35	男	1943 年 3 月 11 日
武泽洲	广饶县西刘桥乡南塔村	55	男	1943 年 3 月 11 日
张中臣	广饶县陈官乡梯门村	32	男	1943 年 3 月
杨松南	广饶县陈官乡杨斗村	35	男	1943 年 3 月
王丙选	广饶县稻庄镇长行村	—	男	1943 年 3 月
徐友直	广饶县大王镇范家村	23	男	1943 年 3 月
燕保田之妻	广饶县西刘桥乡西燕村	43	女	1943 年 3 月
燕学孟之妻	广饶县西刘桥乡西燕村	55	女	1943 年 3 月
燕　志	广饶县西刘桥乡西燕村	43	男	1943 年 3 月
燕润田	广饶县西刘桥乡西燕村	53	男	1943 年 3 月
燕象友	广饶县西刘桥乡西燕村	68	男	1943 年 3 月
韩××	广饶县李鹊镇西柳村	28	男	1943 年 3 月
耿振太	广饶县李鹊镇西大张村	20	男	1943 年 3 月
李　蛋	广饶县李鹊镇鲍家村	27	男	1943 年 3 月
李方甫之妻	广饶县李鹊镇北水村	28	女	1943 年 3 月
李方甫之妹	广饶县李鹊镇北水村	17	女	1943 年 3 月
贾会香	广饶县李鹊镇拐子村	21	女	1943 年 3 月
李清仪	广饶县李鹊镇北赵村	37	男	1943 年 3 月
刘文清	广饶县丁庄镇刘庄村	20	男	1943 年 3 月
刘来智	广饶县丁庄镇刘庄村	22	男	1943 年 3 月
孙怀甫	广饶县丁庄镇三柳村	31	男	1943 年 3 月
孙龙云	广饶县丁庄镇三柳村	20	男	1943 年 3 月
李书贞	广饶县花官乡大桓村	28	男	1943 年 3 月
尹　力	广饶县李鹊镇鲍家村	27	男	1943 年 3 月
于宪明	广饶县李鹊镇西大张村	20	男	1943 年 3 月
韩　冰	广饶县李鹊镇西柳村	24	男	1943 年 3 月
孔　惠	广饶县李鹊镇西柳村	24	男	1943 年 3 月
卢继华	广饶县李鹊镇西柳村	28	男	1943 年 3 月
马　丽	广饶县李鹊镇西柳村	28	男	1943 年 3 月

姓 名	籍 贯	年 龄	性 别	死难时间
王志伟	广饶县广饶镇牛家村	24	男	1943 年 3 月
李文忠	广饶县李鹊镇西柳村	24	男	1943 年 3 月
胡思洋	广饶县陈官乡芦李村	40	男	1943 年春
祁海英	广饶县陈官乡芦李村	22	女	1943 年春
王英杰	广饶县陈官乡芦李村	28	男	1943 年春
徐二敏	东营区辛集	43	男	1943 年春
张稳灿	东营区辛集	23	男	1943 年春
卜照旺	广饶县大王镇孟集村	31	男	1943 年春
刘 讨	广饶县大王镇书房刘村	40	男	1943 年春
张立修	广饶县大王镇西卧石村	24	男	1943 年春
马年生	广饶县李鹊镇西柳村	25	男	1943 年春
朱佃军	广饶县李鹊镇鲍家村	28	男	1943 年春
李善颂	广饶县李鹊镇太三村	35	男	1943 年春
苏汗清	广饶县李鹊镇苏家村	45	男	1943 年春
韩其明	广饶县李鹊镇西水村	19	男	1943 年春
张保英	广饶县李鹊镇西水村	70	男	1943 年春
李家告	广饶县丁庄镇李道村	28	男	1943 年春
商 响	广饶县丁庄镇商庄村	26	男	1943 年春
张 继	广饶县李鹊镇鲍家村	28	男	1943 年春
耿一哲	广饶县李鹊镇西柳村	25	男	1943 年春
闫雪梅	广饶县李鹊镇西柳村	25	男	1943 年春
王 娟	广饶县李鹊镇西水村	70	男	1943 年春
朱安达	广饶县李鹊镇西水村	19	男	1943 年春
王宏伟	广饶县李鹊镇苏家村	45	男	1943 年春
陈思颖	广饶县李鹊镇太三村	35	男	1943 年春
耿冠群	广饶县李鹊镇李家村	21	男	1943 年春
宋结泉	广饶县经济开发区宋王社区	20	男	1943 年春末
齐吉铭	广饶县陈官乡东齐村	20	男	1943 年 4 月 15 日
陈连三	广饶县石村镇任家大营村	26	男	1943 年 4 月 29 日
刘春龙	广饶县西刘桥乡胜利村	43	男	1943 年 4 月
邓安民	广饶县大王镇永和村	18	男	1943 年 4 月
郭秀成	广饶县大王镇郭明田村	32	男	1943 年 4 月
刘徐氏	广饶县西刘桥乡胜利村	40	女	1943 年 4 月
武洪宝	广饶县西刘桥乡南塔村	24	男	1943 年 4 月

姓 名	籍 贯	年 龄	性 别	死难时间
李西芹	广饶县丁庄镇西官庄村	20	男	1943 年 4 月
李绍信	广饶县丁庄镇李屋村	45	男	1943 年 4 月
李书华	广饶县花官乡油坊村	26	男	1943 年 4 月
李景昆	广饶县丁庄镇西官庄村	28	男	1943 年 4 月
倪延振	广饶县稻庄镇南寨村	—	男	1943 年 5 月 1 日
李文贤	广饶县大王镇鞠家村	30	男	1943 年 5 月 6 日
李敬修	广饶县稻庄镇西大村	—	男	1943 年 5 月 15 日
任一致	广饶县稻庄镇南寨村	—	男	1943 年 5 月 16 日
王同善	广饶县花官乡花官村	27	男	1943 年 5 月 18 日
韩其兴	广饶县大王镇韩桥村	18	男	1943 年 5 月
刘松胜	广饶县大王镇东庄子村	60	男	1943 年 5 月
封保贤	广饶县陈官乡东齐村	22	男	1943 年 5 月
张象乾	广饶县西刘桥乡东河口村	32	男	1943 年 5 月
张秀山	广饶县西刘桥乡东河口村	58	男	1943 年 5 月
刘元春	广饶县李鹊镇小张村	30	男	1943 年 5 月
刘云亭	广饶县李鹊镇小张村	32	男	1943 年 5 月
刘者奎之妻	广饶县李鹊镇小张村	29	女	1943 年 5 月
张友仁	广饶县李鹊镇太二村	19	男	1943 年 5 月
耿茂章	广饶县李鹊镇西大张村	19	男	1943 年 5 月
王保来	广饶县石村镇西王村	30	男	1943 年 5 月
陈沪生	广饶县大王镇河沟村	23	男	1943 年 5 月
徐好智	广饶县大王镇河沟村	23	男	1943 年 5 月
田振清	广饶县李鹊镇东柳村	28	男	1943 年 5 月
彭熙伟	广饶县李鹊镇西大张村	19	男	1943 年 5 月
王仲春	广饶县李鹊镇小张村	30	男	1943 年 5 月
温照芳	广饶县李鹊镇小张村	32	男	1943 年 5 月
张国栋	广饶县李鹊镇小张村	29	男	1943 年 5 月
吴 川	广饶县李鹊镇太二村	19	男	1943 年 5 月
张亚萍	广饶县李鹊镇杨家村	28	男	1943 年 5 月
周 涛	广饶县西刘桥乡东河口村	19	男	1943 年 5 月
王付超	广饶县西刘桥乡韩家村	19	男	1943 年 5 月
徐 攀	广饶县西刘桥乡韩家村	42	男	1943 年 5 月
李启虎	广饶县李鹊镇李家村	21	男	1943 年 5 月
刘道勤	广饶县李鹊镇李家村	22	男	1943 年 5 月

姓 名	籍 贯	年 龄	性 别	死难时间
刘怀义	广饶县李鹊镇李家村	21	男	1943 年 5 月
武金兴	广饶县李鹊镇李家村	22	男	1943 年 5 月
段存英	广饶县李鹊镇小张村	45	男	1943 年 5 月
高明昊	广饶县李鹊镇小张村	20	男	1943 年 5 月
井惟超	广饶县李鹊镇小张村	22	男	1943 年 5 月
傅开美	广饶县李鹊镇杨家村	34	男	1943 年 5 月
潘 波	广饶县李鹊镇杨家村	34	男	1943 年 5 月
丁英杰	广饶县广饶镇颜徐村	31	男	1943 年 5 月
王志成	广饶县广饶镇颜徐村	21	男	1943 年 5 月
张亚松	广饶县广饶镇颜徐村	13	男	1943 年 5 月
付学平	广饶县大王镇李琚村	32	男	1943 年 6 月 1 日
付学典	广饶县大王镇李琚村	30	男	1943 年 6 月 1 日
刘马驹	广饶县花官乡司田村	21	男	1943 年 6 月 5 日
李往成	广饶县花官乡司田村	29	男	1943 年 6 月 5 日
李 好	广饶县李鹊镇李西村	35	男	1943 年 6 月 7 日
武 红	广饶县李鹊镇李西村	35	男	1943 年 6 月 7 日
李振伦	广饶县李鹊镇小张村	39	男	1943 年 6 月 7 日
米光三	广饶县花官乡花官村	50	男	1943 年 6 月 10 日
董清光	广饶县陈官乡董斗村	38	男	1943 年 6 月
燕敬田	广饶县西刘桥乡西燕村	43	男	1943 年 6 月
刘象书	广饶县花官乡司田村	58	男	1943 年 6 月
闫红局	广饶县花官乡封家村	20	男	1943 年 6 月
张德方	广饶县大王镇西卧石村	30	男	1943 年夏
薛德普	广饶县花官乡东薛村	28	男	1943 年 7 月 7 日
魏宗贤	广饶县大王镇东吕村	65	男	1943 年 7 月 9 日
李哑巴	广饶县陈官乡李家村	20	男	1943 年 7 月 9 日
印洪德	广饶县西刘桥乡印家村	52	男	1943 年 7 月 14 日
李振山	广饶县花官乡草李村	24	男	1943 年 7 月 20 日
李家龙	广饶县花官乡草李村	35	男	1943 年 7 月 20 日
李振声	广饶县花官乡草李村	40	男	1943 年 7 月 20 日
杨树贤	广饶县陈官乡杨斗村	36	男	1943 年 7 月
李振吉	广饶县李鹊镇西柳村	33	男	1943 年 7 月
付开贵	广饶县李鹊镇杨家村	35	男	1943 年 7 月
田淑贤	广饶县李鹊镇崔刘村	36	男	1943 年 7 月

姓　名	籍　贯	年　龄	性　别	死难时间
高清怀	广饶县李鹊镇崔刘村	25	男	1943 年 7 月
崔效五	广饶县李鹊镇崔刘村	22	男	1943 年 7 月
崔树梅	广饶县李鹊镇崔刘村	23	男	1943 年 7 月
谢老二	广饶县李鹊镇崔刘村	25	男	1943 年 7 月
孙连儒	广饶县丁庄镇孙屋村	37	男	1943 年 7 月
常俊田	广饶县丁庄镇河南寨村	38	男	1943 年 7 月
常吉昌	广饶县丁庄镇北常村	19	男	1943 年 7 月
宋培武	广饶县丁庄镇北常村	18	男	1943 年 7 月
宋本维	广饶县丁庄镇北常村	21	男	1943 年 7 月
谭小贝	广饶县大王镇东营村	—	男	1943 年 7 月
张富帽	广饶县大王镇东营村	—	男	1943 年 7 月
武俊娥	广饶县李鹊镇艾家村	—	男	1943 年 7 月
范哲意	广饶县李鹊镇西柳村	33	男	1943 年 7 月
金福生	广饶县李鹊镇赵庄村	19	男	1943 年 7 月
刘庆辉	广饶县李鹊镇杨家村	35	男	1943 年 7 月
吕学忠	广饶县广饶镇牛家村	33	男	1943 年 7 月
孙善教	广饶县丁庄镇孙屋村	30	男	1943 年 7 月
刘汝南	广饶县大王镇刘堡村	27	男	1943 年 7 月
郭　氏	广饶县大王镇红盆村	36	女	1943 年 7 月
周瑞元	广饶县花官乡后勤村	35	男	1943 年 8 月 11 日
薛红英	广饶县花官乡东薛村	24	男	1943 年 8 月 11 日
薛善信	广饶县花官乡东薛村	23	男	1943 年 8 月 11 日
薛培增	广饶县花官乡东薛村	25	男	1943 年 8 月 11 日
马奎堂	广饶县花官乡封家村	18	男	1943 年 8 月 14 日
张克聪	广饶县花官乡封家村	45	男	1943 年 8 月 15 日
董在中	广饶县陈官乡董庄村	25	男	1943 年 8 月
董要光	广饶县陈官乡董庄村	21	男	1943 年 8 月
董在民	广饶县陈官乡董庄村	24	男	1943 年 8 月
张润之	广饶县陈官乡董庄村	21	男	1943 年 8 月
徐怀清	广饶县稻庄镇徐楼村	—	男	1943 年 8 月
赵修季	广饶县李鹊镇段家村	29	男	1943 年 8 月
张相乾	广饶县丁庄镇北张寨村	20	男	1943 年 8 月
马志刚	广饶县丁庄镇崔道村	19	男	1943 年 8 月
孙希康	广饶县石村镇甄庙村	28	男	1943 年 8 月

姓 名	籍 贯	年 龄	性 别	死难时间
张宋青	广饶县花官乡古东村	40	男	1943 年 8 月
邓相臣	广饶县大王镇小李村	22	男	1943 年 8 月
刘 林	广饶县大王镇小李村	22	男	1943 年 8 月
王立军	广饶县大王镇小李村	22	男	1943 年 8 月
王学颜	广饶县大王镇小李村	22	男	1943 年 8 月
白 莹	广饶县李鹊镇安里村	21	男	1943 年 8 月
赵玉灿	广饶县李鹊镇安里村	18	男	1943 年 8 月
王健全	广饶县李鹊镇段家村	29	男	1943 年 8 月
高仲明	广饶县李鹊镇十里村	35	男	1943 年 8 月
王淑霞	广饶县李鹊镇十里村	34	男	1943 年 8 月
衣永恒	广饶县李鹊镇苏家村	28	男	1943 年 8 月
刘传经	广饶县大王镇刘堡村	51	男	1943 年 8 月
来庆昌	广饶县花官乡花官村	21	男	1943 年 9 月 14 日
张洪文	广饶县陈官乡北户村	23	男	1943 年 9 月 17 日
张士杰	广饶县陈官乡北户村	18	男	1943 年 9 月
张延庭	广饶县陈官乡北户村	20	男	1943 年 9 月
邢玉祥之妻	广饶县陈官乡高斗村	34	女	1943 年 9 月
李锡鹏	广饶县李鹊镇黄西村	28	男	1943 年 9 月
常龙章	广饶县丁庄镇常寨村	30	男	1943 年 9 月
常树斌	广饶县丁庄镇河南寨村	31	男	1943 年 9 月
丁洪登	广饶县丁庄镇丁庄村	45	男	1943 年 9 月
丁永庆	广饶县丁庄镇丁庄村	45	男	1943 年 9 月
丁西才	广饶县丁庄镇丁庄村	42	男	1943 年 9 月
丁善言	广饶县丁庄镇丁庄村	29	男	1943 年 9 月
王黎娜	广饶县大王镇东营村	60	男	1943 年 9 月
王德君	广饶县大王镇刘家村	48	男	1943 年 9 月
田妮子	广饶县李鹊镇东柳村	13	女	1943 年 9 月
韩齐河	广饶县李鹊镇北赵村	34	男	1943 年 9 月
张道林	广饶县李鹊镇北赵村	34	男	1943 年 9 月
田厥祥	广饶县李鹊镇郭家村	28	男	1943 年 9 月
张 伟	广饶县李鹊镇郭家村	28	男	1943 年 9 月
刘长乐	广饶县大王镇书房刘村	40	男	1943 年秋
延霁云	广饶县大王镇王永槐村	42	男	1943 年秋
张爱花	广饶县大王镇后屯村	20	女	1943 年秋

姓 名	籍 贯	年 龄	性 别	死难时间
赵汝洲	广饶县李鹊镇南赵村	40	男	1943 年秋
韩初发	广饶县李鹊镇西耿村	47	男	1943 年秋
焦兆三	广饶县李鹊镇后大张村	28	男	1943 年秋
常玉符	广饶县李鹊镇西水村	37	男	1943 年秋
韩发乐	广饶县李鹊镇西水村	45	男	1943 年秋
李建良	广饶县李鹊镇拐子村	28	男	1943 年秋
王京明	广饶县丁庄镇王道村	40	男	1943 年秋
王发田	广饶县丁庄镇王道村	21	男	1943 年秋
马世宗	广饶县丁庄镇马屋村	57	男	1943 年秋
马文令	广饶县丁庄镇马屋村	55	男	1943 年秋
孙庆先之母	广饶县丁庄镇三岔村	24	女	1943 年秋
李玉梅之弟	广饶县丁庄镇三岔村	21	男	1943 年秋
孙仁安之父	广饶县丁庄镇三岔村	51	男	1943 年秋
孙方兴之祖父	广饶县丁庄镇三岔村	53	男	1943 年秋
商连荣	广饶县丁庄镇商庄村	25	男	1943 年秋
商 蔚	广饶县丁庄镇商庄村	25	男	1943 年秋
李庆文	广饶县丁庄镇商庄村	23	男	1943 年秋
李清平	广饶县丁庄镇商庄村	39	男	1943 年秋
商烈章	广饶县丁庄镇商庄村	31	男	1943 年秋
李清江	广饶县丁庄镇商庄村	45	男	1943 年秋
商守训	广饶县丁庄镇商庄村	27	男	1943 年秋
商进孝	广饶县丁庄镇商庄村	28	男	1943 年秋
黄良友	广饶县丁庄镇商庄村	27	男	1943 年秋
黄米河	广饶县丁庄镇商庄村	27	男	1943 年秋
曹荣源	广饶县石村镇甄庙村	18	男	1943 年秋
田 毅	广饶县李鹊镇后大张村	28	男	1943 年秋
张宝贵	广饶县李鹊镇南赵村	40	男	1943 年秋
夏 雪	广饶县李鹊镇西水村	45	男	1943 年秋
张国利	广饶县李鹊镇西水村	37	男	1943 年秋
陈攀峰	广饶县李鹊镇西耿村	47	男	1943 年秋
孔祥斌	广饶县原广饶镇前安德村	20	男	1943 年秋
司孟月	广饶县经济开发区司家社区	26	男	1943 年秋
杜庆友	广饶县稻庄镇皂李村	—	男	1943 年 10 月 8 日
李洪因	广饶县大王镇大王西村	51	男	1943 年 10 月 11 日

姓 名	籍 贯	年 龄	性 别	死难时间
孟庆辉	广饶县李鹊镇鲍家村	24	男	1943 年 10 月 19 日
李 明	广饶县广饶镇申盟村	18	男	1943 年 10 月 19 日
刘公田	广饶县广饶镇申盟村	18	男	1943 年 10 月 19 日
李秀兰	广饶县花官乡油坊村	48	女	1943 年 10 月 26 日
李军芝	广饶县大王镇中李村	64	男	1943 年 10 月
崔连文	广饶县花官乡后勤村	35	男	1943 年 11 月 10 日
王送令	广饶县花官乡后勤村	23	女	1943 年 11 月 10 日
史中亮	广饶县花官乡后勤村	34	男	1943 年 11 月 10 日
周春元	广饶县花官乡后勤村	34	男	1943 年 11 月 10 日
刘俊泉	广饶县稻庄镇南寨村	—	男	1943 年 11 月 17 日
聂 江	广饶县花官乡大桓村	26	男	1943 年 11 月 20 日
秦连英	广饶县花官乡大桓村	35	男	1943 年 11 月 20 日
曲兆文	广饶县李鹊镇艾家村	22	男	1943 年 11 月
刘京然	广饶县广饶镇朱耿村	34	男	1943 年 11 月
延培信	广饶县大王镇王永槐村	33	男	1943 年 11 月
许林际	广饶县广饶镇朱耿村	34	男	1943 年 11 月
魏河洲	广饶县广饶镇梧东村	45	男	1943 年 12 月 7 日
刘 全	广饶县花官乡花官村	23	男	1943 年 12 月 8 日
魏家干	广饶县大王镇东吕村	58	男	1943 年 12 月 8 日
雒明玉	广饶县花官乡雒家村	15	男	1943 年 12 月 8 日
雒献之	广饶县花官乡雒家村	55	男	1943 年 12 月 8 日
雒乃文	广饶县花官乡雒家村	57	男	1943 年 12 月 8 日
雒维让	广饶县花官乡雒家村	33	男	1943 年 12 月 8 日
刘义德	广饶县大码头乡北堤村	31	男	1943 年 12 月 16 日
李唯清	广饶县大王镇大王西村	60	男	1943 年 12 月 17 日
杨维岱	广饶县李鹊镇赵寺村	32	男	1943 年 12 月
田淑宽	广饶县李鹊镇赵寺村	37	男	1943 年 12 月
田淑中	广饶县李鹊镇赵寺村	35	男	1943 年 12 月
田家骖	广饶县李鹊镇赵寺村	30	男	1943 年 12 月
田茂先	广饶县李鹊镇赵寺村	22	男	1943 年 12 月
刘龙旗	广饶县大王镇刘堡村	46	男	1943 年 12 月
纪永利	广饶县大王镇纪庄村	40	男	1943 年 12 月
纪老七	广饶县大王镇纪庄村	39	男	1943 年 12 月
刘 相	广饶县丁庄镇刘沧村	17	女	1943 年 12 月

姓　名	籍　贯	年　龄	性　别	死难时间
常顺英	广饶县李鹊镇赵寺村	35	男	1943 年 12 月
李玉兰	广饶县李鹊镇赵寺村	30	男	1943 年 12 月
孟令水	广饶县李鹊镇赵寺村	22	男	1943 年 12 月
郑东企	广饶县李鹊镇赵寺村	37	男	1943 年 12 月
钟漫如	广饶县李鹊镇赵寺村	32	男	1943 年 12 月
谢宝树	广饶县李鹊镇崔刘村	21	男	1943 年 12 月
杨来小	广饶县李鹊镇崔刘村	21	男	1943 年 12 月
于年令	广饶县李鹊镇郝家村	27	男	1943 年冬
任相良	广饶县石村镇任家大营村	45	男	1943 年冬
张　艳	广饶县李鹊镇郝家村	27	男	1943 年冬
汪立冬	广饶县广饶镇北花园村	44	男	1943 年冬
汪群子	广饶县经济开发区杨家社区	—	男	1943 年冬
刘金虎	广饶县广饶镇毛王村	38	男	1943 年
李焕明	广饶县大王镇永和村	20	男	1943 年
赵世强	广饶县李鹊镇艾家村	22	男	1943 年
任双庆	广饶县西刘桥乡东河口村	30	男	1943 年
崔明儒	广饶县西刘桥乡韩家村	22	男	1943 年
吴美训	广饶县西刘桥乡宋寨村	23	男	1943 年
刘继信	广饶县西刘桥乡小刘桥村	36	男	1943 年
刘金光	广饶县西刘桥乡高刘村	33	男	1943 年
武如一	广饶县西刘桥乡南塔村	24	男	1943 年
武乃洪	广饶县西刘桥乡南塔村	23	男	1943 年
武兆增	广饶县西刘桥乡南塔村	24	男	1943 年
王孝顺	广饶县丁庄镇王道村	5	男	1943 年
李好修	广饶县丁庄镇王道村	40	男	1943 年
王　税	广饶县丁庄镇王道村	12	女	1943 年
郭长存	广饶县丁庄镇郭王村	30	男	1943 年
刘树明	广饶县丁庄镇郭王村	22	男	1943 年
李　塘	广饶县丁庄镇李道村	20	男	1943 年
李　安	广饶县丁庄镇李道村	20	男	1943 年
李挨现	广饶县丁庄镇李道村	19	男	1943 年
李里房	广饶县丁庄镇李道村	21	男	1943 年
李京子	广饶县丁庄镇李道村	19	男	1943 年
赵欣升	广饶县丁庄镇赵西村	23	男	1943 年

姓 名	籍 贯	年 龄	性 别	死难时间
李芝莲	广饶县丁庄镇后董村	29	男	1943 年
李连春	广饶县丁庄镇辛桥村	24	男	1943 年
缪良卿	广饶县丁庄镇缪道村	30	男	1943 年
缪信然	广饶县丁庄镇缪道村	32	男	1943 年
崔金镜	广饶县花官乡花官村	26	男	1943 年
雒俊之	广饶县花官乡雒家村	30	男	1943 年
雒怀之	广饶县花官乡雒家村	28	男	1943 年
雒汉城	广饶县花官乡雒家村	40	男	1943 年
宋嘉言	广饶县花官乡油坊村	45	男	1943 年
任淑元	广饶县大王镇纪庄村	19	男	1943 年
冯立光	广饶县大王镇卧石西村	18	男	1943 年
邓善训	广饶县大王镇小李村	23	男	1943 年
邓新利	广饶县大王镇小李村	23	男	1943 年
范旭杰	广饶县大王镇小李村	22	男	1943 年
马凤山	广饶县大王镇小李村	22	男	1943 年
史德伟	广饶县大王镇小李村	23	男	1943 年
徐向前	广饶县大王镇小李村	23	男	1943 年
翟华云	广饶县大王镇小李村	23	男	1943 年
赵立波	广饶县大王镇小李村	24	男	1943 年
江 山	广饶县李鹊镇车家村	52	男	1943 年
杨梦辰	广饶县李鹊镇黄西村	28	男	1943 年
安丰田	广饶县西刘桥乡三水村	28	男	1943 年
张国卿	广饶县西刘桥乡三水村	46	男	1943 年
周 彦	广饶县西刘桥乡三水村	42	男	1943 年
郭玉林	广饶县西刘桥乡东河口村	30	男	1943 年
韩腾飞	广饶县西刘桥乡东河口村	60	男	1943 年
贾洪涛	广饶县西刘桥乡东河口村	38	男	1943 年
艾允英	广饶县李鹊镇艾家村	22	男	1943 年
侯惠苗	广饶县广饶镇北花园村	25	男	1943 年
李成茵	广饶县广饶镇北花园村	44	男	1943 年
万亚琴	广饶县广饶镇北花园村	44	男	1943 年
尹维亮	广饶县广饶镇北花园村	25	男	1943 年
高玉秋	广饶县李鹊镇崔刘村	21	男	1943 年
张东海	广饶县李鹊镇崔刘村	21	男	1943 年

姓 名	籍 贯	年 龄	性 别	死难时间
侯鹏飞	广饶县李鹊镇梨园村	27	男	1943 年
贾东岭	广饶县李鹊镇梨园村	27	男	1943 年
贾来福	广饶县李鹊镇梨园村	27	男	1943 年
薛天津	广饶县李鹊镇梨园村	27	男	1943 年
韩相琛	广饶县李鹊镇苏家村	29	男	1943 年
苏汗青	广饶县李鹊镇苏家村	46	男	1943 年
吴延伟	广饶县李鹊镇苏家村	46	男	1943 年
赵海涛	广饶县李鹊镇苏家村	29	男	1943 年
李敬强	广饶县李鹊镇西堡村	21	男	1943 年
赵亚男	广饶县李鹊镇西堡村	22	男	1943 年
刘长项	广饶县李鹊镇小张村	45	男	1943 年
马永涛	广饶县李鹊镇小张村	45	男	1943 年
姜玉姣	广饶县广饶镇毛王村	20	男	1943 年
罗 刚	广饶县广饶镇毛王村	24	男	1943 年
董照祥	广饶县李鹊镇西柳村	57	男	1944 年 1 月 13 日
谢存亮	广饶县李鹊镇西柳村	57	男	1944 年 1 月 13 日
辛 怡	广饶县李鹊镇西柳村	57	男	1944 年 1 月 13 日
刘玉民	广饶县西刘桥乡胜利村	39	男	1944 年 1 月
赵清江	广饶县李鹊镇十里村	34	男	1944 年 1 月
常广信	广饶县丁庄镇西南寨村	78	男	1944 年 1 月
常咸贞	广饶县丁庄镇北常村	20	男	1944 年 1 月
常中盛	广饶县丁庄镇北常村	21	男	1944 年 1 月
常文英	广饶县丁庄镇北常村	23	男	1944 年 1 月
常百寿	广饶县丁庄镇北常村	20	男	1944 年 1 月
常中良	广饶县丁庄镇北常村	18	男	1944 年 1 月
宋培欣	广饶县丁庄镇北常村	19	男	1944 年 1 月
马龙山	广饶县丁庄镇马屋村	28	男	1944 年 1 月
马龙智	广饶县丁庄镇马屋村	25	男	1944 年 1 月
孙 氏	广饶县丁庄镇马屋村	28	女	1944 年 1 月
马兰停	广饶县丁庄镇马屋村	30	男	1944 年 1 月
吴 氏	广饶县丁庄镇马屋村	30	女	1944 年 1 月
夏 氏	广饶县丁庄镇马屋村	29	女	1944 年 1 月
朱 氏	广饶县经济开发区綦许社区	34	女	1944 年 1 月
燕致福	广饶县西刘桥乡桑二村	35	男	1944 年 2 月

姓 名	籍 贯	年 龄	性 别	死难时间
李相先	广饶县李鹊镇北赵村	34	男	1944 年 2 月
李登桂	广饶县李鹊镇北赵村	39	男	1944 年 2 月
田决功	广饶县李鹊镇崔刘村	30	男	1944 年 2 月
李长兴	广饶县稻庄镇皂李村	—	男	1944 年 3 月 6 日
庞长征	广饶县稻庄镇庞项村	—	男	1944 年 3 月
庞长庆	广饶县稻庄镇庞项村	—	男	1944 年 3 月
宋小栓	广饶县丁庄镇北常村	22	男	1944 年 3 月
封洪来	广饶县花官乡封家村	40	男	1944 年 3 月
李淑芬	广饶县广饶镇北花园村	23	男	1944 年 3 月
王汉生	广饶县广饶镇北花园村	23	男	1944 年 3 月
刘学振	广饶县李鹊镇崔刘村	23	男	1944 年 3 月
马文祥	广饶县广饶镇杜后村	25	男	1944 年 3 月
张道元	广饶县广饶镇杜后村	25	男	1944 年 3 月
刘振峰	广饶县李鹊镇梨园村	27	男	1944 年 3 月
魏五彩	广饶县大王镇任楼村	35	男	1944 年春
马士递	广饶县李鹊镇西柳村	17	男	1944 年春
刘本书	广饶县李鹊镇小张村	28	男	1944 年春
刘署光	广饶县李鹊镇小张村	19	男	1944 年春
刘正祥	广饶县李鹊镇小张村	27	男	1944 年春
王建臻	广饶县李鹊镇西柳村	17	男	1944 年春
赵淑敏	广饶县李鹊镇西柳村	17	男	1944 年春
李同柱	广饶县李鹊镇小张村	28	男	1944 年春
李先柏	广饶县李鹊镇小张村	19	男	1944 年春
魏元霞	广饶县李鹊镇小张村	27	男	1944 年春
焦宗耀	广饶县李鹊镇太和一村	23	男	1944 年春
李连德	广饶县李鹊镇小张村	36	男	1944 年春
陈精玉	广饶县李鹊镇张一村	22	男	1944 年春
孙友贤	广饶县李鹊镇太一村	24	男	1944 年 4 月
赵锡良	广饶县李鹊镇赵庄村	19	男	1944 年 4 月
鲍春台	广饶县大王镇纪庄村	19	男	1944 年 4 月
曹国梁	广饶县大王镇纪庄村	20	男	1944 年 4 月
纪厂棚	广饶县大王镇纪庄村	30	男	1944 年 4 月
纪学孟	广饶县大王镇纪庄村	20	男	1944 年 4 月
王 超	广饶县大王镇纪庄村	30	男	1944 年 4 月

姓 名	籍 贯	年 龄	性别	死难时间
张曙光	广饶县大王镇纪庄村	19	男	1944 年 4 月
黄西户	广饶县大王镇卧石西村	18	男	1944 年 4 月
彭胜叶	广饶县大王镇卧石西村	18	男	1944 年 4 月
孟微微	广饶县李鹊镇艾家村	28	男	1944 年 4 月
方 知	广饶县李鹊镇崔刘村	30	男	1944 年 4 月
郝晓玲	广饶县李鹊镇崔刘村	25	男	1944 年 4 月
刘 力	广饶县李鹊镇崔刘村	36	男	1944 年 4 月
王文丽	广饶县李鹊镇崔刘村	22	男	1944 年 4 月
许海峰	广饶县李鹊镇崔刘村	22	男	1944 年 4 月
杨 新	广饶县李鹊镇崔刘村	25	男	1944 年 4 月
于静莉	广饶县李鹊镇崔刘村	23	男	1944 年 4 月
冬 雷	广饶县李鹊镇拐子村	23	男	1944 年 4 月
李国平	广饶县李鹊镇拐子村	18	男	1944 年 4 月
邢彩荣	广饶县李鹊镇拐子村	21	男	1944 年 4 月
赵伟瑞	广饶县李鹊镇拐子村	30	男	1944 年 4 月
李 勤	广饶县李鹊镇太和一村	24	男	1944 年 4 月
曲李氏	广饶县花官乡西薛村	60	女	1944 年 5 月 4 日
曲俊注	广饶县花官乡西薛村	62	男	1944 年 5 月 4 日
薛建章	广饶县花官乡西薛村	18	男	1944 年 5 月 4 日
薛学义	广饶县花官乡西薛村	30	男	1944 年 5 月 4 日
胡砚田	广饶县西刘桥乡西河口村	30	男	1944 年 5 月
崔九连	广饶县丁庄镇王署埠村	45	女	1944 年 5 月
刘顺经	广饶县丁庄镇刘道村	29	男	1944 年 5 月
孙国辉	广饶县大码头乡小丁家村	23	男	1944 年 5 月
张立峰	广饶县大码头乡小丁家村	24	男	1944 年 5 月
张雪萍	广饶县大码头乡小丁家村	27	女	1944 年 5 月
徐金梁	广饶县大王镇后屯村	39	男	1944 年 5 月
赵欣雨	广饶县大码头乡小丁家村	36	男	1944 年 5 月
陈锦堂	广饶县广饶镇莲花村	21	男	1944 年 6 月
常广学	广饶县丁庄镇西南寨村	17	男	1944 年 6 月
刘培芳	广饶县李鹊镇小张村	22	男	1944 年麦收时
刘 祯	广饶县李鹊镇小张村	22	男	1944 年麦收时
程国元	广饶县李鹊镇小张村	22	男	1944 年麦收时
栗 欣	广饶县李鹊镇小张村	22	男	1944 年麦收时

姓 名	籍 贯	年 龄	性 别	死难时间
刘余庆	广饶县李鹊镇小张村	25	男	1944 年夏
杨亚楠	广饶县李鹊镇小张村	25	男	1944 年夏
张光武	广饶县陈官乡陈官村	24	男	1944 年 7 月
张茂贵	广饶县陈官乡陈官村	21	男	1944 年 7 月
张金龙	广饶县陈官乡陈官村	23	男	1944 年 7 月
张存敬	广饶县陈官乡陈官村	50	男	1944 年 7 月
张春桢	广饶县陈官乡陈官村	23	男	1944 年 7 月
张伦明	广饶县陈官乡陈官村	30	男	1944 年 7 月
张宗起	广饶县陈官乡陈官村	28	男	1944 年 7 月
杨树玺	广饶县陈官乡杨斗村	21	男	1944 年 7 月
刘怀志	广饶县西刘桥乡胜利村	38	男	1944 年 7 月
苏曰信	广饶县李鹊镇苏家村	22	男	1944 年 7 月
蔡振国	广饶县大王镇邓家村	25	男	1944 年 7 月
郭之胜	广饶县大王镇邓家村	25	男	1944 年 7 月
张栋梁	广饶县大王镇刘家村	18	男	1944 年 7 月
刘进全	广饶县李鹊镇苏家村	22	男	1944 年 7 月
田家咸	广饶县李鹊镇北赵村	29	男	1944 年 7 月
杨国镐	广饶县李鹊镇北赵村	29	男	1944 年 7 月
王 震	广饶县李鹊镇鲍家村	28	男	1944 年 8 月 20 日
黄建民	广饶县广饶镇牛家村	24	男	1944 年 8 月 20 日
牛高贤	广饶县广饶镇牛家村	24	男	1944 年 8 月 20 日
田连正	广饶县大王镇田门村	30	男	1944 年 8 月 23 日
孙勇训	广饶县陈官乡卧佛村	29	男	1944 年 8 月
刘余音	广饶县李鹊镇小张村	27	男	1944 年 8 月
崔立孝	广饶县丁庄镇王署埠村	45	男	1944 年 8 月
程玉英	广饶县花官乡洛程村	25	男	1944 年 8 月
李郑氏	广饶县花官乡油坊村	52	女	1944 年 8 月
王文仁	广饶县花官乡司田村	22	男	1944 年 8 月
邓克顺	广饶县大王镇小李村	24	男	1944 年 8 月
邓学孔	广饶县大王镇小李村	22	男	1944 年 8 月
葛春山	广饶县大王镇小李村	22	男	1944 年 8 月
魏元强	广饶县大王镇小李村	24	男	1944 年 8 月
成志芳	广饶县李鹊镇车家村	53	男	1944 年 8 月
孙立权	广饶县李鹊镇十里村	27	男	1944 年 8 月

姓　名	籍　贯	年 龄	性 别	死难时间
高玄怡	广饶县李鹊镇小张村	27	男	1944 年 8 月
谢昌波	广饶县李鹊镇太和一村	27	男	1944 年 8 月
张致歌	广饶县陈官乡北户村	50	男	1944 年 9 月 11 日
刘西祥	广饶县花官乡东刘村	17	男	1944 年 9 月 25 日
刘西红	广饶县花官乡东刘村	19	男	1944 年 9 月 25 日
刘文科	广饶县花官乡东刘村	27	男	1944 年 9 月 25 日
刘文起	广饶县花官乡东刘村	30	男	1944 年 9 月 25 日
李兰芝	广饶县丁庄镇商庄村	60	男	1944 年 9 月
刘丕明	广饶县花官乡洛程村	23	男	1944 年 9 月
张嘉武	广饶县大王镇后屯村	39	男	1944 年秋
马京州	广饶县陈官乡燕儿村	26	男	1944 年秋
马金相	广饶县稻庄镇马楼村	—	男	1944 年秋
马金升	广饶县稻庄镇马楼村	—	男	1944 年秋
马中岳	广饶县稻庄镇马楼村	—	男	1944 年秋
马冠良	广饶县稻庄镇马楼村	—	男	1944 年秋
庞忠俊	广饶县稻庄镇庞家村	—	男	1944 年秋
刘兆温	广饶县李鹊镇西柳村	40	男	1944 年秋
刘经林	广饶县李鹊镇小张村	25	男	1944 年秋
马金声	广饶县李鹊镇安里村	18	男	1944 年秋
张　氏	广饶县丁庄镇刘道村	52	女	1944 年秋
李桂新	广饶县石村镇寨村	42	男	1944 年秋
周　雅	广饶县李鹊镇西柳村	40	男	1944 年秋
李燕民	广饶县李鹊镇小张村	25	男	1944 年秋
于成辉	广饶县广饶镇前安德村	26	男	1944 年秋
李成广	广饶县李鹊镇太和一村	23	男	1944 年秋
司振西	广饶县经济开发区司家社区	23	男	1944 年秋
隋春山	广饶县稻庄镇长行村	—	男	1944 年 10 月 1 日
张金铭	广饶县稻庄镇西水村	—	男	1944 年 10 月 1 日
庞春辉	广饶县稻庄镇庞项村	—	男	1944 年 10 月 10 日
孙其昌	广饶县广饶镇十七村	43	男	1944 年 11 月 1 日
李其禄	广饶县大码头乡义和村	30	男	1944 年 11 月 11 日
张光显	广饶县陈官乡斜里村	20	男	1944 年 11 月 15 日
薛红章	广饶县花官乡东薛村	20	男	1944 年 11 月 20 日
薛西官	广饶县花官乡东薛村	50	男	1944 年 11 月 20 日

姓　名	籍　贯	年　龄	性　别	死难时间
薛配成	广饶县花官乡东薛村	28	男	1944 年 11 月 20 日
薛新蛋	广饶县花官乡西薛村	40	男	1944 年 11 月 20 日
张春才	广饶县陈官乡陈官村	35	男	1944 年 11 月
张春才之妻	广饶县陈官乡陈官村	36	女	1944 年 11 月
张伦怀之姑	广饶县陈官乡陈官村	21	女	1944 年 11 月
张　荣	广饶县陈官乡陈官村	21	女	1944 年 11 月
张廷儒	广饶县陈官乡陈官村	30	男	1944 年 11 月
张景相	广饶县陈官乡陈官村	30	男	1944 年 11 月
刘俊德	广饶县花官乡司田村	22	男	1944 年 11 月
郭　龙	广饶县广饶镇毛王村	48	男	1944 年 11 月
李艳平	广饶县广饶镇毛王村	23	男	1944 年 11 月
张健超	广饶县广饶镇毛王村	40	男	1944 年 11 月
毕晓龙	广饶县经济开发区杨家社区	30	男	1944 年 11 月
陈德朋	广饶县大王镇南陈官村	45	男	1944 年 12 月 14 日
李振恒	广饶县西刘桥乡胜利村	40	男	1944 年 12 月
于来子	广饶县花官乡北口村	23	男	1944 年 12 月
庞中庸	广饶县稻庄镇庞家村	—	男	1944 年冬
田峻立	广饶县李鹊镇赵寺村	74	男	1944 年冬
常玉成	广饶县李鹊镇西水村	28	男	1944 年冬
姜丽蓉	广饶县李鹊镇西水村	28	男	1944 年冬
李　昕	广饶县李鹊镇西水村	29	男	1944 年冬
齐春萍	广饶县李鹊镇西水村	25	男	1944 年冬
邵　红	广饶县李鹊镇赵寺村	—	男	1944 年冬
任坤云	广饶县西刘桥乡东雷埠村	26	男	1944 年
侯光岭	广饶县西刘桥乡南塔村	32	男	1944 年
王世全	广饶县丁庄镇王道村	27	男	1944 年
马相益	广饶县丁庄镇马楼村	21	男	1944 年
宋玉枣	广饶县丁庄镇宋院村	31	男	1944 年
宋玉东	广饶县丁庄镇宋院村	22	男	1944 年
侯　志	广饶县丁庄镇辛桥村	27	男	1944 年
崔传世	广饶县花官乡后勤村	25	男	1944 年
吕来江	广饶县花官乡草南村	35	男	1944 年
程方乾	广饶县花官乡洛程村	22	男	1944 年
宋李氏	广饶县花官乡油坊村	40	女	1944 年

姓　名	籍　贯	年　龄	性　别	死难时间
付丽英	广饶县大王镇邓家村	25	男	1944 年
刘登科	广饶县大王镇刘家村	18	男	1944 年
刘胜林	广饶县大王镇刘家村	18	男	1944 年
张宪武	广饶县大王镇小李村	22	男	1944 年
吕红剑	广饶县李鹊镇艾家村	64	男	1944 年
陈学瑾	广饶县李鹊镇赵庄村	30	男	1944 年
仲崇雁	广饶县李鹊镇西大村	28	男	1944 年
杨朝忱	广饶县李鹊镇鲍家村	24	男	1944 年
张　辉	广饶县李鹊镇鲍家村	19	男	1944 年
李晓林	广饶县李鹊镇拐子村	16	男	1944 年
胡天乙	广饶县原广饶镇前安德村	20	男	1944 年
刘传宗	广饶县原广饶镇前安德村	20	男	1944 年
沙　沅	广饶县原广饶镇前安德村	26	男	1944 年
宋天重	广饶县原广饶镇前安德村	26	男	1944 年
高凤霞	广饶县李鹊镇十里村	26	男	1944 年
张积善	广饶县李鹊镇十里村	26	男	1944 年
李长生	广饶县李鹊镇太和一村	23	男	1944 年
刘长军	广饶县李鹊镇太和一村	23	男	1944 年
刘新近	广饶县李鹊镇小张村	19	男	1944 年
孙群旗	广饶县李鹊镇小张村	19	男	1944 年
刘　斌	广饶县李鹊镇赵寺村	21	男	1944 年
田家乐	广饶县李鹊镇赵寺村	21	男	1944 年
王其相	广饶县稻庄镇城坞村	—	男	1945 年 1 月 5 日
李守功	广饶县大王镇大王西村	33	男	1945 年 1 月 16 日
刘　妮	广饶县大王镇刘集村	23	女	1945 年 1 月 28 日
谢柱妮	广饶县大王镇刘集村	25	女	1945 年 1 月 28 日
李佃良	广饶县稻庄镇孙庄村	—	男	1945 年 1 月
刘金城	广饶县稻庄镇孙庄村	—	男	1945 年 1 月
张树德	广饶县李鹊镇西大张村	15	男	1945 年 1 月
方省三	广饶县石村镇中赵村	30	男	1945 年 1 月
胡成桥	广饶县李鹊镇西大张村	15	男	1945 年 1 月
王春晓	广饶县广饶镇申盟村	18	男	1945 年 1 月
朱　子	广饶县经济开发区綦许社区	10	男	1945 年 1 月
成　林	广饶县陈官乡碑寺村	22	男	1945 年 2 月

姓　名	籍　贯	年　龄	性别	死难时间
张凤图	广饶县丁庄镇郭王村	26	男	1945 年 2 月
刘凤征	广饶县丁庄镇郭王村	30	男	1945 年 2 月
程　范	广饶县花官乡洛程村	20	女	1945 年 2 月
李瑶臣	广饶县花官乡油坊村	50	男	1945 年 2 月
王凤刚	广饶县丁庄镇郭王村	30	男	1945 年 3 月
缪华兴	广饶县丁庄镇郭王村	21	男	1945 年 3 月
刘金江	广饶县丁庄镇祝庄村	25	男	1945 年 3 月
刘立本	广饶县李鹊镇小张村	20	男	1945 年春
苏洪清	广饶县李鹊镇苏家村	43	男	1945 年春
王学志	广饶县丁庄镇王屋村	27	男	1945 年春
邢郁丽	广饶县李鹊镇小张村	20	男	1945 年春
周芳集	广饶县李鹊镇苏家村	43	男	1945 年春
于宗海	广饶县李鹊镇张一村	23	男	1945 年春
黄金龙	—	—	男	1945 年 5 月 16 日
郭存昂	广饶县丁庄镇郭王村	26	男	1945 年 5 月
延宽宾	广饶县大王镇延集村	27	男	1945 年 6 月 4 日
延宽石	广饶县大王镇延集村	25	男	1945 年 6 月 4 日
延庆堂	广饶县大王镇延集村	26	男	1945 年 6 月 4 日
侯玉山	广饶县大王镇延集村	28	男	1945 年 6 月 4 日
王正谊	广饶县花官乡杨王村	29	男	1945 年 6 月 5 日
刘其浪	广饶县西刘桥乡三水口村	32	男	1945 年 6 月
黄泽营	广饶县大王镇小李村	22	男	1945 年 6 月
褚宏旭	广饶县李鹊镇太和一村	21	男	1945 年 6 月
张有仁	广饶县李鹊镇太和一村	21	男	1945 年 6 月
刘师洲	广饶县李鹊镇小张村	24	男	1945 年麦收时
张汉平	广饶县李鹊镇小张村	24	男	1945 年麦收时
刘　帅	广饶县李鹊镇小张村	24	男	1945 年 7 月
张　毅	广饶县李鹊镇小张村	24	男	1945 年 7 月
胡成龙	广饶县李鹊镇张一村	21	男	1945 年 7 月
延向甲	广饶县大王镇王永槐村	22	男	1945 年 7 月
延丰云	广饶县大王镇王永槐村	22	男	1945 年 7 月
杜佃俊	广饶县大王镇王永槐村	46	男	1945 年 7 月
薛跟周	广饶县花官乡西薛村	65	男	1945 年 8 月 2 日
薛长林	广饶县花官乡西薛村	58	男	1945 年 8 月 2 日

姓　名	籍　贯	年　龄	性　别	死难时间
温道才	广饶县花官乡温楼村	20	男	1945 年 8 月
孔经纬	广饶县广饶镇南西村	28	男	1945 年 8 月
夏国庆	广饶县广饶镇南西村	39	男	1945 年 8 月
孔令元	广饶县广饶镇颜徐村	27	男	1945 年 8 月
张容芳	广饶县经济开发区张汪社区	—	男	1945 年 8 月
郑国村	广饶县大王镇前贾村	18	男	1945 年秋
刘淑玉	广饶县李鹊镇小张村	26	男	1945 年秋
杨振春	广饶县李鹊镇赵寺村	9	男	1945 年秋
王世文	广饶县丁庄镇王道村	31	男	1945 年秋
冯　艳	广饶县李鹊镇小张村	26	男	1945 年秋
张和平	广饶县李鹊镇赵寺村	9	男	1945 年秋
李培良	广饶县李鹊镇太和一村	21	男	1945 年秋
燕焕光	广饶县西刘桥乡石碑村	29	男	1945 年
武乃祥	广饶县西刘桥乡南塔村	26	男	1945 年
武乃礼	广饶县西刘桥乡南塔村	19	男	1945 年
石文昌	广饶县大码头乡东常徐村	19	男	1945 年
徐活农	广饶县大码头乡东常徐村	30	男	1945 年
于文俊	广饶县丁庄镇李庄村	28	男	1945 年
侯赵山	广饶县丁庄镇李庄村	26	男	1945 年
王立友	广饶县丁庄镇郭王村	21	男	1945 年
张少光	广饶县丁庄镇郭王村	25	男	1945 年
李文雅	广饶县李鹊镇崔刘村	23	男	1945 年
刘来义	广饶县李鹊镇崔刘村	23	男	1945 年
刘颜献	广饶县李鹊镇李家村	21	男	1945 年
邢雪岭	广饶县李鹊镇李家村	21	男	1945 年
王君端	广饶县广饶镇北朱耿村	25	男	—
高长实	广饶县广饶镇杜疃西村	19	男	—
高法实	广饶县广饶镇杜疃西村	24	男	—
高世坡	广饶县广饶镇杜疃西村	24	男	—
孟广争	广饶县广饶镇杜疃西村	18	男	—
李佐勤	广饶县广饶镇牛李村	36	男	—
蒋洪祯	广饶县广饶镇十九村	41	男	—
蒋继汤	广饶县广饶镇十九村	50	男	—
蒋生子	广饶县广饶镇十九村	22	男	—

姓　名	籍　贯	年　龄	性　别	死难时间
蒋运男	广饶县广饶镇十九村	45	男	—
李会芳	广饶县广饶镇十九村	47	男	—
尹万军	广饶县广饶镇十九村	47	男	—
王吉田	广饶县广饶镇十七村	21	男	—
陈　军	广饶县李鹊镇北水村	28	男	—
陈慧敏	广饶县李鹊镇北水村	17	男	—
郭　瑞	广饶县李鹊镇黄西村	21	男	—
董　梅	广饶县李鹊镇西水村	26	男	—
李炳光	广饶县西刘桥乡李官村	32	男	—
李道春	广饶县西刘桥乡李官村	32	男	—
李兰华	广饶县西刘桥乡李官村	38	男	—
李兰欣	广饶县西刘桥乡李官村	30	男	—
李明春	广饶县西刘桥乡李官村	28	男	—
李士发	广饶县西刘桥乡李官村	29	男	—
李士征	广饶县西刘桥乡李官村	36	男	—
李允敬	广饶县西刘桥乡李官村	26	男	—
燕树增	广饶县西刘桥乡桑三村	31	男	—
成学林	广饶县石村镇新河村	26	男	1938 年 5 月
郭之胜	广饶县大王镇邓家村	25	男	1938 年 5 月
王子武	广饶县丁庄镇王道村	40	男	1938 年
李　厚	广饶县丁庄镇李道村	18	男	1938 年
李长实	广饶县丁庄镇李道村	18	男	1938 年
商风勤	广饶县丁庄镇商庄村	35	男	1939 年春
商风勤之妻	广饶县丁庄镇商庄村	35	女	1939 年春
商风勤之子	广饶县丁庄镇商庄村	5	男	1939 年春
商风勤之子	广饶县丁庄镇商庄村	3	男	1939 年春
商风勤之子	广饶县丁庄镇商庄村	1	男	1939 年春
商守志	广饶县丁庄镇商庄村	28	男	1939 年 4 月
商进才	广饶县丁庄镇商庄村	27	男	1939 年 4 月
韩长泰	广饶县丁庄镇李沧村	35	男	1939 年秋
商风潭	广饶县丁庄镇商庄村	50	男	1939 年秋
商风潭之妻	广饶县丁庄镇商庄村	50	女	1939 年秋
商守銮之子	广饶县丁庄镇商庄村	12	男	1939 年秋
商守銮之次子	广饶县丁庄镇商庄村	8	男	1939 年秋

姓 名	籍 贯	年 龄	性 别	死难时间
李宝善	广饶县石村镇寺上村	40	男	1940 年 12 月 25 日
常守廉	广饶县丁庄镇河南寨村	25	男	1941 年 3 月
李丰池	广饶县丁庄镇李沧村	37	男	1942 年 1 月
纪顺成	广饶县大王镇纪庄村	32	男	1942 年春
商风肖	广饶县丁庄镇商庄村	43	男	1942 年 1 月
孙学习	广饶县丁庄镇三柳村	46	男	1942 年 1 月
聂 志	广饶县石村镇佛王村	37	男	1942 年 2 月
聂兆民	广饶县石村镇佛王村	31	男	1942 年 2 月
丁凤坤	广饶县丁庄镇丁屋村	28	男	1942 年 3 月
王相进	广饶县石村镇大店村	30	男	1942 年 6 月
刘万敖	广饶县丁庄镇小官村	30	男	1942 年 11 月
缪 东	广饶县丁庄镇缪道村	18	男	1942 年
秦同杰	广饶县石村镇圈子村	31	男	1943 年 5 月
高宗孝	广饶县石村镇高家大营	33	男	1943 年 11 月
马大善	广饶县丁庄镇马屋村	20	男	1943 年
宋世范	广饶县丁庄镇北常村	22	男	1944 年 3 月
刘庆龙	广饶县丁庄镇祝庄村	19	男	1944 年 3 月
刘观水	广饶县丁庄镇祝庄村	23	男	1944 年
合 计	**2022**			

责任人：冯光明 赵学文 核实人：于志成 刘 虎 方 梅 填表人：刘 虎
填报单位（签章）：广饶县委党史研究室 填报时间：2009 年 4 月 17 日

垦利县抗日战争时期死难者名录

姓 名	籍 贯	年 龄	性 别	死难时间
杨淘气	垦利县郝家镇吴杨村	20	男	1937 年
张俊泉	垦利县董集乡大户村	28	男	1938 年
巴乃鹤	垦利县胜坨镇巴东村	—	男	1938 年
魏守仁	垦利县胜坨镇大白村	31	男	1938 年
刘 氏	垦利县郝家镇十八图村	45	女	1939 年 5 月
张岩岭	垦利县董集乡郑家村	28	男	1939 年 5 月
宋林明	垦利县董集乡东户村	41	男	1939 年秋
王学浦	垦利县董集乡大王村	23	男	1939 年 10 月
吴长顺	垦利县郝家镇吴杨村	60	男	1939 年 10 月 22 日
宋振加	垦利县郝家镇宋沙村	38	男	1939 年 10 月 22 日
宋方堂	垦利县郝家镇宋沙村	16	男	1939 年 10 月 22 日
盖 氏	垦利县郝家镇大务村	30	女	1939 年 10 月 22 日
樊 准	垦利县郝家镇大务村	20	女	1939 年 10 月 22 日
陈培玉	垦利县垦利镇李呈村	—	男	1939 年
张俊岭	垦利县董集乡大户村	22	男	1939 年
刘福泉	垦利县董集乡大户村	28	男	1939 年
杨津贞	垦利县垦利镇卜户村	19	男	1939 年
师殿军	垦利县永安镇东三村	50	男	1940 年春
马孟环	垦利县永安镇东三村	—	男	1940 年秋
盖考中	垦利县郝家镇大务村	29	男	1940 年 11 月
袁化兴	垦利县垦利镇民丰村	—	男	1940 年
杨吉兴	垦利县垦利镇民丰村	25	男	1940 年
王济槐	垦利县垦利镇大李呈村	17	男	1940 年
胥建洲	垦利县胜坨镇胥家村	22	男	1939—1940 年
胥友增	垦利县胜坨镇胥家村	48	男	1939—1940 年
胥二须	垦利县胜坨镇胥家村	47	男	1939—1940 年
王恩喜之母	垦利县垦利镇荆岭村	—	女	1941 年 4 月
李××	垦利县永安镇二十五村	—	男	1941 年 11 月
刘清云	垦利县郝家镇前缪村	60	男	1941 年 12 月
李荣发	垦利县垦利镇南羊村	27	男	1941 年冬
曹同意	垦利县垦利镇复胜村	21	男	1941 年

姓　名	籍　贯	年 龄	性 别	死难时间
魏守和	垦利县胜坨镇大白村	20	男	1941 年
周殿木	垦利县胜坨镇苏家村	22	男	1941 年
单立功	垦利县垦利镇民丰村	27	男	1941 年
李德顺	垦利县垦利镇民丰村	29	男	1941 年
杨庆荣	垦利县垦利镇寿山村	25	男	1941 年
张苟子	垦利县垦利镇西麻王村	21	男	1941 年
李会英	垦利县垦利镇新安村	26	男	1941 年
张仁堂	垦利县垦利镇南羊村	21	男	1941 年
王淑兰之兄	垦利县垦利镇西双河村	18	男	1941 年
杨守田之子	垦利县永安镇二十八村	19	男	1941 年
王文修	垦利县胜坨镇大白村	35	男	1941 年
黄成国	垦利县永安镇六村	60	男	1942 年 3 月
黄继明	垦利县永安镇六村	18	男	1942 年 3 月
张景白	垦利县永安镇十九村	—	男	1942 年 3 月
羊河之父	垦利县永安镇十九村	36	男	1942 年 3 月
郭　三	垦利县永安镇新十五村	—	男	1942 年 3 月
王祥靠	垦利县永安镇新十五村	—	男	1942 年 3 月
王锅腰	垦利县永安镇新十五村	—	男	1942 年 3 月
张××	垦利县永安镇新十五村	—	男	1942 年 3 月
李星朝	垦利县永安镇新十五村	—	男	1942 年 3 月
衣朝清	垦利县永安镇新十五村	—	男	1942 年 3 月
朱建传	垦利县永安镇二十二村	11	男	1942 年 3 月
王　氏	垦利县永安镇二十二村	40	女	1942 年 3 月
张田氏	垦利县永安镇二十二村	42	女	1942 年 3 月
李　氏	垦利县郝家镇南张村	40	女	1942 年 5 月
王恩庆	东营区史口镇南王村	40	男	1942 年 6 月
许恩县	垦利县郝家镇许家村	26	男	1942 年 6 月
吴登凤	垦利县郝家镇吴杨村	30	男	1942 年 7 月
张金峦	垦利县郝家镇十八图村	55	男	1942 年 9 月
姚德海	垦利县永安镇刘家屋子	45	男	1942 年 9 月
王北怀	垦利县永安镇刘家屋子	21	男	1942 年 9 月
王广礼	垦利县永安镇二十八村	22	男	1942 年 9 月
马学山	垦利县永安镇东二十三村	—	男	1942 年 10 月
董福昌	垦利县永安镇永安村	—	—	1942 年 10 月

姓　名	籍　贯	年　龄	性　别	死难时间
冯其方之叔	垦利县永安镇永安村	—	男	1942 年 10 月
程××	垦利县永安镇东二十三村	—	男	1942 年 10 月
郭××	—	32	男	1942 年 11 月
刘香瑞之大伯	—	60	男	1942 年 11 月
刘香瑞之三伯	—	—	男	1942 年 11 月
刘香瑞	—	30	男	1942 年 11 月
曹××	垦利县永安镇西三村	—	男	1942 年 11 月
刘贞元	垦利县董集乡七里井村	21	男	1942 年 12 月 8 日
薛均恒	垦利县董集乡薛家村	21	男	1942 年春
孙芝坤之父	垦利县永安镇六村	46	男	1942 年秋
陈　氏	垦利县永安镇北十三村	—	女	1942 年冬
张世杰	垦利县胜坨镇尚庄村	30	男	1942 年
王方太	垦利县胜坨镇东王村	—	男	1942 年
张景法	垦利县垦利镇民丰村	39	男	1942 年
任明三	垦利县垦利镇新安村	23	男	1942 年
杨官正	垦利县胜坨镇褚家村	22	男	1942 年
王延喜	垦利县垦利镇围子村	23	男	1942 年
张年子	垦利县胜坨镇三佛殿村	27	男	1942 年
宁守斌	垦利县胜坨镇宁家村	56	男	1942 年
张　群	垦利县胜坨镇郑王村	25	男	1942 年
张连洲	垦利县胜坨镇郑王村	25	男	1942 年
张　波	垦利县胜坨镇郑王村	18	男	1942 年
张发财	垦利县胜坨镇郑王村	19	男	1942 年
刘　根	垦利县胜坨镇郑王村	20	男	1942 年
马　窝	广饶县丁庄镇王道村	27	男	1942 年
马　振	垦利县永安镇方里村	23	男	1942 年
申佃起	垦利县永安镇六村	—	男	1942 年
董　氏	垦利县永安镇六村	—	女	1942 年
纪小黑	垦利县胜坨镇坨西村	12	男	1942 年
李成官	垦利县胜坨镇新张村	—	男	1942 年
张延友	垦利县胜坨镇新张村	—	男	1942 年
刘安泽	垦利县胜坨镇新张村	18	男	1942 年
张高田	垦利县胜坨镇小张村	38	男	1942 年
孙关书	垦利县胜坨镇孙家村	—	男	1942 年

姓 名	籍 贯	年 龄	性 别	死难时间
周柱臣	垦利县胜坨镇周家村	30	男	1942 年
周有财	垦利县胜坨镇周家村	20	男	1942 年
张文安之母	垦利县胜坨镇大张村	—	女	1942 年
张同庆	垦利县胜坨镇大张村	36	男	1942 年
付相成	垦利县胜坨镇孙家村	—	男	1942 年
孙凤武	垦利县胜坨镇孙家村	—	男	1942 年
刘希来	垦利县胜坨镇陈家村	—	男	1942 年
张子功	垦利县胜坨镇大张村	—	男	1942 年
刘 马	垦利县胜坨镇大张村	—	男	1942 年
刘 栓	垦利县胜坨镇大张村	—	男	1942 年
张华芳	垦利县胜坨镇大张村	—	男	1942 年
王树讯	垦利县胜坨镇戈武村	30	男	1942 年
王树起	垦利县胜坨镇戈武村	28	女	1942 年
王京尧	垦利县胜坨镇戈武村	31	男	1942 年
王京喜	垦利县胜坨镇戈武村	29	男	1942 年
王荣光	垦利县胜坨镇王营村	29	男	1942 年
王登阁	垦利县胜坨镇王营村	29	男	1942 年
王登松	垦利县胜坨镇王营村	22	男	1942 年
王书勋	垦利县胜坨镇王营村	37	男	1942 年
孙三东	垦利县胜坨镇孙家村	—	男	1942 年
孙三清	垦利县胜坨镇孙家村	—	男	1942 年
孙全同	垦利县胜坨镇孙家村	—	男	1942 年
孙关士	垦利县胜坨镇孙家村	—	男	1942 年
孙关士之妻	垦利县胜坨镇孙家村	—	女	1942 年
孙关士之子	垦利县胜坨镇孙家村	—	男	1942 年
王善青之母	垦利县胜坨镇周家村	—	女	1942 年
周月荣	垦利县胜坨镇周家村	—	男	1942 年
胡风灵	垦利县董集乡胡家村	31	男	1942 年
胡象福	垦利县董集乡胡家村	20	男	1942 年
李建三	垦利县董集乡小官村	22	男	1942 年
齐××	垦利县永安镇六村	—	男	1942 年
蒋纪麻之母	垦利县西宋乡蒋家庄	—	女	1943 年 1 月
薛焕林	垦利县胜坨镇义和村	23	男	1943 年 1 月
陈立祥	垦利县胜坨镇陈家村	40	男	1943 年 1 月

姓 名	籍 贯	年 龄	性 别	死难时间
张永德	垦利县胜坨镇陈家村	41	男	1943 年 1 月
牛正月	垦利县胜坨镇崔家村	8	男	1943 年 1 月
崔凤岭	垦利县胜坨镇崔家村	12	男	1943 年 1 月
马玉璋	垦利县胜坨镇崔家村	28	男	1943 年 1 月
张学增	垦利县胜坨镇崔家村	—	男	1943 年 1 月
闫方田	垦利县胜坨镇胥家村	23	男	1943 年 1 月
胥关成	垦利县胜坨镇胥家村	43	男	1943 年 1 月
褚木修	垦利县胜坨镇褚家村	—	男	1943 年 1 月
褚荣修	垦利县胜坨镇褚家村	—	男	1943 年 1 月
周 然	垦利县胜坨镇尚庄村	15	女	1943 年 1 月
尚大焕	垦利县胜坨镇尚庄村	23	女	1943 年 1 月
尚 前	垦利县胜坨镇尚庄村	20	男	1943 年 1 月
尚 东	垦利县胜坨镇尚庄村	22	男	1943 年 1 月
张 根	垦利县胜坨镇尚庄村	23	男	1943 年 1 月
巴子昌	垦利县胜坨镇巴西村	25	男	1943 年春
袁玉楷	垦利县西宋乡小高村	—	男	1943 年 3 月 20 日
于万贞	垦利县西宋乡小高村	—	男	1943 年 3 月 20 日
于兴成	垦利县西宋乡小高村	—	男	1943 年 3 月 20 日
张其孟	垦利县西宋乡小高村	—	男	1943 年 3 月 20 日
王宋怀	垦利县西宋乡小高村	—	男	1943 年 3 月 20 日
魏付梓	垦利县西宋乡小高村	—	男	1943 年 3 月 20 日
宋云恒	垦利县西宋乡小高村	—	男	1943 年 3 月 20 日
陈英年	垦利县西宋乡小高村	—	男	1943 年 3 月 20 日
马登峰	垦利县西宋乡小高村	—	男	1943 年 3 月 20 日
单俊峰	垦利县西宋乡小高村	—	男	1943 年 3 月 20 日
陈万章之姑夫	垦利县西宋乡小高村	—	男	1943 年 3 月 20 日
任希净	垦利县西宋乡小高村	—	男	1943 年 3 月 20 日
任希净之妻	垦利县西宋乡小高村	—	女	1943 年 3 月 20 日
任希净之子	垦利县西宋乡小高村	—	男	1943 年 3 月 20 日
马登奎	垦利县西宋乡小高村	—	男	1943 年 4 月
任春令	垦利县西宋乡小高村	—	男	1943 年 4 月
周荣光	垦利县董集乡官庄村	40	男	1943 年 3 月
宫学诗	垦利县郝家镇宫家村	20	男	1943 年 3 月
张文启	垦利县垦利镇大李呈村	33	男	1943 年 3 月

姓　名	籍　贯	年龄	性别	死难时间
徐来道	垦利县永安镇十四村	40	男	1943 年 3 月
徐富林	垦利县永安镇十四村	41	男	1943 年 3 月
解士灿	垦利县永安镇西十四村	35	男	1943 年 3 月
徐鲁成	垦利县永安镇西十四村	45	男	1943 年 3 月
李存良	垦利县永安镇西十四村	23	男	1943 年 3 月
孙　克	垦利县永安镇西十四村	45	男	1943 年 3 月
陈永俊	垦利县永安镇西十四村	21	男	1943 年 3 月
梁绪功	垦利县永安镇西十四村	36	男	1943 年 4 月
张谭氏	垦利县永安镇西十四村	42	女	1943 年 4 月
香　香	垦利县永安镇西十四村	16	女	1943 年 4 月
甜　甜	垦利县永安镇西十四村	4	女	1943 年 4 月
朱文明	垦利县永安镇东三村	38	男	1943 年 3 月
崔　海	垦利县永安镇东三村	32	男	1943 年 3 月
李　二	垦利县永安镇东三村	27	男	1943 年 3 月
饶怀亮	垦利县永安镇东三村	50	男	1943 年 3 月
王永珍	垦利县永安镇二十村	56	男	1943 年 3 月
庄××	垦利县永安镇东九村	—	男	1943 年 3 月
高召林	垦利县西宋乡小高村	38	男	1943 年 3 月
王春潭	垦利县垦利镇高盖村	—	男	1943 年 3 月
王现钦	垦利县垦利镇渔洼村	—	男	1943 年 4 月
耿起达	垦利县郝家镇耿家村	45	男	1943 年 5 月
耿葵林	垦利县郝家镇耿家村	30	男	1943 年 5 月
丁根本	寿光市	55	男	1943 年 5 月
丁根本之女婿	寿光市	20	男	1943 年 5 月
王万令	垦利县郝家镇王沙村	18	男	1943 年 6 月 19 日
郝喜田	垦利县郝家镇郝家村	50	男	1943 年 6 月
刘英贤	垦利县胜坨镇小务头村	17	男	1943 年 7 月
许子敬	垦利县郝家镇许家村	36	男	1943 年 7 月
王假妮	垦利县永安镇十七村	15	男	1943 年 8 月
张玉树	垦利县郝家镇宫家村	30	男	1943 年 8 月
王二皮	垦利县永安镇北街村	—	男	1943 年秋
赵××	垦利县永安镇五村	—	男	1943 年秋
朱知德之子	垦利县垦利镇民丰村	18	男	1943 年秋
王炳明	垦利县垦利镇大河村	40	男	1943 年秋

姓 名	籍 贯	年 龄	性 别	死难时间
朱万路	垦利县垦利镇邱围村	40	男	1943 年秋
李 妹	垦利县西宋乡锅腔子村	不满周岁	女	1943 年 9 月
李云堂	垦利县垦利镇左家村	—	男	1943 年 9 月
王贵成	垦利县永安镇东九村	25	男	1943 年 9 月
张立坤	垦利县西宋乡宋坨村	19	男	1943 年 9 月
郝民子	垦利县西宋乡宋坨村	20	男	1943 年 9 月
曲多财	东营区史口镇曲家村	18	男	1943 年 9 月
盖 猪	垦利县郝家镇大务村	40	男	1943 年 9 月
胡山峰	垦利县董集乡胡家村	35	男	1943 年 10 月
张培礼	垦利县垦利镇李王村	23	男	1943 年 10 月
周殿际	垦利县垦利镇西冯村	32	男	1943 年 10 月
朱洪成	垦利县西宋乡小口子村	47	男	1943 年 10 月
王 氏	垦利县西宋乡小口子村	60	女	1943 年 10 月
赵春起	垦利县永安镇五村	30	男	1943 年 10 月
宋文亭	垦利县西宋乡东宋村	32	男	1943 年 10 月
李士芳之长女	垦利县永安镇西十四村	16	女	1943 年 10 月
李士芳之次女	垦利县永安镇西十四村	4	女	1943 年 10 月
解士花	垦利县永安镇西十四村	25	女	1943 年 10 月
谢巧云之母	垦利县永安镇东十四村	—	女	1943 年 10 月
谢巧云之女	垦利县永安镇东十四村	—	女	1943 年 10 月
李 桂	垦利县西宋乡张家村	—	男	1943 年 11 月
马桂梓	垦利县西宋乡西滩村	—	男	1943 年 11 月
陈兰海	垦利县胜坨镇巴家集	—	男	1943 年 11 月
陈玉芳	垦利县西宋乡	—	男	1943 年 11 月
马云贵之妻	垦利县西宋乡锅腔子村	—	女	1943 年 11 月
马云贵之子	垦利县西宋乡锅腔子村	—	男	1943 年 11 月
王景海	垦利县西宋乡锅腔子村	—	男	1943 年 11 月
郭省三	垦利县西宋乡锅腔子村	60	男	1943 年 11 月
陆友山	垦利县西宋乡锅腔子村	30	男	1943 年 11 月
王××	垦利县西宋乡锅腔子村	30	男	1943 年 11 月
朱召祥之父	垦利县垦利镇李呈村	56	男	1943 年 11 月
李文和	垦利县垦利镇复兴村	—	男	1943 年 11 月
王起林之妻	垦利县永安镇后二十五村	40	女	1943 年 11 月
杨宝生之妻	垦利县永安镇后二十五村	30	女	1943 年 11 月

姓 名	籍 贯	年 龄	性 别	死难时间
杨宝生之侄	垦利县永安镇后二十五村	12	男	1943 年 11 月
李长军之妻	垦利县永安镇后二十五村	24	女	1943 年 11 月
陈九运	垦利县永安镇后二十五村	32	男	1943 年 11 月
任宝良之兄	垦利县永安镇前二十五村	34	男	1943 年 11 月
葛大吵	垦利县永安镇前二十五村	34	男	1943 年 11 月
刘金山	—	32	男	1943 年 11 月
徐英安	—	30	男	1943 年 11 月
徐英锁	—	29	男	1943 年 11 月
郭 三	—	28	男	1943 年 11 月
杨秋连	—	65	男	1943 年 11 月
包子老四	—	72	男	1943 年 11 月
刘相坤	垦利县垦利镇双河镇村	19	男	1943 年 11 月
赵落石之孙	垦利县垦利镇盐窝村	20	男	1943 年 11 月
单金锡	垦利县垦利镇李呈村	23	男	1943 年 11 月
孙炳成	垦利县垦利镇西双河村	19	男	1943 年 11 月
刘克仁	垦利县垦利镇西双河村	50	男	1943 年 11 月
杨福义	垦利县垦利镇西双河村	42	男	1943 年 11 月
杨春涛	垦利县垦利镇西双河村	43	男	1943 年 11 月
李士武	垦利县垦利镇西双河村	19	男	1943 年 11 月
赵华三	垦利县垦利镇苍州村	23	男	1943 年 11 月
李砚田	垦利县西宋乡西宋村	40	男	1943 年 11 月
任春生	寿光市	23	男	1943 年 11 月
任春令	寿光市	23	男	1943 年 11 月
张××	寿光市	—	男	1943 年 11 月
宋××	—	—	男	1943 年 11 月
王增彦	垦利县永安镇五村	65	男	1943 年 11 月
岳希奎	垦利县永安镇五村	27	男	1943 年 11 月
李××	垦利县垦利镇左家庄	—	男	1943 年 11 月
刘长祥	垦利县永安镇十一村	38	男	1943 年 11 月
王朝祥	垦利县永安镇十一村	—	男	1943 年 11 月
崔景军	垦利县垦利镇合兴村	50	男	1943 年 11 月
贾新田	垦利县西宋乡小口子村	55	男	1943 年 11 月
宋金章	垦利县西宋乡五庄村	41	男	1943 年 11 月
朱亭梅	垦利县西宋乡小口子村	38	男	1943 年 11 月

姓　名	籍　贯	年　龄	性　别	死难时间
赵有明	垦利县垦利镇盐窝村	20	男	1943 年 11 月
刘相桐之兄	垦利县垦利镇双河镇村	18	男	1943 年 11 月
贾大娘	垦利县永安镇	50	女	1943 年 11 月
贾大娘之子	垦利县永安镇	15	男	1943 年 11 月
马荣吉	邹平县高新街道礼参店村	14	男	1943 年 11 月
刘　波	—	—	男	1943 年 11 月
王省堂	临淄区	—	男	1943 年 11 月
张玉梓	垦利县西宋乡小张屋子村	—	男	1943 年 11 月
张玉梓之妻	垦利县西宋乡小张屋子村	—	女	1943 年 11 月
张玉梓之女	垦利县西宋乡小张屋子村	—	女	1943 年 11 月
董长文	垦利县西宋乡蒋家庄	—	男	1943 年 11 月
董长文之妻	垦利县西宋乡蒋家庄	—	女	1943 年 11 月
董长文之子	垦利县西宋乡蒋家庄	—	男	1943 年 11 月
张振绪	垦利县垦利镇中苟村	32	男	1943 年 11 月
李元友	垦利县垦利镇左二村	30	男	1943 年 12 月
韩　建	东营区牛庄镇北隋村	—	男	1943 年 12 月
汪××	垦利县永安镇西三村	—	男	1943 年腊月
师金诺	垦利县永安镇西三村	—	男	1943 年腊月
王占一	垦利县西宋乡宋坨村	30	男	1943 年冬
顾文成	垦利县永安镇后七村	43	男	1943 年
刘××	—	18	男	1943 年
张华芝	垦利县胜坨镇坨南村	20	男	1943 年
巴利功	垦利县胜坨镇巴西村	45	男	1943 年
庄明日	垦利县垦利镇大李呈村	21	男	1943 年
袁新华	垦利县垦利镇民丰村	28	男	1943 年
李树森	垦利县垦利镇双河村	33	男	1943 年
王安福	垦利县胜坨镇戈武村	30	男	1943 年
黄金贵	垦利县垦利镇利全村	25	男	1943 年
陈芳成	垦利县胜坨镇宁家村	—	男	1943 年
宁小渭	垦利县胜坨镇宁家村	—	男	1943 年
宁关凯	垦利县胜坨镇宁家村	—	男	1943 年
王俊岭	垦利县胜坨镇东王村	—	男	1943 年
张乐意	垦利县胜坨镇郑王村	33	男	1943 年
张维贤	垦利县胜坨镇郑王村	33	男	1943 年

姓 名	籍 贯	年 龄	性 别	死难时间
张西松	垦利县胜坨镇郑王村	50	男	1943 年
张 丑	垦利县胜坨镇郑王村	30	男	1943 年
张 喜	垦利县胜坨镇郑王村	17	男	1943 年
吴连子	垦利县胜坨镇张西村	20	男	1943 年
李世相	垦利县永安镇北街村	60	男	1943 年
党佃甲	垦利县永安镇东三村	40	男	1943 年
党××	垦利县永安镇东三村	50	男	1943 年
黄××	—	16	男	1943 年
刘 氏	垦利县永安镇前坨子村	—	女	1943 年
李长吉	垦利县永安镇前坨子村	—	男	1943 年
王永文	垦利县胜坨镇戈武村	31	男	1943 年
李朝佑	垦利县胜坨镇戈武村	28	男	1943 年
李振汉	垦利县胜坨镇戈武村	29	男	1943 年
胡 侠	垦利县胜坨镇路家村	20	男	1943 年
王××	垦利县永安镇牛圈村	—	男	1943 年
李挨德	垦利县永安镇店子村	—	男	1943 年
王保华	垦利县永安镇	23	男	1943 年
胡德清	垦利县董集乡胡家村	17	男	1943 年
周祥林	垦利县董集乡车宫村	40	男	1943 年
车西敬	垦利县董集乡车宫村	45	男	1943 年
杨大武	垦利县董集乡车宫村	50	男	1943 年
车元兴之母	垦利县董集乡车宫村	52	女	1943 年
周三光	垦利县董集乡官庄村	20	男	1943 年
胡德元	垦利县董集乡薛家村	20	男	1943 年
杨风楼	垦利县董集乡北范村	42	男	1943 年
盖纪杲	垦利县郝家镇大务村	40	男	1944 年 6 月
张学夯	垦利县郝家镇南张村	16	男	1944 年 6 月
许小妮	垦利县董集乡后许村	34	女	1944 年 7 月
薛兰春	垦利县郝家镇薛家村	26	男	1944 年 7 月
宫少白	垦利县郝家镇宫家村	38	男	1944 年 7 月
曲子浮之弟	垦利县西宋乡锅腔子村	—	男	1944 年 8 月
许美令	垦利县郝家镇许家村	58	男	1944 年 8 月
宋振泽	垦利县郝家镇宋沙村	26	男	1944 年 9 月
耿粱臣	垦利县郝家镇耿家村	25	男	1944 年 9 月

姓　名	籍　贯	年　龄	性　别	死难时间
缪群志	垦利县郝家镇前缪村	20	男	1944 年 9 月
李荣恩	垦利县郝家镇南张村	60	男	1944 年 9 月
杨玉珍	垦利县郝家镇十五图村	72	男	1944 年 9 月
宫长明	垦利县郝家镇宫家村	60	男	1944 年 9 月
盖玉章	垦利县郝家镇大务村	45	男	1944 年 9 月
盖　栋	垦利县郝家镇大务村	15	男	1944 年 9 月
孟昭瑞	垦利县郝家镇孟家村	28	男	1944 年 9 月
孟昭杰	垦利县郝家镇孟家村	23	男	1944 年 9 月
成立功	垦利县郝家镇八里村	28	男	1944 年 9 月
周张氏	垦利县郝家镇迟沙村	30	女	1944 年 9 月
孙凤先之母	垦利县胜坨镇孙家村	55	女	1944 年 9 月
王月生	垦利县胜坨镇东王村	—	男	1944 年秋
于××	垦利县西宋乡南高村	27	男	1944 年 10 月
田××	潍坊市	34	男	1944 年 11 月
李元堂	垦利县垦利镇左二村	27	男	1944 年 11 月
李善儒	垦利县垦利镇左二村	32	男	1944 年冬
杨来杰	寿光市北洛镇杨家庄村	—	男	1944 年
王××	—	—	男	1944 年
宋学芝	垦利县胜坨镇宋家村	30	男	1944 年
张仕山	垦利县胜坨镇巴西村	—	男	1944 年
孙××	博兴县	25	男	1944 年
卞同书	垦利县董集乡刘王村	27	男	1944 年
刘秀云之母	垦利县董集乡东范村	—	女	1944 年
杨竹君	垦利县董集乡新李村	21	男	1944 年
张荣松	垦利县董集乡大户村	42	男	1944 年
崔大合	垦利县胜坨镇崔家村	17	男	1944 年
李朝英	垦利县胜坨镇姜家村	34	男	1944 年
许梅山	垦利县胜坨镇宁家庄村	22	男	1944 年
王　安	垦利县胜坨镇戈武村	26	男	1944 年
姜希尧	垦利县胜坨镇姜家村	25	男	1944 年
周合堂	垦利县胜坨镇姜家村	16	男	1944 年
盖××	垦利县胜坨镇后彩村	—	男	1944 年
姜群敬	垦利县胜坨镇卞家村	42	男	1944 年
崔××	垦利县胜坨镇徐王村	—	男	1944 年

姓 名	籍 贯	年 龄	性 别	死难时间
宋随芝	垦利县胜坨镇宋家村	26	男	1944 年
宋景芝	垦利县胜坨镇宋家村	24	男	1944 年
王××	垦利县永安镇后二十五村	30	男	1944 年
杨××	垦利县永安镇后二十五村	40	男	1944 年
王××	垦利县永安镇十七村	20	男	1944 年
纪 氏	垦利县西宋乡蒋家庄	—	女	1944 年
耿 氏	垦利县永安镇牛圈村	—	女	1944 年
崔大河	垦利县胜坨镇崔家村	19	男	1944 年
李××	—	—	男	1944 年
张崇岳	垦利县垦利镇复兴村	24	男	1945 年 3 月
李永甲	垦利县垦利镇民丰村	22	男	1945 年 4 月
胡明文	垦利县垦利镇十字井	—	男	1945 年 6 月
宫兰科	垦利县董集乡车宫村	18	男	1945 年
李学孟	垦利县董集乡东韩村	30	男	1945 年
张承宗	垦利县胜坨镇辛庄村	26	男	1945 年
张锡纯	垦利县胜坨镇三佛殿村	20	男	1945 年
肖安然	垦利县垦利镇新安村	25	男	1945 年
宫老九	垦利县郝家镇宫家村	45	男	1945 年
孟 雪	垦利县郝家镇孟家村	45	男	1945 年
田世文	垦利县垦利镇新安村	20	男	1945 年
杨成田	垦利县垦利镇新安村	17	男	1945 年
杨关武	垦利县胜坨镇褚家村	—	男	—
王树梅	垦利县郝家镇店子村	45	男	—
苟东光	垦利县胜坨镇海北村	—	男	—
刘明德	寿光市	—	男	—
杨××	垦利县垦利镇	—	男	—
巴乃鹤	垦利县胜坨镇巴东村	—	男	1938 年
巴少增	垦利县胜坨镇巴家集	—	男	1938 年
付宝山	垦利县胜坨镇巴家集	—	男	1938 年
崔元成	垦利县胜坨镇崔家村	—	男	1938 年
张 成	垦利县胜坨镇崔家村	—	男	1938 年
崔相先	垦利县胜坨镇崔家村	—	男	1938 年
苟汉祥	垦利县垦利镇中苟村	—	男	1939 年 2 月
苟农祥	垦利县垦利镇中苟村	—	男	1939 年 2 月

姓 名	籍 贯	年 龄	性 别	死难时间
刘生财	垦利县胜坨镇大白村	—	男	1940 年
董玉坡	垦利县胜坨镇大白村	—	男	1940 年
宋金福	垦利县胜坨镇宋家村	—	男	1940 年
王学英	垦利县胜坨镇苏家村	—	男	1941 年
王 秋	垦利县胜坨镇苏家村	—	男	1941 年
赵伟凡	垦利县胜坨镇宋家村	—	男	1942 年
宋金梅	垦利县胜坨镇宋家村	—	男	1942 年
刘来喜	垦利县永安镇二十二村	—	男	1942 年
李长福	垦利县董集乡后许村	30	男	1942 年
王 军	垦利县垦利镇东麻王村	—	男	1943 年 11 月
王瑞亭	垦利县垦利镇东麻王村	—	男	1943 年 11 月
左廷贤	垦利县垦利镇左二村	30	男	1943 年 11 月
王福堂	寿光市	—	男	1943 年
李吉明	垦利县垦利镇左二村	32	男	1944 年秋后
胥金利	垦利县垦利镇左二村	28	男	1944 年冬
张树生	垦利县胜坨镇新张村	—	男	1945 年
许牢靠	垦利县胜坨镇新张村	—	男	1945 年
刘不理	垦利县董集乡小街村	—	男	—
合 计	423			

责任人：曹光阶 种玉洪　　　　核实人：王茂全 宋慧峰　　　　填表人：刘艳芳
填报单位（签章）：垦利县党史史志办公室　　　　　　　　填报时间：2009 年 5 月 7 日

烟台市牟平区抗日战争时期死难者名录

姓 名	籍 贯	年 龄	性 别	死难时间
邱高民	牟平区高陵镇碾子头村	26	男	1938 年 1 月
曲延全	牟平区高陵镇上潘家庄村	19	男	1938 年 1 月
孙德运	牟平区姜格庄镇林北村	20	男	1938 年 1 月
李培兆	牟平区玉林店镇桃园村	18	男	1938 年 2 月
孙建臣	牟平区文化街道王贺庄村	41	男	1938 年 2 月
曲国贞	牟平区龙泉镇官道南村	—	男	1938 年 3 月
于 氏	牟平区玉林店镇占昌口村	68	女	1938 年 5 月
张 氏	牟平区玉林店镇占昌口村	—	女	1938 年 5 月
张氏之子	牟平区玉林店镇占昌口村	3	男	1938 年 5 月
张氏之妹	牟平区玉林店镇占昌口村	2	女	1938 年 5 月
张氏之弟	牟平区玉林店镇占昌口村	1	男	1938 年 5 月
王少恩	牟平区玉林店镇打磨子村	17	男	1938 年 5 月
谭吉开	牟平区文化街道西桂里村	22	男	1938 年 5 月
常永运	牟平区文化街道西桂里村	22	男	1938 年 5 月
王守江	牟平区文化街道西桂里村	—	男	1938 年 5 月
曲继堂	牟平区高陵镇上潘家庄村	24	男	1938 年 7 月
王振仁	牟平区观水镇缫丝夼村	18	男	1938 年 7 月
王××之妻	牟平区高陵镇玉和庄村	16	女	1938 年 8 月
张清文	牟平区莒格庄镇新建村	62	男	1938 年 8 月
高明文之弟	牟平区水道镇生木墅村	5	男	1938 年
于孟考之妻	牟平区水道镇生木墅村	18	女	1938 年
张全贵之妹	牟平区水道镇生木墅村	8	女	1938 年
刘义昌之妻	牟平区水道镇生木墅村	40	女	1938 年
王君刚	牟平区水道镇南台村	32	男	1938 年
王洪臣之母	牟平区水道镇南台村	42	女	1938 年
颜守庆	牟平区高陵镇沐浴村	21	男	1938 年
冯曰江	牟平区高陵镇峰山庄村	32	男	1938 年
孙双受	牟平区高陵镇下雨村	18	男	1938 年
孙文化	牟平区高陵镇下雨村	35	男	1938 年
曲永恩	牟平区高陵镇曲家疃村	16	男	1938 年
曲延常	牟平区高陵镇高陵村	20	男	1938 年

姓　名	籍　贯	年　龄	性　别	死难时间
郑志坡	牟平区高陵镇上潘家庄村	19	男	1938 年
姜文成	牟平区观水镇生金泊村	21	男	1938 年
姜德文	牟平区观水镇辽上村	23	男	1938 年
尹全英	牟平区观水镇崖地村	12	女	1938 年
李文庆	牟平区王格庄镇安子卧村	19	男	1938 年
曲宝正	牟平区莒格庄镇板子口村	—	男	1938 年
曲元香	牟平区莒格庄镇板子口村	—	男	1938 年
曲元×	牟平区莒格庄镇板子口村	—	男	1938 年
曲大伍	牟平区莒格庄镇板子口村	—	男	1938 年
曲梦芹	牟平区莒格庄镇板子口村	—	男	1938 年
豆角黄	牟平区莒格庄镇板子口村	—	男	1938 年
曲云海	牟平区莒格庄镇板子口村	—	男	1938 年
曲德奇之妹	牟平区莒格庄镇板子口村	—	女	1938 年
李享顺	牟平区莒格庄镇西仙姑村	30	男	1938 年
曹云当	牟平区莒格庄镇张皮村	23	男	1938 年
曲日辉	牟平区莒格庄镇福寿庄村	—	男	1938 年
曲恒哥	牟平区莒格庄镇福寿庄村	—	男	1938 年
福　星	牟平区莒格庄镇福寿庄村	—	男	1938 年
福　海	牟平区莒格庄镇福寿庄村	—	男	1938 年
李凤桥	牟平区玉林店镇十六里头村	24	男	1938 年
桂中保	牟平区玉林店镇桃园村	—	男	1938 年
王树昌	牟平区宁海街道芷坊村	46	男	1938 年
吉　连	牟平区宁海街道芷坊村	37	男	1938 年
王照珍	牟平区文化街道王家窑村	29	男	1938 年
王兆景	牟平区鱼鸟河街道坝疃村	73	男	1938 年
王文具	牟平区鱼鸟河街道坝疃村	31	男	1938 年
曲延机	牟平区高陵镇上潘家庄村	13	男	1939 年 1 月
曲延尊	牟平区高陵镇上潘家庄村	13	男	1939 年 1 月
王传训	牟平区高陵镇上王格庄村	53	男	1939 年 2 月
于动杰	牟平区莒格庄镇张皮村	28	男	1939 年 2 月
刘元禄	牟平区水道镇青虎山村	25	男	1939 年 3 月
姜曰英	牟平区观水镇前姜家村	23	男	1939 年 4 月
宋文财	牟平区玉林店曹格庄村	18	男	1939 年 4 月
高文治	牟平区高陵镇峰山庄村	25	男	1939 年 5 月

姓 名	籍 贯	年 龄	性 别	死难时间
姜国言	牟平区水道镇上朱车村	27	男	1939 年 6 月
曲东岳	牟平区高陵镇上潘家庄村	38	男	1939 年 7 月
段京刚	牟平区观水镇段家村	25	男	1939 年 7 月
段学亭	牟平区观水镇段家村	17	男	1939 年 7 月
栾孝进	牟平区观水镇东留疃村	32	男	1939 年 7 月
栾明先	牟平区观水镇东留疃村	31	男	1939 年 7 月
其里士	牟平区观水镇前姜家村	19	男	1939 年 7 月
矫福绥	牟平区观水镇前垂柳村	18	男	1939 年 7 月
于永仁	牟平区玉林店镇南红石头村	27	男	1939 年 7 月
曲明斤之祖母	牟平区莒格庄镇曲家口村	—	女	1939 年 8 月
曲当成	牟平区莒格庄镇曲家口村	—	男	1939 年 8 月
曲福宝	牟平区莒格庄镇曲家口村	—	男	1939 年 8 月
曲金田	牟平区莒格庄镇曲家口村	—	男	1939 年 8 月
曲书轻	牟平区莒格庄镇曲家口村	—	男	1939 年 8 月
曲大来	牟平区莒格庄镇曲家口村	—	男	1939 年 8 月
曲延党	牟平区莒格庄镇曲家口村	—	男	1939 年 8 月
曲吉朗	牟平区莒格庄镇曲家口村	—	男	1939 年 8 月
王 氏	牟平区大窑镇董格庄村	54	女	1939 年 9 月
王叶业	牟平区大窑镇董格庄村	25	女	1939 年 9 月
王正业	牟平区大窑镇董格庄村	13	男	1939 年 9 月
李文兴长子	牟平区高陵镇王官庄村	11	男	1939 年秋
李文兴次子	牟平区高陵镇王官庄村	9	男	1939 年秋
刘国花	牟平区大窑镇刘家口村	—	男	1939 年
张运国	牟平区大窑镇刘家口村	—	男	1939 年
纪忠庆	牟平区高陵镇王官庄村	20	男	1939 年
王风亭	牟平区高陵镇崖前村	30	男	1939 年
牟 氏	牟平区高陵镇崖前村	29	女	1939 年
牟氏家人	牟平区高陵镇崖前村	—	—	1939 年
牟氏家人	牟平区高陵镇崖前村	—	—	1939 年
于忠云	牟平区高陵镇要捷村	23	男	1939 年
初孙氏	牟平区高陵镇后山村	42	女	1939 年
初培江	牟平区高陵镇后山村	17	男	1939 年
初焦氏	牟平区高陵镇后山村	40	女	1939 年
丛志鑫	牟平区高陵镇范家庄村	33	男	1939 年

姓　名	籍　贯	年龄	性别	死难时间
高明珊	牟平区高陵镇峰山庄村	22	男	1939 年
于维邦	牟平区高陵镇磨山村	23	男	1939 年
曲庆玺	牟平区高陵镇上潘家庄村	14	男	1939 年
张可宽	牟平区观水镇生金泊村	22	男	1939 年
姜日让	牟平区观水镇观水村	19	男	1939 年
姜志日	牟平区观水镇辽上村	32	男	1939 年
张可玲	牟平区观水镇辽上村	70	男	1939 年
韩吉朔	牟平区观水镇崖地村	24	男	1939 年
夏六所	牟平区莒格庄镇曲河庄村	22	男	1939 年
从学义	牟平区莒格庄镇曲河庄村	40	男	1939 年
曲滋荣	牟平区莒格庄镇张皮村	19	男	1939 年
赵元吉	牟平区宁海街道西北坝村	60	男	1939 年
曲　璞	牟平区宁海街道东系山村	30	男	1939 年
王在松	牟平区文化街道王家窑村	28	男	1939 年
祝端谓	牟平区文化街道祝家庄村	25	男	1939 年
孙衍城	牟平区鱼鸟河街道南官庄西村	—	男	1939 年
汤子何	牟平区鱼鸟河街道南官庄西村	—	男	1939 年
汤子何之妻	牟平区鱼鸟河街道南官庄西村	—	女	1939 年
王德宝	牟平区姜格庄镇峒岭村	25	男	1939 年
初茂财	牟平区高陵镇槐树庄村	37	男	1940 年 1 月
张士同	牟平区观水镇青野头村	20	男	1940 年 1 月
张士杰	牟平区观水镇青野头村	24	男	1940 年 1 月
张存典	牟平区观水镇青野头村	19	男	1940 年 1 月
于海宝	牟平区观水镇大石疃村	27	男	1940 年 1 月
王发玉	牟平区王格庄镇东嵩阳后村	27	男	1940 年 1 月
张世发	牟平区莒格庄镇初家庄村	41	男	1940 年 1 月
隋进德	牟平区水道镇半埠店村	51	男	1940 年 2 月
衣元秋	牟平区水道镇半埠店村	16	男	1940 年 2 月
衣元印	牟平区水道镇半埠店村	52	男	1940 年 2 月
衣元修	牟平区水道镇半埠店村	17	男	1940 年 2 月
李川贵	牟平区王格庄镇阎家村	32	男	1940 年 2 月
李克州	牟平区玉林店镇北红石头村	22	男	1940 年 2 月
孔庆杞	牟平区玉林店镇尺坎村	18	男	1940 年 2 月
姜茂凯	牟平区观水镇观水村	17	男	1940 年 3 月

姓　名	籍　贯	年　龄	性　别	死难时间
薛鸿全	牟平区王格庄镇北石门口村	40	男	1940 年 3 月
于学良	牟平区莒格庄镇杨家夼村	29	男	1940 年 3 月
芦芳同	牟平区水道镇杭北头村	20	男	1940 年 4 月
宫锡山	牟平区水道镇杭北头村	21	男	1940 年 4 月
芦云生	牟平区水道镇杭北头村	20	男	1940 年 4 月
芦海青	牟平区水道镇杭北头村	22	男	1940 年 4 月
韩德庆	牟平区水道镇杭北头村	15	男	1940 年 4 月
宫世仁	牟平区水道镇杭北头村	18	男	1940 年 4 月
曲志久	牟平区高陵镇上潘家庄村	20	男	1940 年 4 月
李文吉	牟平区观水镇埠后村	23	男	1940 年 4 月
肖道宽	牟平区观水镇郁都村	18	男	1940 年 4 月
郝启科	牟平区观水镇郝格庄村	23	男	1940 年 4 月
郑学功	牟平区王格庄镇东嵩阳后村	21	男	1940 年 4 月
杜占元	牟平区武宁镇南塜夼村	28	男	1940 年 4 月
孙培仁	牟平区高陵镇集后村	19	男	1940 年 5 月
吕裔福	牟平区观水镇大石疃村	22	男	1940 年 5 月
宫润龙	牟平区莒格庄镇姚家庄村	29	男	1940 年 5 月
汤宝善	牟平区武宁镇上武宁村	31	男	1940 年 5 月
张可尊	牟平区观水镇生金泊村	25	男	1940 年 6 月
王忠玉	牟平区玉林店镇山后村	19	男	1940 年 6 月
杨培文	牟平区养马岛街道洪口村	26	男	1940 年 6 月
邹恒义	牟平区姜格庄镇邹家疃村	27	男	1940 年 7 月
张忠富	牟平区莒格庄镇金家埠村	23	男	1940 年 8 月
姜云峰	牟平区莒格庄镇新建村	24	男	1940 年 8 月
吕以发	牟平区莒格庄镇初家庄村	27	男	1940 年 8 月
姜当元	牟平区玉林店北红石头村	32	男	1940 年 8 月
王锡泽	牟平区养马岛街道马埠崖村	20	男	1940 年 8 月
都兴福	牟平区姜格庄镇南松山村	47	男	1940 年 8 月
贺先恒	牟平区姜格庄镇南松山村	27	男	1940 年 8 月
谭庆丰	牟平区姜格庄镇南松山村	27	男	1940 年 8 月
赵书真	牟平区莒格庄镇泊而村	28	男	1940 年 9 月
杨培承	牟平区文化街道王家窑村	30	男	1940 年 9 月
郝元忠	牟平区姜格庄镇李家疃村	29	男	1940 年秋
张志亭	牟平区玉林店镇上口村	21	男	1940 年 11 月

姓 名	籍 贯	年 龄	性 别	死难时间
初孟秋	牟平区玉林店镇上口村	19	男	1940 年 12 月
王志方	牟平区水道镇岘上村	30	男	1940 年
谭 军	牟平区水道镇后刘家夼村	—	男	1940 年
宋 坤	牟平区水道镇东石桥村	60	男	1940 年
林贵星	牟平区高陵镇院格庄村	21	男	1940 年
赵万善	牟平区高陵镇马格庄村	35	男	1940 年
高文校	牟平区高陵镇峰山庄村	27	男	1940 年
李文峰	牟平区高陵镇马家瞳村	23	男	1940 年
曲延佶	牟平区高陵镇高陵村	25	男	1940 年
韩学志	牟平区高陵镇槐树庄村	19	男	1940 年
曲小泉	牟平区高陵镇上潘家庄村	20	男	1940 年
铜 玉	牟平区高陵镇上潘家庄村	58	男	1940 年
曲延亭	牟平区高陵镇上潘家庄村	62	男	1940 年
姜否高	牟平区观水镇生金泊村	22	男	1940 年
姜爱时	牟平区观水镇辽上村	30	男	1940 年
张文庆	牟平区观水镇辽上村	29	男	1940 年
张启义	牟平区观水镇辽上村	27	男	1940 年
姜秀英	牟平区观水镇辽上村	23	女	1940 年
王远志	牟平区王格庄镇清泉埠村	26	男	1940 年
王金田	牟平区莒格庄镇张皮村	18	男	1940 年
王士晓	牟平区玉林店镇玉林店村	25	男	1940 年
孔昭义	牟平区玉林店镇玉林店村	24	男	1940 年
汪玉芳	牟平区玉林店镇东桑杭埠村	16	男	1940 年
郑希德	牟平区玉林店镇东桑杭埠村	24	男	1940 年
初茂财	牟平区玉林店镇上口村	20	男	1940 年
邹永利	牟平区玉林店镇大囤圈村	—	男	1940 年
赵仲清	牟平区玉林店镇军石村	20	男	1940 年
李克思	牟平区玉林店镇北红石头村	—	男	1940 年
李吉勇	牟平区文化街道王家窑村	26	男	1940 年
王亲建	牟平区文化街道王家窑村	18	男	1940 年
孔庆云	牟平区鱼鸟河街道五里头村	—	男	1940 年
孔凡模	牟平区鱼鸟河街道五里头村	—	男	1940 年
林成喜	牟平区水道镇太格庄村	20	男	1941 年 1 月
吕京宽	牟平区水道镇太格庄村	41	男	1941 年 1 月

姓 名	籍 贯	年 龄	性 别	死难时间
林文保	牟平区水道镇太格庄村	19	男	1941 年 1 月
于立安	牟平区高陵镇磨山村	20	男	1941 年 1 月
肖秀芝	牟平区观水镇榆林村	19	男	1941 年 1 月
栾顺文	牟平区观水镇东留疃村	19	男	1941 年 1 月
姜明义	牟平区观水镇许家村	22	男	1941 年 1 月
于学宾	牟平区观水镇大泮口村	27	男	1941 年 1 月
姜惠民	牟平区观水镇前姜家村	25	男	1941 年 1 月
郝志张	牟平区观水镇郝格庄村	—	男	1941 年 1 月
郝同中	牟平区观水镇郝格庄村	—	男	1941 年 1 月
郝学德	牟平区观水镇郝格庄村	—	男	1941 年 1 月
郝宪术	牟平区观水镇郝格庄村	—	男	1941 年 1 月
郝同高	牟平区观水镇郝格庄村	18	男	1941 年 1 月
郝天济	牟平区观水镇郝格庄村	—	男	1941 年 1 月
郝 氏	牟平区观水镇郝格庄村	—	女	1941 年 1 月
郝 ×	牟平区观水镇郝格庄村	4	男	1941 年 1 月
康保英	牟平区莒格庄镇义和庄村	32	男	1941 年 1 月
初开国	牟平区玉林店镇头日庵村	18	男	1941 年 1 月
宫润山	牟平区水道镇薛家夼村	18	男	1941 年 2 月
薛文典	牟平区高陵镇薛家村	18	男	1941 年 2 月
孙玉生	牟平区高陵镇薛家村	20	男	1941 年 2 月
刘风彩	牟平区高陵镇玉和庄村	24	男	1941 年 2 月
刘忠岁	牟平区高陵镇玉和庄村	21	男	1941 年 2 月
邱子江	牟平区高陵镇碾子头村	31	男	1941 年 2 月
周江林	牟平区观水镇宫格庄村	19	男	1941 年 2 月
张石山	牟平区观水镇埠西头村	26	男	1941 年 2 月
曲保安	牟平区莒格庄镇沙家村	21	男	1941 年 2 月
杜克亭	牟平区玉林店镇南红石头村	22	男	1941 年 2 月
张宝顺	牟平区玉林店镇徐家疃村	22	男	1941 年 2 月
徐云亭	牟平区玉林店镇徐家疃村	20	男	1941 年 2 月
刘同学	牟平区玉林店北红石头村	26	男	1941 年 2 月
周保仁	牟平区玉林店北红石头村	19	男	1941 年 2 月
于小贵	牟平区玉林店北红石头村	23	男	1941 年 2 月
姜培文	牟平区玉林店北红石头村	28	男	1941 年 2 月
姜和尚	牟平区玉林店北红石头村	36	男	1941 年 2 月

姓　名	籍　贯	年龄	性别	死难时间
孙锁柱	牟平区玉林店北红石头村	30	男	1941 年 2 月
孙锁成	牟平区玉林店北红石头村	28	男	1941 年 2 月
孙当云	牟平区玉林店北红石头村	34	男	1941 年 2 月
王承东	牟平区大窑镇董格庄村	31	男	1941 年 3 月
杜书芹	牟平区水道镇青虎山村	32	男	1941 年 3 月
孔庆勤	牟平区水道镇牟家沟村	21	男	1941 年 3 月
孙乐温	牟平区水道镇唐村	34	男	1941 年 3 月
徐　董	牟平区水道镇唐村	35	男	1941 年 3 月
王德升	牟平区水道镇山前村	37	男	1941 年 3 月
周丰亭	牟平区观水镇宫格庄村	35	男	1941 年 3 月
王典亨	牟平区王格庄镇发云夼村	19	男	1941 年 3 月
王德高	牟平区王格庄镇栾家疃村	25	男	1941 年 3 月
王德福	牟平区王格庄镇清泉埠村	34	男	1941 年 3 月
王元善	牟平区王格庄镇清泉埠村	19	男	1941 年 3 月
王　温	牟平区王格庄镇清泉埠村	19	男	1941 年 3 月
于凤禄	牟平区王格庄镇清泉埠村	19	男	1941 年 3 月
曲永路	牟平区莒格庄镇桑园村	20	男	1941 年 3 月
王克礼	牟平区莒格庄镇床而村	22	男	1941 年 3 月
曲树春	牟平区莒格庄镇西仙姑村	23	男	1941 年 3 月
李富本	牟平区玉林店镇西桑杭埠村	20	男	1941 年 3 月
刘书才	牟平区水道镇生木墅村	18	男	1941 年 4 月
矫式杰	牟平区观水镇前垂柳村	16	男	1941 年 4 月
曲德新	牟平区莒格庄镇曲家口村	17	男	1941 年 4 月
曲吉玉	牟平区莒格庄镇曲家口村	22	男	1941 年 4 月
车平言	牟平区莒格庄镇蒿口村	29	男	1941 年 4 月
姜明川	牟平区莒格庄镇蒿口村	18	男	1941 年 4 月
宫云森	牟平区莒格庄镇宫家沟村	32	男	1941 年 4 月
高明利	牟平区水道镇孙家庄村	16	男	1941 年 5 月
李　富	牟平区水道镇西邓格庄村	21	男	1941 年 5 月
姜国智	牟平区观水镇五甲村	30	男	1941 年 5 月
矫恰治	牟平区观水镇埠西头村	15	男	1941 年 5 月
吕裔升	牟平区观水镇大石疃村	25	男	1941 年 5 月
矫成义	牟平区观水镇上垛玉夼村	32	男	1941 年 5 月
曲日璞	牟平区莒格庄镇曲家口村	26	男	1941 年 5 月

姓 名	籍 贯	年 龄	性 别	死难时间
孙言生	牟平区莒格庄镇贵家庄村	27	男	1941年5月
从文连	牟平区莒格庄镇曲河庄村	32	男	1941年5月
王书良	牟平区水道镇南台村	18	男	1941年6月
王家训	牟平区水道镇南台村	20	男	1941年6月
王家风	牟平区水道镇南台村	25	男	1941年6月
张清波	牟平区莒格庄镇新建村	39	男	1941年6月
卢 振	牟平区水道镇青虎山村	—	男	1941年夏
马保山	牟平区水道镇西邓格庄村	19	男	1941年7月
马振山	牟平区水道镇西邓格庄村	28	男	1941年7月
王均友	牟平区水道镇山前村	22	男	1941年7月
刘志臣	牟平区高陵镇玉和庄村	49	男	1941年7月
曲 堂	牟平区高陵镇上潘家庄村	16	男	1941年7月
张德民	牟平区王格庄镇张家河村	35	男	1941年7月
王元高	牟平区王格庄镇彭家村	20	男	1941年7月
苏福斗	牟平区莒格庄镇宫家沟村	21	男	1941年7月
史连文	牟平区玉林店镇南红石头村	29	男	1941年7月
杨振玉	牟平区水道镇山前村	26	男	1941年8月
王洪基	牟平区水道镇南台村	32	男	1941年8月
孙启进	牟平区高陵镇南辛峪村	22	男	1941年8月
张宗思	牟平区莒格庄镇西莒格庄村	20	男	1941年8月
宫云起	牟平区莒格庄镇宫家沟村	29	男	1941年8月
侯庆海	牟平区莒格庄镇义和庄村	24	男	1941年8月
宫本友	牟平区玉林店镇山后村	34	男	1941年8月
王树经	牟平区玉林店镇孙格庄村	30	男	1941年8月
孔庆义	牟平区玉林店镇尺坎村	29	男	1941年8月
于进国	牟平区玉林店镇北红石头村	21	男	1941年8月
姜积连	牟平区水道镇下河村	35	男	1941年9月
董经海	牟平区大窑镇董村	28	男	1941年12月
孙永振	牟平区观水镇金鸡庄村	18	男	1941年12月
王很武	牟平区大窑镇新福村	30	男	1941年
吴万贵	牟平区大窑镇刘家口村	18	男	1941年
刘志修	牟平区大窑镇刘家口村	16	男	1941年
夏永芝	牟平区水道镇后刘家疃村	—	男	1941年
牟济仁	牟平区高陵镇崖前村	40	男	1941年

姓 名	籍 贯	年 龄	性 别	死难时间
林万亭	牟平区高陵镇院格庄村	30	男	1941 年
姜经训	牟平区高陵镇玉和庄村	22	男	1941 年
于宪义	牟平区高陵镇玉和庄村	31	男	1941 年
于魁武	牟平区高陵镇磨山村	27	男	1941 年
马振山	牟平区高陵镇马家疃村	22	男	1941 年
于连元	牟平区高陵镇槐树庄村	19	男	1941 年
曲永凡	牟平区高陵镇上潘家庄村	22	男	1941 年
曲绵存	牟平区高陵镇上潘家庄村	24	男	1941 年
曲多三之妻	牟平区高陵镇上潘家庄村	48	女	1941 年
老 勤	牟平区高陵镇上潘家庄村	64	男	1941 年
牟传学	牟平区高陵镇崖前村	38	男	1941 年
张德平	牟平区观水镇张家村	17	男	1941 年
李玉良	牟平区观水镇韩家村	18	男	1941 年
张可连	牟平区观水镇生金泊村	23	男	1941 年
李玉笑	牟平区观水镇上寺口村	45	男	1941 年
李玉芳	牟平区观水镇上寺口村	37	男	1941 年
王仁英	牟平区观水镇北岚子底村	19	男	1941 年
王忠生	牟平区观水镇北岚子底村	65	男	1941 年
姜全连	牟平区观水镇辽上村	27	男	1941 年
张 永	牟平区观水镇辽上村	26	男	1941 年
张高勤	牟平区观水镇辽上村	29	男	1941 年
王德进	牟平区王格庄镇前柳林夼村	46	男	1941 年
张士知	牟平区莒格庄镇西莒格庄村	22	男	1941 年
孙吉会	牟平区莒格庄镇贵家庄村	25	男	1941 年
曲延国	牟平区莒格庄镇床而村	27	男	1941 年
张邦坚	牟平区莒格庄镇东仙姑村	—	男	1941 年
张华文	牟平区莒格庄镇东仙姑村	—	男	1941 年
迟英春	牟平区玉林店镇九龙夼村	24	男	1941 年
李泰灵	牟平区玉林店镇小囤圈村	—	男	1941 年
姜树模	牟平区玉林店镇磨王格庄村	29	男	1941 年
刘茂法	牟平区玉林店镇西柳庄村	—	男	1941 年
宫锡殿	牟平区玉林店镇西柳庄村	—	男	1941 年
徐孟文	牟平区玉林店镇尺坎村	21	男	1941 年
初开兰	牟平区玉林店镇头日庵村	27	男	1941 年

姓　名	籍　贯	年　龄	性　别	死难时间
沙广胜	牟平区玉林店镇沙子村	18	男	1941 年
王京乡	牟平区文化街道王家窑村	45	男	1941 年
丛明珠	牟平区文化街道王家窑村	24	男	1941 年
杨年润	牟平区姜格庄镇松岚后村	—	男	1941 年
雨　晴	牟平区姜格庄镇上庄村	23	男	1941 年
朱世堂	牟平区姜格庄镇东杭格庄村	26	男	1941 年
贺　仇	牟平区姜格庄镇云溪村	34	男	1941 年
栾华泽	牟平区大窑镇北莒城村	32	男	1942 年 1 月
徐克祥	牟平区水道镇卧龙村	38	男	1942 年 1 月
初铭仁	牟平区水道镇水道村	25	男	1942 年 1 月
李东贵	牟平区高陵镇李庄村	25	男	1942 年 1 月
李东喜	牟平区高陵镇李庄村	23	男	1942 年 1 月
初大白	牟平区高陵镇李庄村	21	男	1942 年 1 月
初文平	牟平区高陵镇李庄村	24	男	1942 年 1 月
曹玉生	牟平区高陵镇双山屯村	29	男	1942 年 1 月
张士庆	牟平区观水镇青野头村	18	男	1942 年 1 月
于国熙	牟平区观水镇大泮口村	25	男	1942 年 1 月
于成安	牟平区观水镇大泮口村	32	男	1942 年 1 月
刘延勋	牟平区观水镇刘家村	21	男	1942 年 1 月
郝春龙	牟平区观水镇郝格庄村	17	男	1942 年 1 月
于廷祥	牟平区观水镇后姜家村	45	男	1942 年 1 月
李春林	牟平区观水镇西留疃村	26	男	1942 年 1 月
姜吉开	牟平区观水镇曲家村	46	男	1942 年 1 月
姜吉玉	牟平区观水镇曲家村	50	男	1942 年 1 月
姜吉合	牟平区观水镇曲家村	55	男	1942 年 1 月
曲云升	牟平区观水镇曲家村	25	男	1942 年 1 月
于春云	牟平区观水镇曲家村	50	男	1942 年 1 月
于水言	牟平区观水镇曲家村	55	女	1942 年 1 月
矫馨吾	牟平区观水镇前垂柳村	39	男	1942 年 1 月
矫克海	牟平区观水镇上垛玉夼村	27	男	1942 年 1 月
高立法之哥	牟平区观水镇上垛玉夼村	—	男	1942 年 1 月
薛　氏	牟平区王格庄镇柳家村	20	女	1942 年 1 月
谭　尊	牟平区王格庄镇谭家村	22	男	1942 年 1 月
费全福	牟平区王格庄镇下费格庄村	17	男	1942 年 1 月

姓　名	籍　贯	年　龄	性　别	死难时间
柳　×	牟平区王格庄镇王格庄村	35	男	1942 年 1 月
李成林	牟平区王格庄镇八犊夼村	10	男	1942 年 1 月
王金福	牟平区王格庄镇彭家村	58	男	1942 年 1 月
王当成	牟平区莒格庄镇张皮村	41	男	1942 年 1 月
姜书宝	牟平区莒格庄镇张皮村	42	男	1942 年 1 月
汪玉祥	牟平区玉林店镇东桑杭埠村	27	男	1942 年 1 月
初维礼	牟平区玉林店镇上口村	31	男	1942 年 1 月
蒋玉坤	牟平区玉林店镇瓦山村	40	男	1942 年 1 月
王树会	牟平区武宁镇路西村	—	男	1942 年 1 月
刘洪章	牟平区水道镇岔河村	20	男	1942 年 2 月
孙日江	牟平区高陵镇徐村	30	男	1942 年 2 月
矫寿芳	牟平区观水镇留格庄村	17	男	1942 年 2 月
于培成	牟平区观水镇后半城村	18	男	1942 年 2 月
曲日恒	牟平区莒格庄镇曲家口村	—	男	1942 年 2 月
曲红进之母	牟平区莒格庄镇曲家口村	—	女	1942 年 2 月
曲当柱	牟平区莒格庄镇曲家口村	—	男	1942 年 2 月
曲连生	牟平区莒格庄镇曲家口村	—	男	1942 年 2 月
曲福仁	牟平区莒格庄镇曲家口村	—	男	1942 年 2 月
曲乃松之母	牟平区莒格庄镇曲家口村	—	女	1942 年 2 月
曲保林	牟平区莒格庄镇板子口村	21	男	1942 年 2 月
曲修保	牟平区莒格庄镇瓦善村	28	男	1942 年 2 月
张书印	牟平区莒格庄镇金家埠村	41	男	1942 年 2 月
张福顺	牟平区莒格庄镇金家埠村	48	男	1942 年 2 月
曲云德	牟平区莒格庄镇桑园村	39	男	1942 年 2 月
曲日顺	牟平区莒格庄镇桑园村	32	男	1942 年 2 月
吕速召	牟平区莒格庄镇梨树底村	53	男	1942 年 2 月
孙月江	牟平区龙泉镇东汤村	26	男	1942 年 2 月
孙承河	牟平区水道镇下河村	17	男	1942 年 3 月
孙治亭	牟平区高陵镇集后村	50	男	1942 年 3 月
曲延浩	牟平区高陵镇高陵村	21	男	1942 年 3 月
刘永考	牟平区观水镇刘家村	21	男	1942 年 3 月
滕云凤	牟平区观水镇崖地村	24	男	1942 年 3 月
姜吉善	牟平区观水镇曲家村	22	男	1942 年 3 月
谭明礼	牟平区王格庄镇谭家村	21	男	1942 年 3 月

姓 名	籍 贯	年龄	性别	死难时间
王书海	牟平区王格庄镇清泉埠村	28	男	1942年3月
曲善亭	牟平区莒格庄镇曲家口村	30	男	1942年3月
田德章	牟平区玉林店镇西桑杭埠村	28	男	1942年3月
孔忠臣	牟平区玉林店镇共和庄村	22	男	1942年3月
刘忠朝	牟平区宁海街道高金埠村	18	男	1942年3月
刘 氏	牟平区玉林店镇南红石头村	52	女	1942年春
唐全奎	牟平区水道镇唐村	20	男	1942年4月
祝宝明	牟平区观水镇贾家村	20	男	1942年4月
王希章	牟平区王格庄镇前柳林夼村	24	男	1942年4月
柳元卿	牟平区王格庄镇韩家庄村	22	男	1942年4月
齐维学	牟平区莒格庄镇床而村	21	男	1942年4月
王书言	牟平区莒格庄镇曲河庄村	27	男	1942年4月
李仁山	牟平区莒格庄镇宫家沟村	18	男	1942年4月
朱永福	牟平区莒格庄镇新建村	16	男	1942年4月
苏庆序	牟平区莒格庄镇福禄地村	33	男	1942年4月
李秉诚	牟平区文化街道于家庄村	23	男	1942年4月
吕华亭	牟平区观水镇北石疃村	26	男	1942年5月
于学庆	牟平区观水镇大洋口村	20	男	1942年5月
于孟修	牟平区观水镇大洋口村	—	男	1942年5月
尹宝全	牟平区观水镇泥村	26	男	1942年5月
郝春光	牟平区观水镇郝格庄村	18	男	1942年5月
郝春晓	牟平区观水镇郝格庄村	17	男	1942年5月
郝启统	牟平区观水镇郝格庄村	16	男	1942年5月
矫志修	牟平区观水镇上垛玉夼村	35	男	1942年5月
于福生	牟平区莒格庄镇新建村	31	男	1942年5月
张文明	牟平区玉林店镇徐家疃村	22	男	1942年5月
张迎春	牟平区玉林店镇徐家疃村	22	男	1942年5月
张文汉之妻	牟平区玉林店镇徐家疃村	23	女	1942年5月
张青堂	牟平区玉林店镇徐家疃村	20	男	1942年5月
蒋祥钦	牟平区玉林店镇瓦山村	25	男	1942年5月
邹积训	牟平区龙泉镇神童村	22	男	1942年5月
孔庆喜	牟平区水道镇牟家沟村	36	男	1942年6月
刘永新	牟平区王格庄镇前松椒村	21	男	1942年6月
李 飞	牟平区玉林店镇小囤圈村	17	女	1942年6月

姓 名	籍 贯	年 龄	性 别	死难时间
李川成	牟平区王格庄镇阎家村	32	男	1942 年 7 月
王明浪	牟平区王格庄镇清泉埠村	22	男	1942 年 7 月
费云才	牟平区王格庄镇上费格庄村	30	男	1942 年 7 月
周洪德	牟平区王格庄镇彭家村	29	男	1942 年 7 月
周洪臣	牟平区王格庄镇彭家村	27	男	1942 年 7 月
曲日文	牟平区莒格庄镇桑园村	21	男	1942 年 7 月
王 敏	牟平区玉林店镇山后村	20	男	1942 年 7 月
宫培基	牟平区玉林店镇十六里头村	29	男	1942 年 7 月
赵 香	牟平区玉林店镇尺坎村	8	男	1942 年 7 月
孔德子	牟平区玉林店镇尺坎村	10	男	1942 年 7 月
章桐志	牟平区文化街道于家庄村	19	男	1942 年 7 月
战炳照	牟平区水道镇棘子埠村	20	男	1942 年 8 月
曲福蕃	牟平区高陵镇上潘家庄村	21	男	1942 年 8 月
栾传精	牟平区观水镇东留疃村	19	男	1942 年 8 月
张可会	牟平区观水镇生金泊村	25	男	1942 年 8 月
姜培武	牟平区观水镇生金泊村	24	男	1942 年 8 月
矫行仁	牟平区观水镇前垂柳村	20	男	1942 年 8 月
于庆德	牟平区王格庄镇磨山庄村	30	男	1942 年 8 月
于庆元	牟平区王格庄镇磨山庄村	15	男	1942 年 8 月
倪仁福	牟平区王格庄镇辉寨村	31	男	1942 年 8 月
倪仁禄	牟平区王格庄镇辉寨村	28	男	1942·年 8 月
王守仁	牟平区王格庄镇清泉埠村	23	男	1942 年 8 月
张德模	牟平区王格庄镇张家河村	15	男	1942 年 8 月
张元桂	牟平区王格庄镇张家河村	21	男	1942 年 8 月
曲修堂	牟平区莒格庄镇板子口村	21	男	1942 年 8 月
张忠伏	牟平区莒格庄镇金家埠村	25	男	1942 年 8 月
张国芝	牟平区莒格庄镇金家埠村	20	男	1942 年 8 月
张国宝	牟平区莒格庄镇金家埠村	21	男	1942 年 8 月
李宗南	牟平区莒格庄镇泊而村	27	男	1942 年 8 月
刘忠武	牟平区宁海街道高金埠村	16	男	1942 年 8 月
周元亮	牟平区龙泉镇北岘村	21	男	1942 年 8 月
曲永林	牟平区龙泉镇官道南村	18	男	1942 年 8 月
林绍俊	牟平区龙泉镇南岘村	29	男	1942 年 8 月
王廷昌	牟平区观水镇缫丝夼村	19	男	1942 年 9 月

姓　名	籍　贯	年　龄	性　别	死难时间
安保四	牟平区玉林店镇头日庵村	20	男	1942 年秋
陈树桂	牟平区大窑镇万家山村	27	男	1942 年 11 月
李贵堂	牟平区大窑镇南吕格庄村	42	男	1942 年 11 月
刘丕玉	牟平区大窑镇石头河村	34	男	1942 年 11 月
王洪福	牟平区水道镇榛子崖村	24	男	1942 年 11 月
王书墨	牟平区水道镇南台村	23	男	1942 年 11 月
李洪轩	牟平区高陵镇李家村	18	男	1942 年 11 月
栾经光	牟平区观水镇东留疃村	24	男	1942 年 11 月
李乃文	牟平区观水镇埠后村	20	男	1942 年 11 月
李进官	牟平区观水镇埠后村	16	男	1942 年 11 月
姜占礼	牟平区观水镇前姜家村	20	男	1942 年 11 月
肖和洲	牟平区观水镇留格庄村	32	男	1942 年 11 月
王仁升	牟平区观水镇北岚子底村	22	男	1942 年 11 月
周战永	牟平区观水镇宫格庄村	36	男	1942 年 11 月
尹秀云	牟平区观水镇泥村	—	男	1942 年 11 月
尹宝亭	牟平区观水镇泥村	31	男	1942 年 11 月
尹宝亭之哥	牟平区观水镇泥村	—	男	1942 年 11 月
矫善荣	牟平区观水后垂柳村	31	男	1942 年 11 月
栾经光	牟平区观水镇埠西头村	24	男	1942 年 11 月
矫桂人	牟平区观水镇埠西头村	28	男	1942 年 11 月
郝　氏	牟平区观水镇埠西头村	—	女	1942 年 11 月
吕裔良	牟平区观水镇大石疃村	20	男	1942 年 11 月
郝民生	牟平区观水镇郝格庄村	38	男	1942 年 11 月
周振学	牟平区观水镇东果子村	—	男	1942 年 11 月
姜永祥	牟平区观水镇东果子村	—	男	1942 年 11 月
姜永安	牟平区观水镇东果子村	—	男	1942 年 11 月
孙洪兴	牟平区观水镇东果子村	—	男	1942 年 11 月
葛志安	牟平区观水镇下埠玉夯村	24	男	1942 年 11 月
矫训成	牟平区观水镇前垂柳村	20	男	1942 年 11 月
柳义林	牟平区王格庄镇柳家村	30	男	1942 年 11 月
孙　告	牟平区王格庄镇小寨村	20	男	1942 年 11 月
柳元锡	牟平区王格庄镇韩家庄村	18	男	1942 年 11 月
谭明忠	牟平区王格庄镇谭家村	22	男	1942 年 11 月
谭　周	牟平区王格庄镇谭家村	32	男	1942 年 11 月

姓　名	籍　贯	年　龄	性　别	死难时间
于吉友	牟平区王格庄镇西于家村	20	男	1942 年 11 月
朱云庆	牟平区王格庄镇彭家庄村	19	男	1942 年 11 月
王清海	牟平区莒格庄镇杨家盘村	32	男	1942 年 11 月
初朋月	牟平区莒格庄镇杨家夼村	20	男	1942 年 11 月
宋协瑞	牟平区莒格庄镇杨家夼村	23	男	1942 年 11 月
齐维言	牟平区莒格庄镇沙家村	22	男	1942 年 11 月
张小信	牟平区莒格庄镇新建村	17	女	1942 年 11 月
张绪俊	牟平区玉林店镇占昌口村	28	男	1942 年 11 月
杨廷华	牟平区玉林店镇前杨家庄村	21	男	1942 年 11 月
于一心	牟平区姜格庄镇上庄村	31	男	1942 年 11 月
于己午	牟平区姜格庄镇上庄村	37	男	1942 年 11 月
于纪任	牟平区姜格庄镇上庄村	30	男	1942 年 11 月
于纪敏	牟平区姜格庄镇上庄村	34	男	1942 年 11 月
吕文禄	牟平区大窑镇北杏林堡村	16	男	1942 年 12 月
肖道良	牟平区观水镇郁都村	32	男	1942 年 12 月
曲福德	牟平区莒格庄镇沙家村	45	男	1942 年冬
吕汉奇	牟平区大窑镇北杏林堡村	25	男	1942 年
孙树俭	牟平区大窑镇北莒城村	15	男	1942 年
孙树勤	牟平区大窑镇北莒城村	18	男	1942 年
孙文德	牟平区大窑镇石头河村	24	男	1942 年
于忠和	牟平区水道镇生木墅村	20	男	1942 年
刘书仁	牟平区水道镇生木墅村	20	男	1942 年
彭详福	牟平区水道镇岔河村	—	男	1942 年
秃老林	牟平区水道镇棘子埠村	40	男	1942 年
李玉伦	牟平区水道镇徐家寨村	40	男	1942 年
王家臣	牟平区水道镇南台村	19	男	1942 年
王家进	牟平区水道镇南台村	25	男	1942 年
王书平之兄	牟平区水道镇南台村	19	男	1942 年
于法军	牟平区水道镇东石桥村	59	男	1942 年
梁志仁	牟平区高陵镇于家汤村	18	男	1942 年
董家安	牟平区高陵镇东屯车夼村	31	男	1942 年
陈元奎	牟平区高陵镇朱唐夼村	21	男	1942 年
车丕清	牟平区高陵镇朱唐夼村	19	男	1942 年
车文友	牟平区高陵镇朱唐夼村	18	男	1942 年

姓　名	籍　贯	年　龄	性　别	死难时间
孔宪吉	牟平区高陵镇要捷村	23	男	1942 年
宫　野	牟平区高陵镇马格庄村	20	男	1942 年
赵志廉	牟平区高陵镇马格庄村	38	男	1942 年
贾仁江	牟平区高陵镇马格庄村	22	男	1942 年
曲延臣	牟平区高陵镇范家庄村	25	男	1942 年
曲绪林	牟平区高陵镇苏家口村	19	男	1942 年
李文石	牟平区高陵镇李家村	18	男	1942 年
王庆芝	牟平区高陵镇侯家庄村	20	男	1942 年
于培顺	牟平区高陵镇嵫山后村	38	男	1942 年
于元祥	牟平区高陵镇嵫山后村	18	男	1942 年
王京爱	牟平区高陵镇下雨村	22	女	1942 年
曲绵海	牟平区高陵镇高陵村	52	男	1942 年
曲庆举	牟平区高陵镇高陵村	30	男	1942 年
曲庆华	牟平区高陵镇上潘家庄村	24	男	1942 年
曲延发	牟平区高陵镇上潘家庄村	27	男	1942 年
崔横义	牟平区观水镇林家村	26	男	1942 年
李广选	牟平区观水镇林家村	36	男	1942 年
李玉胜	牟平区观水镇上寺口村	22	男	1942 年
姜竹青	牟平区观水镇观水村	25	男	1942 年
盛岳平	牟平区观水镇观水村	21	男	1942 年
石红义	牟平区观水镇观水村	25	男	1942 年
姜云亭	牟平区观水镇观水村	24	男	1942 年
吕传奎	牟平区观水镇大石疃村	—	男	1942 年
姜中桥	牟平区观水镇季家埠村	—	男	1942 年
姜中桥之父	牟平区观水镇季家埠村	—	男	1942 年
李秀开	牟平区观水镇季家埠村	—	男	1942 年
姜丕兰	牟平区观水镇后姜家村	42	男	1942 年
姜卓仁	牟平区观水镇后姜家村	35	男	1942 年
姜吉人	牟平区观水镇后姜家村	34	男	1942 年
张文起	牟平区观水镇辽上村	27	男	1942 年
姜爱祖	牟平区观水镇辽上村	19	男	1942 年
尹吉祥	牟平区观水镇崖地村	52	男	1942 年
韩书芬	牟平区观水镇崖地村	32	男	1942 年
尹廷德	牟平区观水镇崖地村	45	男	1942 年

姓 名	籍 贯	年 龄	性 别	死难时间
李英增	牟平区观水镇西留疃村	23	男	1942 年
李建平	牟平区观水镇西留疃村	36	男	1942 年
李长义	牟平区观水镇西留疃村	31	男	1942 年
王 民	牟平区观水镇西留疃村	29	男	1942 年
李春文	牟平区观水镇北果子村	—	男	1942 年
李龙云	牟平区观水镇北果子村	—	男	1942 年
李德新	牟平区观水镇北果子村	—	男	1942 年
李桂云	牟平区观水镇北果子村	—	男	1942 年
周树明	牟平区观水镇北果子村	—	男	1942 年
李龙海	牟平区观水镇北果子村	—	男	1942 年
李德海	牟平区观水镇北果子村	—	男	1942 年
尹明先	牟平区观水镇西半城村	—	男	1942 年
栾从发	牟平区观水镇西半城村	—	男	1942 年
王金英	牟平区观水镇西半城村	—	男	1942 年
纪树梁	牟平区观水镇西半城村	—	男	1942 年
纪树会	牟平区观水镇西半城村	—	男	1942 年
于传训	牟平区观水镇后半城村	—	男	1942 年
于永成	牟平区观水镇后半城村	—	男	1942 年
吕传亮之父	牟平区观水镇后半城村	—	男	1942 年
吕传亮之母	牟平区观水镇后半城村	—	女	1942 年
姜明周	牟平区观水镇金庄村	24	男	1942 年
姜明坤	牟平区观水镇金庄村	49	男	1942 年
李孟太	牟平区观水镇杨家沟村	45	男	1942 年
李丕积	牟平区观水镇杨家沟村	13	男	1942 年
老聋子	牟平区观水镇杨家沟村	60	男	1942 年
矫天荣	牟平区观水镇下垛玉夼村	—	男	1942 年
矫天纯	牟平区观水镇下垛玉夼村	—	男	1942 年
孙修兵	牟平区观水镇下垛玉夼村	—	男	1942 年
孙文远	牟平区观水镇下垛玉夼村	—	男	1942 年
孙文谦	牟平区观水镇下垛玉夼村	—	男	1942 年
矫天顺	牟平区观水镇下垛玉夼村	—	男	1942 年
孙文献	牟平区观水镇下垛玉夼村	—	男	1942 年
孙修善	牟平区观水镇下垛玉夼村	—	男	1942 年
姜吉连	牟平区观水镇曲家村	26	男	1942 年

姓　名	籍　贯	年　龄	性别	死难时间
曲令川	牟平区观水镇曲家村	25	男	1942 年
矫菊清	牟平区观水镇矫家村	—	男	1942 年
矫文京	牟平区观水镇矫家村	—	男	1942 年
矫天恩	牟平区观水镇矫家村	—	男	1942 年
矫海清	牟平区观水镇矫家村	—	男	1942 年
矫明玉	牟平区观水镇矫家村	—	男	1942 年
王积田	牟平区王格庄镇前柳林夼村	44	男	1942 年
谭　日	牟平区王格庄镇谭家村	—	男	1942 年
谭　龙	牟平区王格庄镇谭家村	—	男	1942 年
刘玉田	牟平区王格庄镇上庄沟村	29	男	1942 年
曲成会	牟平区莒格庄镇曲家口村	—	男	1942 年
曲小山	牟平区莒格庄镇曲家口村	—	男	1942 年
曲福兴	牟平区莒格庄镇曲家口村	—	男	1942 年
曲同福	牟平区莒格庄镇曲家口村	—	男	1942 年
曲竟纹	牟平区莒格庄镇板子口村	—	男	1942 年
曲清奎	牟平区莒格庄镇板子口村	—	男	1942 年
曲小田	牟平区莒格庄镇板子口村	—	男	1942 年
曲小田之弟	牟平区莒格庄镇板子口村	—	男	1942 年
曲日宽	牟平区莒格庄镇板子口村	—	男	1942 年
曲永腾	牟平区莒格庄镇板子口村	—	男	1942 年
侯国礼	牟平区莒格庄镇长岭村	—	男	1942 年
姜　忱	牟平区莒格庄镇贵家庄村	—	男	1942 年
赵当山	牟平区莒格庄镇梓椤村	20	男	1942 年
赵忠起	牟平区莒格庄镇梓椤村	14	男	1942 年
车德朋	牟平区莒格庄镇曲河庄村	45	男	1942 年
夏　滕	牟平区莒格庄镇曲河庄村	24	女	1942 年
杨　氏	牟平区莒格庄镇曲河庄村	30	女	1942 年
董日成	牟平区莒格庄镇东垛夼村	16	男	1942 年
曲滋发	牟平区莒格庄镇张皮村	18	男	1942 年
刘　一	牟平区莒格庄镇崖子村	16	男	1942 年
张满仓	牟平区莒格庄镇崖子村	20	男	1942 年
常保真	牟平区莒格庄镇崖子村	26	男	1942 年
赵树仁	牟平区莒格庄镇泊而村	35	男	1942 年
曲志琦	牟平区莒格庄镇东仙姑村	31	男	1942 年

姓　名	籍　贯	年　龄	性　别	死难时间
王兰亭	牟平区莒格庄镇东仙姑村	—	男	1942 年
史玉卓	牟平区莒格庄镇东仙姑村	—	男	1942 年
张臣田	牟平区玉林店镇张家口村	—	男	1942 年
于令海	牟平区玉林店镇张家口村	—	男	1942 年
于世和	牟平区玉林店镇张家口村	—	男	1942 年
葛培训	牟平区玉林店镇葛家庄村	27	男	1942 年
孙尚亭	牟平区玉林店镇沙子村	19	男	1942 年
刘永申	牟平区宁海街道西李家疃村	48	男	1942 年
孙振远	牟平区宁海街道盐滩村	19	男	1942 年
王京彩	牟平区文化街道王家窑村	32	男	1942 年
宫　×	牟平区文化街道南沟村	—	男	1942 年
张忠洲	牟平区武宁镇路西村	21	男	1942 年
王忠模	牟平区姜格庄镇南王家疃村	—	男	1942 年
贺先利	牟平区姜格庄镇南松山村	—	男	1942 年
张心田	牟平区观水镇生金泊村	30	男	1943 年 1 月
刘永善	牟平区观水镇刘家村	19	男	1943 年 1 月
姜玉美	牟平区观水镇后姜家村	25	男	1943 年 1 月
于尚友	牟平区王格庄镇东于家村	44	男	1943 年 1 月
张道德	牟平区莒格庄镇西莒格庄村	22	男	1943 年 1 月
车云泽	牟平区莒格庄镇蒿口村	—	男	1943 年 1 月
杨进禄	牟平区玉林店镇山后村	29	男	1943 年 1 月
郑希法	牟平区玉林店镇东桑杭埠村	21	男	1943 年 1 月
孙　成	牟平区玉林店镇瓦山村	35	男	1943 年 1 月
孙曰琪	牟平区养马岛街道杨家庄村	29	男	1943 年 1 月
刘同文	牟平区水道镇牟家沟村	24	男	1943 年 2 月
于国法	牟平区观水镇王庄村	17	男	1943 年 2 月
郝祖武	牟平区观水镇郝格庄村	31	男	1943 年 2 月
王文芝	牟平区王格庄镇辉寨村	20	男	1943 年 2 月
李春轩	牟平区莒格庄镇西仙姑村	38	男	1943 年 2 月
张希朋	牟平区玉林店镇贺家屯村	—	男	1943 年 2 月
王　铎	牟平区大窑镇蛤堆后村	27	男	1943 年 3 月
王明田	牟平区大窑镇蛤堆后村	24	男	1943 年 3 月
郑克成	牟平区水道镇邱家村	26	男	1943 年 3 月
郑作基	牟平区水道镇邱家村	18	男	1943 年 3 月

姓 名	籍 贯	年 龄	性 别	死难时间
王从章	牟平区水道镇岔河村	18	男	1943 年 3 月
孙乐勇	牟平区水道镇唐村	23	男	1943 年 3 月
余一臣	牟平区观水镇郝庄村	24	男	1943 年 3 月
赵德友	牟平区观水镇王庄村	32	男	1943 年 3 月
姜文岩	牟平区观水镇生金泊村	23	男	1943 年 3 月
姜西岳	牟平区观水镇后姜家村	36	男	1943 年 3 月
曲永芝	牟平区莒格庄镇板子口村	20	男	1943 年 3 月
曲仁山	牟平区莒格庄镇瓦善村	21	男	1943 年 3 月
徐守德	牟平区莒格庄镇张皮村	17	男	1943 年 3 月
姜世义	牟平区莒格庄镇孔家村	20	男	1943 年 3 月
李本连	牟平区莒格庄镇泊而村	24	男	1943 年 3 月
李宗州	牟平区莒格庄镇泊而村	27	男	1943 年 3 月
张述梅	牟平区莒格庄镇初家庄村	22	男	1943 年 3 月
邹禄之	牟平区玉林店镇贺家屯村	22	男	1943 年 3 月
张 忠	牟平区玉林店镇贺家屯村	30	男	1943 年 3 月
刘 保	牟平区玉林店镇西柳庄村	18	男	1943 年 3 月
初财孔	牟平区姜格庄镇河里曲村	19	男	1943 年 3 月
初嘉德	牟平区姜格庄镇河里曲村	23	男	1943 年 3 月
孔宪明	牟平区水道镇孙家庄村	18	男	1943 年 4 月
徐承义	牟平区水道镇孙家庄村	19	男	1943 年 4 月
孙言明	牟平区水道镇肖家村	39	男	1943 年 4 月
宋连和	牟平区水道镇岔河村	18	男	1943 年 4 月
宋述礼	牟平区水道镇下朱车村	25	男	1943 年 4 月
吴元奎	牟平区水道镇下朱车村	34	男	1943 年 4 月
高德元	牟平区水道镇八甲夼村	39	男	1943 年 4 月
孔庆会	牟平区水道镇牟家沟村	23	男	1943 年 4 月
孙乐成	牟平区水道镇唐村	26	男	1943 年 4 月
汤广云之妹	牟平区水道镇徐家寨村	5	女	1943 年 4 月
栾传信	牟平区观水镇东留疃村	25	男	1943 年 4 月
许文成	牟平区观水镇许家村	32	男	1943 年 4 月
于保玺	牟平区观水镇许家村	22	男	1943 年 4 月
杨文法	牟平区观水镇下杨家村	35	男	1943 年 4 月
王振文	牟平区王格庄镇前柳林夼村	31	男	1943 年 4 月
于同理	牟平区王格庄镇西于家村	27	男	1943 年 4 月

姓　名	籍　贯	年　龄	性　别	死难时间
宋广山	牟平区王格庄镇宋家村	20	男	1943 年 4 月
宋保庆	牟平区莒格庄镇洼里村	21	男	1943 年 4 月
张新合	牟平区莒格庄镇洼里村	22	男	1943 年 4 月
孙守刚	牟平区玉林店镇南红石头村	21	男	1943 年 4 月
孙永贵	牟平区玉林店镇占昌口村	20	男	1943 年 4 月
王寿文	牟平区龙泉镇北夼村	20	男	1943 年 4 月
姜玉恒	牟平区水道镇上朱车村	20	男	1943 年 5 月
姜玉进	牟平区水道镇上朱车村	23	男	1943 年 5 月
高景义	牟平区水道镇八甲夼村	32	男	1943 年 5 月
高景乐	牟平区水道镇八甲夼村	20	男	1943 年 5 月
尤成仁	牟平区水道镇山前村	19	男	1943 年 5 月
仲济盘	牟平区水道镇南台村	15	男	1943 年 5 月
肖为正	牟平区观水镇郁都村	23	男	1943 年 5 月
张悦文	牟平区观水镇观水村	22	男	1943 年 5 月
孙金友	牟平区莒格庄镇贵家庄村	29	男	1943 年 5 月
孙金澳	牟平区莒格庄镇贵家庄村	27	男	1943 年 5 月
王兰芝	牟平区莒格庄镇杨家夼村	20	女	1943 年 5 月
张希国	牟平区玉林店镇上口村	28	男	1943 年 5 月
蒋祥云	牟平区玉林店镇瓦山村	26	男	1943 年 5 月
宫锡岩	牟平区玉林店镇西柳庄村	26	男	1943 年 5 月
王德言	牟平区玉林店镇占昌口村	21	男	1943 年 5 月
汤宝谦	牟平区武宁镇上武宁村	28	男	1943 年 5 月
刘丕志	牟平区龙泉镇西口子村	34	男	1943 年 5 月
初润亭	牟平区水道镇水道村	24	男	1943 年 6 月
徐永章	牟平区高陵镇棉花洲村	26	男	1943 年 6 月
牟忠林	牟平区高陵镇棉花洲村	24	男	1943 年 6 月
曲修章	牟平区莒格庄镇曲家口村	23	男	1943 年 6 月
宫锡寿	牟平区玉林店镇西柳庄村	24	男	1943 年 6 月
郭有胜	牟平区高陵镇南辛峪村	21	男	1943 年 7 月
矫恒德	牟平区观水镇前垂柳村	26	男	1943 年 7 月
朱振星	牟平区王格庄镇彭家庄村	19	男	1943 年 7 月
费云生	牟平区王格庄镇上费格庄村	30	男	1943 年 7 月
宋　江	牟平区王格庄镇宋家村	34	男	1943 年 7 月
王言亭	牟平区王格庄镇王格庄村	22	男	1943 年 7 月

姓　名	籍　贯	年　龄	性　别	死难时间
张玉起	牟平区莒格庄镇福禄地村	27	男	1943 年 7 月
王述财	牟平区玉林店镇东桑杭埠村	20	男	1943 年 7 月
于孟考	牟平区水道镇生木墅村	28	男	1943 年 8 月
程日秀	牟平区水道镇下河村	26	男	1943 年 8 月
安世芳	牟平区水道镇下河村	17	男	1943 年 8 月
夏玉信	牟平区水道镇北税目村	17	男	1943 年 8 月
王殿贞	牟平区观水镇铎疃村	20	男	1943 年 8 月
李庆会	牟平区观水镇八甲村	32	男	1943 年 8 月
刘永豪	牟平区观水镇刘家村	19	男	1943 年 8 月
李文民	牟平区观水镇西留疃村	24	男	1943 年 8 月
李德善	牟平区观水镇西留疃村	20	男	1943 年 8 月
王学江	牟平区王格庄镇韩家庄村	27	男	1943 年 8 月
苏书斗	牟平区莒格庄镇福禄地村	22	男	1943 年 8 月
初文兰	牟平区玉林店镇上口村	17	男	1943 年 8 月
葛培书	牟平区玉林店镇葛家庄村	18	男	1943 年 8 月
李之贤	牟平区龙泉镇滩上村	21	男	1943 年 8 月
栾传颂	牟平区观水镇东留疃村	27	男	1943 年 9 月
栾传英	牟平区观水镇东留疃村	23	男	1943 年 9 月
李文堂	牟平区玉林店镇西桑杭埠村	33	男	1943 年 9 月
孙忠亮	牟平区高陵镇下雨村	21	男	1943 年秋
曲双玉	牟平区莒格庄镇义和庄村	65	男	1943 年秋
林书招	牟平区大窑镇林家口村	16	男	1943 年 11 月
马维恒	牟平区大窑镇林家口村	18	男	1943 年 11 月
李洪维	牟平区大窑镇南吕格庄村	31	男	1943 年 11 月
杨贞运	牟平区大窑镇小山子村	21	男	1943 年 11 月
王守芝	牟平区大窑镇小山子村	21	男	1943 年 11 月
孙培道	牟平区大窑镇羊角埠村	18	男	1943 年 11 月
朱世庆	牟平区大窑镇南莒城村	35	男	1943 年 11 月
赵焕章	牟平区大窑镇南莒城村	29	男	1943 年 11 月
马维恒	牟平区大窑镇林家店子村	18	男	1943 年 11 月
孙建悦	牟平区大窑镇沟东村	32	男	1943 年 11 月
万寿昌	牟平区大窑镇北大窑村	19	男	1943 年 11 月
曲书涛	牟平区大窑镇西山北头村	39	男	1943 年 11 月
曲维松	牟平区大窑镇西山北头村	32	男	1943 年 11 月

姓 名	籍 贯	年 龄	性 别	死难时间
高均宇	牟平区大窑镇高家山村	18	男	1943 年 11 月
高均森	牟平区大窑镇高家山村	16	男	1943 年 11 月
王玉斌	牟平区大窑镇西埠庄村	32	男	1943 年 11 月
宫锡范	牟平区大窑镇董格庄村	21	男	1943 年 11 月
于福禄	牟平区水道镇生木墅村	18	男	1943 年 11 月
林玉金	牟平区水道镇榛子崖村	26	男	1943 年 11 月
栾孝亭	牟平区观水镇东留疃村	23	男	1943 年 11 月
矫建治	牟平区观水镇埠西头村	16	男	1943 年 11 月
王文俊	牟平区王格庄镇王格庄村	21	男	1943 年 11 月
宋双德	牟平区莒格庄镇杨家夼村	21	男	1943 年 11 月
李宗华	牟平区莒格庄镇泊而村	22	男	1943 年 11 月
林管念	牟平区玉林店镇南红石头村	19	男	1943 年 11 月
宫锡义	牟平区玉林店镇西柳庄村	24	男	1943 年 11 月
宫锡亭	牟平区玉林店镇西柳庄村	31	男	1943 年 11 月
刘洪柱	牟平区玉林店镇桃园村	17	男	1943 年 11 月
蒋祥红	牟平区玉林店镇西柳庄村	24	男	1943 年 11 月
张绪珍	牟平区玉林店镇占昌口村	27	男	1943 年 11 月
杨丕祥	牟平区玉林店镇前杨家庄村	23	男	1943 年 11 月
隋雍诚	牟平区宁海街道东系山村	17	男	1943 年 11 月
杜建武	牟平区鱼鸟河街道贵家疃村	36	男	1943 年 11 月
邹立清	牟平区龙泉镇邹家庄村	19	男	1943 年 11 月
尤成仁	牟平区龙泉镇尤家泊子村	27	男	1943 年 11 月
夏元财	牟平区姜格庄镇广河村	24	男	1943 年 11 月
张同修	牟平区水道镇青虎山村	16	男	1943 年 12 月
许长喜	牟平区水道镇山前村	16	男	1943 年 12 月
姜成芳	牟平区玉林店镇玉林店村	22	男	1943 年 12 月
姜永祥	牟平区玉林店镇埠后村	46	男	1943 年 12 月
姜玉倍	牟平区玉林店镇埠后村	45	男	1943 年 12 月
孙士友	牟平区大窑镇北莒城村	20	男	1943 年
王术忠	牟平区水道镇岘上村	20	男	1943 年
王术堂	牟平区水道镇岘上村	18	男	1943 年
谭保红	牟平区水道镇后刘家夼村	—	男	1943 年
杨福斗	牟平区水道镇岔河村	—	男	1943 年
宋文清	牟平区水道镇岔河村	—	男	1943 年

姓 名	籍 贯	年 龄	性 别	死难时间
于立洲	牟平区水道镇岔河村	—	男	1943 年
王书许之母	牟平区水道镇南台村	25	女	1943 年
宋志坤之弟	牟平区水道镇南台村	11	男	1943 年
于功龙	牟平区高陵镇于家汤村	19	男	1943 年
阎德礼	牟平区高陵镇王疃村	27	男	1943 年
林守兰	牟平区高陵镇巫山庄村	30	男	1943 年
孙守伦	牟平区高陵镇朱唐夼村	19	男	1943 年
孙守硕	牟平区高陵镇朱唐夼村	20	男	1943 年
于 殿	牟平区高陵镇于家疃村	24	男	1943 年
孙守训	牟平区高陵镇崖前村	27	男	1943 年
姜升基	牟平区高陵镇玉和庄村	19	男	1943 年
李智善	牟平区高陵镇玉和庄村	24	男	1943 年
初培海	牟平区高陵镇后山村	19	男	1943 年
宫富臣	牟平区高陵镇马格庄村	42	男	1943 年
冯曰安	牟平区高陵镇峰山庄村	17	男	1943 年
高正忠	牟平区高陵镇峰山庄村	20	男	1943 年
于兰亭	牟平区高陵镇嵊山后村	42	男	1943 年
贺京汉	牟平区高陵镇小张家庄村	19	男	1943 年
曲守晏	牟平区高陵镇上潘家庄村	26	男	1943 年
兵 任	牟平区高陵镇上潘家庄村	20	男	1943 年
曲绵绪	牟平区高陵镇上潘家庄村	19	男	1943 年
孔广玉	牟平区高陵镇周格庄村	19	男	1943 年
林守岗	牟平区观水镇落鸡庄村	30	男	1943 年
姜 宽	牟平区观水镇观水村	36	男	1943 年
郭庆英	牟平区观水镇观水村	25	男	1943 年
姜曰相	牟平区观水镇后姜家村	20	男	1943 年
姜作岳	牟平区观水镇后姜家村	35	男	1943 年
姜玉界	牟平区观水镇后姜家村	35	男	1943 年
张玉先	牟平区王格庄镇小寨村	25	男	1943 年
王克吉	牟平区莒格庄镇床而村	23	男	1943 年
郭同海	牟平区莒格庄镇蒿口村	30	男	1943 年
曲志杰	牟平区莒格庄镇东埠夼村	—	男	1943 年
钟福水	牟平区莒格庄镇沙家村	31	男	1943 年
张玉欣	牟平区莒格庄镇东仙姑村	28	男	1943 年

姓 名	籍 贯	年 龄	性 别	死难时间
张玉华	牟平区莒格庄镇东仙姑村	26	男	1943 年
张华敏	牟平区莒格庄镇东仙姑村	—	男	1943 年
小丑子	牟平区玉林店镇东桑杭埠村	13	男	1943 年
唐德贵	牟平区玉林店镇东桑杭埠村	21	男	1943 年
田德侯	牟平区玉林店镇东桑杭埠村	24	男	1943 年
林义保	牟平区玉林店镇东桑杭埠村	27	男	1943 年
王连群	牟平区玉林店镇东桑杭埠村	23	男	1943 年
郑明述	牟平区玉林店镇东桑杭埠村	22	男	1943 年
迟宝绪	牟平区玉林店镇对阵圈村	25	男	1943 年
孙立红	牟平区玉林店镇对阵圈村	23	男	1943 年
迟 孟	牟平区玉林店镇对阵圈村	22	男	1943 年
刘凤树	牟平区玉林店镇十六里头村	19	男	1943 年
刘文焦	牟平区玉林店镇磨王格庄村	45	男	1943 年
蒋 洪	牟平区玉林店镇瓦山村	—	男	1943 年
于小坤	牟平区玉林店镇北红石头村	20	男	1943 年
纪经友	牟平区玉林店镇北红石头村	19	男	1943 年
于方臣	牟平区玉林店镇北红石头村	21	男	1943 年
姜培武	牟平区玉林店镇北红石头村	20	男	1943 年
宋当钦	牟平区玉林店镇曹格庄村	27	男	1943 年
刘凤翔	牟平区宁海街道西李家疃村	42	男	1943 年
刘忠武	牟平区宁海街道西李家疃村	20	男	1943 年
孙世铎	牟平区宁海街道盐滩村	28	男	1943 年
王秀坡	牟平区鱼鸟河街道梁家疃村	22	男	1943 年
王秀芳	牟平区鱼鸟河街道梁家疃村	26	男	1943 年
王学俭	牟平区鱼鸟河街道梁家疃村	20	男	1943 年
杨永学	牟平区龙泉镇吕格庄村	50	男	1943 年
孔庆才	牟平区水道镇上朱车村	25	男	1944 年 1 月
董海亭	牟平区水道镇后院夼村	19	男	1944 年 1 月
刘志卿	牟平区观水镇刘家村	21	男	1944 年 1 月
李瑞武	牟平区莒格庄镇板子口村	19	男	1944 年 1 月
曲日法	牟平区莒格庄镇义和庄村	26	男	1944 年 1 月
崔志杰	牟平区姜格庄镇上庄村	29	男	1944 年 1 月
曲仙之	牟平区姜格庄镇北山村	20	男	1944 年 1 月
谭廷国	牟平区大窑镇蛤堆后村	17	男	1944 年 2 月

姓 名	籍 贯	年 龄	性 别	死难时间
曲维洲	牟平区大窑镇蛤堆后村	18	男	1944 年 2 月
徐克成	牟平区高陵镇姜疃村	25	男	1944 年 2 月
徐寿山	牟平区莒格庄镇梨树底村	22	男	1944 年 2 月
赵元璞	牟平区龙泉镇北夼村	28	男	1944 年 2 月
姜玉七	牟平区水道镇上朱车村	25	男	1944 年 3 月
姜学洲	牟平区水道镇上朱车村	28	男	1944 年 3 月
高文法	牟平区水道镇前刘家夼村	25	男	1944 年 3 月
李延花	牟平区观水镇后垂柳村	23	男	1944 年 3 月
郝鸣凯	牟平区观水镇郝格庄村	37	男	1944 年 3 月
王 俭	牟平区王格庄镇东于家村	21	男	1944 年 3 月
曲永绪	牟平区莒格庄镇曲家口村	20	男	1944 年 3 月
李春楼	牟平区莒格庄镇西仙姑村	19	男	1944 年 3 月
李海山	牟平区莒格庄镇北宋家口村	25	男	1944 年 3 月
初管成	牟平区玉林店镇上口村	23	男	1944 年 3 月
孙维玲	牟平区高陵镇大张家夼村	13	男	1944 年春
孙叶儿	牟平区高陵镇大张家夼村	12	女	1944 年春
张道勇之女	牟平区高陵镇大张家夼村	1	女	1944 年春
曲延桐	牟平区高陵镇鲍家泊村	20	男	1944 年春
孙衍芝	牟平区大窑镇新福村	44	男	1944 年 4 月
孙溪芳	牟平区大窑镇北大窑村	18	男	1944 年 4 月
卫国茂	牟平区高陵镇马格庄村	20	男	1944 年 4 月
战洪祥	牟平区高陵镇阎庄村	25	男	1944 年 4 月
于绍德	牟平区观水镇保灵口村	20	男	1944 年 4 月
张桂林	牟平区莒格庄镇新建村	25	男	1944 年 4 月
刘永新	牟平区宁海街道高金埠村	44	男	1944 年 4 月
王士卿	牟平区武宁镇上武宁村	50	男	1944 年 4 月
曲万会	牟平区武宁镇上武宁村	54	男	1944 年 4 月
李凤英	牟平区武宁镇上武宁村	51	女	1944 年 4 月
吴松山	牟平区武宁镇上武宁村	42	男	1944 年 4 月
赵吉恒	牟平区武宁镇上武宁村	38	男	1944 年 4 月
唐进荣	牟平区大窑镇北杏林堡村	19	男	1944 年 5 月
李丰宾	牟平区水道镇青虎山村	21	男	1944 年 5 月
郝宇明	牟平区观水镇郝格庄村	26	男	1944 年 5 月
郝福英	牟平区观水镇郝格庄村	19	男	1944 年 5 月

姓 名	籍 贯	年 龄	性 别	死难时间
矫恒刚	牟平区观水镇前垂柳村	21	男	1944 年 5 月
王言田	牟平区王格庄镇王格庄村	29	男	1944 年 5 月
张华兰	牟平区莒格庄镇东仙姑村	21	男	1944 年 5 月
贺洪章	牟平区玉林店镇大囤圈村	18	男	1944 年 5 月
宫锡汉	牟平区文化街道于家庄村	46	男	1944 年 5 月
张成致	牟平区文化街道桥子村	39	男	1944 年 5 月
曲都堂	牟平区姜格庄镇曲家庄村	20	男	1944 年 5 月
沙云章	牟平区姜格庄镇南松山村	20	男	1944 年 5 月
阮文和	牟平区姜格庄镇北头村	19	男	1944 年 5 月
韩廷绩	牟平区大窑镇西吕格庄村	37	男	1944 年 6 月
周宏洋	牟平区大窑镇西吕格庄村	53	男	1944 年 6 月
张文治	牟平区大窑镇东吕格庄村	25	男	1944 年 6 月
刘元训	牟平区水道镇唐村	22	男	1944 年 6 月
王殿海	牟平区观水镇铎疃村	21	男	1944 年 6 月
张可咸	牟平区观水镇生金泊村	20	男	1944 年 6 月
刘世香	牟平区观水镇牧猪夼村	21	男	1944 年 6 月
刘传玉	牟平区观水镇牧猪夼村	—	男	1944 年 6 月
王寿彭	牟平区观水镇西半城村	22	男	1944 年 6 月
孙玉胜	牟平区王格庄镇东于家村	23	男	1944 年 6 月
郭桂荣	牟平区莒格庄镇西垛夼村	17	男	1944 年 6 月
杨丕林	牟平区莒格庄镇西垛夼村	23	男	1944 年 6 月
杨学礼	牟平区莒格庄镇西垛夼村	—	男	1944 年 6 月
李照孚	牟平区文化街道于家庄村	19	男	1944 年 6 月
杨维兰	牟平区文化街道于家庄村	32	男	1944 年 6 月
盛 ×	牟平区文化街道南沟村	—	男	1944 年 6 月
李昭乐	牟平区文化街道南沟村	25	男	1944 年 6 月
孙启周	牟平区武宁镇陡崖子村	42	男	1944 年 6 月
谭 绪	牟平区水道镇后刘家夼村	24	男	1944 年 7 月
杨 亭	牟平区观水镇上垛玉夼村	33	男	1944 年 7 月
李克丰	牟平区王格庄镇集口山村	29	男	1944 年 7 月
潘 氏	牟平区王格庄镇清泉埠村	—	女	1944 年 7 月
王 田	牟平区王格庄镇清泉埠村	—	男	1944 年 7 月
孙胜宾	牟平区莒格庄镇贵家庄村	30	男	1944 年 7 月
孙文玉	牟平区玉林店镇单耳山村	20	男	1944 年 7 月

姓　名	籍　贯	年　龄	性　别	死难时间
徐孟财	牟平区玉林店镇尺坎村	16	男	1944 年 7 月
唐德贵	牟平区玉林店镇尺坎村	25	男	1944 年 7 月
曲树凤	牟平区宁海街道城北村	21	男	1944 年 7 月
张高拴	牟平区武宁镇张家疃村	16	男	1944 年 7 月
林均晓	牟平区养马岛街道马埠崖村	28	男	1944 年 7 月
曲培利	牟平区姜格庄镇北王家疃村	34	男	1944 年 7 月
于德洋	牟平区姜格庄镇常家庄村	19	男	1944 年 7 月
曲荣椿	牟平区大窑镇西山北头村	36	男	1944 年 8 月
夏德刚	牟平区水道镇后刘家夼村	22	男	1944 年 8 月
孙承合	牟平区水道镇下河村	20	男	1944 年 8 月
李吉坤	牟平区水道镇西直格庄村	38	男	1944 年 8 月
吕书普	牟平区水道镇薛家夼村	24	男	1944 年 8 月
杨川敬	牟平区水道镇薛家夼村	18	男	1944 年 8 月
王德保	牟平区水道镇卧龙村	19	男	1944 年 8 月
李春东	牟平区水道镇棘子埠村	23	男	1944 年 8 月
林　氏	牟平区水道镇水道村	70	女	1944 年 8 月
贾仁德	牟平区高陵镇马格庄村	21	男	1944 年 8 月
韩进生	牟平区观水镇韩家村	22	男	1944 年 8 月
杨文茂	牟平区观水镇下杨家村	28	男	1944 年 8 月
刘义勋	牟平区观水镇刘家村	22	男	1944 年 8 月
刘立江	牟平区王格庄镇刘家沟村	18	男	1944 年 8 月
张成洪	牟平区王格庄镇集口山村	30	男	1944 年 8 月
柳玉柱	牟平区王格庄镇陶家村	21	男	1944 年 8 月
朱振友	牟平区王格庄镇彭家庄村	26	男	1944 年 8 月
纪成祥	牟平区王格庄镇大河东村	26	男	1944 年 8 月
宋　夏	牟平区王格庄镇宋家村	19	男	1944 年 8 月
张春胜	牟平区莒格庄镇曲家口村	25	男	1944 年 8 月
曲守玉	牟平区莒格庄镇曲家口村	45	男	1944 年 8 月
李国禄	牟平区莒格庄镇姚家庄村	43	男	1944 年 8 月
王金清	牟平区莒格庄镇北宋家口村	22	男	1944 年 8 月
丁希宽	牟平区玉林店镇后庄村	41	男	1944 年 8 月
周丰叶	牟平区玉林店镇磨王格庄村	23	男	1944 年 8 月
滕世荣之子	牟平区玉林店镇尺坎村	4	男	1944 年 8 月
王述礼之母	牟平区玉林店镇尺坎村	33	女	1944 年 8 月

姓　名	籍　贯	年　龄	性　别	死难时间
刘明礼	牟平区玉林店镇尺坎村	32	男	1944 年 8 月
王照珊	牟平区文化街道王家窑村	20	男	1944 年 8 月
张绪良	牟平区养马岛街道张家庄村	20	男	1944 年 8 月
李之任	牟平区龙泉镇滩上村	23	男	1944 年 8 月
王可升	牟平区姜格庄镇岭上村	40	男	1944 年 8 月
刘克阳	牟平区大窑镇石头河村	27	男	1944 年 9 月
于慈云	牟平区大窑镇西吕格庄村	18	男	1944 年 9 月
周宏福	牟平区大窑镇西吕格庄村	—	男	1944 年 9 月
李春寿	牟平区莒格庄镇西仙姑村	40	男	1944 年 9 月
史春来	牟平区莒格庄镇曲河庄村	21	男	1944 年 9 月
孙胥海	牟平区玉林店镇南红石头村	23	男	1944 年 9 月
杨从容	牟平区养马岛街道中原村	20	男	1944 年 9 月
张宗霖	牟平区养马岛街道张家庄村	36	男	1944 年 9 月
李洪周	牟平区大窑镇南吕格庄村	30	男	1944 年 11 月
王志恕	牟平区水道镇岘上村	31	男	1944 年 11 月
曲庆山	牟平区高陵镇邹家埠村	39	男	1944 年 11 月
任存连	牟平区高陵镇南辛峪村	25	男	1944 年 11 月
王德行	牟平区王格庄镇清泉埠村	31	男	1944 年 11 月
周作信	牟平区莒格庄镇北宋家口村	28	男	1944 年 11 月
王可敬	牟平区武宁镇留生院村	27	男	1944 年 11 月
都元熙	牟平区姜格庄镇酒馆村	21	男	1944 年 11 月
王世传	牟平区王格庄镇清泉埠村	19	男	1944 年 12 月
杨维新	牟平区养马岛街道杨家庄村	33	男	1944 年冬
李继宏	牟平区养马岛街道杨家庄村	24	男	1944 年冬
曲朝汉	牟平区大窑镇南杏林堡村	24	男	1944 年
杨喜财	牟平区大窑镇羊角埠村	25	男	1944 年
孙丕志	牟平区大窑镇羊角埠村	18	男	1944 年
赵瑞修	牟平区大窑镇南莒城村	27	男	1944 年
王吉洲	牟平区大窑镇西埠庄村	28	男	1944 年
王吉震	牟平区大窑镇西埠庄村	28	男	1944 年
宫云平	牟平区大窑镇董格庄村	24	男	1944 年
王忠信	牟平区水道镇陈家沟村	22	男	1944 年
夏德春	牟平区水道镇后刘家夼村	29	男	1944 年
董永贵	牟平区水道镇孙家庄村	22	男	1944 年

姓 名	籍 贯	年 龄	性 别	死难时间
董永官	牟平区水道镇孙家庄村	21	男	1944 年
李守亭	牟平区水道镇生木墅村	20	男	1944 年
孙承日	牟平区水道镇下河村	—	男	1944 年
姜仁胜	牟平区水道镇榛子崖村	—	男	1944 年
姜志钦	牟平区水道镇榛子崖村	25	男	1944 年
姜成珉	牟平区水道镇榛子崖村	—	男	1944 年
于战礼	牟平区水道镇前刘家夼村	23	男	1944 年
林玉堂	牟平区水道镇太格庄村	46	男	1944 年
刘进友	牟平区高陵镇于家汤村	20	男	1944 年
吴学曾	牟平区高陵镇于家汤村	23	男	1944 年
阎仁福	牟平区高陵镇王疃村	21	男	1944 年
姜善才	牟平区高陵镇巫山庄村	32	男	1944 年
孙功星	牟平区高陵镇朱唐夼村	20	男	1944 年
孙守敬	牟平区高陵镇朱唐夼村	18	男	1944 年
孙克功	牟平区高陵镇崖前村	35	男	1944 年
李万发	牟平区高陵镇院格庄村	27	男	1944 年
林明启	牟平区高陵镇院格庄村	24	男	1944 年
谢松宾	牟平区高陵镇玉和庄村	16	男	1944 年
孔照堂	牟平区高陵镇要捷村	22	男	1944 年
孔照凯	牟平区高陵镇要捷村	20	男	1944 年
郑文培	牟平区高陵镇郑家庄	18	男	1944 年
郑玉杰	牟平区高陵镇郑家庄	19	男	1944 年
曲庆海	牟平区高陵镇冰流旺村	31	男	1944 年
徐文考	牟平区高陵镇姜疃村	18	男	1944 年
李述凯	牟平区高陵镇马家疃村	36	男	1944 年
曲青山	牟平区高陵镇鲍家泊村	23	男	1944 年
杨树乾	牟平区高陵镇曲家疃村	26	男	1944 年
曲国栋	牟平区高陵镇曲家疃村	23	男	1944 年
曲延文	牟平区高陵镇上潘家庄村	25	男	1944 年
李丰寿	牟平区高陵镇北格庄村	24	男	1944 年
杨明启	牟平区高陵镇北格庄村	26	男	1944 年
姜乃江	牟平区观水镇五甲村	—	男	1944 年
刘永竹	牟平区观水镇刘家村	23	男	1944 年
刘本法	牟平区观水镇沟北村	20	男	1944 年

姓 名	籍 贯	年 龄	性 别	死难时间
姜兆荣	牟平区观水镇后姜家村	35	男	1944 年
矫天德	牟平区观水镇前垂柳村	—	男	1944 年
恒　福	牟平区观水镇前垂柳村	—	男	1944 年
曲修敏	牟平区莒格庄镇瓦善村	21	男	1944 年
曲冬礼	牟平区莒格庄镇瓦善村	22	男	1944 年
曲管礼	牟平区莒格庄镇瓦善村	21	男	1944 年
曲日礼	牟平区莒格庄镇瓦善村	21	男	1944 年
曲双红	牟平区莒格庄镇瓦善村	32	男	1944 年
曲德贵	牟平区莒格庄镇瓦善村	41	男	1944 年
曲日辉	牟平区莒格庄镇瓦善村	30	男	1944 年
杜吉孟	牟平区莒格庄镇瓦善村	39	男	1944 年
王守和	牟平区莒格庄镇瓦善村	20	男	1944 年
曲小胜	牟平区莒格庄镇瓦善村	22	男	1944 年
曲去松	牟平区莒格庄镇瓦善村	20	男	1944 年
王守军	牟平区莒格庄镇瓦善村	21	男	1944 年
王德范	牟平区莒格庄镇瓦善村	20	男	1944 年
王福生	牟平区莒格庄镇瓦善村	23	男	1944 年
王守信	牟平区莒格庄镇瓦善村	21	男	1944 年
王元胜	牟平区莒格庄镇瓦善村	19	男	1944 年
王仕贵	牟平区莒格庄镇瓦善村	22	男	1944 年
杜克山	牟平区莒格庄镇瓦善村	20	男	1944 年
姜小锁	牟平区莒格庄镇东莒格庄村	19	男	1944 年
姜小福	牟平区莒格庄镇东莒格庄村	20	男	1944 年
曲日范	牟平区莒格庄镇床而村	21	男	1944 年
姜新月	牟平区莒格庄镇杨家夼村	23	男	1944 年
龙臣国	牟平区莒格庄镇杨家夼村	22	男	1944 年
王广和	牟平区莒格庄镇张皮村	16	男	1944 年
沙明桂	牟平区莒格庄镇洼里村	19	男	1944 年
张玉锡	牟平区莒格庄镇东仙姑村	28	男	1944 年
汪希新	牟平区玉林店镇东桑杭埠村	13	男	1944 年
张　友	牟平区玉林店镇西桑杭埠村	25	男	1944 年
孙吉河	牟平区玉林店镇石沟村	21	男	1944 年
王永昌	牟平区宁海街道曲家埠村	24	男	1944 年
陈兆忠	牟平区宁海街道东系山村	20	男	1944 年

姓 名	籍 贯	年 龄	性 别	死难时间
张在兴	牟平区武宁镇留生院村	—	男	1944 年
赵吉恒	牟平区鱼鸟河街道七里店村	20	男	1944 年
杨从梁	牟平区养马岛街道杨家庄村	24	男	1944 年
张万义	牟平区龙泉镇狮子夼村	20	男	1944 年
王书申	牟平区水道镇南台村	16	男	1945 年 1 月
王文亭	牟平区王格庄镇后松椒村	29	男	1945 年 1 月
曲常清	牟平区莒格庄镇桑园村	23	男	1945 年 1 月
于日升	牟平区	24	男	1945 年 1 月
赵丕宽	牟平区	20	男	1945 年 1 月
钟玉秀	牟平区	19	男	1945 年 1 月
东子才	牟平区龙泉镇巨格庄村	22	男	1945 年 1 月
王嗣平	牟平区姜格庄镇东念村	20	男	1945 年 1 月
邹恒梅	牟平区姜格庄镇邹家疃村	26	男	1945 年 1 月
贺先令	牟平区姜格庄镇姜格庄村	26	男	1945 年 1 月
都兴盛	牟平区姜格庄镇北头村	21	男	1945 年 1 月
宫福亮	牟平区水道镇岔河村	22	男	1945 年 2 月
林慧卿	牟平区水道镇岔河村	19	男	1945 年 2 月
刘京章	牟平区水道镇岔河村	39	男	1945 年 2 月
于日河	牟平区水道镇中朱车村	34	男	1945 年 2 月
李用点	牟平区水道镇下朱车村	29	男	1945 年 2 月
刘同生	牟平区水道镇牟家沟村	19	男	1945 年 2 月
曲英胜	牟平区水道镇徐家寨村	18	男	1945 年 2 月
周董莲	牟平区水道镇大疃村	29	男	1945 年 2 月
孙日照	牟平区高陵镇徐村	29	男	1945 年 2 月
杨振汉	牟平区高陵镇祝家疃村	28	男	1945 年 2 月
祝承法	牟平区高陵镇双山寨村	23	男	1945 年 2 月
祝承滨	牟平区高陵镇后沟村	18	男	1945 年 2 月
张士欣	牟平区高陵镇阎庄村	24	男	1945 年 2 月
曲绵梅	牟平区高陵镇上潘家庄村	24	男	1945 年 2 月
李进敏	牟平区观水镇埠后村	24	男	1945 年 2 月
姜瑞德	牟平区观水镇生金泊村	22	男	1945 年 2 月
林 庆	牟平区观水镇井子洼村	27	男	1945 年 2 月
郝志章	牟平区观水镇郝格庄村	24	男	1945 年 2 月
张可瑞	牟平区观水镇辽上村	27	男	1945 年 2 月

姓　名	籍　贯	年　龄	性　别	死难时间
张永山	牟平区观水镇辽上村	33	男	1945 年 2 月
矫全江	牟平区观水镇矫家村	26	男	1945 年 2 月
柳耀荣	牟平区王格庄镇柳家村	20	男	1945 年 2 月
潘洪文	牟平区王格庄镇四甲村	22	男	1945 年 2 月
王忠侦	牟平区王格庄镇太夼村	30	男	1945 年 2 月
肖德祥	牟平区王格庄镇下费格庄村	35	男	1945 年 2 月
费云保	牟平区王格庄镇下费格庄村	23	男	1945 年 2 月
刘玉印	牟平区王格庄镇上庄沟村	30	男	1945 年 2 月
刘丰德	牟平区王格庄镇上庄沟村	23	男	1945 年 2 月
曲德敏	牟平区莒格庄镇板子口村	23	男	1945 年 2 月
张玉湖	牟平区莒格庄镇张皮村	22	男	1945 年 2 月
张云修	牟平区莒格庄镇张皮村	25	男	1945 年 2 月
李云山	牟平区莒格庄镇北宋家口村	19	男	1945 年 2 月
常忠基	牟平区莒格庄镇崖子村	24	男	1945 年 2 月
崔延和	牟平区文化街道于家庄村	28	男	1945 年 2 月
杜德利	牟平区武宁镇心合村	26	男	1945 年 2 月
韩学志	牟平区武宁镇心合村	19	男	1945 年 2 月
刘万明	牟平区武宁镇心合村	34	男	1945 年 2 月
张在兴	牟平区武宁镇心合村	—	男	1945 年 2 月
黄寿前	牟平区养马岛街道黄家庄村	36	男	1945 年 2 月
赵先明	牟平区龙泉镇马家都村	17	男	1945 年 2 月
王连石	牟平区龙泉镇匣子口村	25	男	1945 年 2 月
吕怀敏	牟平区龙泉镇潘格庄村	17	男	1945 年 2 月
郝连义	牟平区姜格庄镇郝家疃村	20	男	1945 年 2 月
郝全友	牟平区姜格庄镇郝家疃村	22	男	1945 年 2 月
于己洲	牟平区姜格庄镇上庄村	30	男	1945 年 2 月
于国海	牟平区姜格庄镇里口山村	23	男	1945 年 2 月
夏德清	牟平区姜格庄镇夏家疃村	21	男	1945 年 2 月
杜克芝	牟平区大窑镇北杏林堡村	18	男	1945 年 3 月
于日海	牟平区水道镇中朱车村	27	男	1945 年 3 月
高文忠	牟平区水道镇前刘家夼村	21	男	1945 年 3 月
初洪本	牟平区水道镇水道村	24	男	1945 年 3 月
周　芹	牟平区水道镇大疃村	26	男	1945 年 3 月
孙启仁	牟平区高陵镇后山村	22	男	1945 年 3 月

姓　名	籍　贯	年　龄	性　别	死难时间
孙好友	牟平区高陵镇马格庄村	22	男	1945 年 3 月
孙建福	牟平区高陵镇碾子头村	22	男	1945 年 3 月
肖培全	牟平区观水镇郁都村	25	男	1945 年 3 月
张吉芝	牟平区王格庄镇岔河口村	22	男	1945 年 3 月
刘玉璞	牟平区王格庄镇北石门口村	25	男	1945 年 3 月
张宗历	牟平区莒格庄镇西莒格庄村	21	男	1945 年 3 月
曲同云	牟平区莒格庄镇床而村	22	男	1945 年 3 月
王守刚	牟平区莒格庄镇曲河庄村	19	男	1945 年 3 月
林均义	牟平区莒格庄镇梨树底村	20	男	1945 年 3 月
王德修	牟平区玉林店镇玉林店村	22	男	1945 年 3 月
孙桂田	牟平区宁海街道东系山村	25	男	1945 年 3 月
邓邦进	牟平区武宁镇吕家疃村	26	男	1945 年 3 月
丁永璞	牟平区龙泉镇星石泊村	20	男	1945 年 3 月
高连芳	牟平区龙泉镇王石夼村	28	男	1945 年 3 月
刘继成	牟平区大窑镇南杏林堡村	18	男	1945 年 4 月
赵松令	牟平区大窑镇沟东村	19	男	1945 年 4 月
林宪鲜	牟平区大窑镇新愚公村	17	男	1945 年 4 月
宋宗义	牟平区水道镇八甲夼村	40	男	1945 年 4 月
费云同	牟平区王格庄镇下费格庄村	26	男	1945 年 4 月
李智善	牟平区武宁镇牟家庄村	24	男	1945 年 4 月
王士涛	牟平区武宁镇牟家庄村	18	男	1945 年 4 月
赵延清	牟平区武宁镇心合村	18	男	1945 年 4 月
李智善	牟平区鱼鸟河街道小埠村	25	男	1945 年 4 月
吕金生	牟平区龙泉镇龙泉汤村	23	男	1945 年 4 月
赵先林	牟平区龙泉镇马家都村	17	男	1945 年 4 月
李家保	牟平区姜格庄镇南松山村	21	男	1945 年 4 月
王均宪	牟平区水道镇南台村	42	男	1945 年 5 月
于景伦	牟平区高陵镇高陵村	22	男	1945 年 5 月
李福寿	牟平区高陵镇西屯村	22	男	1945 年 5 月
柳克全	牟平区王格庄镇陶家村	25	男	1945 年 5 月
王道会	牟平区王格庄镇辉寨村	23	男	1945 年 5 月
王元昌	牟平区王格庄镇彭家村	26	男	1945 年 5 月
刘德义	牟平区玉林店镇南红石头村	20	男	1945 年 5 月
贺经章	牟平区玉林店镇金屏夼村	24	男	1945 年 5 月

姓 名	籍 贯	年 龄	性 别	死难时间
赵永庆	牟平区龙泉镇东北瞳村	22	男	1945 年 5 月
都兴坤	牟平区姜格庄镇北头村	23	男	1945 年 5 月
吕学涛	牟平区观水镇大石瞳村	31	男	1945 年 6 月
孙永宽	牟平区玉林店镇南红石头村	27	男	1945 年 6 月
刘昌兴	牟平区玉林店镇共和庄村	19	男	1945 年 6 月
姜善会	牟平区武宁镇新垦庄村	28	男	1945 年 6 月
李中琪	牟平区龙泉镇星石泊村	18	男	1945 年 6 月
王正通	牟平区龙泉镇高家埠村	21	男	1945 年 6 月
崔福昌	牟平区水道镇岔河村	18	男	1945 年 7 月
董安本	牟平区高陵镇东屯车夼村	29	男	1945 年 7 月
李寿庆	牟平区观水镇季家埠村	21	男	1945 年 7 月
倪仁平	牟平区王格庄镇辉寨村	24	男	1945 年 7 月
周德训	牟平区王格庄镇辉寨村	33	男	1945 年 7 月
薛鸿钦	牟平区王格庄镇北石门口村	20	男	1945 年 7 月
孔同柱	牟平区莒格庄镇洼里村	23	男	1945 年 7 月
朱永信	牟平区莒格庄镇新建村	22	男	1945 年 7 月
迟会宾	牟平区玉林店镇西桑杭埠村	35	男	1945 年 7 月
于恒涛	牟平区玉林店镇打磨子村	18	男	1945 年 7 月
朱培英	牟平区玉林店镇曹格庄村	24	男	1945 年 7 月
杨年禄	牟平区宁海街道王家埠村	—	男	1945 年 7 月
孙中泰	牟平区宁海街道西系山村	21	男	1945 年 7 月
杨丕山	牟平区姜格庄镇南松山村	25	男	1945 年 7 月
孙文章	牟平区大窑镇北杏林堡村	28	男	1945 年 8 月
孙守芝	牟平区大窑镇新福村	21	男	1945 年 8 月
孔宪成	牟平区大窑镇石头河村	19	男	1945 年 8 月
刘丕慈	牟平区大窑镇西里山村	21	男	1945 年 8 月
曲培忠	牟平区大窑镇沟东村	35	男	1945 年 8 月
于自由	牟平区水道镇东直格庄村	22	男	1945 年 8 月
高景维	牟平区水道镇八甲夼村	21	男	1945 年 8 月
李仁凤	牟平区水道镇前刘家夼村	20	男	1945 年 8 月
王宪亭	牟平区水道镇南台村	31	男	1945 年 8 月
初同德	牟平区水道镇南税目村	26	男	1945 年 8 月
初日义	牟平区水道镇南税目村	24	男	1945 年 8 月
徐建先	牟平区高陵镇西屯村	19	男	1945 年 8 月

姓 名	籍 贯	年 龄	性 别	死难时间
徐增吉	牟平区高陵镇西屯村	20	男	1945 年 8 月
姜子武	牟平区观水镇五甲村	20	男	1945 年 8 月
姜德芝	牟平区观水镇南马村	22	男	1945 年 8 月
姜孟祥	牟平区观水镇前姜家村	41	男	1945 年 8 月
周树忠	牟平区观水镇宫格庄村	19	男	1945 年 8 月
矫全合	牟平区观水镇前垂柳村	26	男	1945 年 8 月
张德平	牟平区莒格庄镇金家埠村	17	男	1945 年 8 月
孙言模	牟平区莒格庄镇贵家庄村	25	男	1945 年 8 月
曲滋亭	牟平区莒格庄镇张皮村	33	男	1945 年 8 月
张管信	牟平区莒格庄镇福禄地村	18	男	1945 年 8 月
孔宪臣	牟平区玉林店镇尺坎村	23	男	1945 年 8 月
姜洪明	牟平区玉林店镇曹格庄村	21	男	1945 年 8 月
于忠贵	牟平区宁海街道王家埠村	19	男	1945 年 8 月
张道衍	牟平区武宁镇南自格庄村	18	男	1945 年 8 月
张宗法	牟平区武宁镇南自格庄村	27	男	1945 年 8 月
姜址芳	牟平区鱼鸟河街道留德庄村	26	男	1945 年 8 月
曲世模	牟平区龙泉镇任格庄村	24	男	1945 年 8 月
张忠江	牟平区龙泉镇小苇子村	20	男	1945 年 8 月
孙文卿	牟平区宁海街道杜家村	25	男	1945 年 9 月
都兴亭	牟平区姜格庄镇酒馆村	18	男	1945 年 9 月
曲云藩	牟平区高陵镇上潘家庄村	31	男	1945 年 11 月
李春经	牟平区水道镇棘子埠村	22	男	1945 年 12 月
曲洪青	牟平区大窑镇南杏林堡村	24	男	1945 年
刘继昌	牟平区大窑镇南杏林堡村	29	男	1945 年
曲言逊	牟平区大窑镇沙堆子村	28	男	1945 年
孔广举	牟平区大窑镇孔家庄村	20	男	1945 年
夏国芝	牟平区水道镇后刘家夼村	30	男	1945 年
于忠论	牟平区水道镇生木墅村	20	男	1945 年
于忠先	牟平区水道镇生木墅村	18	男	1945 年
于苗嫚	牟平区水道镇生木墅村	20	男	1945 年
于苗嫚之弟	牟平区水道镇生木墅村	18	男	1945 年
宋元宽	牟平区水道镇岔河村	—	男	1945 年
李春茂	牟平区水道镇棘子埠村	25	男	1945 年
李春光	牟平区水道镇棘子埠村	27	男	1945 年

姓 名	籍 贯	年 龄	性 别	死难时间
战永秋	牟平区水道镇棘子埠村	40	男	1945 年
李春信	牟平区水道镇棘子埠村	38	男	1945 年
宋协民	牟平区水道镇山前村	34	男	1945 年
吴明友	牟平区水道镇鲁魏庄村	20	男	1945 年
于奎文	牟平区高陵镇于家汤村	21	男	1945 年
王明亮	牟平区高陵镇沐浴村	19	男	1945 年
林京花	牟平区高陵镇院格庄村	24	男	1945 年
林明洋	牟平区高陵镇院格庄村	21	男	1945 年
宋嘉玉	牟平区高陵镇玉和庄村	25	男	1945 年
曲延训	牟平区高陵镇范家庄村	24	男	1945 年
丛培琪	牟平区高陵镇范家庄村	21	男	1945 年
曲绵乐	牟平区高陵镇鲍家泊村	20	男	1945 年
曲延兴	牟平区高陵镇高陵村	23	男	1945 年
于连珠	牟平区高陵镇槐树庄村	23	男	1945 年
王寿东	牟平区王格庄镇白泊村	29	男	1945 年
张玉智	牟平区王格庄镇东于家村	21	男	1945 年
王书堂	牟平区王格庄镇垛山庄村	—	男	1945 年
王书喜	牟平区王格庄镇垛山庄村	—	男	1945 年
齐维斌	牟平区莒格庄镇床而村	28	男	1945 年
王留堂	牟平区莒格庄镇东垛夼村	—	男	1945 年
王义清	牟平区玉林店镇孙格庄村	34	男	1945 年
刘志轩	牟平区玉林店镇孙格庄村	24	男	1945 年
张文丰	牟平区玉林店镇占昌口村	20	男	1945 年
张 梦	牟平区玉林店镇占昌口村	25	男	1945 年
姜保真	牟平区玉林店镇北红石头村	24	男	1945 年
孙元沛	牟平区武宁镇陡崖子村	27	男	1945 年
杨春华	牟平区鱼鸟河街道七里店村	14	男	1945 年
林阀基	牟平区养马岛街道马埠崖村	30	男	1945 年
王孙氏	牟平区养马岛街道马埠崖村	24	女	1945 年
章党运	牟平区水道镇山前庄村	30	男	—
张大顺	牟平区水道镇山前庄村	28	男	—
徐司林	牟平区水道镇南徐格庄村	—	男	—
刘德俊	牟平区水道镇前刘家夼村	21	男	—
钟殿文	牟平区观水镇榆林村	—	男	—

姓　名	籍贯	年　龄	性　别	死难时间
张子文	牟平区观水镇下寺口村	—	男	—
矫松治	牟平区观水镇埠西头村	—	男	—
曲文清	牟平区莒格庄镇曲家口村	—	男	
于当云	牟平区莒格庄镇曲家口村	—	男	
曲日江	牟平区莒格庄镇曲家口村	—	男	
曲永堂	牟平区莒格庄镇曲家口村	—	男	
曲晓文	牟平区莒格庄镇桑园村	21	男	—
曲元党	牟平区莒格庄镇桑园村	35	男	
曲滋才	牟平区莒格庄镇张皮村	—	男	—
曲培红	牟平区莒格庄镇张皮村	—	男	
杨　氏	牟平区玉林店镇店子村	31	女	1938 年初
高　松	牟平区水道镇生木墅村	42	男	1938 年
谢东兰	牟平区大窑镇董格庄村	20	男	1939 年
李吉堂	牟平区水道镇西直格庄村	25	男	1939 年
曲邦晋	牟平区大窑镇曲格庄村	27	男	1940 年
衣秀卿	牟平区水道镇半埠店村	18	女	1940 年 2 月
衣秀娥	牟平区水道镇半埠店村	18	女	1940 年 2 月
于恒春	牟平区玉林店镇打磨子村	29	男	1940 年春
杜春英	牟平区大窑镇曲格庄村	22	男	1940 年
李述善	牟平区水道镇东直格庄村	25	男	1940 年
宫锡全	牟平区大窑镇董格庄村	27	男	1941 年 4 月
于恒常	牟平区玉林店镇打磨子村	26	男	1941 年夏
高凤山	牟平区水道镇东邓格庄村	44	男	1941 年
贺经发	牟平区玉林店镇金屏夼村	22	男	1941 年
王锡汉	牟平区水道镇南台村	27	男	1942 年 1 月
曲日超	牟平区莒格庄镇桑园村	21	男	1942 年 2 月
蒋祥模	牟平区玉林店镇瓦山村	23	男	1942 年 5 月
孙旭生	牟平区养马岛街道中原村	33	男	1942 年 11 月
林世福	牟平区水道镇卧龙村	32	男	1942 年 12 月
于福隆	牟平区玉林店镇打磨子村	34	男	1942 年冬
胡承祥	牟平区宁海街道东系山村	54	男	1942 年
王志京	牟平区水道镇岘上村	30	男	1942 年
于志法	牟平区水道镇生木墅村	31	男	1942 年
程麻子	牟平区水道镇下河村	30	男	1942 年

姓　名	籍　贯	年　龄	性　别	死难时间
李人才	牟平区水道镇西邓格庄村	28	男	1942 年
王宗仁	牟平区水道镇念头村	—	男	1942 年
李文兴二嫂	牟平区莒格庄镇马家庄村	—	女	1942 年
曲延恩	牟平区武宁陡崖子村	54	男	1942 年
谭氏夫	牟平区王格庄镇发云夼村	—	男	1943 年
王金恒	牟平区玉林店镇打磨子村	42	男	1943 年春
赵玉江	牟平区莒格庄镇梓椤村	34	男	1943 年 4 月
蒋加训	牟平区玉林店镇瓦山村	50	男	1943 年 12 月
于文玲	牟平区水道镇陈家沟村	19	女	1943 年
乔洪线	牟平区水道镇陈家沟村	7	男	1943 年
王炳文	牟平区武宁镇王从曲村	13	男	1943 年
姜益君	牟平区玉林店镇埠后村	22	男	1944 年 2 月
于恒德	牟平区玉林店镇打磨子村	23	男	1944 年春
林洪玉	牟平区水道镇卧龙村	44	男	1944 年 4 月
周德文	牟平区水道镇东邓格庄村	17	男	1944 年 7 月
王　岗	牟平区水道镇唐村	39	男	1944 年 8 月
于忠宴	牟平区水道镇陈家沟村	31	男	1944 年
万寿昌之祖母	牟平区大窑镇北大窑村	—	女	1944 年
曲家忠	牟平区文化街道桥子村	32	男	1945 年 1 月
林造基	牟平区养马岛街道马埠崖村	42	男	1945 年 7 月
杨丕山	牟平区龙泉镇滩上村	25	男	—
战炳丹	牟平区水道镇棘子埠村	40	男	1945 年
曲朝达	牟平区大窑镇南杏林堡村	25	男	1945 年
高永文	牟平区水道镇东邓格庄村	32	男	—
合　计	**1347**			

责任人：宋兴洲　宋宪际　　　　　核实人：王爱民　祝清民　　　　填表人：尹　利

填报单位（签章）：烟台市牟平区委党史研究室　　　　　　　填报时间：2009 年 4 月 25 日

龙口市抗日战争时期死难者名录

姓 名	籍 贯	年 龄	性 别	死难时间
李国涛	龙口市下丁家镇大庄子村	—	男	1938 年 2 月 10 日
宋 氏	龙口市龙港街道廒上村	38	女	1938 年 3 月
孙 玉	龙口市龙港街道廒上村	19	女	1938 年 3 月
王 氏	龙口市龙港街道廒上村	42	女	1938 年 3 月
颜世昌	龙口市七甲镇颜家沟村	23	男	1938 年 4 月
慕刚福	龙口市石良镇丰仪炉村	25	男	1938 年 5 月
慕宁福	龙口市石良镇丰仪炉村	18	男	1938 年 5 月
慕信福	龙口市石良镇丰仪炉村	24	男	1938 年 5 月
孙家顶	龙口市龙港街道河南孙家村	—	男	1938 年 6 月
金东元	龙口市石良镇大金家村	6	男	1938 年 7 月
闫茂三	龙口市龙港街道闫家店村	32	男	1938 年 9 月
王桂阶之母	龙口市龙港街道甲王村	—	女	1938 年 10 月
王桂阶之叔	龙口市龙港街道甲王村	—	男	1938 年 10 月
王可超之母	龙口市龙港街道甲王村	—	女	1938 年 10 月
王良关之妻	龙口市龙港街道甲王村	—	女	1938 年 10 月
王其进之祖母	龙口市龙港街道甲王村	—	女	1938 年 10 月
王 氏	龙口市龙港街道甲王村	—	女	1938 年 10 月
慕香芳	龙口市石良镇丰仪炉村	33	男	1938 年 11 月
栾玉贵	龙口市诸由观镇东羔村	35	男	1938 年 12 月
崔付昌	龙口市东江镇崔家村	23	男	1938 年
单用希	龙口市东莱街道单家村	18	男	1938 年
冯护令	龙口市七甲镇冯家村	30	男	1938 年
冯清慧	龙口市东莱街道冯家村	17	女	1938 年
郭兆瑞大儿媳	—	—	女	1938 年
郭兆瑞小儿媳	—	—	女	1938 年
姜春思	龙口市七甲镇姜家沟村	26	男	1938 年
马洪臣	龙口市诸由观镇西羔村	29	男	1938 年
马兴福	龙口市下丁家镇东马村	32	男	1938 年
孟令明	龙口市东莱街道王家疃村	17	男	1938 年
孟令尹	龙口市东莱街道王家疃村	18	男	1938 年
孟祥初	龙口市东莱街道王家疃村	40	男	1938 年

姓　名	籍　贯	年　龄	性　别	死难时间
曲广程	龙口市诸由观镇徐格庄村	—	男	1938 年
曲梅林	龙口市诸由观镇徐格庄村	—	男	1938 年
曲守法	龙口市七甲镇冯家村	32	男	1938 年
史梦仙	龙口市芦头镇庵夼村	30	男	1938 年
孙福欢	龙口市芦头镇香坊村	19	男	1938 年
索天禄	龙口市石良镇枣曲村	18	男	1938 年
万春江	龙口市石良镇丰仪店	33	男	1938 年
王宝连	龙口市芦头镇七夼村	22	男	1938 年
王春林	龙口市东莱街道王家疃村	30	男	1938 年
王凤言	龙口市下丁家镇西涧村	—	男	1938 年
王树奎	龙口市芦头镇七夼村	21	男	1938 年
王维绶	龙口市东莱街道王家疃村	26	男	1938 年
王云成	龙口市芦头镇七夼村	36	男	1938 年
小德生	龙口市东莱街道王家疃村	40	男	1938 年
尹林氏	龙口市东莱街道西张家沟	50	女	1938 年
尹林氏孙女	龙口市东莱街道西张家沟	2	女	1938 年
尹林氏之妹	龙口市东莱街道西张家沟	20	女	1938 年
于明新	龙口市北马镇后寨村	19	男	1938 年
战恒凯	龙口市诸由观镇唐格庄	—	男	1938 年
张　和	龙口市东莱街道王家疃村	30	男	1938 年
张振宣	龙口市东江镇程家疃村	22	男	1938 年
吕　品	烟台市牟平区	—	男	1939 年 1 月
徐士坤	龙口市黄山馆镇后徐家村	20	男	1939 年 1 月
栾盛之	龙口市	—	男	1939 年 2 月 10 日
慕翠英	龙口市石良镇丰仪炉村	17	女	1939 年 2 月 14 日
孙世绪	龙口市兰高镇皂孙家村	29	男	1939 年 2 月
刘星明	—	—	男	1939 年 3 月 4 日
丁回香	龙口市下丁家镇石板丁家村	14	女	1939 年 3 月
丁群子	龙口市下丁家镇石板丁家村	17	男	1939 年 3 月
丁玉琢	龙口市下丁家镇石板丁家村	51	男	1939 年 3 月
李子仪之妻	—	—	女	1939 年 3 月
曲廷岚	龙口市石良镇后曲家村	24	男	1939 年 3 月
王　氏	龙口市石良镇城西头村	25	女	1939 年 3 月
赵兴亭之妻	龙口市石良镇石山赵家村	—	女	1939 年 5 月

姓 名	籍 贯	年 龄	性 别	死难时间
迟增仁	龙口市芦头镇迟家沟村	50	男	1939 年 6 月
许延臣	龙口市黄山馆镇隋家村	20	男	1939 年 6 月
赵立殿	龙口市黄山馆一村	40	男	1939 年 6 月
孙春生	龙口市东莱街道凤仪村	—	女	1939 年 7 月 4 日
四麻子	龙口市东莱街道凤仪村	—	男	1939 年 7 月 22 日
王 ×	龙口市东莱街道凤仪村	—	男	1939 年 7 月 22 日
付 氏	龙口市芦头镇迟家沟村	38	女	1939 年 7 月
付 氏	龙口市芦头镇迟家沟村	40	女	1939 年 7 月
孙成循	龙口市龙港街道廒上村	16	男	1939 年 7 月
王进英	龙口市七甲镇七甲村	22	男	1939 年 7 月
王永香	龙口市七甲镇七甲村	20	男	1939 年 7 月
王永常	龙口市兰高镇莫家村	26	男	1939 年 8 月
张培亨	龙口市下丁家镇蒋家村	29	男	1939 年 8 月
刁福太	龙口市黄山馆镇三村	13	男	1939 年 9 月
刁孟氏	龙口市黄山馆镇一村	60	女	1939 年 9 月
刁小政	龙口市黄山馆镇一村	5	男	1939 年 9 月
肖 ×	龙口市黄山馆镇一村	62	男	1939 年 9 月
迟有田	龙口市东江镇磨山迟家村	30	男	1939 年 10 月
刁春运	龙口市石良镇慕院夼村	43	男	1939 年 10 月
慕连长	龙口市石良镇慕院夼村	32	男	1939 年 10 月
曲常春	龙口市北马镇曲阜村	25	男	1939 年 10 月
曲振家	龙口市龙港街道曲家村	27	男	1939 年 10 月
慕寿松	龙口市石良镇丰仪炉村	36	男	1939 年 11 月 29 日
丁振清	龙口市	21	男	1939 年 12 月 10 日
杜纯德	龙口市东莱街道小栾家疃	23	男	1939 年 12 月 10 日
李永业	龙口市东莱街道西张家沟	17	男	1939 年 12 月 10 日
战风峤	龙口市东江镇九北村	19	男	1939 年 12 月 10 日
王万春	龙口市下丁家镇圈子村	30	男	1939 年 12 月
王万亮	龙口市下丁家镇圈子村	38	男	1939 年 12 月
王曰义	龙口市下丁家镇圈子村	80	男	1939 年 12 月
小 偏	龙口市下丁家镇圈子村	10	女	1939 年 12 月
战玉楠	龙口市东江镇九北村	18	女	1939 年 12 月
刁树凤	龙口市兰高镇刁家村	18	男	1939 年 12 月
丁尔悼	龙口市东莱街道北巷村	22	男	1939 年

姓 名	籍 贯	年 龄	性 别	死难时间
冯丕鸿	龙口市东莱街道冯家村	23	男	1939 年
付桂蓉	龙口市北马镇薛家村	23	女	1939 年
傅玉光	—	—	男	1939 年
郭恒福	龙口市芦头镇芦头村	21	男	1939 年
贾梅芝	龙口市东莱街道西北隅村	26	男	1939 年
姜本旭	龙口市石良镇庵下吴家村	33	男	1939 年
李芝松	龙口市下丁家镇大园村	22	男	1939 年
林崇庆	龙口市东江镇董洼村	35	男	1939 年
林士海	龙口市东莱街道冯家村	19	男	1939 年
刘花荣	龙口市石良镇石良集村	16	男	1939 年
刘阶兰	龙口市龙港街道中村	—	男	1939 年
刘兴怀	—	—	男	1939 年
刘永朋	龙口市龙港街道高王刘村	22	男	1939 年
柳德才	龙口市石良镇后柳家村	26	男	1939 年
吕庚帮	龙口市龙港街道土城子村	32	男	1939 年
吕金习	龙口市下丁家镇西吕家村	18	男	1939 年
栾树利	龙口市徐福镇港栾村	19	男	1939 年
马增富	龙口市下丁家镇庙北村	22	男	1939 年
孟庆礼	龙口市芦头镇芝泉村	20	男	1939 年
苗永树	龙口市龙港街道苗家村	30	男	1939 年
慕泉体	龙口市石良镇慕院夼村	15	男	1939 年
曲清香	龙口市石良镇枣曲村	28	男	1939 年
孙洪溪	龙口市兰高镇东太平村	—	男	1939 年
孙学雨	龙口市下丁家镇西吕家村	28	男	1939 年
田树来	龙口市东莱街道王家疃村	45	男	1939 年
王凤梧	龙口市北马镇九甲村	27	男	1939 年
王恒才	龙口市七甲镇大草屋村	27	男	1939 年
王 虎	龙口市北马镇东北村	19	男	1939 年
王庆龙	—	—	男	1939 年
王兆冥	龙口市东莱街道北涧村	47	男	1939 年
温常福	龙口市石良镇石良集村	44	男	1939 年
李 ×	龙口市东江镇南山村	—	男	1939 年
吴洪锦	龙口市东莱街道南关村	35	男	1939 年
吴王氏	龙口市东莱街道西北隅村	58	女	1939 年

姓　名	籍　贯	年龄	性别	死难时间
徐德洲	龙口市龙港街道前徐家村	21	男	1939 年
于德培	龙口市北马镇后寨村	22	男	1939 年
于守成	龙口市下丁家镇于家口村	15	男	1939 年
于守时	龙口市下丁家镇于家口村	13	男	1939 年
于维德	龙口市北马镇后寨村	24	男	1939 年
张殿元	龙口市东莱街道小栾家疃	19	男	1939 年
张永远	—	—	男	1939 年
赵富经	龙口市东莱街道王家疃村	50	男	1939 年
赵世经	龙口市	16	男	1939 年
仲维震	龙口市龙港街道西三甲村	19	男	1939 年
周洪军	龙口市李家村	24	男	1939 年
周洪籍	龙口市李家村	26	男	1939 年
周洪齐	龙口市李家村	16	男	1939 年
迟焕宣	龙口市七甲镇前迟家村	16	男	1940 年 1 月
贾贵年	龙口市东江镇黄格庄村	—	男	1940 年 1 月
刘焕章	龙口市石良镇黄城集村	18	男	1940 年 1 月
吴　姜	龙口市	23	男	1940 年 1 月
姚恒兰	龙口市北马镇	—	男	1940 年 2 月 10 日
毕树名	—	—	男	1940 年 2 月
迟德祥	龙口市芦头镇迟家沟村	26	男	1940 年 2 月
迟朴玉	龙口市芦头镇迟家沟村	21	男	1940 年 2 月
孙振亭	龙口市石良镇山后孙家村	20	男	1940 年 2 月
庄　×	—	—	男	1940 年 2 月
付广春之母	龙口市芦头镇小付家村	—	女	1940 年 3 月
刘永发	龙口市石良镇韩庄村	38	男	1940 年 3 月
王连章	龙口市东莱街道东北隅村	19	男	1940 年 3 月
周玉恩	龙口市石良镇东营周家村	20	男	1940 年 3 月
张世尧	龙口市下丁家镇大庄子村	25	男	1940 年 4 月 8 日
付仁光	龙口市芦头镇小付家村	—	男	1940 年 4 月
高常华	龙口市新嘉街道羊高村	32	男	1940 年 4 月
田洪元	龙口市七甲镇上田家村	18	男	1940 年 4 月
曹二修	龙口市龙港街道曹家村	30	男	1940 年 5 月
高贵卿之妻	龙口市石良镇高家村	58	女	1940 年 5 月
颜世孟	龙口市东莱街道菜园泊	32	男	1940 年 5 月

姓 名	籍 贯	年 龄	性 别	死难时间
姚元庆	龙口市黄山馆镇姚家村	34	男	1940年5月
张景来	龙口市石良镇东竹园村	18	男	1940年5月
封 氏	龙口市芦头镇迟家沟村	41	女	1940年6月
唐永生	龙口市徐福镇唐家村	23	男	1940年6月
王维章	龙口市东江镇周家庵村	31	男	1940年6月
于怀瑞	龙口市芦头镇芝泉村	19	男	1940年6月
李邹氏	龙口市新嘉街道小李家村	—	女	1940年7月
曲士寿	龙口市七甲镇店埠曲家村	18	男	1940年8月
孙景增	龙口市石良镇山后孙家村	51	男	1940年8月
迟焕丰	龙口市七甲镇前迟家村	50	男	1940年9月
迟焕升	龙口市七甲镇前迟家村	20	男	1940年9月
迟吉善	龙口市七甲镇前迟家村	60	男	1940年9月
迟克明	龙口市七甲镇前迟家村	28	男	1940年9月
迟玉军	龙口市七甲镇前迟家村	52	男	1940年9月
迟玉兰	龙口市七甲镇前迟家村	38	男	1940年9月
迟玉通	龙口市七甲镇前迟家村	36	男	1940年9月
迟玉选	龙口市七甲镇前迟家村	32	男	1940年9月
迟元同	龙口市七甲镇前迟家村	32	男	1940年9月
刘殿业	龙口市石良镇山后孙家村	29	男	1940年9月
蒋世全	龙口市下丁家镇蒋家村	42	男	1940年10月
刘洪业	龙口市石良镇东庄头村	29	男	1940年10月
张世全	龙口市下丁家镇蒋家村	42	男	1940年10月
张世生	龙口市下丁家镇大庄子村	25	男	1940年11月8日
张世悦	龙口市下丁家镇大庄子村	22	男	1940年11月8日
孙清玉	龙口市石良镇老师店村	38	男	1940年11月
张玉珍	龙口市下丁家镇大庄子村	42	男	1940年12月24日
曹思久之母	龙口市石良镇东营曹家村	—	女	1940年
程永业	龙口市诸由观镇李程杨村	21	男	1940年
迟德明	龙口市下丁家镇大吕家村	20	男	1940年
迟玉才	龙口市芦头镇芝泉村	17	男	1940年
单 戈	龙口市东莱街道淳于村	22	男	1940年
刁庆连	龙口市石良镇土口村	20	男	1940年
刁永禄	龙口市石良镇炉房村	34	男	1940年
丁少浦	龙口市东莱街道大店村	20	男	1940年

姓 名	籍 贯	年 龄	性 别	死难时间
丁文才	龙口市下丁家镇下丁家村	21	男	1940 年
丁文欣之弟	龙口市下丁家镇下丁家村	21	男	1940 年
丁学江	龙口市下丁家镇下丁家村	20	男	1940 年
丁学尧	龙口市下丁家镇下丁家村	20	男	1940 年
窦吉增	龙口市下丁家镇窦韩村	15	男	1940 年
范作达	龙口市东江镇矫家村	30	男	1940 年
傅洪让	龙口市兰高镇归姜村	30	男	1940 年
高汝梅	龙口市芦头镇高家河村	35	男	1940 年
高绍芝	龙口市诸由观镇小高家村	29	男	1940 年
高延宇	龙口市芦头镇高家河村	22	男	1940 年
郭焕魁	龙口市石良镇东方水郭家村	50	男	1940 年
郝金玉	—	—	男	1940 年
姜明胜	—	—	男	1940 年
姜维全	龙口市诸由观镇前妙果村	26	男	1940 年
姜 先	龙口市石良镇黄城阳村	—	男	1940 年
焦述吉	龙口市新嘉街道位焦村	27	男	1940 年
金培根	龙口市石良镇小金村	21	男	1940 年
李洪志	龙口市石良镇西埠村	—	男	1940 年
李基升	龙口市徐福镇北李村	20	男	1940 年
李培中	龙口市新嘉街道南屯村	21	男	1940 年
李汝槐	龙口市芦头镇南树口村	30	男	1940 年
李绍官	龙口市芦头镇南树口村	23	男	1940 年
李天兴	龙口市下丁家镇上疃李家村	25	男	1940 年
李志先	龙口市芦头镇东韩家村	34	男	1940 年
林士国	龙口市东莱街道冯家村	20	男	1940 年
刘培珂	龙口市诸由观镇东羔村	24	男	1940 年
刘全忠	龙口市东江镇黄格庄村	50	男	1940 年
刘万忠	龙口市石良镇城西头村	41	男	1940 年
柳生林	龙口市石良镇筐柳村	19	男	1940 年
柳元香之妻	—	—	女	1940 年
柳元义	龙口市石良镇东营周家村	21	男	1940 年
吕金要	龙口市下丁家镇西吕家村	23	男	1940 年
吕荣富	龙口市石良镇小吕家村	17	男	1940 年
吕淑琴	龙口市下丁家镇于家口村	36	女	1940 年

姓　名	籍　贯	年　龄	性　别	死难时间
栾高云	龙口市新嘉街道后栾村	24	男	1940 年
栾胜和	龙口市芦头镇前栾村	26	男	1940 年
马学法	龙口市七甲镇雀山姜家村	20	男	1940 年
任书竹	龙口市石良镇任家沟村	21	男	1940 年
任秀竹	龙口市石良镇任家沟村	20	男	1940 年
宋大和	龙口市诸由观镇达善村	16	男	1940 年
宋振常	龙口市诸由观镇涧村	20	男	1940 年
隋安鼎	龙口市东江镇大隋村	24	男	1940 年
隋礼辉	龙口市东江镇南山村	27	男	1940 年
孙宾德	龙口市兰高镇文姜村	23	男	1940 年
孙兴祖	龙口市兰高镇沟孙村	25	男	1940 年
王八成	龙口市北马镇牛栏徐家村	—	男	1940 年
王恒芝	龙口市北马镇四甲王村	27	男	1940 年
王立凤	龙口市芦头镇庵夼村	18	男	1940 年
王其乐	龙口市诸由观镇羊岚村	—	男	1940 年
王维尊	—	31	男	1940 年
杨树栋	龙口市下丁家镇杨家村	—	男	1940 年
殷文金	龙口市北马镇台上殷家村	28	男	1940 年
于丛山	龙口市北马镇道沟于村	22	男	1940 年
遇学修	龙口市北马镇山后遇家村	—	男	1940 年
张谦伍	—	—	男	1940 年
赵德传	龙口市诸由观镇赵刘村	19	男	1940 年
赵汝发	龙口市诸由观镇羊岚村	29	男	1940 年
智学才	龙口市东江镇南智村	40	男	1940 年
周汝乐	龙口市石良镇黄城集村	52	男	1940 年
周汝通	—	—	男	1940 年
周天进	龙口市石良镇东营周家村	—	男	1940 年
庄春生	龙口市下丁家镇夼里村	19	男	1940 年
邹金章	龙口市东江镇南智村	35	男	1940 年
邹永善	龙口市徐福镇北李村	21	男	1940 年
刘树清之弟	龙口市石良镇上刘家村	32	男	1941 年 1 月
柳进来	龙口市石良镇前柳家村	23	男	1941 年 1 月
张益珊	龙口市徐福镇埠后村	29	男	1941 年 1 月
邹天寿	龙口市石良镇关李村	20	男	1941 年 1 月

姓 名	籍 贯	年 龄	性 别	死难时间
张海山	诸城市	—	男	1941 年 2 月 25 日
林喜信	龙口市石良镇平里院村	20	男	1941 年 2 月
刘殿君	龙口市龙港街道王格庄	23	男	1941 年 3 月
吕和元	龙口市下丁家镇大吕家村	—	男	1941 年 3 月
王文教	龙口市下丁家镇老师夼村	29	男	1941 年 3 月
长脖子	—	—	男	1941 年 3 月
史兴成	龙口市芦头镇庵夼村	26	男	1941 年 4 月 10 日
张世财	龙口市下丁家镇大庄子村	28	男	1941 年 4 月 12 日
王国明	龙口市	22	男	1941 年 4 月
王立用	龙口市兰高镇大于村	21	女	1941 年 4 月
王万新	龙口市下丁家镇圈子村	21	男	1941 年 4 月
成学选	龙口市兰高镇成家庄村	37	男	1941 年 5 月
丁玉堂	龙口市下丁家镇小陈家村	38	男	1941 年 5 月
蒋永道	龙口市下丁家镇蒋家村	33	男	1941 年 5 月
刘永华	龙口市石良镇城西头村	19	男	1941 年 5 月
陈贞荣	龙口市下丁家镇河西马家村	—	男	1941 年 6 月
蒋永兴	龙口市下丁家镇河西马家村		男	1941 年 6 月
路守法	龙口市石良镇筐柳村	25	男	1941 年 6 月
修先卿	龙口市石良镇修家村	20	男	1941 年 6 月
邹其翠	龙口市七甲镇邹家村	30	男	1941 年 6 月
姜 仲	龙口市诸由观镇后妙果村	44	男	1941 年 6 月
孙 ×	—	—	男	1941 年 6 月
陈 明	龙口市	31	男	1941 年 7 月
迟兰田	龙口市芦头镇迟家沟村	19	男	1941 年 7 月
迟思吉	龙口市芦头镇迟家沟村	23	男	1941 年 7 月
刁延修	龙口市黄山馆镇四村	25	男	1941 年 7 月
姜振良	龙口市石良镇下吴家村	21	男	1941 年 7 月
曹吉厚	龙口市石良镇山后曹家村	30	男	1941 年 8 月 14 日
陈元祥	龙口市下丁家镇河西马家村	—	男	1941 年 8 月
迟经儒	龙口市芦头镇迟家沟村	43	男	1941 年 8 月
迟文通	龙口市芦头镇迟家沟村	40	男	1941 年 8 月
张景胜	龙口市石良镇平里院村	20	男	1941 年 8 月
吕廷发	龙口市芦头镇北树口村	—	男	1941 年 9 月
毕世礼	龙口市芦头镇毕家村	22	男	1941 年 10 月

姓 名	籍 贯	年 龄	性 别	死难时间
吕台田	龙口市北马镇南吕家村	18	男	1941 年 10 月
吕维增	龙口市北马镇南吕家村	23	男	1941 年 10 月
王基增	龙口市徐福镇秦家村	—	男	1941 年 10 月
张吉西	—	—	男	1941 年 10 月
刁树茂	龙口市石良镇船止沟村	31	男	1941 年 11 月 9 日
刁树德之母	龙口市石良镇船止沟村	65	女	1941 年 11 月 10 日
曹善民	龙口市龙港街道曹家村	38	男	1941 年 11 月
刁善文	龙口市石良镇枣林村	22	男	1941 年 12 月 27 日
刁丰明	龙口市石良镇枣林村	50	男	1941 年 12 月 28 日
刁年清	龙口市石良镇土口村	21	男	1941 年 12 月
刁庆吉	龙口市石良镇土口村	62	男	1941 年 12 月
范作森	龙口市兰高镇兰高村	32	男	1941 年 12 月
王建三	—	24	男	1941 年 12 月
张清坤	龙口市兰高镇镇沙村	20	男	1941 年 12 月
陈德塘	龙口市兰高镇镇沙村	24	男	1941 年
陈恒业	龙口市下丁家镇大陈家村	18	男	1941 年
陈立广	龙口市下丁家镇下木厂村	27	男	1941 年
陈立硕	龙口市下丁家镇上木厂村	16	男	1941 年
程玉芳	龙口市诸由观镇北村	20	男	1941 年
大老王	—	—	男	1941 年
刁贵明	龙口市石良镇炉房村	21	男	1941 年
丁广杰	龙口市龙港街道官道丁家村	26	男	1941 年
杜良义	龙口市兰高镇逄鲍村	18	男	1941 年
冯常晓	龙口市东莱街道冯家村	20	男	1941 年
付兴文	龙口市芦头镇大傅家村	27	男	1941 年
付有寿	龙口市芦头镇大傅家村	28	男	1941 年
高树七	龙口市芦头镇高家河村	20	男	1941 年
高学友	龙口市龙港街道解家村	40	男	1941 年
郭德义	龙口市东莱街道菜园泊	32	男	1941 年
蒋 兰	龙口市芦头镇界沟刘家村	14	女	1941 年
荆寿岳	龙口市诸由观镇荆家村	32	男	1941 年
李国民	龙口市东莱街道遇家村	17	男	1941 年
李廷学	龙口市北马镇埠上李家村	21	男	1941 年
李同民	龙口市东莱街道遇家村	17	男	1941 年

姓 名	籍 贯	年 龄	性 别	死难时间
李万通	龙口市兰高镇东迟家村	—	男	1941 年
李玉芳	龙口市兰高镇东迟家村	—	男	1941 年
李芝圃	龙口市下丁家镇大园村	—	男	1941 年
李作金	龙口市徐福镇北乡城村	19	男	1941 年
刘汉江	龙口市芦头镇界沟刘家村	40	男	1941 年
刘洪钧	龙口市芦头镇界沟刘家村	17	男	1941 年
刘景俊	龙口市北马镇南村	25	男	1941 年
刘思道	龙口市石良镇鲁家庄村	30	男	1941 年
刘思华	龙口市石良镇鲁家沟村	24	男	1941 年
刘学仁	龙口市石良镇石良集村	54	男	1941 年
刘兆方	龙口市芦头镇界沟刘家村	22	男	1941 年
栾明刚	龙口市石良镇鲁家庄村	35	男	1941 年
栾明敬	龙口市石良镇鲁家庄村	30	男	1941 年
马福乐	龙口市下丁家镇庙北村	30	男	1941 年
马金贵	龙口市下丁家镇庙北村	37	男	1941 年
马增寿	龙口市下丁家镇河西马家村	—	男	1941 年
马增学	龙口市下丁家镇庙北村	27	男	1941 年
孟庆田	龙口市下丁家镇下观村	21	男	1941 年
慕春亭	龙口市兰高镇慕家村	22	男	1941 年
曲春怀之父	龙口市石良镇曲家沟村	47	男	1941 年
曲光乐	龙口市七甲镇店埠曲家村	33	男	1941 年
曲元修	龙口市石良镇曲家沟村	24	男	1941 年
曲中起	龙口市七甲镇店埠曲家村	29	男	1941 年
任孟竹	龙口市石良镇任家沟村	21	男	1941 年
史德民	龙口市芦头镇庵夼村	20	男	1941 年
史梦录	龙口市芦头镇庵夼村	21	男	1941 年
苏立春	龙口市七甲镇苏家村	31	男	1941 年
孙开禄	龙口市北马镇东孙村	26	男	1941 年
唐安毓	龙口市徐福镇唐家村	—	男	1941 年
唐兆和	龙口市徐福镇唐家村	—	男	1941 年
唐兆林	龙口市徐福镇唐家村	—	男	1941 年
田春怀之父	龙口市石良镇曲家沟村	47	男	1941 年
田兆堂	龙口市新嘉街道徐家庄村	21	男	1941 年
王成宝	龙口市北马镇九甲村	26	男	1941 年

姓 名	籍 贯	年 龄	性 别	死难时间
王丹田	龙口市北马镇午塔村	21	男	1941 年
王富林	龙口市东莱街道菜园泊	22	男	1941 年
王洪志	龙口市北马镇九甲村	28	男	1941 年
王维增	龙口市北马镇南吕家村	23	男	1941 年
王锡铎	龙口市兰高镇车格庄村	29	男	1941 年
王忠礼	龙口市兰高镇归姜村	26	男	1941 年
王　×	龙口市兰高镇东和平村	21	男	1941 年
王　×	龙口市兰高镇东和平村	23	男	1941 年
张　×	—	—	男	1941 年
石××	龙口市下丁家镇后地村	19	男	1941 年
邢云祯	龙口市龙港街道上孟村	22	男	1941 年
杨忠胜	龙口市诸由观镇淳于村	17	男	1941 年
姚文友	龙口市北马镇河张村	22	男	1941 年
于公令	龙口市下丁家镇于家口村	50	男	1941 年
岳　谣	莱阳市大水盆村	21	女	1941 年
臧兆桐	龙口市芦头镇迟家沟村	24	男	1941 年
战宝录	龙口市芦头镇后店村	—	男	1941 年
张培道	龙口市诸由观镇淳于村	17	男	1941 年
赵延厚	龙口市七甲镇庙赵家村	18	男	1941 年
郑延贵	龙口市北马镇庙前村	25	男	1941 年
仲积江	龙口市石良镇下河头村	—	男	1941 年
仲路训	龙口市北马镇南仲村	39	男	1941 年
朱享礼	龙口市七甲镇圈朱家村	21	男	1941 年
邹方民	龙口市七甲镇山前邹家村	30	男	1941 年
邹延林	龙口市兰高镇于家村	29	男	1941 年
李玉玺	平度市	—	男	1942 年 1 月 12 日
刁迎芝	龙口市石良镇慕院夼村	35	男	1942 年 1 月 14 日
慕泉安	龙口市石良镇慕院夼村	28	男	1942 年 1 月 14 日
慕庆福	龙口市石良镇慕院夼村	30	男	1942 年 1 月
慕红禄	龙口市石良镇慕院夼村	53	男	1942 年 1 月
慕升禄	龙口市石良镇慕院夼村	—	男	1942 年 1 月
迟焕达	龙口市七甲镇前迟家村	24	男	1942 年 1 月
曲畔生	—	—	—	1942 年 1 月
史昌茂	龙口市新嘉街道新嘉疃村	29	男	1942 年 1 月

姓 名	籍 贯	年 龄	性 别	死难时间
于天海	龙口市龙港街道沙埠于家村	26	男	1942 年 1 月
赵汝强	龙口市徐福镇埠后村	30	男	1942 年 1 月
曲雷升	龙口市石良镇老师店村	—	男	1942 年 2 月
孙九州	龙口市兰高镇大张家村路家	—	男	1942 年 2 月
赵喜琪	龙口市北马镇南赵家村	22	男	1942 年 2 月
张中顺之妻	龙口市石良镇山西头村	—	女	1942 年 3 月 30 日
孙淑君	龙口市诸由观镇小宗家村	20	男	1942 年 3 月
王福太	龙口市龙港街道廒上村	—	男	1942 年 3 月
温成氏	龙口市石良镇山西头村	19	女	1942 年 3 月
于启玉	龙口市北马镇道沟于家村	26	男	1942 年 3 月
王 逯	龙口市北马镇庙前村	—	男	1942 年 4 月 29 日
姜 瑞	龙口市石良镇黄城阳村	—	男	1942 年 5 月 12 日
姜润生	龙口市石良镇黄城阳村	—	男	1942 年 5 月 12 日
于 明	—	—	男	1942 年 5 月 24 日
丁文宫	龙口市下丁家镇石板丁家村	30	男	1942 年 5 月
丁玉良	龙口市下丁家镇石板丁家村	20	男	1942 年 5 月
姜福寿	龙口市黄山馆镇大脉村	20	男	1942 年 5 月
隋述善	龙口市黄山馆镇隋家村	40	男	1942 年 5 月
刁丰远	龙口市石良镇枣林村	72	男	1942 年 6 月 1 日
刁亮清	龙口市石良镇土口村	42	男	1942 年 6 月 1 日
刁庆勇	龙口市石良镇土口村	50	男	1942 年 6 月 1 日
刁生会	龙口市石良镇船止沟村	20	男	1942 年 6 月 1 日
姜 顺	龙口市石良镇黄城阳村	—	男	1942 年 6 月 1 日
刁焕桂之祖父	龙口市石良镇土口村	65	男	1942 年 6 月 2 日
姜厚祥	龙口市石良镇黄城阳村	—	男	1942 年 6 月 2 日
刁良清之父	龙口市石良镇土口村	43	男	1942 年 6 月 4 日
刁美清	龙口市石良镇土口村	50	男	1942 年 6 月 5 日
姜 好	龙口市石良镇黄城阳村	—	男	1942 年 6 月 7 日
姜厚良	龙口市石良镇黄城阳村	—	男	1942 年 6 月 7 日
姜省之妻	龙口市石良镇黄城阳村	—	女	1942 年 6 月 7 日
姜宗海	龙口市石良镇黄城阳村	—	男	1942 年 6 月 7 日
姜宗霞	龙口市石良镇黄城阳村	—	男	1942 年 6 月 7 日
姜厚泰	龙口市石良镇黄城阳村	—	男	1942 年 6 月 9 日
姜 南	龙口市石良镇黄城阳村	—	男	1942 年 6 月 9 日

姓　名	籍　贯	年　龄	性　别	死难时间
姜　扑	龙口市石良镇黄城阳村	—	男	1942 年 6 月 9 日
姜　亚	龙口市石良镇黄城阳村	—	男	1942 年 6 月 9 日
孙彩云	龙口市芦头镇后周家村	27	男	1942 年 6 月 25 日
陈恒喜	龙口市下丁家镇上木厂村	32	男	1942 年 6 月
蒋天星	龙口市下丁家镇蒋家村	32	男	1942 年 6 月
路子才	龙口市龙港街道邹刘村	21	男	1942 年 6 月
栾景坤	—	—	男	1942 年 6 月
戚发禄	龙口市东江镇磨山迟家村	30	男	1942 年 6 月
孙士向	龙口市芦头镇北树口村	—	男	1942 年 6 月
田金海	龙口市七甲镇下田家村	30	男	1942 年 6 月
王茂才	龙口市黄山馆镇建新村	20	男	1942 年 6 月
王　绍	龙口市	23	男	1942 年 6 月
张谨恒	龙口市石良镇黄城集村	37	男	1942 年 6 月
邹云民	龙口市七甲镇邹家村	30	男	1942 年 6 月
陈万兰	龙口市七甲镇陈家村	38	男	1942 年 7 月
成德林	龙口市兰高镇北杨家村	23	男	1942 年 7 月
金名永	龙口市石良镇大金家村	19	男	1942 年 7 月
刘义生	龙口市	24	男	1942 年 7 月
程　成	龙口市	34	男	1942 年 8 月
韩存基	龙口市东江镇韩家洞村	31	男	1942 年 8 月
赵焕彩	龙口市新嘉街道位姜村	22	男	1942 年 8 月
高绍基	龙口市诸由观镇小高家村	26	男	1942 年 9 月
刘凤贵	龙口市石良镇上刘家村	41	男	1942 年 9 月
刘振久	龙口市龙港街道邹刘村	20	男	1942 年 9 月
马金耀	龙口市诸由观镇冶基村	22	男	1942 年 9 月
孙福章	龙口市芦头镇香坊村	32	男	1942 年 9 月
于广经	龙口市北马镇道沟于家村	30	男	1942 年 9 月
杜世闵	龙口市东莱街道大李家村	42	男	1942 年 10 月
姜开菊	龙口市龙港街道北皂前村	21	男	1942 年 10 月
刘丙厚	龙口市黄山馆镇臧格庄村	42	男	1942 年 10 月
孙　民	龙口市芦头镇香坊村	19	男	1942 年 10 月
王岳武	龙口市黄山馆镇大泊村	20	男	1942 年 10 月
小　凤	龙口市石良镇上刘家村	15	女	1942 年 10 月
谢德任	龙口市兰高镇大张家村	39	男	1942 年 10 月

姓　名	籍　贯	年　龄	性　别	死难时间
徐凤山	龙口市东江镇碓徐村	20	男	1942 年 10 月
徐培成	龙口市龙港街道前徐家村	35	男	1942 年 10 月
颜克金	龙口市兰高镇水亭村	—	男	1942 年 10 月
林　诚	龙口市	21	男	1942 年 11 月 23 日
柳丙忠	龙口市石良镇东竹园村	24	男	1942 年 11 月
赵学达	龙口市石良镇集前赵家村	31	男	1942 年 11 月
张介夫	—	—	男	1942 年 12 月 23 日
成德余	龙口市兰高镇耩下高家村	23	男	1942 年 12 月
单廷祥	龙口市东莱街道南关村	36	男	1942 年 12 月
刁学成	龙口市石良镇枣林村	24	男	1942 年 12 月
高常功	龙口市新嘉街道羊高村	18	男	1942 年 12 月
郭文斌	—	—	男	1942 年 12 月
姜汝周	龙口市石良镇黄城集村	31	男	1942 年 12 月
柳　余	龙口市石良镇修家村	24	男	1942 年 12 月
马德喜	龙口市石良镇东方水马家村	—	男	1942 年 12 月
曲立昇	—	—	男	1942 年 12 月
曲天贤	龙口市七甲镇庙曲家村	21	男	1942 年 12 月
徐来德	龙口市东江镇九南村	26	男	1942 年 12 月
张玉海	—	—	男	1942 年 12 月
鲍克光	龙口市兰高镇逄鲍村	21	男	1942 年
曹德仁	龙口市石良镇东营曹家村	21	男	1942 年
曹金楼	龙口市兰高镇归城曹家村	20	男	1942 年
陈化文	龙口市北马镇南李家村	—	男	1942 年
陈启光	龙口市北马镇大陈家村	31	男	1942 年
陈启能	龙口市北马镇大陈家村	—	男	1942 年
陈学进	龙口市北马镇大陈家村	—	男	1942 年
成　城	龙口市	30	男	1941 年 12 月
成守钦	龙口市兰高镇小成家村	27	男	1942 年
崔桂福	龙口市东江镇崔家村	26	男	1942 年
崔淑兰	龙口市龙港街道北皂前村	23	女	1942 年
刁成书	龙口市石良镇台上村	40	男	1942 年
刁福庆	龙口市石良镇台上村	60	男	1942 年
刁培林	龙口市石良镇炉房村	28	男	1942 年
窦吉胜	龙口市下丁家镇窦韩村	—	男	1942 年

姓 名	籍 贯	年 龄	性 别	死难时间
封明利	龙口市芦头镇封家村	23	男	1942 年
冯锡珍	龙口市北马镇庙前村	—	男	1942 年
付作详	龙口市芦头镇大傅家村	21	男	1942 年
傅兴文	—	—	男	1942 年
傅有寿	—	—	男	1942 年
高立田	龙口市芦头镇高家河村	18	男	1942 年
高显照	龙口市新嘉街道羊高村	22	男	1942 年
郝 良	—	42	男	1942 年
胡维度	龙口市龙港街道屺姆岛	19	男	1942 年
胡延良	龙口市东莱街道王家疃村	30	男	1942 年
纪宝山	龙口市东莱街道北二里处	18	男	1942 年
贾立功	龙口市龙港街道王格庄	24	男	1942 年
姜 程	龙口市石良镇黄城阳村	—	男	1942 年
姜凤坤	龙口市兰高镇文姜村	23	男	1942 年
姜厚堂之母	龙口市石良镇黄城阳村	70	女	1942 年
姜厚堂之女	龙口市石良镇黄城阳村	3	女	1942 年
姜培礼	龙口市七甲镇雀山姜家村	22	男	1942 年
姜日增	龙口市石良镇黄城阳村	—	男	1942 年
姜 思	龙口市石良镇黄城阳村	72	男	1942 年
姜 涛	龙口市石良镇黄城阳村	—	男	1942 年
姜祥文	龙口市石良镇黄城阳村	36	男	1942 年
姜 信	龙口市石良镇黄城阳村	—	男	1942 年
金显尊	龙口市石良镇小金家村	26	男	1942 年
李春基	龙口市新嘉街道乡城庙村	28	男	1942 年
李福承	龙口市徐福镇北乡城村	26	男	1942 年
李基科	龙口市下丁家镇后地村	35	男	1942 年
李景太	龙口市徐福镇北乡城村	18	男	1942 年
李满玉	龙口市下丁家镇后地村	22	男	1942 年
李茂堂	龙口市芦头镇李家村	19	男	1942 年
李树兴	龙口市芦头镇李家村	—	男	1942 年
李玉田	龙口市石良镇谭家村	40	男	1942 年
梁滋琛	龙口市诸由观镇徐格庄村	20	男	1942 年
刘殿杭	龙口市龙港街道河抱村	26	男	1942 年
刘思奇	龙口市石良镇鲁家沟村	20	男	1942 年

姓 名	籍 贯	年 龄	性 别	死难时间
刘振海	龙口市芦头镇望马史家村	20	男	1942 年
柳进忠	龙口市石良镇下河头村	—	男	1942 年
柳元有	龙口市石良镇东竹园村	30	男	1942 年
吕和寿	龙口市下丁家镇大吕家村	22	男	1942 年
栾庆忠	龙口市北马镇簸栾村	27	男	1942 年
马德福	龙口市石良镇东方水马家村	—	男	1942 年
马德运	龙口市石良镇东方水马家村	—	男	1942 年
马万才	龙口市诸由观镇冶基村	24	男	1942 年
马振腾	龙口市东江镇大隋村	20	男	1942 年
孟凡文	龙口市芦头镇后店村	25	男	1942 年
孟繁安	龙口市下丁家镇上孟家村	19	男	1942 年
孟庆先	龙口市诸由观镇孟家村	22	男	1942 年
慕子清	—	—	男	1942 年
乔瑞琴	龙口市芦头镇乔家村	—	女	1942 年
尚福江	龙口市北马镇尚家村	45	男	1942 年
史殿礼	龙口市芦头镇庵夼村	22	男	1942 年
史兴起	龙口市芦头镇庵夼村	—	男	1942 年
宋凤恩	龙口市七甲镇李家沟村	40	男	1942 年
宋有奎	龙口市龙港街道圆壁宋村	31	男	1942 年
苏立太	龙口市七甲镇苏家村	36	男	1942 年
隋兆树	龙口市兰高镇慕家村	22	男	1942 年
孙德林	龙口市兰高镇沟孙村	30	男	1942 年
孙吉富	龙口市兰高镇文姜村	24	男	1942 年
孙永喜	龙口市龙港街道小孙家村	—	男	1942 年
孙永智	龙口市诸由观镇羊沟营村	20	男	1942 年
谭学海	龙口市石良镇谭家村	27	男	1942 年
王成恕	龙口市北马镇下王村	22	男	1942 年
王德胜	龙口市新嘉街道诸高炉村	—	男	1942 年
王国初	龙口市北马镇王寿村	51	男	1942 年
王积寿	龙口市芦头镇香坊村	24	男	1942 年
王纪卿	龙口市石良镇石良集村	26	女	1942 年
王立田	龙口市芦头镇高家河村	19	男	1942 年
王深建	龙口市七甲镇庙曲家村	24	男	1942 年
王挺智	龙口市芦头镇高家河村	40	男	1942 年

姓　名	籍　贯	年龄	性别	死难时间
王文经	龙口市北马镇九甲村	25	男	1942 年
王兴一	龙口市东莱街道柳杭姜家村	—	男	1942 年
王绪峰	龙口市北马镇午塔村	17	男	1942 年
王训绍	龙口市诸由观镇西河阳村	25	男	1942 年
王元仕	龙口市芦头镇王家庄村	20	男	1942 年
周　×	—	—	男	1942 年
吴世爱	龙口市石良镇庵下吴家村	24	男	1942 年
小　向	龙口市兰高镇郭家村	8	女	1942 年
徐日山	龙口市新嘉街道双徐村	23	男	1942 年
杨　氏	龙口市石良镇黄城阳村	—	女	1942 年
杨兆顺	龙口市新嘉街道后邹村	—	男	1942 年
殷庆章	龙口市北马镇台上殷家村	21	男	1942 年
于士奎	龙口市北马镇后寨村	20	男	1942 年
于亭茂	—	20	男	1942 年
战善安	龙口市东江镇战家夼村	49	男	1942 年
张　×	—	—	男	1942 年
张成山	龙口市北马镇西刘家村	22	男	1942 年
张洪义	龙口市石良镇石良集村	46	男	1942 年
张可献	龙口市徐福镇乡城东村	—	男	1942 年
张口歧	龙口市徐福镇洼东村	27	男	1942 年
张立业	龙口市北马镇埠下王村	21	男	1942 年
张善交	龙口市东莱街道大李家村	26	男	1942 年
张书奎	龙口市下丁家镇大吕家村	21	男	1942 年
张秀高	—	—	男	1942 年
张学先之弟	龙口市东莱街道凤仪村	10	男	1942 年
赵亨业	龙口市北马镇横沟村	35	男	1942 年
赵吉祥	龙口市东江镇战家夼村	40	男	1942 年
赵享宽	龙口市北马镇于家庄	30	男	1942 年
郑延芹	龙口市龙港街道龙化村	20	男	1942 年
郑延珊	龙口市龙港街道龙化村	21	男	1942 年
仲崇文	龙口市北马镇南仲村	29	男	1942 年
陈景元	龙口市诸由观镇黄河营村	—	男	1943 年 1 月
于大和	龙口市	36	男	1943 年 1 月
赵洪连	—	—	男	1943 年 1 月

姓 名	籍 贯	年 龄	性 别	死难时间
王金福	龙口市东江镇南二里村	19	男	1943 年 2 月
姚同爵	龙口市兰高镇洽泊村	19	男	1943 年 2 月
臧兆胜	龙口市芦头镇麻家村	—	男	1943 年 3 月 7 日
陈继安	龙口市北马镇陈庄村	22	男	1943 年 3 月
曲廷前	龙口市石良镇后曲家村	32	男	1943 年 3 月
孙明山	龙口市石良镇老师店村	41	男	1943 年 3 月
张胜山	龙口市芦头镇韩家店村	32	男	1943 年 3 月
刘成飞	龙口市龙港街道河抱村	40	男	1943 年 4 月
刘德芳	龙口市龙港街道河抱村	19	男	1943 年 4 月
彭 云	龙口市北马镇北村	23	女	1943 年 4 月
于延茂	龙口市龙港街道三甲于村	20	男	1943 年 4 月
杨武昌	龙口市徐福镇埠子后村	—	男	1943 年 4 月
魏风韶	龙口市诸由观镇魏家村	56	男	1943 年 5 月 12 日
曹德思	龙口市石良镇东营曹家村	32	男	1943 年 5 月
刘汝福	龙口市石良镇上刘家村	57	男	1943 年 5 月
隋象恒	龙口市黄山馆镇隋家庄村	27	男	1943 年 5 月
邹大章	招远市寨里村	—	男	1943 年 5 月
孙传林	—	—	男	1943 年 6 月 8 日
王延善	龙口市芦头镇高家河村	—	男	1943 年 6 月
邹子恒	龙口市新嘉街道位邹村	36	男	1943 年 6 月
姜化民	龙口市七甲镇常伦庄村	30	男	1943 年 6 月
耿士义	龙口市石良镇耿家村	27	男	1943 年 7 月
解继芬	龙口市兰高镇东隋村	40	男	1943 年 7 月
李殿金之弟	龙口市石良镇枣李村	24	男	1943 年 7 月
李世厚	龙口市芦头镇李家村	21	男	1943 年 7 月
刘常树	龙口市黄山馆镇臧格庄村	50	男	1943 年 7 月
王乃升	龙口市兰高镇柳家村	24	男	1943 年 7 月
刘振欣	龙口市龙港街道邹刘村	18	男	1943 年 8 月
王 ×	龙口市黄山馆镇店子村	55	男	1943 年 8 月
张任年	—	—	男	1943 年 8 月
庄明福	龙口市下丁家镇夼里村	20	男	1943 年 8 月
路春彩	—	—	男	1943 年 9 月 1 日
庄庭珍	龙口市下丁家镇肖家洼村	53	男	1943 年 9 月 13 日
迟日新	龙口市芦头镇迟家沟村	38	男	1943 年 9 月

姓 名	籍 贯	年龄	性别	死难时间
韩丕生	龙口市下丁家镇北邢家村	34	男	1943 年 9 月
姜守清	龙口市石良镇庵下吴家村	21	男	1943 年 9 月
李丹桂	龙口市黄山馆镇王家村	25	男	1943 年 9 月
李克谦	龙口市下丁家镇大园村	19	男	1943 年 9 月
王凤桐	龙口市北马镇九甲村	22	男	1943 年 9 月
张仁平	龙口市下丁家镇蒋家村	17	男	1943 年 9 月
解梦久之妻	龙口市龙港街道解家村	—	女	1943 年 10 月
刘士杰	招远市东良村	—	男	1943 年 10 月
曲恒志	龙口市石良镇后曲家村	28	男	1943 年 10 月
王敬怀之女	龙口市北马镇九甲村	20	女	1943 年 10 月
王世太	龙口市诸由观镇洼沟村	—	男	1943 年 10 月
朱升云	龙口市石良镇荷花朱家村	33	男	1943 年 11 月
邢世翠	龙口市下丁家镇南邢家村	20	男	1943 年 12 月 22 日
邢元开	龙口市下丁家镇南邢家村	19	男	1943 年 12 月 22 日
单中基	龙口市东莱街道邹家村	28	男	1943 年 12 月
胡成文	龙口市芦头镇芦头村	21	男	1943 年 12 月
林吉魁	龙口市七甲镇东林村	20	男	1943 年 12 月
林吉善	龙口市七甲镇东林村	21	男	1943 年 12 月
唐祖庆	龙口市诸由观镇唐家集村	24	男	1943 年 12 月
邢元兴	龙口市下丁家镇北邢家村	34	男	1943 年 12 月
张家龙	龙口市兰高镇庙马家村	54	男	1943 年 12 月
安王氏	龙口市北马镇安家村	75	女	1943 年
曹永遂	龙口市石良镇东营曹家村	21	男	1943 年
陈恒奎	龙口市下丁家镇下木厂村	25	男	1943 年
迟洪棋	龙口市芦头镇小迟家村	—	男	1943 年
迟来贵	龙口市北马镇薛家村	21	女	1943 年
迟元富	龙口市北马镇薛家村	—	男	1943 年
大 敬	龙口市石良镇石山赵家村	14	男	1943 年
大 兴	龙口市石良镇石山赵家村	8	男	1943 年
刁 氏	龙口市石良镇石山赵家村	30	女	1943 年
丁广俭	龙口市龙港街道官道丁家村	26	男	1943 年
丁广勤	龙口市龙港街道官道丁家村	30	男	1943 年
高万益	龙口市新嘉街道庙高村	20	男	1943 年
高学臣	龙口市兰高镇侧高村	31	男	1943 年

姓　名	籍　贯	年龄	性别	死难时间
高延善	龙口市芦头镇高家河村	32	男	1943 年
高延志	龙口市芦头镇高家河村	20	男	1943 年
韩克来	龙口市芦头镇韩家店村	29	男	1943 年
韩克友	龙口市芦头镇韩家店村	31	男	1943 年
郝邵氏	龙口市东莱街道柳行村	32	女	1943 年
姜恒春	龙口市东莱街道荷百村	28	男	1943 年
姜祥云之祖母	龙口市石良镇黄城阳村	69	女	1943 年
姜有存	龙口市兰高镇仪乐李家村	28	男	1943 年
姜忠杏	龙口市兰高镇归城曹家村	21	男	1943 年
李德重	龙口市诸由观镇赵家村	16	男	1943 年
李继善	龙口市石良镇东方水刘家村	—	男	1943 年
李英玉	龙口市下丁家镇后地村	28	男	1943 年
林瑞忠	龙口市七甲镇东林村	22	男	1943 年
刘成顺	龙口市龙港街道王格庄村	—	男	1943 年
刘国峰	龙口市石良镇鲁家沟村	28	男	1943 年
刘丕文	龙口市石良镇城西头村	21	男	1943 年
刘　氏	龙口市石良镇石山赵家村	30	女	1943 年
刘兆勤	龙口市芦头镇麻家村	22	男	1943 年
柳元通	龙口市石良镇任家沟村	—	男	1943 年
卢明海	龙口市龙港街道王格庄村	20	男	1943 年
路丕文	龙口市东江镇北路村	26	男	1943 年
吕明胜	龙口市下丁家镇大吕家村	20	男	1943 年
栾殿臣	龙口市北马镇簸栾村	22	男	1943 年
马百大	龙口市石良镇东方水马家村	—	男	1943 年
马增守	龙口市下丁家镇庙北村	18	男	1943 年
孟宪连	龙口市龙港街道孟家楼村	22	男	1943 年
慕泉同	龙口市石良镇丰仪店村	19	男	1943 年
慕泉行	龙口市石良镇丰仪店村	30	男	1943 年
慕贞禄	龙口市石良镇谭家村	25	男	1943 年
乔希勤	龙口市北马镇乔家村	32	男	1943 年
乔作相	龙口市芦头镇乔家村	24	男	1943 年
曲齐升	龙口市徐福镇曲潭村	63	男	1943 年
尚振云	龙口市诸由观镇尚家村	20	男	1943 年
盛易山	龙口市龙港街道红光村	23	男	1943 年

姓　名	籍　贯	年　龄	性　别	死难时间
师建荣	龙口市龙港街道梁家村	—	男	1943 年
宋振东	龙口市东江镇中宋村	27	男	1943 年
孙开喜	龙口市北马镇东孙村	24	男	1943 年
孙明礼	龙口市兰高镇沟孙村	30	男	1943 年
孙清林	龙口市兰高镇岭上孙家村	22	男	1943 年
孙喜德	龙口市北马镇台上殷家村	21	男	1943 年
田树滋	龙口市东莱街道松岚村	34	男	1943 年
王成洲	龙口市徐福镇港栾村	28	男	1943 年
王德金	龙口市东江镇北路村	23	男	1943 年
王凤贵	龙口市芦头镇韩家店村	28	男	1943 年
王凤绍之妻	龙口市北马镇王寿村	42	女	1943 年
王国儒	龙口市新嘉街道河王村	23	男	1943 年
王国玉	龙口市下丁家镇河西马家村	—	男	1943 年
王恒志	龙口市诸由观镇西台村	21	男	1943 年
王厚森	龙口市七甲镇敖子埠村	19	男	1943 年
王吉臣	龙口市东江镇毡王村	32	男	1943 年
王可镜	龙口市徐福镇孙家村	24	男	1943 年
王培文	龙口市北马镇簸栾村	19	男	1943 年
王其谦	龙口市芦头镇韩家店村	32	男	1943 年
王仁东	龙口市芦头镇香坊村	30	男	1943 年
王汝熙	龙口市兰高镇大张家村	28	男	1943 年
王守先	龙口市芦头镇埠上村	22	男	1943 年
王文锦	龙口市北马镇午塔后小陈	20	男	1943 年
王心万	龙口市芦头镇韩家店村	34	男	1943 年
王训真	龙口市诸由观镇西河阳村	24	男	1943 年
王玉界	龙口市北马镇上夼村	30	男	1943 年
王振寿	龙口市芦头镇埠上村	33	男	1943 年
王中俄	龙口市徐福镇乡城东村	—	男	1943 年
王忠志	龙口市芦头镇韩家店村	30	男	1943 年
王作玉	龙口市下丁家镇河西马家村	—	男	1943 年
吴　×	龙口市诸由观镇羊岚村	20	—	1943 年
吴明才	龙口市龙港街道红光村	26	男	1943 年
吴世更	龙口市石良镇庵下吴家村	22	男	1943 年
吴世远之妻	龙口市石良镇庵下吴家村	—	女	1943 年

姓　名	籍　贯	年龄	性别	死难时间
小　环	龙口市石良镇石山赵家村	6	女	1943 年
小　玲	龙口市石良镇石山赵家村	3	女	1943 年
辛文畅	龙口市诸由观镇王会村	44	男	1943 年
徐德恒	龙口市石良镇尹村	26	男	1943 年
徐洪开	龙口市新嘉街道双徐村	35	男	1943 年
于贵德	龙口市兰高镇小于家村	36	男	1943 年
于可镜	龙口市徐福镇孙家村	24	男	1943 年
于守训	龙口市龙港街道红光村	22	男	1943 年
遇加兴	龙口市北马镇山后遇家村	40	男	1943 年
张大财	龙口市七甲镇黑山村	23	男	1943 年
张　杰	—	—	—	1943 年
张可宾	龙口市徐福镇乡城东村	—	男	1943 年
张占元之兄	龙口市徐福镇乡城东村	—	男	1943 年
赵宝经	龙口市东江镇周家庵村	22	男	1943 年
赵长荣	龙口市石良镇赵家庄村	47	男	1943 年
赵学富	龙口市石良镇集前赵家村	44	男	1943 年
仲崇孟	龙口市北马镇东二甲村	18	男	1943 年
仲崇岳	龙口市北马镇南仲村	28	男	1943 年
仲伟慈	龙口市北马镇东二甲村	18	男	1943 年
仲伟文	龙口市北马镇南仲村	26	男	1943 年
周邦富	龙口市东江镇大田周家村	—	男	1943 年
邹元富	龙口市新嘉街道位邹村	22	男	1943 年
邢振东	龙口市下丁家镇南邢家村	50	男	1944 年 1 月 17 日
丁学财	龙口市下丁家镇腰道隋家村	24	男	1944 年 1 月 17 日
庄洪贵	龙口市下丁家镇前夼村	17	男	1944 年 1 月 21 日
高效亭	龙口市新嘉街道于高村	23	男	1944 年 1 月
李景安	—	—	男	1944 年 1 月
凌世本	龙口市龙港街道土城子村	19	男	1944 年 1 月
栾　月	龙口市芦头镇韩栾村	49	男	1944 年 1 月
曲洪范	龙口市北马镇曲阜村	29	男	1944 年 1 月
曲洪山	龙口市七甲镇店埠曲家村	34	男	1944 年 1 月
唐永梅	龙口市徐福镇唐家村	29	男	1944 年 1 月
田东筹	龙口市徐福镇唐家村	34	男	1944 年 1 月
田清吉	龙口市七甲镇上田家村	20	男	1944 年 1 月

姓 名	籍 贯	年 龄	性 别	死难时间
田万顺	龙口市徐福镇乡城东村	—	男	1944 年 1 月
王立业	龙口市芦头镇高家河村	19	男	1944 年 1 月
魏兆堂	龙口市诸由观镇魏家村	23	男	1944 年 1 月
邢元增	龙口市下丁家镇北邢家村	20	男	1944 年 1 月
于业宏	龙口市新嘉街道诸高炉村	20	男	1944 年 1 月
赵福兰	龙口市龙港街道海徐村	22	男	1944 年 1 月
赵洪恩	龙口市北马镇八甲赵家村	22	男	1944 年 1 月
赵学道	龙口市黄山馆镇姚家村	26	男	1944 年 1 月
吕普奎	龙口市兰高镇吕家村	23	男	1944 年 2 月
马忠治	龙口市下丁家镇庙东村	35	男	1944 年 2 月
田东仇	—	—	男	1944 年 2 月
吴 华	招远市	27	男	1944 年 2 月
张 奎	—	—	男	1944 年 3 月 17 日
丁士信	龙口市东莱街道南涧村	20	男	1944 年 3 月
高永飞	龙口市龙港街道解家村	—	男	1944 年 3 月
曲继为	龙口市新嘉街道北曲村	20	男	1944 年 3 月
曲延增	龙口市龙港街道曲家村	18	男	1944 年 3 月
田春波	龙口市徐福镇北田村	24	男	1944 年 3 月
郑春岩	龙口市新嘉街道庙高村	24	男	1944 年 3 月
曹恕厚	龙口市诸由观镇上庄曲家村	—	男	1944 年 4 月
丁振才	龙口市龙港街道官道丁家村	37	男	1944 年 4 月
解永和	龙口市龙港街道官道丁家村	38	男	1944 年 4 月
曹承信	龙口市石良镇山后曹家村	21	男	1944 年 5 月
单仲基	龙口市东莱街道单家村	19	男	1944 年 5 月
范克仁	烟台市牟平区	40	男	1944 年 5 月
高常礼	龙口市兰高镇兰高村	26	男	1944 年 5 月
孙年庆	龙口市龙港街道廒上村	—	男	1944 年 5 月
徐景章	龙口市新嘉街道双徐村	21	男	1944 年 5 月
张学义	龙口市新嘉街道后栾村	27	男	1944 年 5 月
宗会芳	龙口市诸由观镇大宗家村	22	男	1944 年 5 月
宗学武	龙口市诸由观镇大宗家村	27	男	1944 年 5 月
姜祥国	龙口市石良镇黄城阳村	23	男	1944 年 6 月
解仁善之母	龙口市龙港街道解家村	54	女	1944 年 6 月
刘金安之叔	龙口市龙港街道解家村	60	男	1944 年 6 月

姓 名	籍 贯	年龄	性别	死难时间
马丕乐	龙口市龙港街道大牟家村	18	男	1944年6月
孙成瑞	龙口市东江镇九北村	24	男	1944年6月
杜学义	龙口市石良镇平里院村	71	男	1944年7月5日
王葛氏	龙口市石良镇石良集村	50	女	1944年7月15日
曹永军	龙口市石良镇东营曹家村	18	男	1944年7月
曲洪志	—	—	男	1944年7月
徐玉美	龙口市龙港街道邢家村	42	男	1944年7月
闫嘉惠	龙口市龙港街道闫家店村	19	男	1944年7月
张吉和	—	—	男	1944年8月26日
高振伦	龙口市新嘉街道羊高村	38	男	1944年8月
霍瑞云	龙口市北马镇于家庄村	19	男	1944年8月
梁德明	龙口市北马镇员外刘家村	31	男	1944年8月
刘长龙	龙口市北马镇员外刘家村	22	男	1944年8月
刘洪亮	龙口市北马镇员外刘家村	32	男	1944年8月
刘树栋	龙口市北马镇员外刘家村	29	男	1944年8月
曲立乙	龙口市北马镇曲阜村	20	男	1944年8月
王有道	龙口市北马镇庙前村	25	男	1944年8月
杨旭九	龙口市诸由观镇小宗家村	28	男	1944年8月
赵亨宽	龙口市北马镇于家庄村	45	男	1944年8月
庄廷达	龙口市下丁家镇夼里村	20	男	1944年8月
丁兆嘉	龙口市龙港街道官道丁家村	43	男	1944年9月
曲圣明	龙口市龙港街道曲家村	18	男	1944年9月
史松山	龙口市龙港街道桥上村	28	男	1944年9月
王美英	龙口市黄山馆镇大泊村	12	女	1944年9月
王小四	龙口市黄山馆镇大泊村	10	男	1944年9月
吴世开	龙口市石良镇庵下吴家村	41	男	1944年9月
赵亨升	龙口市新嘉街道新嘉疃村	23	男	1944年9月
李吉田	龙口市下丁家镇后地村	38	男	1944年10月4日
韩怀吉	龙口市下丁家镇北邢家村	21	男	1944年10月
霍承起	龙口市北马镇霍家村	25	男	1944年10月
霍克勉	龙口市北马镇霍家村	29	男	1944年10月
李香德	龙口市龙港街道廒上村	—	男	1944年10月
于景训	龙口市龙港街道三甲于村	20	男	1944年10月
张玉瑞	龙口市诸由观镇荆家村	21	男	1944年10月

姓 名	籍 贯	年 龄	性 别	死难时间
任常伦	龙口市七甲镇常伦庄村	23	男	1944 年 11 月 17 日
迟皂香	龙口市芦头镇迟家沟村	20	男	1944 年 11 月
姜有乐	龙口市诸由观镇前姜村	32	男	1944 年 11 月
刘万根	龙口市石良镇城西头村	20	男	1944 年 11 月
孟宪凯	龙口市龙港街道上孟村	43	男	1944 年 11 月
苗永汉	龙口市龙港街道苗家村	25	男	1944 年 11 月
孙克礼	龙口市芦头镇芦头村	21	男	1944 年 11 月
迟元爽	龙口市东江镇磨山迟家村	32	男	1944 年 12 月
范培双	龙口市龙港街道龙化村	20	男	1944 年 12 月
高学进	龙口市石良镇石良集村	17	男	1944 年 12 月
高学茂	龙口市龙港街道高家村	—	男	1944 年 12 月
韩其秀	龙口市诸由观镇东羔村	22	男	1944 年 12 月
李树诗	龙口市龙港街道海岱仲村	—	男	1944 年 12 月
梁维达	龙口市石良镇石良集村	19	男	1944 年 12 月
刘贵才	龙口市东莱街道闫家疃村	—	男	1944 年 12 月
曲春元	龙口市诸由观镇北村	25	男	1944 年 12 月
史秉仁	龙口市芦头镇郭家村	26	男	1944 年 12 月
孙长安	—	—	—	1944 年 12 月
王大兰	—	—	—	1944 年 12 月
王金名	龙口市芦头镇后栾村	19	男	1944 年 12 月
王振开	龙口市东江镇刘家疃村	20	男	1944 年 12 月
邢元凤	龙口市下丁家镇北邢家村	22	男	1944 年 12 月
张天寿	龙口市北马镇东南村	18	男	1944 年 12 月
宗景尧	龙口市诸由观镇东羔村	24	男	1944 年 12 月
曹刚德	龙口市石良镇山后曹家村	26	男	1944 年
曹思来	龙口市石良镇东营曹家村	32	男	1944 年
陈日盛	龙口市下丁家镇常胜庄村	22	男	1944 年
迟元汉	龙口市东江镇磨山迟家村	17	男	1944 年
崔积义	龙口市芦头镇望马史家村	19	男	1944 年
崔积洲	龙口市芦头镇望马史家村	20	男	1944 年
单次基	龙口市诸由观镇小宋家村	33	男	1944 年
刁树清	龙口市石良镇土口村	18	男	1944 年
刁永新	龙口市石良镇炉房村	24	男	1944 年
丁文雨	龙口市兰高镇马胡同村	20	男	1944 年

姓 名	籍 贯	年 龄	性 别	死难时间
窦吉业	龙口市下丁家镇窦韩村	16	男	1944 年
高笃信	龙口市东莱街道竹园村	19	男	1944 年
高立业	龙口市芦头镇高家河村	19	男	1944 年
高延治	龙口市芦头镇高家河村	34	男	1944 年
郝仁先	龙口市石良镇石良集村	23	男	1944 年
霍士成	龙口市徐福镇霍家村	—	男	1944 年
姜培岩	龙口市徐福镇洼东村	22	男	1944 年
姜运色	龙口市石良镇木根徐家村	43	男	1944 年
姜宗居	龙口市徐福镇洼东村	20	男	1944 年
焦道林	龙口市新嘉街道位焦村	20	男	1944 年
焦述堂	龙口市新嘉街道位焦村	25	男	1944 年
荆元军	龙口市诸由观镇荆家村	19	男	1944 年
李秉茂	龙口市北马镇南村	20	男	1944 年
李道章之子	龙口市石良镇石良集村	—	男	1944 年
李得全	龙口市诸由观镇索家村	—	男	1944 年
李殿杰	龙口市石良镇枣李村	25	男	1944 年
李继树	龙口市石良镇东方水刘家	—	男	1944 年
李天纯	龙口市诸由观镇后李村	—	男	1944 年
李文典	龙口市新嘉街道后邹村	—	男	1944 年
李延奎	龙口市东江镇周庵村	20	男	1944 年
李兆华	龙口市东江镇横埠村	—	男	1944 年
梁滨久	龙口市龙港街道梁家村	—	男	1944 年
林文堂	龙口市北马镇南孙村	25	男	1944 年
刘长隆	龙口市芦头镇员外刘家村	—	男	1944 年
刘承思	龙口市石良镇石良集村	26	男	1944 年
刘福天	龙口市石良镇下刘家村	19	男	1944 年
刘光祥	龙口市东江镇观刘村	—	男	1944 年
刘贵财	龙口市东莱街道闫家疃村	24	男	1944 年
刘立汉	龙口市石良镇东埠村	33	男	1944 年
刘林氏	龙口市石良镇石良集村	30	女	1944 年
刘文先	龙口市东莱街道小栾家疃	22	男	1944 年
刘喜良	龙口市兰高镇大堡村	22	男	1944 年
刘于明之妻	龙口市石良镇石良集村	38	女	1944 年
柳忠太	龙口市东莱街道王家疃村	23	男	1944 年

姓　名	籍　贯	年　龄	性　别	死难时间
路文泉	龙口市兰高镇大张家村	34	男	1944 年
吕大成	龙口市下丁家镇西吕家村	30	男	1944 年
吕金贵	龙口市下丁家镇下观村	25	男	1944 年
吕清彬	龙口市下丁家镇大吕家村	24	男	1944 年
吕清和	龙口市下丁家镇大吕家村	22	男	1944 年
吕慎一	龙口市东莱街道小栾家疃	28	男	1944 年
栾云开	龙口市北马镇簸栾村	20	男	1944 年
栾允泰	龙口市芦头镇韩栾村	18	男	1944 年
马金玉	龙口市下丁家镇庙北村	23	男	1944 年
马兆运	龙口市东江镇大隋村	18	男	1944 年
马中寿	龙口市兰高镇归城曹家村	29	男	1944 年
戚长玉	龙口市北马镇簸栾村	27	男	1944 年
钦恒星	龙口市东莱街道大李家村	57	男	1944 年
曲殿臣	龙口市新嘉街道圈曲村	28	男	1944 年
曲×氏	龙口市北马镇午塔村	40	女	1944 年
宋　×	—	23	男	1944 年
宋有锡	龙口市龙港街道圆壁宋村	22	男	1944 年
孙本成	龙口市石良镇东方水刘家村	—	男	1944 年
孙华昌	龙口市龙港街道中村	—	男	1944 年
孙文堂	龙口市北马镇南孙家村	25	男	1944 年
孙希禄	龙口市兰高镇后霍家村	25	男	1944 年
索德全	龙口市诸由观镇索家村	36	男	1944 年
唐治宽	龙口市诸由观镇唐家集村	21	男	1944 年
田在琨	龙口市徐福镇乡城东村	19	男	1944 年
王　×	—	—	—	1944 年
王国治	龙口市芦头镇高家河村	—	男	1944 年
王吉士	龙口市徐福镇南王村	—	男	1944 年
王敬倜	龙口市兰高镇东和平村	17	男	1944 年
王敬熙	龙口市兰高镇东和平村	29	男	1944 年
王敬珍	龙口市兰高镇东和平村	24	男	1944 年
王龙发	龙口市龙港街道红光村	18	男	1944 年
王念国	龙口市东莱街道西张家沟	25	男	1944 年
王其昌之子	龙口市石良镇石良集村	25	男	1944 年
王起顺	龙口市龙港街道中村	—	男	1944 年

姓 名	籍 贯	年 龄	性 别	死难时间
王守林	龙口市芦头镇埠上村	22	男	1944 年
王元举	龙口市东江镇刁崖村	—	男	1944 年
王志杰	莱西市张沟村	25	女	1944 年
王 中	龙口市东江镇潘王村	32	男	1944 年
吴德厚	龙口市石良镇尹村	17	男	1944 年
吴佳有	龙口市龙港街道中村	—	男	1944 年
吴汝人	龙口市诸由观镇羊岚村	—	男	1944 年
肖玉琛	龙口市徐福镇四农村	—	男	1944 年
邢笃慧	龙口市东江镇王村邢家村	25	男	1944 年
邢世月	龙口市东江镇王村邢家村	30	男	1944 年
徐宝君	龙口市龙港街道后徐家村	23	男	1944 年
徐德兰	龙口市龙港街道前徐家村	21	男	1944 年
徐发芝	龙口市徐福镇郑家庄	—	男	1944 年
徐国升	龙口市龙港街道后徐家村	22	男	1944 年
徐坎之子	龙口市石良镇尹村村	14	男	1944 年
徐士法	龙口市龙港街道海徐村	—	男	1944 年
许丙进	龙口市龙港街道孟家楼村	30	男	1944 年
阎凤田	龙口市石良镇上刘家村	33	男	1944 年
杨登甲	龙口市东江镇邢泊村	23	男	1944 年
尹寿良	龙口市诸由观镇东河阳村	—	男	1944 年
于世海	龙口市兰高镇于家村	27	男	1944 年
于文雨	龙口市兰高镇马胡同村	20	男	1944 年
于兴有	龙口市龙港街道沟头于家村	18	男	1944 年
遇兴厚	龙口市东莱街道遇家村	28	男	1944 年
展大和	龙口市新嘉街道位焦村	23	男	1944 年
战之奎	龙口市东江镇九南村	42	男	1944 年
张殿贞之侄	龙口市石良镇石集村	26	男	1944 年
张亨全	龙口市新嘉街道泊子村	26	男	1944 年
张景义	龙口市石良镇东竹园村	26	男	1944 年
张久喜	龙口市徐福镇乡城东村	21	男	1944 年
张连胜	龙口市龙港街道闫家店村	21	男	1944 年
张清坤	龙口市下丁家镇大陈家村	21	男	1944 年
张树金	龙口市下丁家镇夼里村	18	男	1944 年
张思全	龙口市石良镇东竹园村	35	男	1944 年

姓 名	籍 贯	年 龄	性 别	死难时间
张廷顺	龙口市兰高镇吴家村	34	男	1944 年
张学喜	龙口市下丁家镇棚上村	—	男	1944 年
张玉民	龙口市东江镇大脉村	40	男	1944 年
张泽宽	龙口市石良镇水夼村	40	男	1944 年
张志达	龙口市兰高镇归城曹家村	22	男	1944 年
张志盛	龙口市东江镇大脉村	19	男	1944 年
赵焕铎	龙口市诸由观镇南村	19	男	1944 年
赵家贵	龙口市诸由观镇羊岚村	17	男	1944 年
赵良田	龙口市石良镇炉房村	20	男	1944 年
赵汝星	龙口市新嘉街道泊子村	—	男	1944 年
周邦兴	龙口市东江镇大田周家村	—	男	1944 年
周 吉	龙口市诸由观镇冷王村	—	男	1944 年
朱起法	龙口市兰高镇大于家村	17	男	1944 年
邹春茂	龙口市新嘉街道后邹村	—	男	1944 年
邹世慈	龙口市东莱街道邹家村	19	男	1944 年
曲洪经	龙口市七甲镇店埠曲家村	39	男	1945 年 1 月
魏兆杰	龙口市诸由观镇魏家村	23	男	1945 年 1 月
赵志明	龙口市东江镇磨山赵家村	19	男	1945 年 1 月
吴芝泉	龙口市诸由观镇徐格庄村	—	男	1945 年 2 月 1 日
曹先义	龙口市石良镇山后曹家村	20	男	1945 年 2 月
成德珂	龙口市兰高镇成家庄村	21	男	1945 年 2 月
刁树成	龙口市兰高镇刁家村	—	男	1945 年 2 月
蒋永金	龙口市下丁家镇蒋家村	24	男	1945 年 2 月
宋学田	龙口市北马镇南村	26	男	1945 年 2 月
孙 敏	龙口市诸由观镇后柞杨村	25	男	1945 年 2 月
田兰祖	龙口市新嘉街道后王村	21	男	1945 年 2 月
王允宝	龙口市下丁家镇老师夼村	32	男	1945 年 2 月
王振东	龙口市新嘉街道诸高炉村	29	男	1945 年 2 月
吴 ×	—	—	—	1945 年 2 月
张亮业	龙口市新嘉街道乡城庙村	20	男	1945 年 2 月
王维春	—	—	男	1945 年 3 月 30 日
张日修	—	—	男	1945 年 3 月 30 日
李本全	龙口市东莱街道百盈村	—	男	1945 年 3 月
刘才贵	—	—	男	1945 年 3 月

姓　名	籍　贯	年　龄	性　别	死难时间
刘增福	龙口市东江镇九北村	25	男	1945 年 3 月
吕金洲	龙口市东莱街道百盈村	—	男	1945 年 3 月
宁洪禄之子	—	—	男	1945 年 3 月
隋同仁	龙口市黄山馆镇隋家庄村	21	男	1945 年 3 月
万云峰	—	—	男	1945 年 3 月
王国铭	龙口市下丁家镇河西马家村	—	男	1945 年 3 月
王治民	龙口市东莱街道西王家村	—	男	1945 年 3 月
温敬业	龙口市石良镇黄城集村	25	男	1945 年 3 月
修先幸	龙口市石良镇修家村	—	男	1945 年 3 月
遇衍琚	龙口市东江镇祁家村	—	男	1945 年 3 月
庄立义	龙口市下丁家镇肖家洼村	—	男	1945 年 3 月
刘天本	龙口市龙港街道甲刘村	32	男	1945 年 4 月
王振春	龙口市石良镇石良集村	19	男	1945 年 4 月
张树苹	龙口市龙港街道马张村	16	男	1945 年 4 月
邹起法	龙口市龙港街道闫家店村	22	男	1945 年 4 月
吴志权	—	—	男	1945 年 5 月 1 日
韩金娥	—	—	男	1945 年 5 月 14 日
刘贵通	龙口市石良镇下刘家村	23	男	1945 年 5 月
刘延瑞	龙口市石良镇东庄头村	21	男	1945 年 5 月
莫仁发	龙口市兰高镇莫家村	24	男	1945 年 5 月
宋德庆	龙口市龙港街道河南宋家村	25	男	1945 年 5 月
宋　×	龙口市龙港街道河南宋家村	40	男	1945 年 5 月
殷日山	龙口市北马镇台上殷家村	19	男	1945 年 5 月
于吉池	龙口市龙港街道马张村	28	男	1945 年 5 月
于振刚	—	—	男	1945 年 5 月
邹其兴	龙口市东莱街道赵家庄	24	男	1945 年 5 月
庄立春	龙口市下丁家镇肖家洼村	20	男	1945 年 5 月
李维善	龙口市石良镇石良集村	19	男	1945 年 5 月
王振刚	龙口市石良镇石良集村	16	男	1945 年 5 月
张殿贞	龙口市石良镇石良集村	24	男	1945 年 5 月
张加才	龙口市石良镇石良集村	16	男	1945 年 5 月
郭树荣	龙口市兰高镇大谢家村	19	男	1945 年 6 月
郭树英	—	—	—	1945 年 6 月
李维善	—	—	—	1945 年 6 月

姓 名	籍 贯	年 龄	性 别	死难时间
王命令	龙口市黄山馆镇大泊村	20	男	1945 年 6 月
成守道	龙口市兰高镇小成家村	22	男	1945 年 7 月
杜维起	龙口市石良镇韩庄村	22	男	1945 年 7 月
胡荣本	龙口市兰高镇水亭村	—	男	1945 年 7 月
焦基堂	龙口市新嘉街道位焦村	22	男	1945 年 7 月
金名学	龙口市石良镇大金家村	30	男	1945 年 7 月
连宗思	龙口市北马镇连家村	20	男	1945 年 7 月
刘振宽	龙口市龙港街道邹刘村	40	男	1945 年 7 月
邱德明之父	龙口市龙港街道和平村	—	男	1945 年 7 月
曲斌田之妻	龙口市龙港街道曲家村	23	女	1945 年 7 月
孙 氏	龙口市龙港街道廒上村	45	女	1945 年 7 月
王殿帮	龙口市石良镇后柳家村	23	男	1945 年 7 月
于明信	龙口市龙港街道三甲于村	21	男	1945 年 7 月
赵永俭	龙口市石良镇平里院村	25	男	1945 年 7 月
于成金	龙口市龙港街道河口于家村	35	男	1945 年 8 月
于景喜	龙口市龙港街道三甲于村	23	男	1945 年 8 月
于 芹	龙口市龙港街道三甲于村	42	男	1945 年 8 月
张培山	龙口市新嘉街道诸高炉村	20	男	1945 年 8 月
徐竹铭	龙口市龙港街道后徐家村	33	男	1945 年 9 月 3 日
赵锡衍	龙口市东江镇东江村	—	男	1945 年 9 月
邹明诗	龙口市兰高镇北邹村	25	男	1945 年 12 月
曹永家	龙口市石良镇东营曹家村	18	男	1945 年
曹永太	龙口市石良镇东营曹家村	25	男	1945 年
陈恒明	龙口市下丁家镇上木厂村	18	男	1945 年
陈继亮	龙口市北马镇陈庄村	21	男	1945 年
陈子敬	龙口市北马镇午塔后小陈	21	男	1945 年
迟永章	龙口市兰高镇东迟家村	19	男	1945 年
崔福玉	龙口市兰高镇四平村	—	男	1945 年
单 田	龙口市诸由观镇羊岚村	33	男	1945 年
单用干	龙口市诸由观镇羊岚村	21	男	1945 年
刁洪财	龙口市石良镇船止沟村	23	男	1945 年
丁尔明	龙口市东莱街道松岚村	18	男	1945 年
丁士雍	龙口市东莱街道南涧村	21	男	1945 年
窦吉庆	龙口市下丁家镇窦韩村	19	男	1945 年

姓　名	籍　贯	年　龄	性　别	死难时间
杜良治	龙口市兰高镇逢鲍村	17	男	1945 年
杜世昌	龙口市东莱街道西北隅村	19	男	1945 年
付梅章	龙口市芦头镇小付家村	—	男	1945 年
高常正	龙口市新嘉街道羊高村	24	男	1945 年
高崇厚	龙口市诸由观镇西羔村	—	男	1945 年
高广祜	龙口市龙港街道小孙家村	27	男	1945 年
郭焕章	—	—	男	1945 年
郭文彩	龙口市东江镇周家庵村	20	男	1945 年
韩文志	龙口市芦头镇韩栾村	19	男	1945 年
姜凤业	龙口市兰高镇文姜村	26	男	1945 年
姜化斌	龙口市七甲镇常伦庄村	20	男	1945 年
姜开乐	龙口市龙港街道北皂前村	—	男	1945 年
姜培左	龙口市七甲镇雀山姜家村	45	男	1945 年
姜永德	龙口市徐福镇洼东村	25	男	1945 年
姜玉壁	龙口市七甲镇常伦庄村	25	男	1945 年
焦文山	龙口市新嘉街道羊高村	23	男	1945 年
焦元勤	龙口市新嘉街道位姜村	40	男	1945 年
金明干	龙口市石良镇大金家村	31	男	1945 年
李德普	龙口市徐福镇乡城东村	21	男	1945 年
李发顺	龙口市东莱街道南涧村	20	男	1945 年
李洪本	龙口市石良镇西埠村	—	男	1945 年
李洪法	龙口市石良镇西埠村	—	男	1945 年
李洪奎	—	—	男	1945 年
李建文	龙口市芦头镇李家村	26	男	1945 年
李明福	龙口市芦头镇芦头村	22	男	1945 年
李明远	龙口市徐福镇乡城西村	—	男	1945 年
李汝弟	龙口市芦头镇南树口村	31	男	1945 年
李世玉	龙口市北马镇上夼村	40	男	1945 年
李树茂	龙口市芦头镇李家村	33	男	1945 年
李同庆	龙口市徐福镇乡城东村	—	男	1945 年
李文焕	龙口市新嘉街道后邹村	—	男	1945 年
李振金	龙口市东江镇刘疃村	31	男	1945 年
刘德明	龙口市芦头镇西梧桐村	20	男	1945 年
刘德明	龙口市七甲镇常伦庄村	20	男	1945 年

姓 名	籍 贯	年龄	性别	死难时间
刘玉洲	龙口市龙港街道王格庄	26	男	1945 年
刘振荣	龙口市东江镇潘王村	31	男	1945 年
刘正礼	龙口市黄山馆镇臧格庄村	22	男	1945 年
柳日宣	龙口市石良镇前柳家村	50	男	1945 年
栾洪庆	龙口市北马镇八甲赵家村	19	男	1945 年
马世卿	龙口市诸由观镇马家村	25	男	1945 年
马元太	龙口市诸由观镇冶基村	22	男	1945 年
慕文松	龙口市兰高镇慕家村	21	男	1945 年
逄大田	龙口市东江镇崖头村	17	男	1945 年
乔作桂	龙口市芦头镇乔家村	—	男	1945 年
曲华民	龙口市下丁家镇曲家村	—	男	1945 年
曲华堂	龙口市龙港街道甲王村	—	男	1945 年
曲正奎	龙口市诸由观镇庄头村	—	男	1945 年
任德江	龙口市七甲镇常伦庄村	20	男	1945 年
任发举	龙口市下丁家镇西涧村	—	男	1945 年
宋恒新	龙口市下丁家镇达沟村	—	男	1945 年
宋金田	龙口市东江镇前宋村	24	男	1945 年
宋绍鲁	龙口市下丁家镇达沟村	—	男	1945 年
宋运田	龙口市东江镇前宋村	39	男	1945 年
孙本会	龙口市石良镇山后柳家村	28	男	1945 年
孙凤业	龙口市兰高镇文姜村	26	男	1945 年
孙吉法	龙口市石良镇东方水孙家村	19	男	1945 年
孙文教	龙口市北马镇东孙村	21	男	1945 年
孙希顺	龙口市兰高镇后霍家村	26	男	1945 年
汤继发	龙口市诸由观镇赵家村	17	男	1945 年
唐明信	龙口市兰高镇逄鲍村	20	男	1945 年
唐明智	龙口市兰高镇逄鲍村	23	男	1945 年
唐忠策	龙口市诸由观镇唐家集村	20	男	1945 年
王宝同	龙口市七甲镇常伦庄村	30	男	1945 年
王保合	龙口市黄山馆镇臧格庄村	23	男	1945 年
王德仁	龙口市兰高镇镇沙村	23	男	1945 年
王连堂	龙口市诸由观镇西台村	—	男	1945 年
王仁忠	招远市张星镇达乐村	20	男	1945 年
王寿基	龙口市东江镇邢家泊村	21	男	1945 年

姓　名	籍　贯	年　龄	性　别	死难时间
王维勋	龙口市兰高镇北山村	30	男	1945 年
王锡和	龙口市兰高镇车格庄村	27	男	1945 年
王心友	龙口市芦头镇芦头村	30	男	1945 年
王衍江	龙口市东江镇潘王村	23	男	1945 年
王玉琛	龙口市兰高镇四平村	—	男	1945 年
王玉芝	龙口市诸由观镇西台村	—	男	1945 年
王元培	龙口市龙港街道甲王村	—	男	1945 年
王运商	龙口市七甲镇常伦庄村	16	男	1945 年
王振声	龙口市龙港街道解家村	28	男	1945 年
魏兆任	龙口市诸由观镇魏家村	—	男	1945 年
丁　×	龙口市石良镇下吴家村	—	男	1945 年
吴灿之	龙口市诸由观镇羊岚村	—	男	1945 年
吴梦更	龙口市诸由观镇羊岚村	—	男	1945 年
吴书之	龙口市诸由观镇羊岚村	—	男	1945 年
谢洪武	龙口市兰高镇西埠村	17	男	1945 年
邢元展	龙口市东江镇王村邢家村	21	男	1945 年
邢兆科	龙口市龙港街道邢家村	30	男	1945 年
徐凤锴	龙口市七甲镇黑山村	20	男	1945 年
徐金柱	龙口市东莱街道凤仪村	23	男	1945 年
颜士明	龙口市七甲镇颜家沟村	22	男	1945 年
颜廷吉	龙口市七甲镇颜家沟村	24	男	1945 年
颜廷新	龙口市七甲镇颜家沟村	19	男	1945 年
颜廷友	龙口市七甲镇颜家沟村	14	男	1945 年
杨兆鲜	龙口市兰高镇圈杨家村	25	男	1945 年
于勤厚	龙口市兰高镇大于村	21	男	1945 年
于世江	龙口市石良镇黄城集村	21	男	1945 年
战长斌	龙口市东江镇崖头村	21	男	1945 年
张发举	龙口市下丁家镇西涧村	—	男	1945 年
张俭志	龙口市下丁家镇河东马家村	—	男	1945 年
张思连	龙口市石良镇东竹园村	25	男	1945 年
张祥田	龙口市东莱街道东埠村	22	男	1945 年
张新昌	龙口市兰高镇北张村	23	男	1945 年
张衍恢	龙口市东江镇王村张家村	—	男	1945 年
赵登铭	龙口市诸由观镇北村	—	男	1945 年

姓 名	籍 贯	年 龄	性 别	死难时间
赵明海	龙口市龙港街道邹刘村	28	男	1945 年
朱大均	龙口市诸由观镇赵村	17	男	1945 年
宗汝武	博兴县大鲁张鹿麻湾村	—	男	1945 年
宗树训	龙口市诸由观镇大宗家村	—	男	1945 年
迟永军	龙口市兰高镇东迟家村	—	男	—
付利章	龙口市芦头镇小付家村	—	男	—
付仁利	龙口市芦头镇小付家村	—	男	—
郭焕义	龙口市石良镇东方水郭家村	20	男	—
李 福	龙口市东莱街道林庄村	—	男	—
李绍春之弟	龙口市诸由观镇冷王村	15	男	—
刘中一	龙口市龙港街道王格庄村	—	男	—
牟敬如	龙口市	24	男	—
逢桂庆	龙口市石良镇火山逄家村	20	男	—
曲智经	龙口市石良镇曲家沟村	—	男	—
曲中武	龙口市七甲镇店埠曲家村	18	男	—
王时馨	龙口市东莱街道林庄村	—	男	—
王永志	龙口市兰高镇犟上王家村	22	男	—
王 ×	龙口市东莱街道凤仪村	—	男	—
徐洪智	龙口市新嘉街道双徐村	—	男	—
张家奎	龙口市芦头镇王家庄村	—	男	—
吴人健	龙口市东江镇吴窑村	15	男	1937 年
张振东	龙口市东莱街道西张家沟村	32	男	1937 年
霍士琳	龙口市徐福镇霍家村	19	男	1938 年 11 月
唐镐毓	龙口市徐福镇唐家村	—	男	1938 年
尹世登	龙口市东莱街道西张家沟村	51	男	1939 年 6 月
陈学成	龙口市北马镇小陈家村	—	男	1939 年
霍登运	龙口市北马镇霍家村	44	男	1939 年
霍兆荣	龙口市北马镇霍家村	36	男	1939 年
王志章	龙口市北马镇洼子村	40	男	1940 年 5 月
陈士双	龙口市下丁家镇大陈家村	40	男	1940 年
田恒家	龙口市徐福镇后田村	24	男	1940 年
温同会	龙口市东莱街道小栾家疃村	20	男	1940 年
温小斗	龙口市东莱街道小栾家疃村	19	男	1940 年
赵会昌	龙口市东莱街道小栾家疃村	20	男	1940 年

姓　名	籍　贯	年　龄	性　别	死难时间
小　宁	龙口市下丁家镇大庄子村	8	女	1941 年 2 月 13 日
王长君	龙口市东莱街道北巷村	50	男	1941 年 7 月
王常谦	龙口市东莱街道柳行姜家村	—	男	1941 年 10 月
王宪思	龙口市北马镇庙前村	—	男	1941 年 10 月
刁永勤	龙口市北马镇刁家村	26	男	1941 年
霍　×	—	40	男	1941 年
孟庆兰	龙口市下丁家镇范家村	36	女	1941 年
孟宪斗之兄	龙口市北马镇尚家村	40	男	1941 年
王兆升	龙口市北马镇午塔村	39	男	1941 年
于兴湖	龙口市龙港街道沟头于家村	18	男	1941 年
赵常源	龙口市东江镇毡王村	30	男	1941 年
赵汝刚	龙口市徐福镇埠后村	—	男	1942 年 1 月
得　闹	龙口市下丁家镇大庄子村	2	男	1942 年 2 月 5 日
孙九洲	龙口市	—	男	1942 年 2 月
史守连	龙口市芦头镇望马史家村	49	男	1942 年 4 月
王敬宾	龙口市东莱街道西张家沟村	55	男	1942 年 6 月 4 日
姜玉佩之妻	龙口市七甲镇常伦庄村	30	女	1942 年 6 月
牟振茂	龙口市龙港街道大牟家村	41	男	1942 年 6 月
赵亨岐	龙口市北马镇于家庄村	43	男	1942 年 6 月
徐心芝	龙口市黄山馆镇馆前徐家村	45	男	1942 年 11 月
陈公茂	龙口市北马镇陈家庄村	27	男	1942 年
陈桂旁	龙口市北马镇大陈家村	—	男	1942 年
陈兆江	龙口市北马镇大陈家村	32	男	1942 年
杜世杰	龙口市北马镇河张村	18	男	1942 年
杜永治	龙口市北马镇河张村	46	男	1942 年
姜永福	—	—	男	1942 年
李建本	龙口市芦头镇李家村	—	男	1942 年
李士忠	龙口市芦头镇东韩家村	21	男	1942 年
林世杰	龙口市北马镇河张村	18	男	1942 年
刘汉儒	龙口市北马镇埠下王村	31	男	1942 年
刘金亮	龙口市北马镇埠下王村	25	男	1942 年
刘延吉	龙口市芦头镇界刘家村	—	男	1942 年
刘永海	龙口市兰高镇殷家村	20	男	1942 年
尚福泰	龙口市北马镇尚家村	—	男	1942 年

姓 名	籍 贯	年 龄	性 别	死难时间
孙　滨	龙口市北马镇横沟村	38	男	1942 年
孙长居	龙口市北马镇横沟村	40	男	1942 年
孙传有	龙口市北马镇横沟村	40	男	1942 年
孙洪慈	龙口市北马镇横沟村	42	男	1942 年
孙洪登	龙口市北马镇横沟村	—	男	1942 年
孙洪登之子	龙口市北马镇横沟村	—	男	1942 年
孙洪亮	龙口市北马镇横沟村	—	男	1942 年
孙洪门	龙口市北马镇横沟村	40	男	1942 年
孙洪年	龙口市北马镇横沟村	39	男	1942 年
孙洪文	龙口市北马镇横沟村	—	男	1942 年
孙华亮	龙口市北马镇横沟村	—	男	1942 年
王成典	龙口市北马镇埠下王村	28	男	1942 年
王成和	龙口市北马镇埠下王村	31	男	1942 年
王成江	龙口市北马镇埠下王村	27	男	1942 年
王成址	龙口市北马镇埠下王村	31	男	1942 年
王　林	龙口市新嘉街道位姜村	—	男	1942 年
王文明	龙口市北马镇埠下王村	26	男	1942 年
王文增	龙口市北马镇埠下王村	24	男	1942 年
于明岗	龙口市北马镇东周家村	—	男	1942 年
遇象基	龙口市东莱街道遇家村	29	男	1942 年
赵敬先	龙口市北马镇赵家村	—	男	1942 年
赵汝方	龙口市北马镇赵家村	—	男	1942 年
赵享贵	龙口市北马镇横沟村	41	男	1942 年
赵享新	龙口市北马镇横沟村	40	男	1942 年
赵享业	龙口市北马镇横沟村	35	男	1942 年
赵永生	龙口市石良镇关李村	28	男	1942 年
毛兰面	龙口市龙港街道后徐家村	40	男	1943 年 4 月
丁振年	龙口市龙港街道官道丁家村	30	男	1943 年 7 月
姜永艳	龙口市兰高镇殷家村	26	男	1943 年 10 月
王敬怀之妻	龙口市北马镇九甲村	42	女	1943 年 10 月
郭元彬	龙口市石良镇东方水马家村	—	男	1943 年
曲秀云	招远市芮里村	—	男	1943 年
曲秀云之妻	招远市芮里村	—	女	1943 年
王龙基	龙口市东莱街道荷百村	18	男	1943 年

姓 名	籍 贯	年 龄	性 别	死难时间
王益昌	龙口市东莱街道荷百村	36	男	1943 年
战余贵	龙口市东江镇战夼村	40	男	1943 年
郑伦绪	龙口市徐福镇乡城西村	17	男	1943 年
周庆家之女	龙口市北马镇东周村	—	女	1944 年 5 月
于恒盛	龙口市龙港街道河口于家村	38	男	1944 年 8 月
王命绍	龙口市黄山馆镇大泊子村	36	男	1944 年 9 月
刘清濠	龙口市北马镇员外刘家村	45	男	1944 年
邵敬义	龙口市东莱街道枣市村	20	男	1944 年
孙长明	龙口市北马镇台上殷家村	21	男	1944 年
张克礼	龙口市东莱街道菜园泊村	19	男	1944 年
张维周	龙口市东莱街道西张家沟村	34	男	1944 年
张锡翰	龙口市东莱街道西张家沟村	34	男	1944 年
吕台业	龙口市北马镇南昌家村	15	男	1945 年 8 月
王敬忠	龙口市兰高镇东和平村	27	男	1945 年
王念国之父	龙口市东莱街道西张家沟村	—	男	1945 年
王念国之母	龙口市东莱街道西张家沟村	—	女	1945 年
赵广智	龙口市东莱街道宫家疃村	22	男	1945 年
霍兆尊	龙口市北马镇霍家村	—	男	—
赵福祥	龙口市东莱街道北二里处	27	男	—
赵嘉喜	龙口市东莱街道北二里处	35	男	—
邹庆云	龙口市石良镇山后邹家村	—	男	—
邹书开	龙口市石良镇山后邹家村	—	男	—
邹书楼	龙口市石良镇山后邹家村	—	男	—
邹书香	龙口市石良镇山后邹家村	—	男	—
合 计	**1313**			

责任人：张仁武　　　　　　　核实人：姜 亮　　　　　　填表人：郭晓华
填报单位（签章）：龙口市委党史研究室　　　　　　填报时间：2009 年 4 月 20 日

莱阳市抗日战争时期死难者名录

姓 名	籍 贯	年 龄	性 别	死难时间
张家宪	莱阳市城厢街市中村	21	男	1938 年
王俊元	莱阳市照旺庄镇修家沟村	34	男	1938 年 3 月
王保太	莱阳市照旺庄镇修家沟村	33	男	1938 年 3 月
王元基	莱阳市古柳街谭家夼村	32	男	1938 年 3 月
于胜宾	莱阳市城厢街东关村	46	男	1938 年 4 月 6 日
于胜宾之妻	莱阳市城厢街东关村	45	女	1938 年 4 月 6 日
于胜宾之子	莱阳市城厢街东关村	16	男	1938 年 4 月 6 日
丁学风之女	莱阳市团旺镇南团旺村	20	女	1938 年 4 月 6 日
王春法	莱阳市谭格庄镇小台子村	30	男	1938 年 4 月
陈老二	莱阳市古柳街东徐村	67	男	1938 年 4 月
曹明信之妻	莱阳市城厢街北关村	27	女	1938 年 4 月
王京岱	莱阳市沐浴店镇鹤山后村	16	男	1938 年 5 月 8 日
许同芳	莱阳市谭格庄镇大刘家村	26	男	1938 年 5 月
邢立志	莱阳市大夼镇韩格庄村	32	男	1938 年 5 月
邢世良	莱阳市大夼镇韩格庄村	31	男	1938 年 5 月
朱德明	莱阳市河洛镇苇夼村	22	男	1938 年 5 月
王焕振	莱阳市古柳街西赵疃村	22	男	1938 年 5 月
万德先之子	莱阳市团旺镇东马家泊村	4	男	1938 年 6 月
位成章之女	莱阳市团旺镇东马家泊村	3	女	1938 年 6 月
盖华典	莱阳市穴坊镇王家村	32	男	1938 年 6 月
邵文山	莱阳市穴坊镇王家村	45	男	1938 年 6 月
王成诺	莱阳市穴坊镇王家村	40	男	1938 年 6 月
李仁成	莱阳市穴坊镇王家村	42	男	1938 年 6 月
张克海	莱阳市谭格庄镇蔡庄村	46	男	1938 年 6 月
赵明建	莱阳市谭格庄镇蔡庄村	37	男	1938 年 6 月
高志汉	莱阳市古柳街东徐村	59	男	1938 年 6 月
蒋廷礼	莱阳市沐浴店镇黄崖底村	22	男	1938 年夏
董本立	莱阳市龙旺庄街文翘泊村	24	男	1938 年 7 月
徐定环	莱阳市古柳街东徐村	56	男	1938 年 7 月
董云梯	莱阳市城厢街西柳行村	27	男	1938 年 7 月
王庆云	莱阳市羊郡镇桥头村	22	男	1938 年 8 月

姓 名	籍 贯	年 龄	性 别	死难时间
潘明元	莱阳市团旺镇光山村	21	男	1938 年 9 月
李 彬	莱阳市古柳街东徐村	61	男	1938 年 9 月
张秀生	莱阳市羊郡镇垛埠店村	21	男	1938 年 10 月 2 日
徐双龙	莱阳市古柳街埠前村	26	男	1938 年 10 月
于明智	莱阳市城厢街儒林村	27	男	1938 年 10 月
刘 氏	莱阳市沐浴店镇磊山后村	48	女	1938 年 11 月 25 日
徐 氏	莱阳市沐浴店镇磊山后村	36	女	1938 年 11 月 25 日
王 ×	莱阳市沐浴店镇磊山后村	3	男	1938 年 11 月 25 日
王 氏	莱阳市沐浴店镇思格庄村	41	女	1938 年 11 月
董风阶	莱阳市龙旺庄街文翘泊村	25	男	1938 年 11 月
王子升	莱阳市古柳街埠前村	37	男	1938 年 11 月
刘文兴	莱阳市团旺镇西南岩村	60	男	1938 年 12 月
刘 侃	莱阳市山前店镇北薛格庄	20	男	1938 年
于俊廷	莱阳市山前店镇南夏村	25	男	1938 年
乔殿风	莱阳市山前店镇平兰村	33	男	1938 年
赵赤城之婶	莱阳市团旺镇东石格庄村	43	女	1938 年
李兴林	莱阳市团旺镇东留格庄村	16	男	1938 年
刘殿治	莱阳市谭格庄镇大水岔村	27	男	1938 年
刘 嫚	莱阳市谭格庄镇大水岔村	13	女	1938 年
刘殿功	莱阳市谭格庄镇大水岔村	31	男	1938 年
盖焕章	莱阳市姜疃镇东宅村	23	男	1938 年
刘殿青	莱阳市沐浴店镇巷子口村	23	男	1938 年
战云伦	莱阳市柏林庄镇褚家疃村	19	男	1938 年
战思行	莱阳市柏林庄镇褚家疃村	24	男	1938 年
战中行	莱阳市柏林庄镇褚家疃村	23	男	1938 年
刘群山	莱阳市柏林庄镇杨家疃村	20	男	1938 年
合	莱阳市柏林庄镇杨家疃村	18	男	1938 年
安	莱阳市柏林庄镇杨家疃村	21	男	1938 年
赵在胜	莱阳市河洛镇于格庄村	30	男	1938 年
赵金枝	莱阳市河洛镇于格庄村	25	男	1938 年
赵树堂	莱阳市河洛镇苇夼村	21	男	1938 年
孙明九	莱阳市城厢街北关村	26	男	1938 年
徐 告	莱阳市城厢街南关村	25	男	1938 年
孙 ×	莱阳市城厢街南关村	26	男	1938 年

姓　名	籍　贯	年龄	性别	死难时间
赵友谊之子	莱阳市城厢街儒林村	9	男	1938 年
刘同学	莱阳市城厢街西至泊村	26	男	1938 年
刘同岚	莱阳市城厢街西至泊村	24	男	1938 年
董乔生	莱阳市城厢街儒林村	28	男	1938 年
衣香春	莱阳市谭格庄镇小姚格庄	26	男	1939 年 1 月 8 日
孟常泰	莱阳市羊郡镇北道头村	21	男	1939 年 1 月
姜　风	莱阳市羊郡镇北道头村	27	男	1939 年 1 月
姜培秋	莱阳市羊郡镇羊郡集村	21	男	1939 年 1 月
姜　龙	莱阳市羊郡镇羊郡集村	32	男	1939 年 1 月
姜　氏	莱阳市羊郡镇羊郡集村	63	女	1939 年 1 月
左玉卿	莱阳市沐浴店镇北旺村	36	男	1939 年 1 月
李道春	莱阳市羊郡镇羊郡集村	31	男	1939 年 1 月
王　五	莱阳市古柳街东徐村	54	男	1939 年 1 月
徐姜氏	莱阳市古柳街东徐村	48	女	1939 年 1 月
薛香芳	莱阳市照旺庄镇河马崖村	14	女	1939 年 3 月 19 日
薛　宝	莱阳市照旺庄镇河马崖村	16	男	1939 年 3 月 19 日
郭笃生	莱阳市山前店镇南务村	36	男	1939 年 3 月
冯学春	莱阳市古柳街东徐村	49	男	1939 年 3 月
冯连章	莱阳市古柳街西赵疃村	23	男	1939 年 3 月
李传训	莱阳市团旺镇北团旺村	28	男	1939 年春
吴俊德	莱阳市山前店镇南务村	39	男	1939 年 5 月
吴俊德之妻	莱阳市山前店镇南务村	38	女	1939 年 5 月
接朋桂	莱阳市山前店镇南务村	43	男	1939 年 5 月
李瑞西	莱阳市团旺镇西石格庄村	25	男	1939 年 4 月
高关中之子	莱阳市团旺镇东中荆东村	6	男	1939 年 4 月
成秀平	莱阳市城厢街东关村	40	男	1939 年 4 月
成秀平之妻	莱阳市城厢街东关村	40	女	1939 年 4 月
于风昌	莱阳市穴坊镇东杜林头村	49	男	1939 年 5 月
于德才	莱阳市穴坊镇东杜林头村	19	男	1939 年 5 月
王丕芝	莱阳市万第镇前石庙村	20	男	1939 年 5 月
李龙快	莱阳市古柳街埠前村	35	男	1939 年 5 月
于保忠	莱阳市团旺镇北团旺村	46	男	1939 年 6 月
董俊淳之父	莱阳市团旺镇北团旺村	45	男	1939 年 6 月
潘世安	莱阳市山前店镇龙盘山村	27	男	1939 年 6 月

姓 名	籍 贯	年 龄	性 别	死难时间
张全生	莱阳市古柳街埠前村	19	男	1939 年 7 月
高 宇	莱阳市古柳街东徐村	49	男	1939 年 7 月
高 峰	莱阳市古柳街东徐村	51	男	1939 年 7 月
高 平	莱阳市古柳街东徐村	53	男	1939 年 7 月
王汝柱	莱阳市团旺镇刘家岔村	20	男	1939 年 8 月
刘龙才	莱阳市团旺镇刘家岔村	21	男	1939 年 8 月
刘兆珊	莱阳市大夼镇柳前夼村	48	男	1939 年 8 月
王保田	莱阳市古柳街西赵疃村	23	男	1939 年 8 月
周全安	莱阳市古柳街东徐村	57	男	1939 年 9 月
陈鹤宜	莱阳市穴坊镇西教村	25	男	1939 年 10 月
宋子亭	莱阳市古柳街东徐村	49	男	1939 年 10 月
张克梅	莱阳市古柳街西赵疃村	22	男	1939 年 10 月
宫贤刚之母	莱阳市姜疃镇董格庄村	39	女	1939 年 11 月 21 日
宫贤刚之妹	莱阳市姜疃镇董格庄村	8	女	1939 年 11 月 21 日
宫柱刚	莱阳市姜疃镇董格庄村	42	男	1939 年 5 月 24 日
宫文福之长子	莱阳市姜疃镇董格庄村	14	男	1939 年 11 月 21 日
宫文福之次子	莱阳市姜疃镇董格庄村	12	男	1939 年 11 月 21 日
宫文福之长女	莱阳市姜疃镇董格庄村	13	女	1939 年 11 月 21 日
宫文福之次女	莱阳市姜疃镇董格庄村	10	女	1939 年 11 月 21 日
宫德言之妻	莱阳市姜疃镇董格庄村	40	女	1939 年 11 月 21 日
门锡三	莱阳市沐浴店镇榆科顶村	48	男	1939 年 12 月
陈友宜	莱阳市穴坊镇西教村	29	男	1939 年
初全平	莱阳市团旺镇东李格庄村	62	男	1939 年
李庭进	莱阳市团旺镇东留格庄村	18	男	1939 年
左喜增	莱阳市团旺镇左家岔村	30	男	1939 年
盖凤彩	莱阳市姜疃镇姜疃村	35	男	1939 年
盖兆林之子	莱阳市姜疃镇姜疃村	10	男	1939 年
盖兆林之子	莱阳市姜疃镇姜疃村	8	男	1939 年
姜俊卿之妻	莱阳市姜疃镇姜疃村	35	女	1939 年
姜俊卿之女	莱阳市姜疃镇姜疃村	13	女	1939 年
姜俊卿之女	莱阳市姜疃镇姜疃村	11	女	1939 年
姜俊卿之子	莱阳市姜疃镇姜疃村	10	男	1939 年
姜俊卿之子	莱阳市姜疃镇姜疃村	7	男	1939 年
郭作升	莱阳市谭格庄镇西崖后村	26	男	1939 年

姓 名	籍 贯	年 龄	性 别	死难时间
朱德红	莱阳市河洛镇苇夼村	20	男	1939 年
王日新	莱阳市河洛镇大龙川沟村	26	男	1939 年
王 拥	莱阳市河洛镇大龙川沟村	28	男	1939 年
王德润	莱阳市大夼镇大夼村	22	男	1939 年
王志夏	莱阳市大夼镇大夼村	30	男	1939 年
姜桂青	莱阳市大夼镇大夼村	27	男	1939 年
王文学	莱阳市大夼镇大夼村	25	男	1939 年
李长寿	莱阳市龙旺庄街瓦屋夼村	27	男	1939 年
姜可家	莱阳市古柳街姜家庄村	20	男	1939 年
姜国辉	莱阳市古柳街丁格庄村	24	男	1939 年
迟忠允	莱阳市谭格庄镇前解格庄	24	男	1940 年 1 月
冷凤田	莱阳市谭格庄镇小韩家村	31	男	1940 年 1 月
杨学成	莱阳市吕格庄镇响水沟村	20	男	1940 年 2 月
李元考	莱阳市古柳街东徐格庄村	47	男	1940 年 2 月
李大光	莱阳市万第镇小徐格庄村	42	男	1940 年 3 月
姜永吉	莱阳市万第镇小徐格庄村	37	男	1940 年 3 月
宋岐山	莱阳市沐浴店镇生宋家村	41	男	1940 年 3 月
梁方田之弟	莱阳市高格庄镇庄子村	1	男	1940 年春
姜一代	莱阳市姜疃镇东路村	20	男	1940 年春
宫 选	莱阳市沐浴店镇黄崖底村	24	男	1940 年春
蒋寿捐	莱阳市沐浴店镇黄崖底村	23	男	1940 年春
于保亭	莱阳市团旺镇西龙村	24	男	1940 年 4 月
张焕文	莱阳市谭格庄镇北马庄村	28	男	1940 年 4 月
李翰西	莱阳市团旺镇西石格庄村	21	男	1940 年 5 月
李华亭	莱阳市团旺镇后留格庄村	39	男	1940 年 5 月
鲍成高	莱阳市团旺镇孙太庄村	24	男	1940 年 5 月
鲍玉明	莱阳市团旺镇孙太庄村	22	男	1940 年 5 月
刘敬芝	莱阳市谭格庄镇西吴村	41	男	1940 年 5 月
姚文广	莱阳市沐浴店镇大姚格庄村	33	男	1940 年 5 月
姚喜×	莱阳市沐浴店镇大姚格庄村	15	男	1940 年 5 月
隋 芝	莱阳市谭格庄镇前解格庄村	27	男	1940 年 6 月
张桂寿	莱阳市谭格庄镇东河北村	25	男	1940 年 6 月
王瑞田	莱阳市谭格庄镇北汪家村	23	男	1940 年 6 月
辛学岱	莱阳市大夼镇宋村	30	男	1940 年 6 月

姓 名	籍 贯	年 龄	性 别	死难时间
谭尧哲	莱阳市谭格庄镇北汪家村	31	男	1940 年 7 月
王宣芝	莱阳市谭格庄镇小水岔村	23	男	1940 年 7 月
孙 香	莱阳市高格庄镇湾头村	17	女	1940 年 8 月 24 日
赵天明	莱阳市谭格庄镇大汪家村	26	男	1940 年 8 月
王鹏翔	莱阳市照旺庄镇大陶漳村	27	男	1940 年 10 月
姜远臻	莱阳市沐浴店镇吴家疃村	20	男	1940 年 10 月
孙成义	莱阳市高格庄后孙家鲍村	23	男	1940 年 11 月 1 日
孙玉立	莱阳市高格庄后孙家鲍村	25	男	1940 年 11 月 1 日
刘建荣	莱阳市万第镇儒林泊村	34	男	1940 年 11 月 5 日
潘振南之母	莱阳市团旺镇光山村	32	女	1940 年冬至
庄衍兴之子	莱阳市团旺镇光山村	3	男	1940 年冬至
潘克思之子	莱阳市团旺镇光山村	4	男	1940 年冬至
潘克会之子	莱阳市团旺镇光山村	3	男	1940 年冬至
高学纯	莱阳市吕格庄镇江汪庄村	30	男	1940 年 12 月 29 日
王君正	莱阳市吕格庄镇江汪庄村	23	男	1940 年 12 月 29 日
刘章坤	莱阳市谭格庄镇不动山村	36	男	1940 年 12 月
吕 志	莱阳市河洛镇泊麦口村	22	男	1940 年 12 月
宫兆胜	莱阳市团旺镇东石格庄村	22	男	1940 年
张洪启	莱阳市团旺镇东后寨村	21	男	1940 年
陈顺善	莱阳市穴坊镇西教格庄村	27	男	1940 年
宋存林	莱阳市穴坊镇西教格庄村	22	男	1940 年
宋学满	莱阳市照旺庄镇前淳于村	41	男	1940 年
王经绪	莱阳市照旺庄镇大陶漳村	32	男	1940 年
王绍经	莱阳市照旺庄镇大陶漳村	29	男	1940 年
陈歧枝	莱阳市谭格庄镇罗家疃村	26	男	1940 年
杨格彬	莱阳市谭格庄镇罗家疃村	23	男	1940 年
陈元昌	莱阳市谭格庄镇西崖后村	28	男	1940 年
郭作舟	莱阳市谭格庄镇西崖后村	30	男	1940 年
郭作翠	莱阳市谭格庄镇西崖后村	40	男	1940 年
阮振福	莱阳市谭格庄镇小水岔村	22	男	1940 年
姜太荣	莱阳市谭格庄镇罗家疃村	24	男	1940 年
谭顺哲	莱阳市谭格庄镇罗家疃村	26	男	1940 年
盖凤山	莱阳市姜疃镇凤头村	21	男	1940 年
宫华书	莱阳市姜疃镇濯村	19	男	1940 年

姓 名	籍 贯	年 龄	性 别	死难时间
宫民玉	莱阳市姜疃镇濯村	—	男	1940 年
宫志江	莱阳市姜疃镇濯村	—	男	1940 年
李成仕	莱阳市沐浴店镇中泊子村	27	男	1940 年
辛作成	莱阳市姜疃镇西路村	42	男	1940 年
辛作成之妻	莱阳市姜疃镇西路村	40	女	1940 年
倪　氏	莱阳市姜疃镇西路村	39	女	1940 年
辛立太	莱阳市大夼镇韶格庄村	41	男	1940 年
黄世德	莱阳市古柳街李格庄村	33	男	1940 年
吕子伦	莱阳市古柳街姜家泊村	38	男	1940 年
姜乃纯之妻	莱阳市古柳街姜家庄村	21	女	1940 年
徐洪英	莱阳市龙旺庄街枣行村	31	女	1940 年
徐　×	莱阳市谭格庄镇李格庄村	16	女	1941 年 1 月
衣明令	莱阳市谭格庄镇小姚格庄	31	男	1941 年 1 月
衣克桂	莱阳市谭格庄镇小姚格庄	32	男	1941 年 1 月
孙克清	莱阳市柏林庄镇台子村	50	男	1941 年 1 月
孙　有	莱阳市柏林庄镇台子村	20	男	1941 年 1 月
董太峰	莱阳市龙旺庄街文翘泊村	29	男	1941 年 1 月
左金钟	莱阳市古柳街柳沟村	19	男	1941 年 1 月
韩学宝	莱阳市团旺镇韩家白庙村	20	男	1941 年 2 月
李　本	莱阳市团旺镇西石格庄村	22	男	1941 年 3 月
王帮俊	莱阳市照旺庄镇修家沟村	6	男	1941 年 3 月
王帮杰	莱阳市照旺庄镇修家沟村	15	男	1941 年 3 月
陈书兰	莱阳市谭格庄镇蔡庄村	17	男	1941 年 3 月
张桂仁	莱阳市谭格庄镇东河北村	26	男	1941 年 3 月
吕京为	莱阳市谭格庄镇小台子村	46	男	1941 年 3 月
张连奎	莱阳市谭格庄镇沈家村	26	男	1941 年 3 月
任明才	莱阳市大夼镇山后村	28	男	1941 年 3 月
荀竹林	莱阳市河洛镇闹沟头村	24	男	1941 年 3 月
于允通	莱阳市山前店镇石桥夼村	33	男	1941 年 4 月
于本顺	莱阳市山前店镇石桥夼村	27	男	1941 年 4 月
韩尊一	莱阳市团旺镇韩家白庙村	18	男	1941 年 4 月
梁振友	莱阳市万第镇史家疃村	24	男	1941 年 4 月
于廷法	莱阳市万第镇徐家夼村	41	男	1941 年 4 月
赵世安	莱阳市照旺庄镇北芦口村	36	男	1941 年 4 月

姓 名	籍 贯	年 龄	性 别	死难时间
谭德元	莱阳市谭格庄镇谭格庄村	35	男	1941 年 4 月
董良相	莱阳市谭格庄镇谭格庄村	27	男	1941 年 4 月
王启和	莱阳市大夼镇大夼村	22	男	1941 年 4 月
王芳亭	莱阳市大夼镇大夼村	23	男	1941 年 4 月
孙明山	莱阳市沐浴店镇榆科顶村	45	男	1941 年 4 月
孙绍宾	莱阳市沐浴店镇榆科顶村	47	男	1941 年 4 月
徐花春	莱阳市吕格庄镇江汪庄村	22	男	1941 年 4 月
于模林	莱阳市吕格庄镇江汪庄村	24	男	1941 年 4 月
王洪信	莱阳市团旺镇王家岔村	22	男	1941 年 5 月
李缠西	莱阳市团旺镇西石格庄村	23	男	1941 年 5 月
王 吉	莱阳市万第镇北寨庄头村	45	男	1941 年 5 月
于振邦	莱阳市万第镇胡留村	20	男	1941 年 5 月
赵彩凤	莱阳市沐浴店镇榆科顶村	28	女	1942 年 5 月
张 维	莱阳市沐浴店镇榆科顶村	25	男	1942 年 5 月
王殿宝	莱阳市柏林庄镇陡山村	32	男	1941 年 5 月
王克信	莱阳市柏林庄镇柏林庄村	30	男	1941 年 5 月
崔希桂	莱阳市山前店镇石硼村	31	男	1941 年 6 月
臧仁恕	莱阳市山前店镇石硼村	32	男	1941 年 6 月
张克正	莱阳市谭格庄镇张家泊村	48	男	1941 年 6 月
杜连珠	莱阳市山前店镇孙家夼村	23	男	1941 年 7 月
李 璞	莱阳市团旺镇西石格庄村	22	男	1941 年 7 月
王承祖	莱阳市万第镇南寨村	34	男	1941 年 7 月
徐在绩	莱阳市万第镇兰家村	30	男	1941 年 7 月
王升芝	莱阳市谭格庄镇小水岔村	24	男	1941 年 7 月
王淑姬	莱阳市谭格庄镇小水岔村	17	女	1941 年 9 月
王德芳	莱阳市谭格庄镇小水岔村	26	男	1941 年 7 月
鲁香玉	莱阳市穴坊镇东杜林头村	18	男	1941 年 8 月
郝世平	莱阳市高格庄镇小泊子村	41	男	1941 年 8 月
乔洪奎	莱阳市高格庄镇柳行鲍村	37	男	1941 年 8 月
郝瑞生	莱阳市高格庄镇龙湾泊村	28	男	1941 年 8 月
梁治瑞	莱阳市高格庄镇龙湾泊村	30	男	1941 年 8 月
梁昌保	莱阳市高格庄镇龙湾泊村	29	男	1941 年 8 月
王明芝	莱阳市谭格庄镇小水岔村	35	男	1941 年 8 月
王国旗	莱阳市谭格庄镇小水岔村	23	男	1941 年 8 月

姓 名	籍 贯	年 龄	性 别	死难时间
兰湖昌	莱阳市万第镇兰家村	25	男	1941 年 9 月
谭德修	莱阳市谭格庄镇谭格庄村	32	男	1941 年 9 月
史金章	莱阳市谭格庄镇小台子村	31	男	1941 年 9 月
衣克敬	莱阳市谭格庄镇小姚格庄	36	男	1941 年 9 月
张 云	莱阳市沐浴店镇安乐庄村	20	男	1941 年 9 月
李凤宝	莱阳市河洛镇李家营村	26	男	1941 年 11 月
王延科	莱阳市万第镇北寨庄头村	45	男	1941 年 10 月
谭宝山	莱阳市谭格庄镇谭格庄村	34	男	1941 年 10 月
门玉章	莱阳市沐浴店镇榆科顶村	28	男	1941 年 11 月
孙福山	莱阳市沐浴店镇榆科顶村	26	男	1941 年 11 月
刘贯山	莱阳市沐浴店镇榆科顶村	25	男	1941 年 11 月
门学义	莱阳市沐浴店镇榆科顶村	23	男	1941 年 11 月
姜笃行	莱阳市大夼镇憩格庄村	38	男	1941 年 11 月
王志平	莱阳市大夼镇憩格庄村	21	男	1941 年 11 月
邢世高	莱阳市大夼镇邀家岭村	24	男	1941 年 11 月
张传润	莱阳市大夼镇邀家岭村	22	男	1941 年 11 月
刘兆成	莱阳市大夼镇柳前夼村	20	男	1941 年 11 月
刘吉生	莱阳市大夼镇柳前夼村	19	男	1941 年 11 月
于正德	莱阳市羊郡镇南羊郡村	17	男	1941 年 11 月
于洪学	莱阳市山前店镇东朱宅村	20	男	1941 年
尉言春	莱阳市山前店镇平兰村	27	男	1941 年
乔有瑞	莱阳市山前店镇平兰村	29	男	1941 年
宫钦合	莱阳市团旺镇西中荆后村	28	男	1941 年
隋希文	莱阳市团旺镇前埠后村	22	男	1941 年
高元贞	莱阳市团旺镇云南村	62	男	1941 年
李国庆	莱阳市穴坊镇西躬家庄村	32	男	1941 年
鲍均谦	莱阳市万第镇南于格庄村	19	男	1941 年
徐元仁	莱阳市万第镇小徐格庄村	17	男	1941 年
苏广起	莱阳市谭格庄镇苏家村	24	男	1941 年
刘炳高	莱阳市谭格庄镇苏家村	26	男	1941 年
张桂仁	莱阳市谭格庄镇胡家堡村	29	男	1941 年
刘英枝	莱阳市谭格庄镇鹤山泊村	21	男	1941 年
闫风荣	莱阳市姜疃镇西马家庄村	25	男	1941 年
位仁国	莱阳市姜疃镇西马家庄村	23	男	1941 年

姓 名	籍 贯	年 龄	性 别	死难时间
孙恒太	莱阳市姜疃镇后森村	34	男	1941 年
刘启州	莱阳市姜疃镇后森村	34	男	1941 年
徐寿先	莱阳市沐浴店镇姜家庄村	30	男	1941 年
李正寿	莱阳市羊郡镇东埠前村	21	男	1941 年
徐永合	莱阳市羊郡镇东羊郡村	30	男	1941 年
徐章合	莱阳市羊郡镇东羊郡村	27	男	1941 年
徐元春	莱阳市羊郡镇东羊郡村	30	男	1941 年
徐春合	莱阳市羊郡镇东羊郡村	32	男	1941 年
徐先年	莱阳市羊郡镇东羊郡村	16	男	1941 年
徐 兴	莱阳市羊郡镇东羊郡村	16	男	1941 年
徐振兰	莱阳市羊郡镇南羊郡村	23	男	1941 年
吴言光	莱阳市河洛镇苇夼村	23	男	1941 年
徐振玉	莱阳市羊郡镇南羊郡村	50	男	1941 年
吕子廉	莱阳市古柳街姜家泊村	27	男	1941 年
郭士训	莱阳市古柳街姜家泊村	30	男	1941 年
孙国仕	莱阳市谭格庄镇上孙家村	25	男	1942 年 1 月 2 日
郭华民	莱阳市姜疃镇北黄村	19	男	1942 年 1 月
李 欣	莱阳市团旺镇朝阳庄村	32	男	1942 年 2 月
王言明	莱阳市万第镇南寨村	44	男	1942 年 2 月
姜世界	莱阳市柏林庄镇侯家夼村	43	男	1942 年 2 月
王胜谦	莱阳市沐浴店镇门家沟村	43	男	1942 年 2 月
王龙早	莱阳市龙旺庄街南官庄村	20	男	1942 年 2 月
代先胜	莱阳市龙旺庄街南官庄村	22	男	1942 年 2 月
宋学孟	莱阳市龙旺庄街南官庄村	19	男	1942 年 2 月
王龙斌	莱阳市龙旺庄街南官庄村	21	男	1942 年 2 月
宋增禄	莱阳市龙旺庄街南官庄村	20	男	1942 年 2 月
宋德福长子	莱阳市龙旺庄街南官庄村	24	男	1942 年 2 月
宋德福次子	莱阳市龙旺庄街南官庄村	21	男	1942 年 2 月
宋增禄大哥	莱阳市龙旺庄街南官庄村	28	男	1942 年 2 月
宋增禄三哥	莱阳市龙旺庄街南官庄村	23	男	1942 年 2 月
宋增禄四哥	莱阳市龙旺庄街南官庄村	21	男	1942 年 2 月
隋汉英	莱阳市高格庄镇东曲村	18	男	1942 年 3 月 20 日
隋汉星	莱阳市高格庄镇东曲村	16	男	1942 年 3 月 20 日
于凤云	莱阳市山前店镇北夏格庄	26	男	1942 年 3 月

姓 名	籍 贯	年 龄	性 别	死难时间
史全中	莱阳市谭格庄镇谭格庄村	42	男	1942 年 3 月
孙干卿	莱阳市柏林庄镇台子村	40	男	1942 年 3 月
张祖山	莱阳市古柳街赭埠村	32	男	1942 年 3 月
王仁江	莱阳市柏林庄镇台子村	35	男	1942 年 4 月 15 日
王德祥	莱阳市团旺镇杨格庄村	22	男	1942 年 4 月
董风旭	莱阳市谭格庄镇苗家村	38	男	1942 年 4 月
王修文	莱阳市姜疃镇北路村	32	男	1942 年 4 月
宋瑞金	莱阳市大夼镇横岭口村	21	男	1942 年 4 月
王学义	莱阳市柏林庄镇陡山村	33	男	1942 年 4 月
张振堂	莱阳市沐浴店镇大明店村	39	男	1942 年 4 月
王维人	莱阳市大夼镇大夼村	35	男	1942 年 5 月 17 日
王双月	莱阳市大夼镇大夼村	42	男	1942 年 5 月 17 日
吕建佐	莱阳市大夼镇大夼村	28	男	1942 年 5 月 17 日
王京林	莱阳市大夼镇大夼村	50	男	1942 年 5 月 17 日
张仲奎	莱阳市高格庄镇西鲍村	30	男	1942 年 5 月 27 日
高 德	莱阳市山前店镇豹础铺村	29	男	1942 年 5 月
张连荣	莱阳市山前店镇豹础铺村	26	男	1942 年 5 月
张维合	莱阳市山前店镇豹础铺村	26	男	1942 年 5 月
于廷芳	莱阳市万第镇东院村	41	男	1942 年 5 月
门学同	莱阳市沐浴店镇门家沟村	37	男	1942 年 5 月
崔 权	莱阳市河洛镇泊麦口村	23	男	1942 年 5 月
倪玉芝	莱阳市龙旺庄街倪家店村	20	女	1942 年 5 月
鲁桂善	莱阳市谭格庄镇东姜格庄	22	男	1942 年 6 月 5 日
杨绥东之姑	莱阳市谭格庄镇东姜格庄	31	女	1942 年 6 月 5 日
鲁世山之叔	莱阳市谭格庄镇东姜格庄	37	男	1942 年 6 月 5 日
高沧海	莱阳市照旺庄镇后发坊村	40	男	1942 年 6 月
贾日宽	莱阳市谭格庄镇贾家村	34	男	1942 年 6 月
王炳文	莱阳市谭格庄镇小水岔村	25	男	1942 年 6 月
梁立玉	莱阳市羊郡镇九家夼村	20	男	1942 年 6 月
邹青云	莱阳市古柳街东古城村	41	男	1942 年 6 月
于春江	莱阳市谭格庄镇西河北村	21	男	1942 年 7 月 3 日
梁言福	莱阳市山前店镇范家庄村	25	男	1942 年 7 月
徐希芳	莱阳市万第镇霞峰村	27	男	1942 年 7 月
王道华	莱阳市谭格庄镇南马庄村	20	男	1942 年 7 月

姓 名	籍 贯	年龄	性别	死难时间
孙洪仁	莱阳市谭格庄镇南马庄村	35	男	1942 年 7 月
王德详	莱阳市谭格庄镇小水岔村	35	男	1942 年 7 月
王廷云	莱阳市谭格庄镇邢格庄村	25	男	1942 年 7 月
闫正业	莱阳市吕格庄镇汪家夼村	28	男	1942 年 7 月
隋作理	莱阳市高格庄镇西鲍村	27	男	1942 年 8 月 1 日
张洪初	莱阳市高格庄镇西鲍村	29	男	1942 年 8 月 9 日
唐佩希	莱阳市山前店镇山前店村	25	男	1942 年 8 月
高新华	莱阳市万第镇西院西夼村	31	男	1942 年 8 月
梁振铎	莱阳市万第镇史家疃村	26	男	1942 年 8 月
张志禄	莱阳市谭格庄镇西留村	23	男	1942 年 8 月
黄孔安	莱阳市羊郡镇大黄家村	23	男	1942 年 8 月
于红田	莱阳市龙旺庄街鹿格庄村	39	男	1942 年 8 月
李车氏	莱阳市高格庄镇宅科村	29	女	1942 年 9 月 7 日
李维阳	莱阳市团旺镇后埠后村	26	男	1942 年 9 月
合 子	莱阳市万第镇前石庙村	17	男	1942 年 9 月
谭业勤	莱阳市谭格庄镇谭格庄村	40	男	1942 年 9 月
赵洪礼	莱阳市谭格庄镇大汪家村	28	男	1942 年 9 月
刘臣熙	莱阳市谭格庄镇瓦屋村	22	男	1942 年 9 月
刘世田	莱阳市谭格庄镇谭格庄村	41	男	1942 年 9 月
张俊义	莱阳市谭格庄镇张家村	34	男	1942 年秋
刘奎祥	莱阳市万第镇霞峰村	27	男	1942 年 10 月
粘战春	莱阳市高格庄镇前大策村	22	男	1942 年 10 月
谭德林	莱阳市谭格庄镇谭格庄村	50	男	1942 年 10 月
杨学盛	莱阳市谭格庄镇西姜格庄	20	男	1942 年 10 月
曲宝玉	莱阳市谭格庄镇北汪家村	19	男	1942 年 10 月
周文春	莱阳市柏林庄镇白藤口村	22	男	1942 年 10 月
王义德	莱阳市河洛镇大山后村	30	女	1942 年 10 月
孙冯氏	莱阳市古柳街柳沟村	34	女	1942 年 10 月
孙培江	莱阳市古柳街柳沟村	36	男	1942 年 10 月
小 玉	莱阳市古柳街柳沟村	11	女	1942 年 10 月
张寰旭	莱阳市高格庄镇大泊子	30	男	1942 年 11 月 8 日
胡周氏	莱阳市谭格庄镇南染坊	40	女	1942 年 11 月 12 日
满 堂	莱阳市谭格庄镇南染坊	5	男	1942 年 11 月 12 日
王葛氏	莱阳市谭格庄镇南染坊	60	女	1942 年 11 月 12 日

姓　名	籍　贯	年　龄	性　别	死难时间
李文付之姑	莱阳市谭格庄镇南染坊	12	女	1942 年 11 月 12 日
梁日先	莱阳市高格庄镇宅科村	21	女	1942 年 11 月 18 日
接新琪	莱阳市山前店镇南务村	23	男	1942 年 11 月
孙京松	莱阳市山前店镇孙家夼村	30	男	1942 年 11 月
孙孝忠	莱阳市山前店镇孙家夼村	42	男	1942 年 11 月
孙元某	莱阳市山前店镇孙家夼村	10	男	1942 年 11 月
孙京华	莱阳市山前店镇孙家夼村	28	男	1942 年 11 月
李树友	莱阳市山前店镇孙家夼村	19	男	1942 年 11 月
崔焕军	莱阳市万第镇东村庄村	32	男	1942 年 11 月
崔永顺	莱阳市万第镇东村庄村	29	男	1942 年 11 月
崔全明	莱阳市万第镇东村庄村	28	男	1942 年 11 月
葛芳芝	莱阳市万第镇史家河村	26	男	1942 年 11 月
王文欣	莱阳市照旺庄镇后照旺庄	33	男	1942 年 11 月
闫德山	莱阳市照旺庄镇西昌山村	37	男	1942 年 11 月
王道义	莱阳市谭格庄镇南马庄村	40	男	1942 年 11 月
冯桐高	莱阳市古柳街冯家疃村	48	男	1942 年 11 月
尉京财	莱阳市山前店镇北野鸡泊	27	男	1942 年 12 月
孙克敏	莱阳市高格庄后孙家鲍村	22	男	1942 年 12 月
房德群	莱阳市柏林庄镇白石埠村	23	男	1942 年 12 月
赵大川	莱阳市河洛镇赵家埠子村	33	男	1942 年 12 月
刘开全	莱阳市穴坊镇朱崖村	21	男	1942 年 12 月
刘李氏	莱阳市穴坊镇朱崖村	20	女	1942 年 12 月
于永茂	莱阳市山前店镇东朱宅村	22	男	1942 年
于　球	莱阳市山前店镇东朱宅村	18	男	1942 年
张新军	莱阳市山前店镇凤凰庄村	27	男	1942 年
姜洪俊	莱阳市山前店镇北薛格庄	22	男	1942 年
于长庚	莱阳市山前店镇西朱宅村	25	男	1942 年
于文考	莱阳市山前店镇西朱宅村	22	男	1942 年
于文风	莱阳市山前店镇南夏格庄	23	男	1942 年
梁　邻	莱阳市万第镇梁家夼村	28	男	1942 年
崔永臣	莱阳市万第镇东村庄村	34	男	1942 年
兰金明	莱阳市万第镇兰家村	23	男	1942 年
宋桂生	莱阳市万第镇石龙沟村	31	男	1942 年
宋恩修	莱阳市万第镇石龙沟村	38	男	1942 年

姓　名	籍　贯	年　龄	性　别	死难时间
于孟义	莱阳市万第镇南于格庄村	19	男	1942 年
宋世玉	莱阳市照旺庄镇北芦口村	45	男	1942 年
赵明金	莱阳市照旺庄镇北芦口村	43	男	1942 年
王同山	莱阳市照旺庄镇后照旺庄	23	男	1942 年
董明芝	莱阳市谭格庄镇朱省村	25	男	1942 年
栾　复	莱阳市谭格庄镇北院村	24	男	1942 年
谭勤林	莱阳市谭格庄镇谭格庄村	41	男	1942 年
闫见寿	莱阳市谭格庄镇小于家村	23	男	1942 年
王仁堂	莱阳市谭格庄镇罗家疃村	51	男	1942 年
陈书奎	莱阳市谭格庄镇蔡庄村	—	男	1942 年
于振春	莱阳市谭格庄镇前解格庄	30	男	1942 年
于振海	莱阳市谭格庄镇前解格庄	23	男	1942 年
刘敬书	莱阳市谭格庄镇前解格庄	24	男	1942 年
李敬古	莱阳市姜疃镇姜格庄村	—	男	1942 年
于洪佐	莱阳市姜疃镇西宅村	—	男	1942 年
于芝云	莱阳市姜疃镇西宅村	—	男	1942 年
于恩章	莱阳市姜疃镇大庄子村	18	男	1942 年
林长禹	莱阳市姜疃镇姜疃村	52	男	1942 年
于洪正	莱阳市姜疃镇西宅村	20	男	1942 年
倪亭德	莱阳市姜疃镇西马家庄村	29	男	1942 年
孟兆敬	莱阳市姜疃镇新庄村	—	男	1942 年
苏文江	莱阳市姜疃镇西马家庄村	34	男	1942 年
王德秋	莱阳市姜疃镇东路村	23	男	1942 年
李超宾	莱阳市大夼镇横岭口村	21	男	1942 年
崔尚汤	莱阳市大夼镇横岭口村	23	男	1942 年
崔尚顺	莱阳市大夼镇横岭口村	21	男	1942 年
刘同山之长兄	莱阳市大夼镇东汪村	29	男	1942 年
刘胜山之二兄	莱阳市大夼镇东汪村	28	男	1942 年
纪文月	莱阳市大夼镇东汪村	23	男	1942 年
纪龙东	莱阳市大夼镇东汪村	20	男	1942 年
纪文荣	莱阳市大夼镇东汪村	40	男	1942 年
于德忠	莱阳市大夼镇郭格庄村	19	男	1942 年
辛大立	莱阳市大夼镇韶格庄村	44	男	1942 年
曲家凤	莱阳市大夼镇韶格庄村	35	男	1942 年

姓 名	籍 贯	年 龄	性 别	死难时间
陈二嫚	莱阳市柏林庄镇叶家庄村	18	女	1942 年
陈小嫚	莱阳市柏林庄镇叶家庄村	12	女	1942 年
张克敬	莱阳市沐浴店镇张家沟村	21	男	1942 年
王德枪	莱阳市沐浴店镇霞留村	38	男	1942 年
刘宝君	莱阳市沐浴店镇榆科顶村	32	男	1942 年
李世虎	莱阳市羊郡镇东埠前村	26	男	1942 年
周 方	莱阳市羊郡镇东埠前村	28	男	1942 年
黄宝平	莱阳市羊郡镇大黄家村	26	男	1942 年
闫凤高	莱阳市羊郡镇李家岚村	27	男	1942 年
徐玉兴	莱阳市羊郡镇南羊郡村	38	男	1942 年
李德义	莱阳市羊郡镇西埠前村	38	男	1942 年
栾卫刚	莱阳市河洛镇朱江村	25	男	1942 年
王 温	莱阳市河洛镇大龙川沟村	25	男	1942 年
孙种英	莱阳市穴坊镇富南庄村	21	男	1942 年
仲伟香	莱阳市穴坊镇东教村	26	男	1942 年
刘永芳	莱阳市穴坊镇东贤友村	29	男	1942 年
崔振邦	莱阳市龙旺庄街埞头村	26	男	1942 年
于 氏	莱阳市龙旺庄街埞头村	27	女	1942 年
于氏之女	莱阳市龙旺庄街埞头村	1	女	1942 年
于 渊	莱阳市城厢街东柳行村	28	男	1942 年
周仁南	莱阳市古柳街姜家泊村	35	男	1942 年
姜 伦	莱阳市古柳街姜家泊村	25	男	1942 年
吕天堂	莱阳市古柳街后泉水村	14	男	1942 年
黄庆礼	莱阳市羊郡镇大黄家村	20	男	1942 年
黄庆学	莱阳市羊郡镇大黄家村	24	男	1942 年
范成国	莱阳市山前店镇范家庄村	30	男	1943 年 1 月
刘学明	莱阳市万第镇霞峰村	27	男	1943 年 1 月
张文书	莱阳市高格庄镇张家鲍村	27	男	1943 年 3 月 8 日
尉学财	莱阳市山前店镇北野鸡泊	27	男	1943 年 3 月
宋宗法	莱阳市照旺庄镇前淳于村	32	男	1943 年 5 月
宋洪禄	莱阳市照旺庄镇前淳于村	31	男	1943 年 5 月
宋殿福	莱阳市照旺庄镇前淳于村	38	男	1943 年 5 月
宋京南	莱阳市照旺庄镇前淳于村	35	男	1943 年 5 月
宋宗温	莱阳市照旺庄镇前淳于村	27	男	1943 年 5 月

姓名	籍贯	年龄	性别	死难时间
袁 氏	莱阳市谭格庄镇前解格庄	20	女	1943 年 3 月
史宝田	莱阳市谭格庄镇谭格庄村	40	男	1943 年 3 月
王兴茂	莱阳市沐浴店镇西上庄村	25	男	1943 年 3 月
徐茂心	莱阳市沐浴店镇北寨头村	27	男	1943 年 3 月
王 岐	莱阳市河洛镇泊麦口村	24	男	1943 年 3 月
肖合胜	莱阳市河洛镇河洛村	23	男	1943 年 3 月
梁文宫	莱阳市龙旺庄街梁好泊村	23	男	1943 年 3 月
高赞臣	莱阳市城厢街鱼池头村	36	男	1943 年 3 月
郝保仁	莱阳市城厢街鱼池头村	27	男	1943 年 3 月
郝成仁	莱阳市城厢街鱼池头村	28	男	1943 年 3 月
宫学亮	莱阳市城厢街七里地村	25	男	1943 年 3 月
孙学德	莱阳市城厢街东柳行村	27	男	1943 年 3 月
谢 宽	莱阳市城厢街姚格庄村	25	男	1943 年 3 月
夏宝顶	莱阳市城厢街姚格庄村	31	男	1943 年 3 月
夏同顶	莱阳市城厢街姚格庄村	27	男	1943 年 3 月
姚阳春	莱阳市团旺镇中埠后村	30	男	1943 年春
孙成顺	莱阳市团旺镇方里村	23	男	1943 年春
宋永德	莱阳市照旺庄镇前淳于村	26	男	1943 年 5 月
宋安奎	莱阳市照旺庄镇前淳于村	27	男	1943 年 5 月
宋常英	莱阳市照旺庄镇前淳于村	24	男	1943 年 5 月
宋合利	莱阳市照旺庄镇前淳于村	22	男	1943 年 5 月
宋协武	莱阳市照旺庄镇前淳于村	31	男	1943 年 5 月
宋华云	莱阳市照旺庄镇前淳于村	29	男	1943 年 5 月
宋奎林	莱阳市照旺庄镇前淳于村	32	男	1943 年 5 月
宋延太	莱阳市谭格庄镇朱省村	55	男	1943 年 4 月 8 日
于绍良	莱阳市高格庄后孙家鲍村	47	男	1943 年 4 月 10 日
盖经芝	莱阳市高格庄镇三家鲍村	43	男	1943 年 4 月 10 日
孙 科	莱阳市谭格庄镇上孙家村	20	男	1943 年 4 月 16 日
孙增荣	莱阳市谭格庄镇上孙家村	18	男	1943 年 4 月 16 日
耿 作	莱阳市谭格庄镇上孙家村	26	男	1943 年 4 月 16 日
董衍寿	莱阳市团旺镇西中荆后村	38	男	1943 年 4 月
仲兆部	莱阳市穴坊镇东教格庄村	63	男	1943 年 4 月
张明照	莱阳市照旺庄镇迎格庄村	41	男	1943 年 4 月
吴元枝	莱阳市谭格庄镇西吴村	27	男	1943 年 4 月

姓 名	籍 贯	年 龄	性 别	死难时间
鲁学胜	莱阳市谭格庄镇中横岚后	25	男	1943 年 4 月
张元志	莱阳市大夼镇杜家泊村	22	男	1943 年 4 月
步文修	莱阳市沐浴店镇上步家村	22	男	1943 年 4 月
姜元殿	莱阳市沐浴店镇吴家疃村	25	男	1943 年 4 月
赵凤华	莱阳市柏林庄镇南臧家疃	25	男	1943 年 4 月
吕 科	莱阳市河洛镇泊麦口村	21	男	1943 年 4 月
任修善	莱阳市河洛镇范家埠子村	20	男	1943 年 4 月
王宝信	莱阳市古柳街柳沟村	21	男	1943 年 4 月
邱丕秀	莱阳市高格庄镇邱家村	25	男	1943 年 5 月 10 日
盖凤春	莱阳市高格庄镇前大策村	29	男	1943 年 5 月 28 日
王成竹	莱阳市团旺镇前李牧庄村	18	男	1943 年 5 月
王成仁	莱阳市团旺镇前李牧庄村	18	男	1943 年 5 月
吴方利之祖父	莱阳市团旺镇崔疃村	40	男	1943 年 5 月
衣永福	莱阳市团旺镇崔疃村	41	男	1943 年 5 月
于保忠	莱阳市团旺镇崔疃村	40	男	1943 年 5 月
王维丰	莱阳市照旺庄镇大陶漳村	26	男	1943 年 5 月
王云程	莱阳市照旺庄镇大陶漳村	24	男	1943 年 5 月
王桂山	莱阳市照旺庄镇大陶漳村	25	男	1943 年 5 月
王连山	莱阳市照旺庄镇大陶漳村	19	男	1943 年 5 月
王树功	莱阳市照旺庄镇大陶漳村	27	男	1943 年 5 月
王指南	莱阳市照旺庄镇大陶漳村	26	男	1943 年 5 月
王日民	莱阳市照旺庄镇大陶漳村	25	男	1943 年 5 月
张培成	莱阳市大夼镇宗格庄村	26	男	1943 年 5 月
张玉经	莱阳市大夼镇杜家泊村	25	男	1943 年 5 月
徐长平	莱阳市大夼镇北苟村	50	男	1943 年 5 月
李世林	莱阳市大夼镇北苟村	40	男	1943 年 5 月
李世庆之哥	莱阳市大夼镇北苟村	41	男	1943 年 5 月
宋德安	莱阳市大夼镇北苟村	40	男	1943 年 5 月
松 儿	莱阳市大夼镇北苟村	31	男	1943 年 5 月
徐胜春	莱阳市沐浴店镇北寨头村	26	男	1943 年 5 月
徐胜帮	莱阳市沐浴店镇北寨头村	25	男	1943 年 5 月
徐维正	莱阳市沐浴店镇北寨头村	24	男	1943 年 5 月
徐学科	莱阳市沐浴店镇北寨头村	24	男	1943 年 5 月
徐道元	莱阳市沐浴店镇北寨头村	18	男	1943 年 5 月

姓　名	籍　贯	年　龄	性　别	死难时间
徐常勇	莱阳市沐浴店镇北寨头村	18	男	1943 年 5 月
周　铜	莱阳市河洛镇泊麦口村	22	男	1943 年 5 月
隋可玉	莱阳市高格庄镇龙湾泊村	27	女	1943 年 6 月 13 日
王丕仙	莱阳市谭格庄镇上孙家村	23	男	1943 年 6 月
刘福增	莱阳市谭格庄镇不动山村	21	男	1943 年 7 月
王文善	莱阳市沐浴店镇门家沟村	25	男	1943 年 7 月
王可清	莱阳市羊郡镇桥头村	28	男	1943 年 7 月
徐同江	莱阳市羊郡镇东朱皋村	23	男	1943 年 7 月
沙吉成	莱阳市谭格庄镇安里村	24	男	1943 年 8 月
于登庸	莱阳市谭格庄镇东河北村	23	男	1943 年 8 月
张义德	莱阳市谭格庄镇旭日庄村	22	男	1943 年 8 月
李风秋	莱阳市沐浴店镇胡家庄村	16	男	1943 年 8 月
徐彩宝	莱阳市羊郡镇东朱皋村	21	男	1943 年 8 月
徐丙绪	莱阳市羊郡镇东朱皋村	20	男	1943 年 8 月
徐先惠	莱阳市穴坊镇贾家夼村	23	男	1943 年 9 月
董宝清	莱阳市谭格庄镇李格庄村	22	男	1943 年 9 月
王文星	莱阳市谭格庄镇北张格庄	30	男	1943 年 9 月
王国仕	莱阳市羊郡镇滩港村	20	男	1943 年 9 月
吕小传	莱阳市古柳街后泉水村	22	男	1943 年 9 月
吕云堂	莱阳市古柳街后泉水村	23	男	1943 年 9 月
初进庆	莱阳市城厢街姚格庄村	45	男	1943 年秋
赵喜财	莱阳市城厢街东亭山村	27	男	1943 年秋
梁治厚	莱阳市高格庄镇龙湾泊村	31	男	1943 年 10 月 2 日
隋其昌	莱阳市高格庄镇宅科村	40	男	1943 年 10 月 3 日
张　子	莱阳市高格庄镇大泊子村	28	男	1943 年 10 月 5 日
隋盛欣	莱阳市高格庄镇东曲坊村	30	男	1943 年 10 月 27 日
赵增胜	莱阳市谭格庄镇西王庄村	29	男	1943 年 10 月
王洪吉	莱阳市谭格庄镇北张格庄	24	男	1943 年 10 月
鲁振奎	莱阳市谭格庄镇东姜格庄	30	男	1943 年 10 月
张学顺	莱阳市姜疃镇东石水头村	26	男	1943 年 10 月
梁立堂	莱阳市羊郡镇九家夼村	21	男	1943 年 10 月
梁焕章	莱阳市龙旺庄街梁好泊村	23	男	1943 年 10 月
崔振全	莱阳市龙旺庄街周格庄村	23	男	1943 年 10 月
龙福泽	莱阳市龙旺庄街乔家泊村	25	男	1943 年 10 月

姓　名	籍　贯	年　龄	性　别	死难时间
王振财	莱阳市谭格庄镇西王庄村	25	男	1943 年 11 月
宋洪财	莱阳市谭格庄镇西王庄村	26	男	1943 年 11 月
贺吉文	莱阳市河洛镇半坡村	20	男	1943 年 11 月
张玉辉	莱阳市古柳街赭埠村	32	男	1943 年 11 月
隋明虎	莱阳市高格庄镇西曲坊村	30	男	1943 年 12 月 10 日
李福财	莱阳市山前店镇李家窑村	28	男	1943 年 12 月
陶新合	莱阳市柏林庄镇柏林庄村	26	男	1943 年 12 月
姜洪茂	莱阳市山前店镇北薛格庄	36	男	1943 年
姜英姗	莱阳市山前店镇北薛格庄	23	女	1943 年
姜洪姗	莱阳市山前店镇北薛格庄	25	女	1943 年
于庆星	莱阳市山前店镇西朱宅村	22	男	1943 年
潘士江	莱阳市山前店镇龙盘山村	19	男	1943 年
潘仁庆	莱阳市山前店镇龙盘山村	24	男	1943 年
于春亭	莱阳市山前店镇南夏村	25	男	1943 年
于允科	莱阳市山前店镇石桥夼村	28	男	1943 年
王孟成	莱阳市山前店镇王家沟村	27	男	1943 年
盖正山	莱阳市团旺镇徐疃庄村	20	男	1943 年
王道德	莱阳市穴坊镇黄格庄村	38	男	1943 年
王　聚	莱阳市穴坊镇黄格庄村	39	男	1943 年
石福田	莱阳市照旺庄镇五处渡村	31	男	1943 年
谭美哲	莱阳市谭格庄镇谭格庄村	38	男	1943 年
谭方信	莱阳市谭格庄镇谭格庄村	40	男	1943 年
隋　腾	莱阳市谭格庄镇大水岔村	24	男	1943 年
史殿臣	莱阳市谭格庄镇小台子村	27	男	1943 年
苏文殿	莱阳市姜疃镇西马格庄村	40	男	1943 年
盖建荣	莱阳市姜疃镇大庄子村	41	男	1943 年
盖起松	莱阳市姜疃镇大庄子村	3	男	1943 年
于子健	莱阳市姜疃镇西宅村	19	男	1943 年
于同臣之妻	莱阳市姜疃镇西宅村	26	女	1943 年
逄月山	莱阳市姜疃镇地北头村	17	男	1943 年
逄　唐	莱阳市姜疃镇地北头村	18	男	1943 年
逄英汉	莱阳市姜疃镇地北头村	17	男	1943 年
纪同意	莱阳市大夼镇姜格庄村	24	男	1943 年
宋瑞山	莱阳市大夼镇横岭口村	20	男	1943 年

姓　名	籍　贯	年　龄	性　别	死难时间
张克顺	莱阳市沐浴店镇张家沟村	23	男	1943 年
王兴茂	莱阳市沐浴店镇霞留村	24	男	1943 年
徐寿增	莱阳市沐浴店镇姜家庄村	27	男	1943 年
王学邦	莱阳市柏林庄镇陡山村	25	男	1943 年
李金豹	莱阳市羊郡镇东埠前村	25	男	1943 年
苏　瑞	莱阳市羊郡镇东辛庄村	30	男	1943 年
徐　春	莱阳市羊郡镇南道头村	40	男	1943 年
徐希山	莱阳市羊郡镇东朱皋村	21	男	1943 年
黄风石	莱阳市羊郡镇北黄家村	25	男	1943 年
黄风谦	莱阳市羊郡镇北黄家村	25	男	1943 年
黄风开	莱阳市羊郡镇大黄家村	20	男	1943 年
朱振傲	莱阳市河洛镇苇夼村	25	男	1943 年
李学臣	莱阳市河洛镇于家岚村	25	男	1943 年
王风臣	莱阳市河洛镇大龙川沟村	27	男	1943 年
嵇玉尊	莱阳市河洛镇神山后村	18	男	1943 年
乔　枫	莱阳市冯格庄街乔家庄村	20	男	1943 年
郭明桐	莱阳市冯格庄街西青埠村	25	男	1943 年
赵　敏	莱阳市龙旺庄街北曲格庄	35	男	1943 年
李炳政	莱阳市万第镇南薛格庄村	21	男	1944 年 1 月
刘桂尧	莱阳市高格庄镇东高格庄	27	男	1944 年 1 月
梁桂岭	莱阳市高格庄镇东高格庄	30	男	1944 年 1 月
宋惠东	莱阳市照旺庄镇前淳于村	35	男	1944 年 1 月
于文彬	莱阳市谭格庄镇小于家村	26	男	1944 年 1 月
梁福国	莱阳市高格庄镇宅科村	28	男	1944 年 2 月 1 日
刘学才	莱阳市万第镇霞峰村	30	男	1944 年 2 月
宫作友	莱阳市万第镇后瓦马村	31	男	1944 年 2 月
盖朝春	莱阳市高格庄镇西大策村	19	男	1944 年 2 月
王经童	莱阳市照旺庄镇大陶漳村	26	男	1944 年 2 月
王春盛	莱阳市照旺庄镇大陶漳村	26	男	1944 年 2 月
王化南	莱阳市谭格庄镇北马庄村	23	男	1944 年 2 月
鲍洪仁	莱阳市大夼镇朱城泊村	21	男	1944 年 2 月
陈创芝	莱阳市高格庄镇胡城村	11	男	1944 年 3 月 8 日
盖德仁	莱阳市高格庄镇西鲍村	35	男	1944 年 3 月 15 日
乔安文	莱阳市高格庄镇乔家鲍村	24	男	1944 年 3 月 25 日

姓　名	籍　贯	年　龄	性　别	死难时间
崔日山	莱阳市万第镇崔格庄村	21	男	1944 年 3 月
盖玉民	莱阳市高格庄镇西大策村	16	男	1944 年 3 月
李春旱	莱阳市谭格庄镇步家村	27	男	1944 年 3 月
步玉璞	莱阳市谭格庄镇步家村	24	男	1944 年 3 月
赵立业	莱阳市大夼镇横岭口村	20	男	1944 年 3 月
于洞岳	莱阳市大夼镇山后村	20	男	1944 年 3 月
梁立信	莱阳市羊郡镇九家夼村	21	男	1944 年 3 月
梁立信之侄	莱阳市羊郡镇九家夼村	5	男	1944 年 3 月
梁立宝	莱阳市羊郡镇九家夼村	41	男	1944 年 3 月
梁作贵	莱阳市羊郡镇九家夼村	32	男	1944 年 3 月
梁仁章	莱阳市羊郡镇九家夼村	45	男	1944 年 3 月
梁信章	莱阳市羊郡镇九家夼村	35	男	1944 年 3 月
黄寿山	莱阳市羊郡镇北黄家村	33	男	1944 年 3 月
黄学功	莱阳市羊郡镇北黄家村	22	男	1944 年 3 月
黄学登	莱阳市羊郡镇北黄家村	22	男	1944 年 3 月
李洪南	莱阳市高格庄前孙家鲍村	25	男	1944 年 4 月 8 日
刘维斋	莱阳市高格庄前孙家鲍村	20	男	1944 年 4 月 8 日
刘玉文	莱阳市高格庄前孙家鲍村	23	男	1944 年 4 月 8 日
李文松	莱阳市高格庄前孙家鲍村	24	男	1944 年 4 月 8 日
高彩章	莱阳市团旺镇东中荆东村	32	男	1944 年 4 月
孙克增	莱阳市万第镇旺屋庄村	50	男	1944 年 4 月
徐元智	莱阳市万第镇小徐格庄村	23	男	1944 年 4 月
刘桂新	莱阳市高格庄镇东高格庄	26	男	1944 年 4 月
周恒君	莱阳市谭格庄镇苗家村	25	男	1944 年 4 月
迟官山	莱阳市谭格庄镇铁匠庄村	32	男	1944 年 4 月
孙　起	莱阳市谭格庄镇南染坊村	30	男	1944 年 4 月
诚福增	莱阳市谭格庄镇小韩家村	23	男	1944 年 4 月
赵玉海	莱阳市谭格庄镇河南村	18	男	1944 年 4 月
步平川	莱阳市沐浴店镇下步家村	30	男	1944 年 4 月
宋加木	莱阳市沐浴店镇中朱兰村	40	男	1944 年 4 月
于启仁	莱阳市羊郡镇南羊郡村	20	男	1944 年 4 月
周春胜	莱阳市河洛镇泊麦口村	23	男	1944 年 4 月
隋同秀	莱阳市高格庄镇西鲍村	26	男	1944 年 5 月 5 日
于春阁	莱阳市谭格庄镇西河北村	25	男	1944 年 5 月 5 日

姓　名	籍　贯	年龄	性别	死难时间
隋　全	莱阳市高格庄镇东曲坊村	20	男	1944 年 5 月 10 日
隋同奎	莱阳市高格庄镇西鲍村	28	男	1944 年 5 月 12 日
姜世祝	莱阳市柏林庄镇侯家夼村	22	男	1944 年 5 月 13 日
程显文	莱阳市穴坊镇西贤友村	18	男	1944 年 5 月
时德永	莱阳市万第镇后石庙村	24	男	1944 年 5 月
刘丙恩	莱阳市高格庄镇东高格庄	28	男	1944 年 5 月
刘丙思	莱阳市高格庄镇南高格庄	35	男	1944 年 5 月
张百文	莱阳市高格庄镇大泊子村	32	男	1944 年 5 月
张良田	莱阳市照旺庄镇迎格庄村	30	男	1944 年 5 月
盖之远	莱阳市姜疃镇瑶头村	36	男	1944 年 5 月
董世保	莱阳市沐浴店镇西上庄村	18	男	1944 年 5 月
朱秀礼	莱阳市河洛镇苇夼村	18	男	1944 年 5 月
邱友第	莱阳市河洛镇闹沟头村	18	男	1944 年 5 月
鲁孟杰	莱阳市谭格庄镇西姜格庄	22	男	1944 年 6 月 6 日
韩明一	莱阳市团旺镇韩家白庙村	19	男	1944 年 6 月
赵维德	莱阳市团旺镇西团旺后村	19	男	1944 年 6 月
王乃胜	莱阳市穴坊镇蚬子湾村	44	男	1944 年 6 月
王惠昌	莱阳市穴坊镇蚬子湾村	45	男	1944 年 6 月
于风书	莱阳市万第镇南于格庄村	18	男	1944 年 6 月
张　珍	莱阳市谭格庄镇张家泊村	24	男	1944 年 6 月
张克法	莱阳市沐浴店镇张家沟村	30	男	1944 年 6 月
刘忠义	莱阳市河洛镇闹头沟村	21	男	1944 年 6 月
赵孙氏	莱阳市河洛镇赵家埠子村	25	女	1944 年 6 月
刘克勤	莱阳市城厢街石硼村	46	男	1944 年 6 月
刘宝玉	莱阳市城厢街石硼村	24	男	1944 年 6 月
刘训生	莱阳市城厢街石硼村	18	男	1944 年 6 月
郭从福	莱阳市古柳街左家夼村	32	男	1944 年 6 月
邱丕林	莱阳市高格庄镇邱家村	41	男	1944 年 7 月 8 日
梁颜传	莱阳市高格庄镇东高格庄	35	男	1944 年 7 月 10 日
梁桂科	莱阳市高格庄镇东高格庄	33	男	1944 年 7 月 10 日
梁元国	莱阳市高格庄镇东高格庄	37	男	1944 年 7 月 10 日
盖冠春	莱阳市高格庄镇西大策村	40	男	1944 年 7 月 20 日
闫日章	莱阳市照旺庄镇西昌山村	25	男	1944 年 7 月
李守庆	莱阳市谭格庄镇安里村	27	男	1944 年 7 月

姓 名	籍 贯	年 龄	性 别	死难时间
王 龙	莱阳市沐浴店镇磊山后村	20	男	1944 年 7 月
王志牟	莱阳市柏林庄镇北小平村	50	男	1944 年 7 月
徐国礼	莱阳市羊郡镇北道头村	30	男	1944 年 7 月
尉学俭	莱阳市河洛镇李家楼村	24	男	1944 年 7 月
梁桂南	莱阳市高格庄镇东高格庄	37	男	1944 年 8 月 7 日
孙桂章	莱阳市高格庄前孙家鲍村	30	男	1944 年 8 月 10 日
王凤祥	莱阳市谭格庄镇北染坊村	20	男	1944 年 8 月 12 日
衣青春	莱阳市谭格庄镇小姚格庄	27	男	1944 年 8 月 12 日
赵玉亭	莱阳市谭格庄镇高家村	36	男	1944 年 8 月 15 日
财 儿	莱阳市高格庄镇岭南头村	35	男	1944 年 8 月 20 日
高线之妻	莱阳市山前店镇豹础铺村	32	女	1944 年 8 月
高线之女	莱阳市山前店镇豹础铺村	7	女	1944 年 8 月
高线之女	莱阳市山前店镇豹础铺村	5	女	1944 年 8 月
李春香	莱阳市团旺镇后埠后村	21	男	1944 年 8 月
高奎章	莱阳市团旺镇东中荆东村	22	男	1944 年 8 月
李恒志	莱阳市穴坊镇黄格庄村	28	男	1944 年 8 月
王文山	莱阳市潭格庄镇张家泊村	20	男	1944 年 8 月
许俊太	莱阳市潭格庄镇大刘家村	23	男	1944 年 8 月
迟作锡	莱阳市姜疃镇元庄村	26	男	1944 年 8 月
鹏 儿	莱阳市大夼镇李树圈村	10	男	1944 年 8 月
李树云	莱阳市沐浴店镇庙在头村	31	男	1944 年 8 月
孙立刚	莱阳市柏林庄镇褚家疃村	23	男	1944 年 8 月
王 礼	莱阳市柏林庄镇陡山村	22	男	1944 年 8 月
隋得滨	莱阳市柏林庄镇白藤口村	21	男	1944 年 8 月
宋志武	莱阳市羊郡镇南杨家夼村	24	男	1944 年 8 月
徐志谦	莱阳市羊郡镇南杨家夼村	26	男	1944 年 8 月
徐学宾	莱阳市羊郡镇南杨家夼村	26	男	1944 年 8 月
王回春	莱阳市羊郡镇垛埠后村	25	男	1944 年 8 月
隋红花	莱阳市高格庄镇大薛村	32	女	1944 年 9 月 10 日
刘玉翠	莱阳市高格庄镇大薛村	29	女	1944 年 9 月 10 日
肖益忠	莱阳市山前店镇南务村	24	男	1944 年 9 月
刘日华	莱阳市团旺镇刘家岔村	35	男	1944 年 9 月
董仁义	莱阳市谭格庄镇西崖后村	28	男	1944 年 9 月
于文令	莱阳市谭格庄镇小于家村	22	男	1944 年 9 月

姓　名	籍　贯	年龄	性别	死难时间
王延桂	莱阳市柏林庄镇柏林庄村	27	男	1944 年 9 月
张孟起	莱阳市河洛镇李家楼村	25	男	1944 年秋
刘振昌	莱阳市团旺镇刘家岔村	55	男	1944 年 10 月
鲍　氏	莱阳市团旺镇刘家岔村	56	女	1944 年 10 月
王其道	莱阳市万第镇中寨村	34	男	1944 年 10 月
贾寿显	莱阳市万第镇大店村	37	男	1944 年 10 月
孙克先	莱阳市万第镇旺屋庄村	40	男	1944 年 10 月
刘克年	莱阳市万第镇儒林泊村	35	男	1944 年 10 月
徐振宝	莱阳市谭格庄镇李格庄村	23	男	1944 年 10 月
宋道法	莱阳市大夼镇韩格庄村	19	男	1944 年 10 月
刘新芝	莱阳市沐浴店镇榆科顶村	25	男	1944 年 10 月
于仁翠	莱阳市沐浴店镇簸箕港村	30	男	1944 年 10 月
王洪善	莱阳市羊郡镇滩港村	33	男	1944 年 10 月
周风才	莱阳市河洛镇闹沟头村	23	男	1944 年 10 月
于　裘	莱阳市龙旺庄街鹿格庄村	40	男	1944 年 10 月
孙玉花	莱阳市古柳街柳沟村	31	女	1944 年 10 月
尉瑞起	莱阳市山前店镇平兰村	19	男	1944 年 11 月
隋成旦	莱阳市团旺镇前埠后村	24	男	1944 年 11 月
王进山	莱阳市团旺镇北团旺村	20	男	1944 年 11 月
万世东	莱阳市团旺镇东马家泊村	22	男	1944 年 11 月
于保善	莱阳市团旺镇西团旺后村	25	男	1944 年 11 月
梁金升	莱阳市团旺镇南后寨村	25	男	1944 年 11 月
程显初	莱阳市穴坊镇鸭沟村	32	男	1944 年 11 月
李校章	莱阳市穴坊镇西蒲村	20	男	1944 年 11 月
代洪友	莱阳市谭格庄镇安里村	25	男	1944 年 11 月
徐　友	莱阳市羊郡镇东朱皋村	27	男	1944 年 11 月
吕　德	莱阳市河洛镇半坡村	30	男	1944 年 11 月
李国滋	莱阳市吕格庄镇南马村	21	男	1944 年 11 月
孙永正	莱阳市城厢街姚格庄村	35	男	1944 年 11 月
马巨臣	莱阳市柏林庄镇北臧疃村	35	男	1944 年 12 月 29 日
马瑞堂	莱阳市柏林庄镇北臧疃村	40	男	1944 年 12 月 29 日
马学起	莱阳市柏林庄镇北臧疃村	22	男	1944 年 12 月 29 日
宫胜刚之母	莱阳市姜疃镇董格庄村	29	女	1944 年 12 月 30 日
唐永喜	莱阳市万第镇清江泊村	20	男	1944 年 12 月

姓　名	籍　贯	年　龄	性　别	死难时间
小　福	莱阳市万第镇清江泊村	18	男	1944 年 12 月
董瑞华	莱阳市万第镇南于格庄村	21	男	1944 年 12 月
于敬仁	莱阳市大夼镇郭格庄村	29	男	1944 年 12 月
王世和	莱阳市羊郡镇滩港村	21	男	1944 年 12 月
张咸利	莱阳市河洛镇麻姑顶村	21	男	1944 年 12 月
谭　胜	莱阳市照旺庄镇西淘漳村	20	男	1944 年冬
姜玉喜	莱阳市山前店镇豹础铺村	22	男	1944 年
韩代云	莱阳市山前店镇马耳山村	25	男	1944 年
李兆丰	莱阳市山前店镇南张夼村	27	男	1944 年
尉学美	莱阳市山前店镇北野鸡泊	25	男	1944 年
万君恩	莱阳市团旺镇云南村	59	男	1944 年
杨福增	莱阳市团旺镇杨家白庙村	22	男	1944 年
李　其	莱阳市团旺镇后留格庄村	30	男	1944 年
宋玉风	莱阳市团旺镇杨家夼村	19	男	1944 年
杨福增	莱阳市团旺镇杨家夼村	21	男	1944 年
万世欣	莱阳市团旺镇东马家泊村	32	男	1944 年
初　进	莱阳市团旺镇东李格庄村	36	男	1944 年
初保青	莱阳市团旺镇东李格庄村	27	男	1944 年
王宝荣	莱阳市穴坊镇岭南头村	20	男	1944 年
王连贵	莱阳市穴坊镇蚬子湾村	20	男	1944 年
李明作	莱阳市穴坊镇邵家村	21	男	1944 年
徐军国	莱阳市万第镇兰家村	27	男	1944 年
宋云甲	莱阳市万第镇石龙沟村	36	男	1943 年 4 月 2 日
王秉新	莱阳市照旺庄镇大陶漳村	33	男	1944 年
陈树仁	莱阳市谭格庄镇蔡庄村	26	男	1944 年
谭炳礼	莱阳市谭格庄镇北汪家村	34	男	1944 年
王文生	莱阳市谭格庄镇张家泊村	25	男	1944 年
王文进	莱阳市谭格庄镇张家泊村	27	男	1944 年
邹学师	莱阳市谭格庄镇胡家堡村	29	男	1944 年
初国柱	莱阳市姜疃镇院上村	24	男	1944 年
尹风堂	莱阳市姜疃镇鹤山口村	26	男	1944 年
宫连成	莱阳市姜疃镇董格庄村	25	男	1944 年
盖文潮	莱阳市姜疃镇上夼村	20	男	1944 年
孙　同	莱阳市姜疃镇姜疃村	40	男	1944 年

姓名	籍贯	年龄	性别	死难时间
张日生	莱阳市姜疃镇新庄村	25	男	1944 年
吕凤山	莱阳市姜疃镇新庄村	30	男	1944 年
闫玉盛	莱阳市姜疃镇西马村	40	男	1944 年
鲍洪海	莱阳市大夼镇朱城泊村	27	男	1944 年
张焕金	莱阳市大夼镇宗格庄村	24	男	1944 年
辛立铸	莱阳市大夼镇韶格庄村	52	男	1944 年
辛成强	莱阳市大夼镇韶格庄村	30	男	1944 年
张克敏	莱阳市沐浴店镇张家沟村	26	男	1944 年
徐德生	莱阳市沐浴店镇南寨头村	22	男	1944 年
刘增福	莱阳市沐浴店镇韦家沟村	27	男	1944 年
王兴进	莱阳市沐浴店镇霞留村	18	男	1944 年
田明芳	莱阳市沐浴店镇西朱兰村	26	男	1944 年
田国建	莱阳市沐浴店镇西朱兰村	26	男	1944 年
韩贤宾	莱阳市沐浴店镇西朱兰村	25	男	1944 年
王桂花	莱阳市沐浴店镇姜家庄村	25	女	1944 年
李 辉	莱阳市柏林庄镇褚家疃	20	男	1944 年
李 涛	莱阳市柏林庄镇褚家疃	21	男	1944 年
王成义	莱阳市柏林庄镇柏林庄	22	男	1944 年
褚建文	莱阳市柏林庄镇北汪家疃	22	男	1944 年
于忠元	莱阳市柏林庄镇北汪家疃	24	男	1944 年
刘 谦	莱阳市柏林庄镇白藤口村	26	男	1944 年
于战子	莱阳市羊郡镇南羊郡村	19	男	1944 年
徐 ×	莱阳市羊郡镇东朱皋村	22	男	1944 年
于风东	莱阳市羊郡镇南羊郡村	19	男	1944 年
徐金宝	莱阳市羊郡镇东朱皋村	30	男	1944 年
隋 氏	莱阳市羊郡镇东朱皋村	28	女	1944 年
李学全	莱阳市羊郡镇西埠前村	15	男	1944 年
李国会	莱阳市羊郡镇西埠前村	21	男	1944 年
李文阳	莱阳市羊郡镇西埠前村	22	男	1944 年
李文寿	莱阳市羊郡镇西埠前村	21	男	1944 年
李系金	莱阳市羊郡镇东埠前村	32	男	1944 年
王常正	莱阳市羊郡镇滩港村	23	男	1944 年
黄从聚	莱阳市羊郡镇大黄家村	24	男	1944 年
徐成宁	莱阳市羊郡镇南杨家夼村	28	男	1944 年

姓　名	籍　贯	年　龄	性　别	死难时间
梁信章	莱阳市羊郡镇南道头村	30	男	1944 年
徐希华	莱阳市羊郡镇南道头村	22	男	1944 年
于带高	莱阳市羊郡镇南羊郡村	19	男	1944 年
于富仁之妻	莱阳市羊郡镇南羊郡村	30	女	1944 年
辛　昌	莱阳市羊郡镇南羊郡村	20	男	1944 年
王学民	莱阳市河洛镇苇夼村	21	男	1944 年
王乂乂	莱阳市河洛镇苇夼村	23	女	1944 年
王世香	莱阳市河洛镇莱山夼村	24	女	1944 年
嵇玉南	莱阳市河洛镇神山后村	23	男	1944 年
董瑞嘉	莱阳市城厢街吴格庄村	27	男	1944 年
刘东生	莱阳市龙旺庄街东庙后村	30	男	1944 年
吕建清	莱阳市古柳街姜家泊村	36	男	1944 年
赵焕文	莱阳市古柳街姜家泊村	41	男	1944 年
潘桂秋	莱阳市古柳街后泉水村	31	男	1944 年
姜云贵	莱阳市古柳街夏庄村	22	男	1944 年
焦秀环	莱阳市柏林庄镇北小平村	58	男	1945 年 1 月 28 日
宫桂欣	莱阳市姜疃镇濯村	30	男	1945 年 1 月
宫洪彬	莱阳市姜疃镇濯村	32	男	1945 年 1 月
闫希生	莱阳市姜疃镇西马家庄村	40	男	1945 年 1 月
董振华	莱阳市沐浴店镇南泊子村	19	男	1945 年 1 月
辛成彩	莱阳市大夼镇李树圈村	26	男	1945 年 1 月
董文新	莱阳市龙旺庄街文翘泊村	26	男	1945 年 1 月
代先玲	莱阳市龙旺庄街南官庄村	24	男	1945 年 1 月
张述先	莱阳市高格庄镇大泊子村	25	男	1945 年 2 月 4 日
车明松	莱阳市高格庄镇岭南头村	27	男	1945 年 2 月 12 日
位增海	莱阳市山前店镇臧家沟村	24	男	1945 年 2 月
臧洪田	莱阳市山前店镇石硼村	29	男	1945 年 2 月
尹克强	莱阳市山前店镇西马家泊	20	男	1945 年 2 月
万全福	莱阳市团旺镇东马家泊村	25	男	1945 年 2 月
李炳光	莱阳市团旺镇后留村	49	男	1945 年 2 月
初云峰	莱阳市团旺镇初家庄村	23	男	1945 年 2 月
贾延明	莱阳市穴坊镇朱家夼村	24	男	1945 年 2 月
陈化起	莱阳市穴坊镇芦山村	22	男	1945 年 2 月
贾丕才	莱阳市万第镇大店村	33	男	1945 年 2 月

姓 名	籍 贯	年 龄	性 别	死难时间
王言秀	莱阳市万第镇南寨村	30	男	1945 年 2 月
汤永柱	莱阳市万第镇后瓦马村	22	男	1945 年 2 月
崔长理	莱阳市万第镇崔格庄村	19	男	1945 年 2 月
张仁新	莱阳市高格庄镇岭南头村	29	男	1945 年 2 月
方禄成	莱阳市高格庄镇胡城村	14	男	1945 年 2 月
张忠松	莱阳市高格庄镇大泊子村	32	男	1945 年 2 月
王升起	莱阳市照旺庄镇后照旺庄	21	男	1945 年 2 月
陈连芳	莱阳市谭格庄镇西崖后村	31	男	1945 年 2 月
于元茂	莱阳市谭格庄镇河南村	26	男	1945 年 2 月
于瑞生	莱阳市谭格庄镇河南村	37	男	1945 年 2 月
杨 起	莱阳市谭格庄镇鹤山泊村	23	男	1945 年 2 月
栾喜美	莱阳市谭格庄镇北院村	25	男	1945 年 2 月
张维申	莱阳市姜疃镇新安村	26	男	1945 年 2 月
张正生	莱阳市姜疃镇凤头村	21	男	1945 年 2 月
盖日开	莱阳市姜疃镇凤头村	23	男	1945 年 2 月
盖 林	莱阳市姜疃镇上夼村	32	男	1945 年 2 月
辛日义	莱阳市大夼镇韶格庄村	32	男	1945 年 2 月
辛义冲	莱阳市大夼镇韶格庄村	30	男	1945 年 2 月
辛文贤	莱阳市大夼镇韶格庄村	28	男	1945 年 2 月
刘合令	莱阳市大夼镇东汪村	26	男	1945 年 2 月
刘日方	莱阳市大夼镇东汪村	42	男	1945 年 2 月
刘祥起	莱阳市大夼镇东汪村	46	男	1945 年 2 月
任明秀	莱阳市大夼镇山后村	27	男	1945 年 2 月
步令刚	莱阳市沐浴店镇迟家沟村	25	男	1945 年 2 月
朱奎山	莱阳市沐浴店镇老树夼村	20	男	1945 年 2 月
王明川	莱阳市羊郡镇滩港村	30	男	1945 年 2 月
王常朋	莱阳市羊郡镇滩港村	28	男	1945 年 2 月
徐希南	莱阳市羊郡镇东朱皋村	28	男	1945 年 2 月
徐春南	莱阳市羊郡镇东朱皋村	20	男	1945 年 2 月
辛成岐	莱阳市大夼镇李树圈村	19	男	1945 年 2 月
徐维林	莱阳市大夼镇韶格庄村	25	男	1945 年 2 月
辛士杰	莱阳市冯格庄街桃源庄村	21	男	1945 年 2 月
赵建行	莱阳市龙旺庄街北曲村	23	男	1945 年 2 月
李炳光	莱阳市团旺镇后留格庄村	49	男	1945 年 2 月

姓 名	籍 贯	年 龄	性 别	死难时间
邱承斌	莱阳市高格庄镇邱家村	32	男	1945 年 3 月 6 日
盖华风	莱阳市高格庄镇西大策村	18	男	1945 年 3 月 20 日
董国义	莱阳市团旺镇中北城庄村	19	男	1945 年 3 月
张德修	莱阳市团旺镇雨泊村	31	男	1945 年 3 月
孙佐山	莱阳市穴坊镇富南庄村	29	男	1945 年 3 月
贾丕开	莱阳市万第镇大店村	29	男	1945 年 3 月
李所云	莱阳市万第镇小徐格庄村	16	男	1945 年 3 月
崔长德	莱阳市万第镇崔格庄村	20	男	1945 年 3 月
祝成智	莱阳市照旺庄镇祝家疃村	23	男	1945 年 3 月
吕自顺	莱阳市照旺庄镇薛家沟村	30	男	1945 年 3 月
张连登	莱阳市照旺庄镇张家庄村	26	男	1945 年 3 月
于复兴	莱阳市姜疃镇西宅村	20	男	1945 年 3 月
陈洪奎	莱阳市大夼镇西汪村	20	男	1945 年 3 月
王国军	莱阳市沐浴店镇青岚口村	25	男	1945 年 3 月
徐光金	莱阳市羊郡镇东羊郡村	30	男	1945 年 3 月
王济忠	莱阳市羊郡镇东朱皋村	25	男	1945 年 3 月
胡正庆	莱阳市羊郡镇东朱皋村	27	男	1945 年 3 月
赵维玉	莱阳市河洛镇赵家埠子村	27	男	1945 年 3 月
刘德善	莱阳市山前店镇北野鸡泊	25	男	1945 年 3 月
尉学庆	莱阳市山前店镇北野鸡泊	20	男	1945 年春
肖树仁	莱阳市团旺镇大李格庄村	25	男	1945 年春
高国欣	莱阳市团旺镇大李格庄村	29	男	1945 年春
迟作起	莱阳市姜疃镇元庄村	24	男	1945 年春
王天永	莱阳市沐浴店镇思格庄村	25	男	1945 年春
于学海	莱阳市羊郡镇羊郡集村	20	男	1945 年春
粘洪告	莱阳市高格庄镇东大策村	32	男	1945 年 4 月 8 日
翟同伦	莱阳市羊郡镇翟家庄村	20	男	1945 年 4 月 8 日
翟作方	莱阳市羊郡镇翟家庄村	25	男	1945 年 4 月 8 日
翟同年	莱阳市羊郡镇翟家庄村	27	男	1945 年 4 月 8 日
于忠臣	莱阳市谭格庄镇西河北村	30	男	1945 年 4 月 11 日
乔树茂	莱阳市高格庄镇乔家鲍村	35	男	1945 年 4 月 18 日
乔安柱	莱阳市高格庄镇乔家鲍村	30	男	1945 年 4 月 18 日
于德海	莱阳市山前店镇北夏格庄	27	男	1945 年 4 月
王成润	莱阳市团旺镇前李牧庄村	19	男	1945 年 4 月

姓 名	籍 贯	年 龄	性 别	死难时间
孙建福	莱阳市团旺镇方里村	23	男	1945 年 4 月
赵新平	莱阳市团旺镇后留格庄村	23	男	1945 年 4 月
王欣文	莱阳市团旺镇杨格庄村	35	男	1945 年 4 月
孙永需	莱阳市穴坊镇东躬家庄村	21	男	1945 年 4 月
金文先	莱阳市穴坊镇西杜林头村	20	男	1945 年 4 月
邢忠弟	莱阳市穴坊镇永安村	19	男	1945 年 4 月
李恒恩	莱阳市穴坊镇东蒲村	30	男	1945 年 4 月
孙显高	莱阳市穴坊镇东富山村	29	男	1945 年 4 月
王元力之父	莱阳市万第镇后石庙村	60	男	1945 年 4 月
王贤良之婶	莱阳市万第镇后石庙村	50	女	1945 年 4 月
宋仁义	莱阳市万第镇水口村	25	男	1945 年 4 月
刘恒起	莱阳市万第镇儒林泊村	30	男	1945 年 4 月
张吉成	莱阳市高格庄镇张家鲍村	29	男	1945 年 4 月
王黎德	莱阳市照旺庄镇西陶漳村	25	男	1945 年 4 月
石永福	莱阳市照旺庄镇五处渡村	32	男	1945 年 4 月
刘焕智	莱阳市照旺庄镇五处渡村	31	男	1945 年 4 月
张志星	莱阳市照旺庄镇五处渡村	30	男	1945 年 4 月
孙桂江	莱阳市照旺庄镇五处渡村	29	男	1945 年 4 月
张廷高	莱阳市照旺庄镇五处渡村	31	男	1945 年 4 月
石德霞	莱阳市照旺庄镇五处渡村	28	男	1945 年 4 月
张伟恒	莱阳市姜疃镇新安村	42	男	1945 年 4 月
兰 松	莱阳市姜疃镇新安村	52	男	1945 年 4 月
姜维禄	莱阳市大夼镇铎夼村	21	男	1945 年 4 月
李衍彩	莱阳市羊郡镇中埠前村	27	男	1945 年 4 月
徐桂法	莱阳市羊郡镇东朱皋村	27	男	1945 年 4 月
刘廷学	莱阳市大夼镇刘家庄村	28	男	1945 年 4 月
冷振东	莱阳市河洛镇半坡村	19	男	1945 年 4 月
张仲朋	莱阳市高格庄镇西鲍村	35	男	1945 年 5 月 20 日
李常风	莱阳市高格庄镇宅科村	30	男	1945 年 5 月 20 日
潘守文	莱阳市山前店镇泊北头村	27	男	1945 年 5 月
王明敬	莱阳市团旺镇前李牧庄村	20	男	1945 年 5 月
张柱华	莱阳市团旺镇云南村	21	男	1945 年 5 月
李安静	莱阳市团旺镇东留格庄村	20	男	1945 年 5 月
孙显德	莱阳市穴坊镇东富山村	28	男	1945 年 5 月

姓　名	籍　贯	年 龄	性 别	死难时间
贾享斋	莱阳市万第镇大店村	31	男	1945 年 5 月
刘命浩	莱阳市万第镇小店村	21	男	1945 年 5 月
张芝欣	莱阳市万第镇霞峰村	22	男	1945 年 5 月
宋宾全	莱阳市万第镇小徐格庄村	23	男	1945 年 5 月
李瑞芝	莱阳市万第镇小徐格庄村	25	男	1945 年 5 月
李文通	莱阳市万第镇小徐格庄村	24	男	1945 年 5 月
隋光训	莱阳市高格庄镇东曲坊村	20	男	1945 年 5 月
王守福	莱阳市照旺庄镇大陶漳村	25	男	1945 年 5 月
王瑞亭	莱阳市照旺庄镇大陶漳村	27	男	1945 年 5 月
孙和星	莱阳市谭格庄镇南染坊村	20	男	1945 年 5 月
王华民	莱阳市姜疃镇北路村	47	男	1945 年 5 月
张伯勤	莱阳市大夼镇韶格庄村	24	男	1945 年 5 月
潘行法	莱阳市大夼镇三里庄村	40	男	1945 年 5 月
周玉贤	莱阳市大夼镇三里庄村	36	男	1945 年 5 月
王德清	莱阳市沐浴店镇西半泊村	30	男	1945 年 5 月
战举祥	莱阳市柏林庄镇褚家疃村	22	男	1945 年 5 月
姜福金	莱阳市羊郡镇西朱皋村	30	男	1945 年 5 月
丛光松	莱阳市大夼镇朱城泊村	23	男	1945 年 5 月
辛志友	莱阳市大夼镇李树圈村	28	男	1945 年 5 月
于孟元	莱阳市河洛镇苇夼村	28	男	1945 年 5 月
王　顺	莱阳市河洛镇青石山村	25	男	1945 年 5 月
周树起	莱阳市冯格庄街东官庄村	22	男	1945 年 5 月
吴洪义	莱阳市城厢街郝格庄村	42	男	1945 年 5 月
鲁孟兴	莱阳市谭格庄镇西姜格庄	22	男	1945 年 6 月 5 日
梁锡高	莱阳市高格庄镇北高村	20	男	1945 年 6 月 9 日
隋胜修	莱阳市高格庄镇西鲍村	27	男	1945 年 6 月 20 日
杨格林	莱阳市谭格庄镇罗家疃村	25	男	1945 年 6 月 26 日
尉洪旗	莱阳市山前店镇北野鸡泊	29	男	1945 年 6 月
李长吉	莱阳市团旺镇西后寨村	21	男	1945 年 6 月
李　仁	莱阳市团旺镇朝阳庄村	21	男	1945 年 6 月
李　增	莱阳市团旺镇朝阳庄村	23	男	1945 年 6 月
孙承起	莱阳市穴坊镇西富山村	20	男	1945 年 6 月
孙东春	莱阳市穴坊镇东富山村	36	男	1945 年 6 月
孙言开	莱阳市穴坊镇东富山村	22	男	1945 年 6 月

姓 名	籍 贯	年 龄	性 别	死难时间
崔希礼	莱阳市万第镇东村庄村	24	男	1945 年 6 月
宋曰彩	莱阳市万第镇水口村	26	男	1945 年 6 月
姜月永	莱阳市万第镇南薛格庄	20	女	1945 年 6 月
宋树梅	莱阳市照旺庄镇北山后村	24	男	1945 年 6 月
闫风鸣	莱阳市照旺庄镇北山后村	20	男	1945 年 6 月
王炳章	莱阳市照旺庄镇大陶漳村	25	男	1945 年 6 月
赵 志	莱阳市照旺庄镇西五龙村	24	男	1945 年 6 月
苗秀和	莱阳市谭格庄镇苗家村	26	男	1945 年 6 月
王洪恩	莱阳市谭格庄镇北马庄	40	男	1945 年 6 月
董世国	莱阳市谭格庄镇南院村	32	男	1945 年 6 月
李忠厚	莱阳市大夼镇宋村	35	男	1945 年 6 月
辛成跃	莱阳市大夼镇韶格庄村	25	男	1945 年 6 月
吕殿卿	莱阳市沐浴店镇南寨头村	29	男	1945 年 6 月
王文芝	莱阳市沐浴店镇韦家沟村	34	男	1945 年 6 月
李殿玉	莱阳市沐浴店镇中泊子村	19	男	1945 年 6 月
丛学德	莱阳市大夼镇朱城泊村	19	男	1945 年 6 月
鲍在春	莱阳市大夼镇朱城泊村	46	男	1945 年 6 月
丛学寿	莱阳市大夼镇朱城泊村	27	男	1945 年 6 月
张朴熙	莱阳市大夼镇李树圈村	21	男	1945 年 6 月
张遵贤	莱阳市大夼镇宗格庄村	20	男	1945 年 6 月
辛全宇	莱阳市大夼镇韶格庄村	46	男	1945 年 6 月
吕见兰	莱阳市古柳街山子村	24	男	1945 年 6 月
宋福绥	莱阳市龙旺庄街周格庄村	24	男	1945 年 6 月
张克生	莱阳市沐浴店镇张家沟村	30	男	1945 上半年
李 勤	莱阳市沐浴店镇河上庄村	22	男	1945 上半年
张云寿	莱阳市高格庄镇大泊子村	25	男	1945 年 7 月 8 日
李 芬	莱阳市高格庄后孙家鲍村	26	男	1945 年 7 月 10 日
刘居治	莱阳市城厢街西林格村	29	男	1945 年 7 月 14 日
王月亭	莱阳市山前店镇北张夼村	21	男	1945 年 7 月
万哲兴	莱阳市团旺镇东马家泊村	36	男	1945 年 7 月
万世岩	莱阳市团旺镇东马家泊村	34	男	1945 年 7 月
刘德彬	莱阳市团旺镇东龙河头村	39	男	1945 年 7 月
孙洪禄	莱阳市万第镇旺庄村	26	男	1945 年 7 月
李文进	莱阳市万第镇小徐格庄村	23	男	1945 年 7 月

姓　名	籍　贯	年　龄	性　别	死难时间
王芝悦	莱阳市照旺庄镇西玉泉庄	28	男	1945 年 7 月
闫振德	莱阳市照旺庄镇西昌山村	30	男	1945 年 7 月
战世立	莱阳市照旺庄镇前发坊村	27	男	1945 年 7 月
鲁振金	莱阳市谭格庄镇西姜格庄	21	男	1945 年 7 月
姜同人	莱阳市姜疃镇后姜格庄村	20	男	1945 年 7 月
盖万春	莱阳市姜疃镇新安村	42	男	1945 年 7 月
盖××	莱阳市姜疃镇新安村	50	男	1945 年 7 月
盖××	莱阳市姜疃镇新安村	39	男	1945 年 7 月
盖仁山	莱阳市姜疃镇新安村	28	男	1945 年 7 月
张立堂	莱阳市大夼镇宋村	32	男	1945 年 7 月
李春梯	莱阳市大夼镇宋村	18	男	1945 年 7 月
王礼宽	莱阳市沐浴店镇迟家沟村	20	男	1945 年 7 月
徐进吾	莱阳市沐浴店镇中崖后村	25	男	1945 年 7 月
林洪孝	莱阳市沐浴店镇西上庄村	26	男	1945 年 7 月
于启竹	莱阳市羊郡镇南羊郡村	20	男	1945 年 7 月
张焕礼	莱阳市大夼镇李树圈村	22	男	1945 年 7 月
于庆刚	莱阳市大夼镇姜格庄村	27	男	1945 年 7 月
刘振东	莱阳市大夼镇刘家庄村	41	男	1945 年 7 月
刁洪恩	莱阳市吕格庄镇陡崖后村	31	男	1945 年 7 月
王道中	莱阳市冯格庄街西小埠村	23	男	1945 年 7 月
吕忠舟	莱阳市冯格庄街榭家庄村	21	男	1945 年 7 月
董焕礼	莱阳市龙旺庄街文翘泊村	20	男	1945 年 7 月
王天寿	莱阳市城厢街吴格庄村	31	男	1945 年 7 月
李龙海	莱阳市古柳街李格庄村	23	男	1945 年 7 月
隋元河	莱阳市古柳街西赵疃村	18	男	1945 年 7 月
梁敏善	莱阳市高格庄镇大薛村	27	男	1945 年 8 月 1 日
梁永春	莱阳市高格庄镇大薛村	32	男	1945 年 8 月 1 日
张慎德	莱阳市高格庄镇大泊子村	27	男	1945 年 8 月 5 日
孙玉信	莱阳市高格庄后孙家鲍村	30	男	1945 年 8 月 10 日
刘凤晓之母	莱阳市大夼镇东汪村	45	女	1945 年 8 月初
刘胡山之三叔	莱阳市大夼镇东汪村	41	男	1945 年 8 月初
李希林	莱阳市团旺镇姜家夼村	22	男	1945 年 8 月
吴本居	莱阳市团旺镇西中荆后村	21	男	1945 年 8 月
宫安基	莱阳市团旺镇西中荆后村	23	男	1945 年 8 月

姓 名	籍 贯	年 龄	性 别	死难时间
吴金玉	莱阳市团旺镇崖疃村	28	男	1945 年 8 月
吕文清	莱阳市团旺镇后河前村	26	男	1945 年 8 月
孙九族	莱阳市穴坊镇西富山村	26	男	1945 年 8 月
于连瑞	莱阳市万第镇东院村	25	男	1945 年 8 月
李文仙	莱阳市万第镇小徐格庄村	30	男	1945 年 8 月
张叔先	莱阳市高格庄镇大泊子村	31	男	1945 年 8 月
梁统武	莱阳市高格庄镇大薛村	30	男	1945 年 8 月
王顺初	莱阳市高格庄镇西薛村	29	男	1945 年 8 月
梁敏士	莱阳市高格庄镇西薛村	32	男	1945 年 8 月
王绍安	莱阳市照旺庄镇大陶漳村	27	男	1945 年 8 月
王子宾	莱阳市照旺庄镇大陶漳村	25	男	1945 年 8 月
董名盘	莱阳市照旺庄镇闫家庄村	30	男	1945 年 8 月
李勤先	莱阳市谭格庄镇李庄村	20	男	1945 年 8 月
贾桂广	莱阳市谭格庄镇贾家村	18	男	1945 年 8 月
于宪章	莱阳市姜疃镇大庄子村	23	男	1945 年 8 月
尹永全	莱阳市姜疃镇鹤山口村	24	男	1945 年 8 月
盖山寿	莱阳市姜疃镇凤头村	32	男	1945 年 8 月
张风云	莱阳市大夼镇宋村	26	男	1945 年 8 月
辛学明	莱阳市大夼镇宋村	52	男	1945 年 8 月
辛成宝	莱阳市大夼镇韶格庄村	28	男	1945 年 8 月
刘金令	莱阳市大夼镇东汪村	43	男	1945 年 8 月
王智生	莱阳市沐浴店镇迟家沟村	40	男	1945 年 8 月
祁文初	莱阳市沐浴店镇官道村	16	男	1945 年 8 月
于腾云	莱阳市沐浴店镇菠其港村	20	男	1945 年 8 月
刘 祥	莱阳市柏林庄镇白藤口村	20	男	1945 年 8 月
王太祥	莱阳市羊郡镇垛埠店村	32	男	1945 年 8 月
于永开	莱阳市羊郡镇南羊郡村	20	男	1945 年 8 月
徐 学	莱阳市羊郡镇南道头村	25	男	1945 年 8 月
李学民	莱阳市吕格庄镇大梁子口村	21	男	1945 年 8 月
于振东	莱阳市城厢街留衣庄村	20	男	1945 年 8 月
李世原	莱阳市古柳街西徐村	21	男	1945 年 8 月
马振山	莱阳市古柳街中古城村	29	男	1945 年 8 月
张新民	莱阳市古柳街西赵疃村	20	男	1945 年 8 月
房学吉	莱阳市龙旺庄街溪聚村	22	男	1945 年 8 月

姓　名	籍　贯	年　龄	性　别	死难时间
房学仁	莱阳市龙旺庄街溪聚村	22	男	1945 年 8 月
房学贵	莱阳市龙旺庄街溪聚村	21	男	1945 年 8 月
尹太增	莱阳市团旺镇西马家泊村	20	男	1945 年 8 月
张柱荣	莱阳市团旺镇云南村	23	男	1945 年 8 月
吕金山	莱阳市穴坊镇程格庄村	26	男	1945 年 8 月
程显清	莱阳市穴坊镇西贤友村	27	男	1945 年 8 月
程宪正	莱阳市高格庄镇南高格庄村	23	男	1945 年 8 月
王平春	莱阳市羊郡镇垛埠前村	27	男	1945 年 8 月
梁述春	莱阳市羊郡镇九家夼村	21	男	1945 年 8 月
周海廷	莱阳市河洛镇泊麦口村	24	男	1945 年 8 月
刘云山	莱阳市冯格庄街后大埠村	21	男	1945 年 8 月
宫德芳	莱阳市万第镇史家疃村	20	男	1945 年 8 月
王维国	莱阳市万第镇后石庙村	25	男	1945 年 8 月
徐国兴	莱阳市羊郡镇北道头村	26	男	1945 年 8 月
吴风全	莱阳市山前店镇南方村	25	男	1945 年
唐吉臣	莱阳市山前店镇山前店村	26	男	1945 年
唐殿云	莱阳市山前店镇山前店村	23	男	1945 年
王克力	莱阳市团旺镇后李牧庄村	21	男	1945 年
王学凯	莱阳市团旺镇后李牧庄村	20	男	1945 年
尹克成	莱阳市团旺镇西马家泊村	22	男	1945 年
单志斗	莱阳市团旺镇东南岩村	22	男	1945 年
万世通	莱阳市团旺镇东马家泊村	21	男	1945 年
董树芳	莱阳市团旺镇西团旺后村	21	男	1945 年
赵国玉	莱阳市团旺镇方里村	21	男	1945 年
王仁甫	莱阳市团旺镇方里村	21	男	1945 年
赵振兴	莱阳市团旺镇西张格庄村	22	男	1945 年
董桂武	莱阳市团旺镇南后寨村	31	男	1945 年
滕　润	莱阳市团旺镇西流泉村	22	男	1945 年
宋玉国	莱阳市团旺镇杨家夼村	20	男	1945 年
李高瑞	莱阳市团旺镇东北岩村	22	男	1945 年
吕克永	莱阳市团旺镇东北岩村	20	男	1945 年
丁守章	莱阳市团旺镇西团旺前村	23	男	1945 年
丁维傲	莱阳市团旺镇西团旺前村	25	男	1945 年
丁守福	莱阳市团旺镇西团旺前村	25	男	1945 年

姓 名	籍 贯	年 龄	性 别	死难时间
王学文	莱阳市穴坊镇蚬子湾村	22	男	1945 年
李世春	莱阳市穴坊镇黄格庄村	72	男	1945 年
李克功	莱阳市穴坊镇东杜林头村	20	男	1945 年
张振江	莱阳市穴坊镇岭南头村	26	男	1945 年
张文汉	莱阳市穴坊镇岭南头村	31	男	1945 年
孙京云	莱阳市穴坊镇东富山村	23	男	1945 年
程元开	莱阳市穴坊镇西贤友村	20	男	1945 年
程绍信	莱阳市穴坊镇西贤友村	20	男	1945 年
宋呈德	莱阳市万第镇石龙沟村	30	男	1945 年
王世浩	莱阳市照旺庄镇修家沟村	5	男	1945 年
宋协茂	莱阳市照旺庄镇十字埠村	19	男	1945 年
王丕典	莱阳市谭格庄镇东王家庄村	18	男	1945 年
隋 证	莱阳市谭格庄镇小水岔村	31	男	1945 年
刘敏训	莱阳市谭格庄镇小水岔村	36	男	1945 年
许月芳	莱阳市谭格庄镇大刘家村	24	男	1945 年
邵学东	莱阳市谭格庄镇罗家疃村	24	男	1945 年
刘启庆	莱阳市姜疃镇后森村	30	男	1945 年
孙德义	莱阳市姜疃镇董格庄村	25	男	1945 年
张炳山	莱阳市姜疃镇宋格庄村	27	男	1945 年
盖永朴	莱阳市姜疃镇大庄子村	33	男	1945 年
高世京	莱阳市姜疃镇西石水头村	29	男	1945 年
盖作新	莱阳市姜疃镇姜疃村	62	男	1945 年
高学奎	莱阳市姜疃镇西石水头村	32	男	1945 年
张德香	莱阳市沐浴店镇张家沟村	30	男	1945 年
张克虎	莱阳市沐浴店镇张家沟村	28	男	1945 年
吕修南	莱阳市沐浴店镇南寨头村	24	男	1945 年
祁中仁	莱阳市沐浴店镇迟家沟村	20	男	1945 年
贺国祥	莱阳市沐浴店镇沐浴店村	24	男	1945 年
崔文宝	莱阳市沐浴店镇西朱兰村	23	男	1945 年
杨合宝	莱阳市沐浴店镇西朱兰村	24	男	1945 年
王维殿	莱阳市沐浴店镇鹤山后村	30	男	1945 年
栾诗秀	莱阳市沐浴店镇思格庄村	20	男	1945 年
林振财	莱阳市沐浴店镇西上庄村	17	男	1945 年
林树玉	莱阳市沐浴店镇西上庄村	18	男	1945 年

姓　名	籍　贯	年　龄	性　别	死难时间
王锡才	莱阳市沐浴店镇南上河村	22	男	1945 年
曲　光	莱阳市柏林庄镇北李家疃村	20	男	1945 年
战树连	莱阳市柏林庄镇褚家疃村	21	男	1945 年
褚　建	莱阳市柏林庄镇北汪家疃村	22	男	1945 年
邢丕法	莱阳市羊郡镇后羊郡村	25	男	1945 年
杨子忠	莱阳市羊郡镇后羊郡村	26	男	1945 年
李孔永	莱阳市羊郡镇羊郡集村	20	男	1945 年
徐庆章	莱阳市羊郡镇羊郡集村	19	男	1945 年
姜成玉	莱阳市羊郡镇羊郡集村	23	男	1945 年
张喜华	莱阳市羊郡镇羊郡集村	22	男	1945 年
周京成	莱阳市羊郡镇车家疃村	24	男	1945 年
李　发	莱阳市羊郡镇车家疃村	26	男	1945 年
周长荣	莱阳市羊郡镇车家疃村	23	男	1945 年
李兆红	莱阳市羊郡镇中埠前村	26	男	1945 年
于正官	莱阳市羊郡镇南羊郡村	62	男	1945 年
于东明	莱阳市羊郡镇南羊郡村	25	男	1945 年
徐　成	莱阳市羊郡镇东羊郡村	28	男	1945 年
王洪训	莱阳市羊郡镇滩港村	21	男	1945 年
黄宝福	莱阳市羊郡镇大黄家村	28	男	1945 年
李　福	莱阳市羊郡镇李家岚村	25	男	1945 年
姜恒宝	莱阳市羊郡镇东辛庄村	24	男	1945 年
姜仁昌	莱阳市羊郡镇东辛庄村	25	男	1945 年
李忠禄	莱阳市羊郡镇东埠前村	20	男	1945 年
李玉春	莱阳市羊郡镇东埠前村	22	男	1945 年
李正国	莱阳市羊郡镇东埠前村	24	男	1945 年
李彬阳	莱阳市羊郡镇东埠前村	23	男	1945 年
李俊山	莱阳市羊郡镇东埠前村	21	男	1945 年
姜月明	莱阳市羊郡镇西朱皋村	45	男	1945 年
姜玉术	莱阳市羊郡镇西朱皋村	40	女	1945 年
望　柱	莱阳市羊郡镇东朱皋村	15	男	1945 年
徐西堂之妻	莱阳市羊郡镇东朱皋村	22	女	1945 年
徐光智	莱阳市羊郡镇东朱皋村	25	男	1945 年
芝　春	莱阳市羊郡镇东朱皋村	26	男	1945 年
黄秀钱	莱阳市羊郡镇西埠前村	23	男	1945 年

姓　名	籍　贯	年　龄	性　别	死难时间
李星三	莱阳市羊郡镇西埠前村	24	男	1945 年
李忠禄	莱阳市羊郡镇西埠前村	20	男	1945 年
刘桂耀	莱阳市羊郡镇西埠前村	29	男	1945 年
李洪典	莱阳市羊郡镇西埠前村	22	男	1945 年
李振义	莱阳市羊郡镇西埠前村	31	男	1945 年
崔元庆	莱阳市大夼镇横岭口村	30	男	1945 年
王明镜	莱阳市冯格庄街咸家庄村	20	男	1945 年
会　子	莱阳市冯格庄街冯格庄村	20	男	1945 年
杜明云	莱阳市城厢街东林格村	26	男	1945 年
张福山	莱阳市城厢街东柳行村	29	男	1945 年
刘祥瑞	莱阳市城厢街东柳行村	26	男	1945 年
刘祥文	莱阳市城厢街东柳行村	23	男	1945 年
刘子祥	莱阳市城厢街东柳行村	25	男	1945 年
孙建奎	莱阳市古柳街大吕疃村	27	男	1945 年
郭仁荣	莱阳市龙旺庄街南曲村	28	男	1945 年
李福夏	莱阳市龙旺庄街水南村	29	男	1945 年
宋玉丹	莱阳市龙旺庄街西祝家庙	27	男	1945 年
王学初	莱阳市团旺镇后李牧庄村	19	男	1938 年
刘同根	莱阳市城厢街西至泊村	22	男	1938 年
鲁可卿	莱阳市穴坊镇东杜林头村	24	男	1941 年 4 月
梁福祥	莱阳市高格庄镇宅科村	30	男	1942 年 10 月 3 日
姜福德	莱阳市姜疃镇东路村	41	男	1942 年
王元洛	莱阳市万第镇东村庄村	27	男	1942 年
王好芝	莱阳市谭格庄镇小水岔村	32	男	1943 年 7 月
王学堂	莱阳市团旺镇后李牧庄村	18	男	1943 年
王克刚	莱阳市团旺镇后李牧庄村	20	男	1943 年
王克辉	莱阳市团旺镇后李牧庄村	20	男	1943 年
王学球	莱阳市团旺镇后李牧庄村	19	男	1943 年
李德民	莱阳市团旺镇前北岩村	21	男	1944 年
吕太清	莱阳市沐浴店镇南寨头村	25	男	1945 年 8 月
王华民之女	莱阳市姜疃镇北路村	童	女	1945 年
合　计	1286			

责任人：孙志成　马洪军　　　　　核实人：马洪军　杨海峰　张　莉　填表人：牟春光

填报单位（签章）：莱阳市委党史研究室　　　　　　　　　　填报时间：2009 年 4 月 21 日

后 记

在中央党史研究室组织指导下，山东省于2006年开展了抗日战争时期人口伤亡和财产损失大型调研活动（以下简称"抗损调研"）。抗损调研的成果之一，是通过全省普遍的乡村走访调查，广泛收集见证人和知情人的口述资料，如实记录伤亡者的姓名、籍贯、性别、年龄、死难时间等信息，编纂一部《山东省抗日战争时期伤亡人员名录》（以下简称《名录》）。《名录》于2010年编纂完成后，共收录抗日战争时期日军造成的山东现行政区域范围内的伤亡人员46.9万余名。以《名录》为基础，我们选择信息比较完整、填写比较规范的100个县（市、区）抗日战争时期死难人员名录，经省市县三级党史部门进一步整理、编纂，形成了《山东省百县（市、区）抗日战争时期死难者名录》，共收录死难者169173人。

2005年，中央党史研究室部署开展《抗日战争时期中国人口伤亡和财产损失》这一重大课题的调研工作。考虑到这项课题是一项艰巨复杂的浩大工程，山东省委党史研究室确定先行试点，在取得经验的基础上全面展开。2006年3月，山东省委党史研究室在全省17个市选择30个县（市、区）作为抗损调研试点单位。在中央党史研究室指导下，山东省委党史研究室按照全国调研工作方案确定的指导思想、组织领导、调研项目、工作步骤、基本要求等，制定下发了《山东省抗日战争时期人口伤亡和财产损失调研试点工作方案》。各试点县（市、区）建立了两支调研队伍：一是县（市、区）建立由党史、档案、史志等单位人员组成的档案与文献资料查阅队伍；二是乡（镇）、村建立走访调查队伍。调查的方式是：以村为单位，以70岁以上老人为重点，走访调查见证人和知情人，调查人员根据访问情况填写调查表，被调查人员确认填写的内容准确无误后签字（按手印）；以乡（镇）为单位对调查表记录的人员伤亡和财产损失情况进行汇总统计；以县（市、区）为单位查阅历史档案和文献资料，细致梳理人员伤亡和财产损失情况记录，汇总统计本县（市、区）人口伤亡和财产损失情况。试点工作于7月底结束。

试点期间，中央党史研究室不仅从方案规划设计，调研方法步骤确定，以及走访调查和档案查阅等各个环节需要把握的问题，给予我们精心指导，而且一再提出把调研工作做成"基础工程、精品工程、警世工程、传世工程"的标准要求，不断提升我们对这项工作的认识高度。

在中央党史研究室的悉心指导下，试点工作不仅取得重要成果，而且深化了我们对抗损调研工作的认识，增强了我们做好这项工作的责任意识。

一是收集了大量历史档案和文献资料，掌握了历史上山东省对抗损问题的调研情况，对如何深化调研取得了新的认识。

试点期间，30个试点县（市、区）共查阅历史档案2.36万卷，文献资料6859册，收集档案、文献资料3.72万份。主要包括：抗日战争胜利后，山东解放区政府、冀鲁豫解放区政府和国民党山东省政府、国民党青岛市政府对抗日战争时期山东省境内人口伤亡和财产损失所做的调查资料；新中国成立后，为收集日本战犯罪行证据，由山东省人民政府统一组织领导，各级公安、检察机关所做的调查资料；20世纪五六十年代和改革开放以来，各级党史、史志、文史部门，社科研究单位和民间人士对抗日战争时期发生在山东省境内的人口伤亡和财产损失重大事件所做的典型调查资料等。

通过分析这些资料，可以看到，解放区政府和国民党政府所做的调查，调查时间是抗战胜利后至1946年初，调查方法是按照联合国救济总署设定的战争灾害损失调查项目进行的，调查目的在于战后救济与善后，着重于人口伤亡和财产损失的数据统计，其调查覆盖山东全境，统计数据全面、可靠，但缺少伤亡者具体信息的记录。新中国成立后及改革开放新时期的调查，留存了日本战犯和受害人、当事人的大量口供和证词。这些口供和证词记录了伤亡者姓名、被害经过等许多具体信息，但仅限于部分重大事件中的少数伤亡者。据此，我们认识到，虽然通过系统整理散落在各级档案馆、图书馆、博物馆的档案和文献中的历次调查资料，可以在确凿的历史档案、文献资料以及人证、物证等证据的基础上，进一步查明山东省抗日战争时期人口伤亡和财产损失的情况，但还是难以在全省范围内查明伤亡者更多的具体信息。因此，还需要我们做更多的工作。

二是收集了大量见证人、知情人口述资料，掌握了乡村走访调查的样本选择和操作方法，深化了对直接调查重要性的认识。

30个试点县（市、区）走访调查19723个村庄、103.6万人，召开座谈会13.13万人次，收集证人证言22.42万份。这些证言证词记载了当年日军的累累罪行。虽然时间已经过去了六七十年，见证人的有些记忆已很不完整、有些仅是片段式的，但亲眼目睹过同胞亲人惨遭劫难的老人们，仍能清晰讲述出其刻骨铭心的深刻记忆；虽然有些村庄已经消失，有些家族整个被日军杀绝，从而导致一些信息中断，但大多数村庄仍然保留有历史记忆，大量死难者有亲人或后人在世。

基于对证言证词的分析，我们认识到：村落是民族记忆的历史载体、家族生活的社会单元，保留着家族绵延续绝的历史信息；70岁以上老人在抗日战争胜利时已有十几岁，具备准确记忆的能力。以行政村为调查样本、以全省609万在世的70岁以上老人为重点人群，采用乡村走访调查的方法，可以收集更多的抗日战争时期伤亡人员信息，以弥补过去历次调查留下的缺憾。

三是查阅了世界其他国家对二战时期死难者调查的文献资料，增强了我们对历史负责、对死难者亡灵负责、对国际社会和人类文明负责的民族担当意识。

试点期间，山东省委党史研究室组织研究人员查阅了世界各国对二战时期死难者调查和纪念的相关资料。"尊重每一个生命，珍惜每一个人的存亡"，在第二次世界大战灾难的调查和纪念中得到充分体现。2004年，以色列纪念纳粹大屠杀的主题是"直到最后一个犹太人，直到最后一个名字"。在美国建立的珍珠港纪念碑上，死难者有名有姓，十分具体。在泰国、缅甸交界的二战遗址桂河大桥旁，盟军死难者纪念公墓整齐刻写着死难者的名字。铭记死难者的名字，抚平创伤让死难者安息，成为国际社会通行的做法。但是，日本全面侵华战争中造成数百万山东人民伤亡，60多年来在尘封的历史档案中记录的多是一串串伤亡数字，至今没有一部记录死难者相关信息的大型专著。随着当事人和见证者相继逝去，再不完成这方面的调查，将会成为无法弥补的历史缺憾。推动开展一次乡村普遍调查，尽可能多地查找死难者的名字、记录死难者的相关信息，既可告慰死难者的冤魂亡灵，又可留存日军残酷暴行的铁证。这是我们历史工作者的良心所在，责任所在！

中央党史研究室对山东试点工作及取得的成果给予充分肯定和高度评价，同意山东省委党史研究室对试点成果的分析和对抗损调研工作的认识，提出了开展山东省抗日战争时期人口伤亡和财产损失大型调研活动的指导意见，并要求努力实现以下两个主要目标：

一是在收集整理以往历次抗损调研成果的基础上，准确查明山东省抗日战争时期人口伤亡和财产损失的情况。即由省市县三级党史、史志、档案等部门具有一定研究能力的人员，广泛收集散落在各地档案馆、图书馆、博物馆的抗损资料，在系统整理、深入分析研究60多年来各级政府、社会团体、研究机构等调查和研究成果的基础上，准确查明山东省抗日战争时期人口伤亡和财产损失的情况；

二是开展一次普遍的乡村走访调查，尽可能多地调查记录伤亡者的信息，弥补以往历次调查的不足。即按照统一方法步骤，由乡村两级组成走访调查队伍，以行政村为调查样本、以70岁以上老人为重点调查人群，通过进村入户走访调查，广泛收集见证人和知情人的口述资料，如实记录死难者的姓名、性别、年龄、籍贯、伤亡时间、伤亡原因等信息。

在中央党史研究室的指导下，山东省委党史研究室研究制定了《山东省抗日战争时期人口伤亡和财产损失课题调研工作方案》，明确了抗损调研的指导思想、目标任务、方法步骤和保障措施等要求。在中央党史研究室的推动下，山东省成立了由党史、财政、史志、档案、民政、文化、出版、统计、司法等单位组成的大型调研活动领导小组，下设课题研究办公室（重大专项课题组）。

2006年10月中旬，山东省抗损调研领导小组研究通过并下发了《山东省抗日战争时期人口伤亡和财产损失课题调研工作方案》及关于录制走访取证声像资料、重大惨案进行司法公证、编写抗损大事记等相关配套方案，统一复制并下发了由中央党史研究室设计制定的"抗日战争时期人口伤亡调查表"、"抗日战争时期财产损失调查表"、"抗日战争时期人口伤亡统计表"、"抗日战争时期财产损失统计表"。

各市、县（市、区）按照方案要求进行了筹备部署：

一是组织调研队伍。各市、县（市、区）成立了抗损调查委员会，从党史、史志、档案、民政、统计、图书馆等单位抽调10~20名人员组成抗损课题办公室，主要负责本地调研工作的组织协调，历史档案和文献资料的查阅、收集、分析整理、汇总统计等任务。全省共组织档案文献查阅人员3910名。各乡（镇）抽调5~10人组成走访调查取证组，具体承担本乡（镇）各村的走访调查取证工作。全省各乡（镇）调查组依托村党支部、村委会共组织走访调查取证人员32万余名。

二是培训调研人员。各市培训所属县（市、区）骨干调研队伍，培训主要采取以会代训的形式，重点推广试点县（市、区）调研工作中的成功做法。各县（市、区）培训所属乡（镇）调研队伍，培训采取选择一个典型村或镇进行集中调研、现场观摩的形式。

三是乡（镇）以行政村为单位对辖区内70岁以上老人登记造册，统一印制并向70岁以上老人发放了"抗日战争时期人口伤亡和财产损失入户调查明白纸"，告知调查的目的和有关事项。

2006 年 10 月 25 日，山东省抗损调研领导小组召开了全省抗损调研动员会议。10 月 26 日，走访取证工作在全省乡村全面展开。各乡（镇）走访调查取证组携带录音、录像设备和"抗日战争时期人口伤亡调查表"、"抗日战争时期财产损失调查表"等深入辖区行政村走访调查。调查人员主要由乡（镇）调查组人员和村党支部、村委会成员以及离退休老干部和退休教师组成。调查对象是各村 70 岁以上老人。

调查人员按照"抗日战争时期人口伤亡调查表"设置的栏目，主要询问被调查人所知道的抗日战争时期伤亡者姓名、年龄，伤亡时间、地点、经过（被日军枪杀、烧杀、活埋、砍杀、奸杀、溺水等情节）、伤亡者人数等情况。被调查人讲述，调查人员如实记录。记录完成后调查人员当场向被调查人宣读记录，被调查人确认无误后签名或盖章、按手印，调查人同时填写调查单位、调查人姓名、调查日期。证人讲述的死难者遇难现场遗址存在或部分存在的，调查组在证人指证的遗址现场（田埂、河沟、大树、坟地、小桥、水井、宅基地等）拍摄照片、录制声像资料。至此，形成一份完整的证言证词。

对于文献资料中记载的一次伤亡 10 人以上的惨案，各县（市、区）课题办公室组织党史、档案、史志等部门专业人员进行了专题调查，调查主要采取召开见证人、知情人座谈会的形式，调查过程全程录音、录像。对证言证词准确完整、具备司法公证条件的惨案，司法公证部门进行了司法公证。

为加强对调研工作的协调和指导，确保乡村走访调查目标的实现，山东省抗损课题研究办公室建立了督导制度、联系点制度、信息通报制度。省市县三级抗损课题研究办公室主任负责本辖区调研工作的督查指导，分别深入市、县（市、区）、乡（镇）检查调研工作开展情况。各市抗损课题研究办公室向所属县（市、区）派出督导员，深入乡（镇）、村检查指导调查取证工作，解决遇到的具体问题。省、市抗损课题研究办公室每位成员确定一个县（市、区）或一个乡（镇）为联系点，各县（市、区）抗损课题研究办公室每位成员联系一个乡（镇）或一个重点村，具体指导调研工作开展。为交流经验，落实措施，山东省抗损课题研究办公室编发课题调研《工作简报》150 多期。

截止到 2006 年 12 月中旬，大规模的乡村走访取证工作结束，全省乡村两级走访调查队伍共走访调查 8 万余个行政村、507 万余名 70 岁以上老人，分别占全省行政村总数和 70 岁以上老人总数的 95% 和 80% 以上，共收集证言证词 79 万余份。录制了包括证人讲述事件过程、事件遗址、有关实物证据等内容的大量影像资料，其中拍摄照片 7376 幅（同一底片者计为一幅），录音录像 49678 分钟，制作光盘 2037 张，并对专题调查的 301 个惨案进行了司法公证。

自 2006 年 12 月中旬开始，调研工作进入回头检查和分类汇总调研材料阶段。各乡（镇）调查组回头检查走访调查取证是否有遗漏的重点村庄和重点人群，收集的证言证词中证人是否签名、盖章、留下指纹，证言是否表述准确，调查人、调查单位、调查日期等是否填写齐全。在回头检查的基础上，将有关事件、伤亡者信息等如实记载下来，填写"抗日战争时期人口伤亡统计表"、"抗日战争时期财产损失统计表"。

12 月 16 日，山东省抗损课题研究办公室印制并下发了《山东省抗日战争时期伤亡人员名录》表格。《名录》包括死难人员和受伤人员的"姓名"、"籍贯"、"年龄"、"性别"、"伤亡时间"、"伤亡地点"、"伤亡原因"等要素。《名录》以乡（镇）为单位填写，以县（市、区）为单位汇总，于 2007 年 7 月完成。

自 2007 年 8 月开始，山东省抗损课题研究办公室对各地上报的调研资料进行分类整理和分析研究，发现《名录》明显存在以下不足：一是《名录》收录的伤亡人员数远远少于档案资料中记载的抗日战争时期全省伤亡人数。山东解放区政府和冀鲁豫解放区政府调查统计的山东省平民伤亡人口为 518 万余人，国民党山东省政府和青岛市政府调查统计的全省平民伤亡人口为 653 万余人，《名录》收录的查清姓名的伤亡人员仅有 46 万余人，不到全省实际伤亡人口数的十分之一。分析其中原因，从见证人、知情人的层面看，主要是此次调研距抗日战争胜利已达 61 年之久，大多数见证人、知情人已经去世，加之部分村庄消失、搬迁，大量人口流动，调研活动中接受调查的 70 岁以上老人仅是当时见证人和知情人中的极少部分，而且他们中有些当时年龄较小、记忆模糊，只能回忆印象深刻的部分。从死难者的层面看，主要是记录伤亡者名字信息的家谱、墓碑在"文化大革命"时期大多已被销毁、损坏，许多名字随着时间流逝难以被后人记住。受农村传统习俗的影响，大多数农村妇女没有具体名字，而许多儿童在名字还没有固定下来时就已遇难。许多家族灭绝的遇难者，因没有留下后人而造成信息中断，难以通过知情人准确回忆姓名等信息。二是各县（市、区）名录收录的查清姓名的伤亡人员在人数的多少上与实际伤亡数的多少不成正比，其中部分县（市、区）在抗日战争时期遭日军破坏程度接近，但所收录的伤亡人员在数量上存在较大差异。主要原因是调研活动的走访调查阶段，各县（市、区）对此项工作的重视程度、投入力量和走访调查的深入细致程度存在较大差异，有些县（市、区）在走访调查中遗漏见证人和知情人，有的在证言证词的梳理中遗漏伤亡者的填写。三是《名录》确定的各项要素有的填写不全，有些填写不完整、不规范。主要原因是，《名录》所依据的"证言证词"记录的要素有许多本身就不完整、不全面，而《名录》填写者来自乡（镇）调查组的数万名调查人员，在填写规范上也难以达到一致。

根据中央党史研究室关于编纂《抗日战争时期中国人口伤亡和财产损失调研丛书》的要求，针对《名录》中存在的主要问题，山东省抗损课题研究办公室于2009年初制定下发了《关于编纂〈山东省抗日战争时期伤亡人员名录〉有关要求的通知》（以下简称《通知》）。《通知》要求各市、县（市、区）党史部门以对历史高度负责的精神，集中时间、集中力量，对《名录》进行逐一核实和修订，真正把《名录》编纂成经得起历史检验和各方质疑的精品工程、传世工程、警世工程。《通知》明确了各市、县（市、区）的编纂任务和责任要求，各市委党史研究室负责所辖县（市、区）、高新技术开发区、经济开发区伤亡人员名录补充和核实校订工作的具体部署、组织指导、督促检查和汇总上报工作。各市委党史研究室主任为第一责任人，对本市所辖县（市、区）伤亡人员名录核实校订工作质量和完成时限负总责；确定一名科长为具体责任人，协助第一责任人做好工作部署和组织指导工作，具体做好督促检查和汇总上报工作。各县（市、区）委党史研究室具体负责本县（市、区）伤亡人员名录的补充、核实和校订工作。县（市、区）委党史研究室主任为责任人，对伤亡人员名录的真实性、可靠性负总责。各县（市、区）分别确定1至2名填表人和核实人。填表人根据《名录》表格的规范标准认真填写，确保无遗漏、无错误。《名录》正式出版后，责任人和填表人、核实人具体负责对来自各方的质询进行答疑。责任人、核实人、填表人在本县（市、区）伤亡人员名录最后一页页尾签名，并注明填报单位和填报时间。

《通知》下发后，各市委党史研究室确定了本市抗日战争时期伤亡人员名录编纂工作第一责任人和直接责任人。全省140个县（市、区）和16个经济开发区、高新技术开发区共确定了460余名责任人、核实人、填表人，并明确了责任。各县（市、区）党史研究室根据《通知》要求，细致梳理调研资料特别是走访调查资料，认真核实伤亡人员各要素，补充遗漏的伤亡人员。部分县（市、区）还针对调研资料中存在的伤亡人员基本要素表述不清、填写不完整等情况，进行实地回访或电话回访，补充了部分遗漏和填写不完整的要素。各县（市、区）抗日战争时期伤亡人员名录补充、核实工作完成后，各市委党史研究室按照《通知》提出的要求，进行了认真审核把关，对达不到要求的，返回县（市、区）进一步修订。

至 2010 年 10 月，全省 140 个县（市、区）和 16 个经济开发区、高新技术开发区共 156 个区域单位全部完成了《名录》的补充、核实和校订工作，共收录抗日战争时期因战争因素造成的、查清姓名的伤亡人员 46 万余名。此后，中央党史研究室安排中共党史出版社对《名录》进行多次编校，但终因《名录》存在伤亡原因、伤亡地点等要素不规范、不完整和缺失较多等诸多因素，未能正式出版。

2014 年初，中央党史研究室组织展开新一轮抗损课题调研成果审核出版工作，并把《名录》纳入《抗日战争时期中国人口伤亡和财产损失调研丛书》第一批出版。按照中央党史研究室的部署要求，山东省抗损课题研究办公室组织力量对 2010 年整理编纂的《名录》再次进行认真审核，从中选择死难者信息比较完整、规范的 100 个县（市、区）死难者名录，组织力量集中进行编纂。在编纂中，删除了信息缺失较多的死难者死难原因、死难地点等要素，保留了信息比较完整的姓名、籍贯、性别、年龄、死难时间等 5 项要素。2014 年 8 月，《山东省百县（市、区）抗日战争时期死难者名录》编纂完成后，山东省抗损课题研究办公室将其下发各市和相关县（市、区）进行了再次核对。

山东省抗日战争时期人口伤亡和财产损失大型调研活动和《山东省百县（市、区）抗日战争时期死难者名录》的编纂工作是一项极其复杂的系统工程。这项工程自始至终按照中央党史研究室设定的调研项目、方法步骤和基本要求开展，自始至终得到中央党史研究室的精心指导，倾注着中央党史研究室领导和专家的智慧和心血；这项工程得到了全省各级各有关部门和广大基层干部的积极支持和热情参与，包含着全省数十万名调研人员的辛勤奉献和全省各级党史部门数百名编纂人员历时数年的艰辛付出。

在调研活动和《名录》编纂过程中，每位死难者的名字，都激起亲历者、知情人难以言尽的惨痛回忆和血泪控诉，他们的所说令人震颤、催人泪下。我们深知：通过系统、详尽、具体的调查，将当年山东人民的巨大伤亡和损失尽可能完整地记载下来，上可告慰死难者的冤魂亡灵，表达后人的祭奠和怀念，下可教育子孙后代"牢记历史、珍爱和平"。我们深感：对发生在六七十年前的巨大灾难进行调查，由于资料散失、在世证人越来越少，调查和研究的难度难以想象，但良心和责任驱使我们力求使调查更加扎实、有力、具体和准确，给历史、给子孙一个负责任的交代。由于对那场巨大的战争灾难进行调查研究，毕竟是一项复杂的浩大工程，需要经过一个长期的研究过程，我们对许多调研资料的梳理还不够细致全面，对调研资料的研究还需进一步深化，我们目前取得的调研成果和研究编纂成果，都与中央党史研究室的要求存在一定差距。我们将以对历史负责、对人民负责、对死难者负责、对子孙负责的态度，不断深化研究，陆续推出阶段性研究成果，为推动人类和平和文明进步作出应有的贡献。

山东省抗损课题研究办公室
山东省委党史研究室重大专项课题组
2014 年 8 月